JN222847

Minerva Shobo Librairie

新しい地域福祉の「かたち」をつくる

「福祉コミュニティ」概念に基づく政策・実践の統合

伊藤葉子/川村岳人/中田雅美
橋川健祐/三好禎之

[編著]

ミネルヴァ書房

まえがき

　2021年，野口定久先生が古稀を迎えられた。2016年，27年間お勤めになった日本福祉大学を65歳で定年退職され，その後5年間は，大学院特任教授として引き続き大学院生の指導にあたられたが，2021年3月，コロナ禍が続く中でオンラインでの最終講義を終え，長きにわたる日本福祉大学での職を全うされた。2021年4月からは，長野県にある佐久大学にて新設された人間福祉学部において初代学部長に就任され，引き続き，教鞭を取っておられるのは，みなさんもご存知であろう。

　さて，本書は，そんな先生が古稀をお迎えになったことを記念して企画，出版されたものである。執筆者は，若手から中堅，ベテランに至るまで総勢22名の研究者で，下記に該当する者たちである。

①　日本福祉大学大学院において野口定久が主査となって指導し，博士課程論文（甲）および論文博士（乙）による学位取得者。

②　日本福祉大学大学院において野口定久が主査となって指導し，修士号を取得し，その後他大学で博士学位を取得あるいは博士課程に在籍する者。

③　現時点で日本福祉大学博士課程に在籍し，野口定久のもとで指導を受けている者。

　いかに野口先生が，大学院教育を通して多くの研究者を育て，世に輩出してきたかがよくおわかりいただけるであろう。

　さて，本書の主題は，『新しい地域福祉の「かたち」をつくる』とした。時代はCOVID-19によって世界的な大転換を迫られ，ロシアのウクライナ侵攻が現実となり社会全体が震撼する中において，従来の枠組みを脱却ないしは逸脱した「かたち」が求められている。地域福祉の「かたち」という表現は，そもそも野口先生ご自身がこの数年間の間，こだわってこられたものの一つである。

　野口先生が提示する「かたち」と本書の「かたち」は必ずしも一致するわけではないが，野口先生の薫陶を受けた22名によって提示された「かたち」を，本書

i

では5部構成で展開している。

　第Ⅰ部のテーマは，「コミュニティ再生に向けた地域資源の展開」である。資源ないし地域資源は，社会福祉に限って用いられる用語ではない。その多義性を逆手にとり，多角的な観点から地域資源の展開可能性を問う。資源の利活用から所有や管理，それらによって生み出される生産や貢献，地域経済の循環までを捉え，コミュニティの再生に向けた展開を論考する。

　第Ⅱ部のテーマは，「居住福祉の今日的課題——住まいをめぐる排除を中心に」である。とりわけ1990年代以降，顕著に表出した住宅政策と福祉政策との狭間で生じた社会問題に立ち向かうべく学際的な基盤を形成し理論化に着手された「居住福祉」の視点，とりわけ武川正吾の類型（武川 2011：14-15）にならい，①構造物としての住宅や住環境といった“居住空間”，②住宅を基盤とする“コミュニティ”，③住宅取得や設備水準を規定する“公共政策”への3つの視点と関連づけながら，今日的課題を問う。

　第Ⅲ部のテーマは，「地域共生社会の創出と展開——専門領域と地域時空を超えて」である。社会的孤立・孤独問題が顕在化するとともに，参加の場面や機会が失われ，個人がむき出しの状況にある。そのような中で，専門職領域と地域時空間を超え，新たに誕生した多様なつながりによる参加・協働・自主管理に基づく団体，組織などの取り組みから，これからの「支え合い」のありようを展望する。

　第Ⅳ部のテーマは，「地域包括ケアの深化——人口減少・少子高齢社会に向き合う」である。急激に進む中国の高齢化に対する方策からデンマークと日本の比較研究，過疎地域における暮らしを捉える論考まで，およそ「地域包括ケア」から想起するイメージよりも多義的に捉えた展開となっている。中でも，メゾレベル，政策的な視点を中心に，人口減少・少子高齢社会の地域包括ケアを深く掘り下げていく。

　第Ⅴ部のテーマは，「社会福祉の担い手と専門職性——いかに役割を発揮するのか」である。共通するニーズや社会的課題が事業化，制度化されることは，一方で専門職者にとって矛盾を抱えるものである。〈ひとり〉の生きづらさ，その困難に対する主体的で多種多様な取り組みから，新しいソーシャルワークのあり方を促し，導いていくことで，専門職者自身だけではなく専門職者が置かれてい

る仕組み，社会構造を問い，新たな創造を展望する。

このように，本書は，言葉どおり混迷を極める地域社会の諸困難を打開するための方策を曼荼羅のごとく展望する。野口理論の系譜と教えを引き継ぎつつ，独自の研究課題として昇華し，果敢にも学界だけにとどまらず広く世に問うことを目的とした一冊である。

最後になるが，各執筆者は，必ずしも野口先生の理論的枠組みに捉われることなくその論考を展開している。つまり，野口理論の解説本ではないということは，最初に明言しておきたい。これは，一人ひとりが研究者として自立した志向と確立されたスタイルを築き上げるようにという，野口先生ご自身の指導方針でもある。さてそのような必ずしも枠組みにとらわれないところから，現在，そしてこれからの社会が求める地域福祉の新しい「かたち」がどのように創り上げられるのか，じっくりとご覧いただきたい。

参考文献

武川正吾（2011）「居住福祉学とは何か」野口定久・外山義・武川正吾編『居住福祉学』有斐閣，7-15頁。

2024年6月

編　　者

新しい地域福祉の「かたち」をつくる
——「福祉コミュニティ」概念に基づく政策・実践の統合——

目　次

まえがき

| 序　章 | 新しい地域福祉の「かたち」を構想する |

日本の人口減少に歯止めがかからない。厚生労働省の月次統計（2022年12月31日）に基づく推計によると，2022年の出生数（日本人）は約77.1万人で，戦後最少だった2021年81.2万人を下回った。2022年の合計特殊出生率も1.27程度と，1.30を割り込む状況にある。人口減少時代の日本社会では，特に1990年代後半以降，失業や雇用，年金や医療の制度疲労や企業・地域・家族の社会保障機能の縮小によって社会的リスクが高まり，その縮減を図るべき社会保障制度や企業・地域・家族といった中間集団が機能不全ないし崩壊の危機に瀕している。その結果，個人や家族が地域の中で孤立する現象が目立っている。

これら社会的リスクの克服は，日本型福祉社会論に基づく従来型の福祉国家に頼ることではなく，また市場原理主義による「強欲資本主義」（コリアーほか[1]2023）に依拠することでもない。それでは，私たちはどのような社会を希求すればよいのだろうか。筆者の想いは，良心および言論の自由（デモクラシー）に拠る「公平な資本主義社会」の形成ということになろうか。そこで，そのような「公平な資本主義社会」の基盤となるのが，コモン（自然や制度などの共有財産）を管理する中間組織としてのアソシエーションであると考える。アソシエーションは，社会の富を共有財産として管理する中間組織である。すなわち，畑，漁場，山林，道具，水，大気，法・制度，AI，IT といった生活手段をコモンとして取り戻していく実践でもある。際限のない欲望の果ての資本主義による人々の自然破壊が進行する中で，地球全体を持続可能にする経済・社会・環境の「かたち」を構想し，実行することは可能ではないかという問いかけでもある。まずは，それを実現していくためにも，私たちの足元から，新しい地域福祉の「かたち」として考えてみることにする。

1 日本型福祉社会論と「自助論」

（1）日本型福祉社会論の原点

　では，いつ頃から日本の出生数が減少しはじめたのだろうか。厚生労働省の人口動態統計によると，それは第2次ベビーブームが去った1975年あたりである。この時期は日本経済の高度成長が終焉を迎え，時を同じくして大平正芳内閣下で，1979年に「新経済社会7ケ年計画」が出された。そして，この計画のなかで掲げられたのが「日本型福祉社会論」であった。そこでは，「欧米先進国へキャッチアップした我が国経済社会の今後の方向としては，…（中略）…個人の自助努力と家庭や近隣，地域社会等の連帯を基礎としつつ効率のよい政府が適正な公的福祉を重点的に保障するという自由経済社会のもつ創造的活力を原動力とした我が国独自の道を選択創出する，いわば日本型ともいうべき新しい福祉社会の実現を目指す」（野口 2022）と書き込まれた。

　さらに日本型福祉社会論の原点を探ると，「天は自ら助くる者を助く」で有名な自助独立の精神を提唱したスマイルズ（2002）に辿り着く。この原著は1858年に，*Self-Help, with Illustrations of Character and Conduct* として出版された。この中で，「立派な国民がいれば政治も立派なものになり，国民が無知と腐敗から抜け出さなければ劣悪な政治が幅をきかす。国家の価値や力は，国の制度ではなく国民の質によって決定されるのだ」（：13）と国民の自助独立の精神と説いた。さらに，「われわれが『社会悪』と呼び習わしているものの大部分は，実はわれわれ自身の堕落した生活から生じる。だから，いくら法律の力を借りてこの社会悪を根絶しようとしても構想しようとしても，それはまた別な形をとって現れ，はびこっていくにちがいない。国民一人一人の生活の状態や質を抜本的に改善され始めて，このような社会悪はなくなる」（：14）とも説いている。この自助の精神を基に，日本では，1871年に中村正直による日本語訳の『西国立志編』として刊行され，福沢諭吉が『学問のすゝめ』の中で独立自尊の精神がベースに刻み込まれ，明治以降の日本の精神構造に根づいていった。

（2）日本型福祉社会論を超えて

　日本型福祉社会論に引き継がれていった自助社会は，公的福祉支出の縮小・切り捨てを求めるものであって，経済界の立場からみると，経済成長の政策装置としての福祉政策は役割を終え，かえって経済成長の足かせとなっているとの主張が前提になっている。したがって，経済界および時の政府は，企業活力の向上によるさらなる経済的パイの拡大のための基盤として，家庭や地域社会の連帯を強調したといえる（野口 2022）。

　ところが，1992年に生じたバブル崩壊によって状況は一変する。これを機に，日本経済は低成長時代に入り，併せて日本社会は人口減少時代に突入する。特に2000年以降，雇用の揺らぎ，年金や医療の制度疲労がすすみ，日本型福祉社会論が強化を図った「第2のムラ」的な，企業・地域・家族の関係動員機能そのものが縮小することになる。自発的信頼関係に代わって人々をつなげてきた会社組織や地縁組織が衰退し，多様な社会的リスクが拡大していったのである。もはや家族や個人の自助や地域の互助に依拠した政策の限界を意識せざるを得なくなったのである。そうした中での自治体の福祉行政の役割は，地域社会や家族で生起する福祉ニーズの社会構造的把握に基づく対応策として地域社会に重層的なセーフティネットを張り巡らすことである。図序-1は，自治体福祉の重層的セーフティネットとソーシャルワーク支援の「かたち」を示したものである。

　第1のセーフティネットは，雇用の安定と創出である。学ぶべきは，諸外国のとる積極的な労働市場政策である。転職しなくてはならなくなった人をしっかりと支える社会保障制度，その場合に，より高い所得の仕事に就くことを可能にする再教育の仕組みなどで，それらが整っている国の経済成長率が近年高くなっているのである。第2は職業訓練，就労支援，所得と医療と住宅の保障である。現状では，生活困窮者自立支援制度——7つの支援——に相当する。第3は社会的脆弱層へのソーシャルワーク支援である。今日のソーシャルワーカーが直面している課題は複合的であり，なおかつ緊急性を要する事例である。危機介入型のソーシャルワークが求められている。ソーシャルワーカーは，本来「制度の狭間」という問題を黙認してはならないのであって，制度のクレバスに落ち込んだ人々を救い上げるソーシャルアクションの復活が求められている。第4は最後のセーフティネット（生活保護制度）といった重層的なセーフティネットへの張り

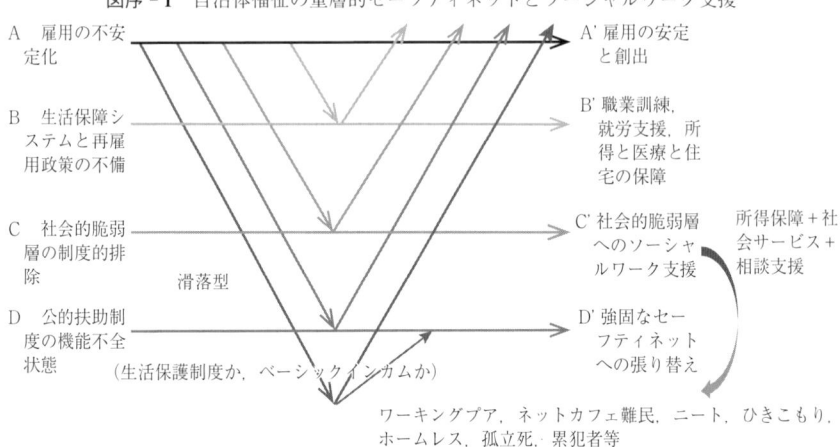

図序-1 自治体福祉の重層的セーフティネットとソーシャルワーク支援

A　雇用の不安
　　定化

B　生活保障シ
　　ステムと再雇
　　用政策の不備

C　社会的脆弱
　　層の制度的排
　　除

滑落型

D　公的扶助制
　　度の機能不全
　　状態

（生活保護制度か，ベーシックインカムか）

A' 雇用の安定
　　と創出

B' 職業訓練，
　　就労支援，所
　　得と医療と住
　　宅の保障

C' 社会的脆弱層
　　へのソーシャ
　　ルワーク支援

所得保障＋社
会サービス＋
相談支援

D' 強固なセー
　　フティネット
　　への張り替え

ワーキングプア，ネットカフェ難民，ニート，ひきこもり，
ホームレス，孤立死，累犯者等

出所：筆者作成。

替えである。その特徴は，①攻めの政策（雇用の安定と創出）と守りの政策（生活保護制度改革），②滑り台型（ワーキングプア，ネットカフェ難民，ホームレス，孤立死などへの対策）からトランポリン型（強固なセーフティネットへの張り替え）への転換，③非正規雇用者や失業者に対する職業訓練，就労支援，所得・医療・住宅の保障など「セキュリティ」と「フレキシビリティ」を兼ねた雇用政策の全体像を示すことである。それぞれのセーフティネットは，弾力性（トランポリン型）を保ちながら，「失敗を回復する」ことができる制度や社会サービスの柔軟性，さらにそれらの制度や社会サービスを必要としている人たちの生活支援を行うソーシャルワーク実践も重要である。④一人ひとりが抱える多様な困難に応じて必要なサービスや現金給付の最適な組み合わせたベーシックアセット論である。生活保護制度の改革と合わせて制度化の有効性も考慮に入れる必要がある（宮本 2021：28）。

　また，今後は，地域ごとにそれぞれの地域性を踏まえた重層的なセーフティネットとアウトリーチ型のソーシャルワーク支援を軸に共生型社会の実現を目指して，自助社会の呪縛を超えて女性と男性がそれぞれの個性や能力を活かし，仕事と育児・介護等を含めた家庭生活との両立が図れるような社会経済の仕組みを築いていくことが求められる。

2　私の研究方法——想いを「かたち（図形）」に

（1）「かたち」による表現——事象と本質

　近現代史の研究者である作家の保阪正康は，『昭和史のかたち』の中で，「昭和の姿を単に文章であらわすのではなく，幾何学的発想を用いて示したならわかりやすいのではないか。昭和のさまざまな事件や事象を『かたち（図形）』にあらわすことで，その複雑さを解いてみよう」（保阪 2015：ii）と，複雑な現象には「かたち（図形）」で表すことを薦めている。例えば，昭和前期の「この正方形の枠内にファシズム政権は，国民を押し込めていく。ここから出ることは許されない。ファシズム政権はこの正方形を外部から力で押さえつけて，より小さな正方形にしていくと試みる。でなければ安心できないからである」と，昭和前期の天皇制と軍部のファシズム体制が国民生活を抑制する姿をかたち（図形）で表現している。また，「史実を視覚的に捉えてみることで新発見があると思う。歴史の中からなにがしかの教訓や知恵を学ぼうとするにはこのような方法（「かたち（図形）」が有効であろうとも述べている（保阪 2015：iv）。このような複雑系の時代事象を読み解いていく研究方法として，その時々の時代の事象の本質から，その対応策を講じることにも「かたち（図形）」は重要であると考える。

　もう一つ「かたち」にこだわった著書を紹介しておこう。小島ら（2023）である。テーマは，①デンマークの「国のかたち」と，②デンマークの「人のかたち」——こうやってデモクラシーは育つ——で表現されている。本書の主張するところは，女性の社会進出が第2次世界大戦後の経済活動の再開に貢献した。こうした労働政策を背景に，デンマークでは，今日の福祉国家の「かたち」の基礎が形成された。その基盤には，男性だけでは経済活動が追い付かず，深刻な労働者不足に陥り，労働移民と女性の社会進出に19世紀当初からの社会民主党の政治理念と社会福祉国家政策が結実したのである。その基本形は，「国が医療・福祉・教育など人々の暮らしに欠かせないサービスを公共サービスとして税金で賄い。それを実現するのにふさわしいサイズの地方自治体整備を行った」（1970年の地方自治体改革）にあると述べられている（小島ほか 2023：60）。さらに，「国が定める法律の枠組みの中で自律し，かなり自由なイニシアティブを打ち出して，地

域に似合う公共サービスを展開している。このような国と自治体の絶妙なバランスは，デンマーク社会に，時代の変化に柔軟に対応できるダイナミックさをもたらしている」（小島ほか 2023：61）と地方自治体と国の役割分担と連携の特徴も教訓的である。

　また，小島ら（2023：61）では，「1950年にはシニアを除く成人女性の約69％が専業主婦または家庭内労働者であったが，これらのカテゴリーは，現在デンマークの統計から姿を消した」とも記述されている。この記述からも，1950年代や60年代には，まだデンマーク社会は日本社会と同様に家族主義が色濃かったことがわかる。その後，デンマーク社会は，福祉国家の道をあゆむ過程で，デモクラシーの思想（例えばノーマライゼーション）を日常生活の中に実現していった。そして，デンマークでは，子どもが18歳になると，たとえ障害のある人でも家族から離れて独立の生活を送るようになり，その人の自立した生活を社会サービスやボランティア活動で支えることが「普段着のデモクラシー」として日常に根づいていったのである。だからといって家族と自立した子どもの関係は疎遠になることはない。また，次のような記述も興味深い。「デイサービス法には，幼いころから『決定に参加する』ことが重要だと明記されている。これは法律上の文言ではなく，人々の生活姿勢にすでに広く浸透し，いわば人育て文化」のように普段着のデモクラシーを現している（小島ほか 2023：72）。

（2）地域福祉の「かたち」の基本形——合理的な制度と非合理的な文化の融合

　筆者は，2016年に『人口減少時代の地域福祉——グローバリズムとローカリズム』（ミネルヴァ書房）を著した。そこでは，特に新しい地域福祉政策や実践の取り組みを題材に，「地域福祉の見取り図」を提示した（図序-2）。その際の編集には，地域福祉の「かたち」を意識した。それは，次の3つの考え方に依拠している。第1は，本書のタイトルに掲げた「人口減少時代」における地域福祉のかたちをイメージした。第2は，首都圏への人口集中が際立つ一方で，地方の小都市や過疎地域の急速な人口流出に歯止めをかけるための地域経済を含めた地域福祉の俯瞰図を描くことである。第3は，実践科学としての地域福祉の「かたち」である。地域福祉は，すぐれて実践科学であり，かつ推進方法や技術を駆使した応用科学でもある。そして今日では政策科学への期待も大きい。そこには，社会

図序 - **2**　地域福祉の基本形－政府・市場・地域・家族

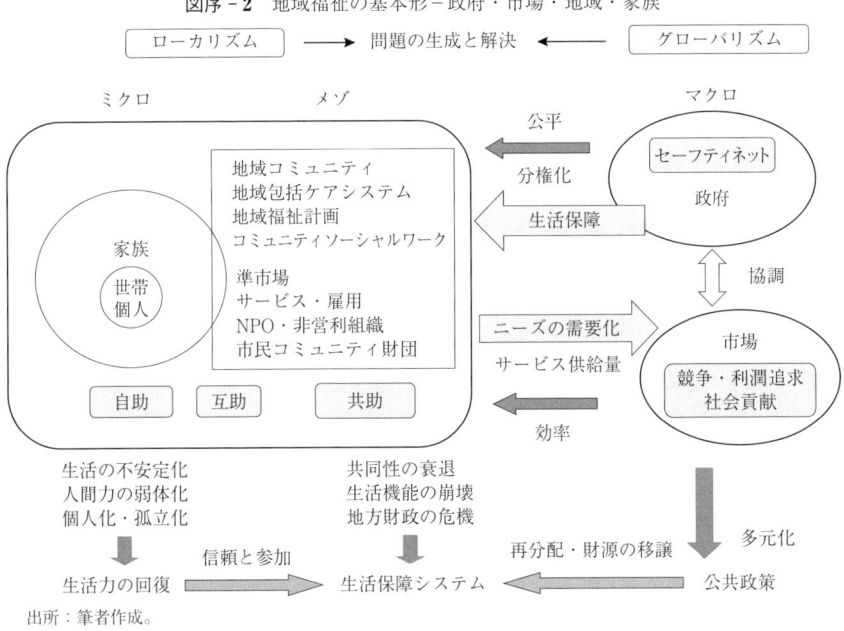

出所：筆者作成。

の不条理の中で，生老病死や社会関係などの苦悩を抱える人間の生き様を見据え，合理的な社会制度の矛盾に陥っている，あるいはその恐れのある人々の生活課題を解決し，また制度の狭間の実態を把握し，ニーズに即した制度や福祉サービスを開発するソーシャルアクションを実践する地域福祉の「かたち」を示した。ここでは地域福祉の「かたち」を特徴づける「合理的な制度と非合理的な文化」の関係を述べておこう。

　一つの逸話を提示しておく。司馬遼太郎は，その歴史観で文明と文化の違いに触れて，文明は普遍的なもの，文化は不合理的なものと述べている。例えば，『アメリカ素描』の中で，司馬遼太郎はアメリカと中国の文明がせめぎ合っているとの理解から，「人間は群れでしか生存できない。その集団をささえているものが，文明と文化である。いずれも暮らしを秩序づけ，かつ安らがせている」とし，「ここで，定義を設けておきたい。文明は『だれもが参加できる普遍的なもの・合理的なもの・機械的なもの』をさすのに対し，文化はむしろ不合理なものであり，特定の集団（たとえば民族）においてのみ通用する特殊なもので，他に

及ぼしがたい。つまりは普遍的でない」(司馬 1989：18) というように切り分け
ている。すなわち，非合理的な残影でもある地域の文化性は古いものとして切り
捨てられるものではなく，合理的な法・制度・サービスを有効に機能させるため
にも，多様な家族や地域社会の潜在的な力を活かす社会に変えていかなければな
らないと，筆者は考えたのである。

（3）人口減少時代の新しい地域福祉を考える

　人口減少時代の新しい地域福祉を考える時には，これまでの地域福祉の構成要
件との違いをみることが大切である。日本では，1947-49年に年間約270万人が出
生し，団塊の世代を形成した。その次世代である第2次ベビーブーム（1971-74
年）の頃に生まれた年間200万人以上の団塊ジュニア世代が生産年齢人口に加
わったのが1980年代から1995年で，この時期がまさに日本経済の黄金期であった。
つまり，「人口ボーナス（恩恵）」であった。この大型世代は，大量生産・大量消
費型の高度成長をけん引し，社会活性化の原動力となった。しかし，やがて膨張
した生産年齢層が老年人口になっていき，さらに少子化が進行し，今度は人口に
占める働く人（生産年齢人口）の割合が下がってくる。これが「人口オーナス（負
荷）」である。人口減少が経済社会にもたらす影響に注視する必要がある。つま
り，人口減少社会は人口に占める働く人の割合の低下を意味し，それは，1人当
たりの所得の減少，人手不足，社会保障費負担の高まりをもたらすことになる。
　人口減少時代の日本社会では，特に2000年以降，失業や雇用，年金や医療の制
度疲労や企業・地域・家族の社会保障機能の縮小によって社会的リスクが拡大し，
その縮減を図るべき社会保障制度や企業・地域・家族といった中間集団が機能不
全ないし崩壊の危機に瀕している。その結果，個人や家族が孤立する現象が目
立っている。これら社会的リスクの克服には，社会保障制度や社会福祉サービス
にのみ頼る方法でなく，地域コミュニティや家族のネットワークの強化による福
祉社会の再編も必要である。その再編の方向は，1990年後半頃から，世界の先進
国では社会保障負担の大きい国の経済成長率の方が高くなっている傾向が見られ
ることである。それは世界の成長の仕組みが変わってしまったことによるもので，
その背景にあるのが IT（情報技術）化による世界の生産構造の大きな変化である。

3　地域福祉の構成要素──福祉国家と市民社会の中で

　地域福祉の構成要素（事物の成立に必要不可欠な根本的条件）のうち，福祉国家（社会保障・社会福祉サービス）と市民社会（市民権と社会権の保障）は，地方分権化の中で，相対的に緊張と契約の関係形成の状況にある。その際に，社会保障や社会福祉サービスを提供する社会福祉法人の位置づけが新たな課題として浮上している。つまり，社会福祉施設や社会福祉協議会の経営や運営の新たな理論化と具体的な運営方法の開発が求められている。もう一つの市民社会の側では，住民や市民の社会的活動への参加と主体形成が求められている。今日の地域社会における福祉問題に対応する住民活動の特徴は，課題解決のために自らも参加・行動し，その実践をもって行政的・政治的意思決定に影響を与えること，などが挙げられる。その意味においても，市民社会における住民活動の結節の媒体を果たすコミュニティソーシャルワーカーの役割は大きい（図序 - 3 ）。

（1）地域福祉のセーフティネットと住民のニーズ把握

　社会的に弱い立場の人々（バルネラビリティ）に地域での生活を支えていくには，小地域のケアサポートネットワークを形成し，家族や近隣・友人によるインフォーマルな助け合いのネットワークを作っていく必要がある。また，事業所間の専門職によるネットワークを形成し，高齢者や障害のある人，子どもへの支援を包括的に提供する体制を整えていくことも重要である（地域包括ケアネットワーク）。また，コミュニティソーシャルワークは，申請主義に基づく待機型相談支援の制約を超えて，新しいアウトリーチ型支援の姿勢が求められている。ソーシャルワーカーは，提供するサービスの内容やその仕方が利用者の要求に適合しているかどうか，また利用しやすくなっているのかどうか，さらに援助・支援する側は待っているだけでなく，求められれば，自分の方から相手の生活の場に入れてもらって，そこで一緒に考え，その中で援助・支援するという，より積極的な姿勢が求められる。

　このアウトリーチ型支援方法の確立には，今後は，ソーシャルワークにおける政策科学と実践科学の融合に向けて，従来からの課題である社会福祉制度・政策

図序 - 3　地域福祉の構成要素の構図

社会保障・社会福祉　（制度改革）

制度・財源　　　セーフティネット

ローカル・ガバナンス

参加・自治

専門性

市民・住民参加

コミュニティソーシャルワーク

（主体開発）

熟議民主主義

地域包括ケアシステム

在宅福祉サービス供給の多元化

生活困窮者自立支援

健康づくりの増進

居住福祉のまちづくり

社会的包摂

方法・技術

主体形成

福祉コミュニティ

必要・ニーズ　　　充足・解決　　（技術開発）

福 祉 問 題　　（ニーズ把握）

出所：筆者作成。

の分野とソーシャルワークの分野を統合させたようなコミュニティソーシャルワークの研究テーマや方法論を追求するとともに，教育においても両者を統合させる教育のあり方を考えていく必要があると思われる。

（2）住民の主体形成と参加志向の課題

　このように住民の活動への参加意志と主体形成の交差は，市民社会における社会的使命（ミッション）に依拠し，より広い範囲の人々とのネットワークを形成し，そして何よりも社会意識や文化の継承を目指しながら地域社会のデモクラシーを実質あるものにする社会的活動へと進化しているのである。具体的には，①地域福祉計画策定過程への住民参加（地域福祉計画の策定プロセスへの住民参加の段階論とその手法に関する課題。意思を表明しにくい当事者ニーズの代弁はどうすれば可能か），②ボランティア，NPO の主体形成（地域社会の中で，市場経済を担う民間企業と準市場を主として担う人々や組織などの新たな協働性と公私分担論の課題），③現代の福祉問題と地域福祉実践（新しい福祉問題としての社会的排除・差別と社会的孤立・孤独の問題群に立ちすくむ地域住民と当事者とのコンフリクト体験による住民の主体形成

に関する課題）などが挙げられる。

　また，例えば中央政府や地方自治体は，断らない相談支援体制・重層的支援体制整備事業を規定することになる。それを受けて市民や住民，NPO などのアソシエーションは，それらの事業を自治体で実現しようと働きかけていくわけである。しかし，これがなかなか実現しない。ここに民主主義の問題が潜んでいる。ここは，むしろ権威主義の方が有効ではないかという議論もある。筆者は，ここは民主主義で貫徹しなければならないと考えている。

4　自治体福祉の活動範囲の拡がり

（1）自治体福祉の活動範囲

　自治体福祉の根幹は自立支援と主体形成にある。現在，ソーシャルワーカーの仕事は，それぞれの福祉機関や施設に所属しながら，それぞれの法律や制度に基づく「子ども」「高齢者」「障害のある人」「女性」「生活保護受給者」といったカテゴリーで支援の対象者を規定している。それゆえ，その機関や施設が定める対象者カテゴリーにはっきりと該当しない（生活困窮者）は支援を受けることができないという「制度の狭間」問題の事態に陥っている。

　次に自治体福祉の４つの活動領域を図序-4にしたがって紹介しておこう。A.政策・計画系では，住民/市民と行政と社協の三者の協働による地域福祉計画の策定および実行計画づくりに期待がかかる。最近では，重層的支援体制整備事業計画が加わることになる。B．活動・組織化系は，従来から社会福祉協議会の中核的任務である小地域福祉活動の組織化である。近隣住民やボランティアによる小地域福祉活動の支援に関わる生活支援コーディネーターの役割は大きい。住民参加によるこども食堂やサロン活動など地域拠点づくり，当事者や住民の困りごとの相談などコミュニティソーシャルワークの出番である。C．相談・ネットワーク系は，地域包括ケアや生活困窮者自立支援事業，地域共生社会の実現事業の中核的位置づけである地域包括支援センターや生活困窮者総合相談センターなどの連携や機関間ネットワーク事業への期待も大きい。D．サービス・事業系は，フレイル予防・日常生活支援総合事業における地域包括ケアのネットワークと住民互助活動の組織づくりの支援，権利擁護・成年後見制度などが挙げられる。

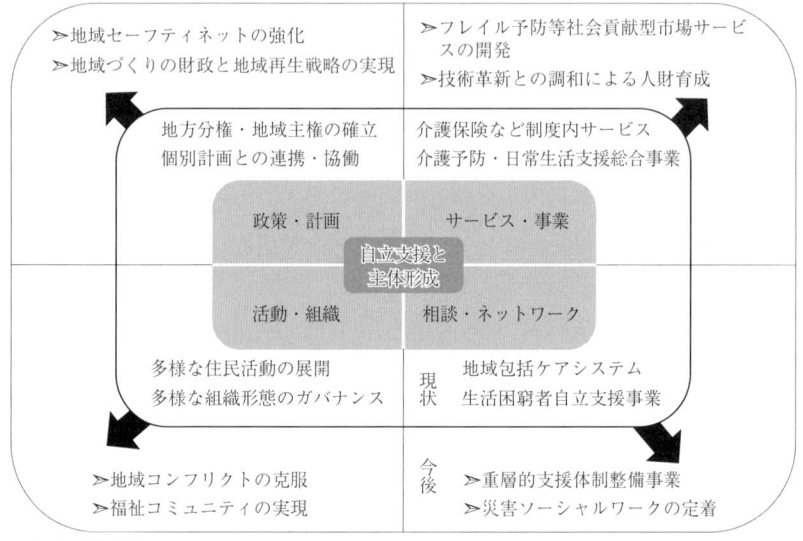

図序 - 4　地域福祉の活動範囲の拡がり

出所：筆者作成。

（2）制度の狭間・8050問題の解消のために

　自治体や社会福祉協議会は，地域共生社会の実現に向けた包括的支援体制構築事業（重層的支援隊整備事業モデル事業）も活用しながら，包括的な支援体制の整備を進めてきている。重層的支援体制整備事業の中核は，生活困窮者の支援制度である。この制度は，現実の社会保障や社会福祉制度及びソーシャルワーク援助や支援ネットワークから漏れ，困窮し，不平等を感じている「新しい生活困難者」といわれる人々を対象にしている。2015年施行の生活困窮者自立支援法に基づく制度である。住居確保給付金は2008年のリーマン・ショックをきっかけに，住む場所を失う人が大勢出たことを受けて始まった。

　それでは，生活保護制度との相違は何であろうか。生活保護は最低限度の生活を保障するための制度である。生活困窮者自立支援制度が主に想定するのは生活保護に至る前の段階。家賃の支給のほか，家計の相談や就労支援などで生活が困窮した状況から抜け出すことが目的である。制度を利用する手順は，まず，自治体や地域の社会福祉協議会などが用意する窓口に相談（申請）し，窓口の支援員は本人の状況に応じた支援プランを作成する。支援プランの作成と住居確保給付

金の支給は，すべての自治体の必須事業となっている。そのほかの支援内容は自治体ごとに異なり，家計管理の指導や貸し付けのあっせん，就労に必要な訓練などの提供をすることも，子どもが将来経済的に自立するために学習の支援をすることも自治体の任意事業に含まれている。

　生活困窮者自立支援センターへの相談や給付は増え続けている。厚生労働省によると，2020年度の全国の新規相談件数は約79万件で，前年度の3倍以上に達した。住居確保給付金の支給額は300億円を超え，50倍以上である。生活に困った時の公的な支援はほかにもある。例えば，コロナ禍を踏まえた国による生活資金の貸し付けなどの特例措置は社会福祉協議会に委託されているが，これも相当に増えている。誰も断らない総合相談窓口の設置は急務である。

5　これからの地域福祉の「かたち」

（1）「分かち合いと支え合い」のコミュニティ

　これまでの社会保障制度は，長年にわたって高齢者と硬直したセーフティネットを優先してきた。世界中で展開される第4次産業革命時代のセーフティネットは，AIやロボットなどテクノロジーを活用して創造的破壊の犠牲となる工場労働者から子育て中にスキルが落ちてしまった母親，機械に仕事を奪われる人まですべてを支援するという，積極的な労働市場政策を中心に再構築される必要がある。世界的数理経済学者の宇沢弘文は「社会的共通資本」の大切さを訴えていた（宇沢 2000）。自然環境や，道路・水道などのインフラ，教育・医療などの制度資本は，いずれも地方行政に深く関わるテーマである。管理の難しい不確実性に柔軟に対処する国土づくりのためにも，日本社会に多様性や落ち着きを取り戻すためにも，自治体福祉や民間福祉による重層的かつ柔軟なセーフティネットの構築と新たな支え合いの仕組みを取り入れた「ゆるやかな共同体」の形成が期待される。

　経済学者の堂目卓は，「助けを必要とする人（および自然）」と「助ける人」が共感により助け合う社会，その社会を物質面で支える企業，そうした企業に共感して持続を応援する投資家と消費者の協働関係の促進を訴えている。また，「政府や自治体，NPO・NGOなどの共感も不可欠」として，共感ネットワークの中

で個人が自由に選択して成り立つ経済を「共感資本主義」と述べている（堂目2022）。これら経済学の知見を参考に，社会福祉学や地域福祉学における「共感のコミュニティ」を提示したい。共感のコミュニティを，ここでは「分かち合いと支え合いコミュニティ」と呼んでおく。

　柔軟なセーフティネットの基本的要素である「分かち合いと支え合いコミュニティ」の形成には，2つの理論を援用することが有効である。コモンズと新しい共同の考え方である。一つずつ説明をしておく。コモンズとは，土地だけでなく広く「人々にとって共同の利益」を生み出すような共同の有形無形の資産を指す。生態学者ギャレット・ハーディンが1968年に『サイエンス』に発表した論文「コモンズの悲劇」では，多数者が利用できる共有資源が乱獲されることによって資源の枯渇を招いてしまうという経済学における法則が提示された。近年では，地域資源を「社会的共通資本」としての共有財産と捉え直すローカル・コモンズと大気や海洋の汚染問題を解決するグローバル・コモンズの議論が盛んである（間宮 2016：25）。

　日本社会がコモンズの衰退への不安に根ざした「共同性の危機」に直面しているという状況の中で，社会保障の分野においても，少子高齢化による負担の押し付け合い，既得権の固執など，格差や世代間の分断が続いている。共に生きることの価値を確認し，多様な主体がそれぞれの存在価値を分かち合っていくことのできるような共同性の再構築を必要としている（野口 2018）。

（2）地方自治体の富と人口の流出を防ぐ地域循環型福祉経済の普及

　地方衰退の要因は，自治体の財政問題を含めた地元産業の衰微による富の流出とそれに伴う人口の流出に歯止めがかからないことにある。地方自治体の富と人口の流出を防ぐには，地元の非営利部門および地域内の営利企業の設備投資や人財の雇用確保に向けて，自治体や金融機関が投資・融資の支援を行いながら地元に還元・循環するという地産地消の地域循環型経済を推し進めていくことが有効であろう（兪 2021）。

　地域循環型経済という用語の初出は，循環型社会形成推進基本法（平成12年法律第110号）に基づき，2018（平成30）年6月に閣議決定された「第四次循環型社会形成推進基本計画」の中で提示された「地域循環共生圏」の考え方であると認

識している。また松丸和夫らは，「地域固有の自然環境とコミュニティを大切にし，人間を消耗品扱いしない幸せで持続可能な地域社会づくりの土台は，地域密着型企業の集積からなる地域内循環型経済システム」（松丸ほか 2012：7）であるとし，さらに，「中部ヨーロッパの先進諸国の実践から学ぶべき点として，ローカル循環重視の経済政策は狭い意味での地産地消型経済，つまり小規模市場に限定された地域内完結型経済ではなく，可能な限り地域資源を活かし，地域内での再投資力を向上させ，雇用と所得が地域内に還元する仕組みを再構築」することであると強調している（松丸ほか 2012：7-8）。

　筆者も，前述の野口（2016）において，図表 3 - 2「中山間地再生のシナリオとその手順」（47頁）の座標軸を設定した。一つは，「雇用の創出」（医療・福祉・介護サービス等）の軸で，もう一つは，中山間地が保有する自然や地域資源を活用した「6 次産業（1 次産業＋2 次産業＋3 次産業）」の企業・社会的企業・社会起業等の「地域循環型経済」を創出するという軸を提示している。この地域循環型経済のそもそもの背景として，国内生産者の減少や高齢化，地域コミュニティの衰退に加え，世界的な地球温暖化などに対策を講ずる必要性が指摘されている。自然環境に配慮した循環経済システムへの転換の国際的なルールづくりもすでに始まっている。

　そこで，地域循環型福祉経済のことに話を進めていこう。地域循環型福祉経済という用語は，筆者と橋川健祐氏が，氏の博士論文指導の過程で編み出した造語である。地域循環型経済に住民参加による福祉活動の要素を取り入れたのが地域循環型福祉経済の考え方であり，取り組みであると想定している。その特徴を示しておこう（図序 - 5）。まず第 1 に，筆者なりの考え方は，①地域循環型福祉経済といえば従来の地域循環型経済と社会福祉活動の合成による地域課題を解決し，それを以て豊かな地域の暮らしを実現する営為である。社会福祉当事者や地域住民の地域経済活動や地域福祉活動の参加を基本とし，端的には地域循環型経済の振興と地域課題の解決による持続的な共同（コモン）社会の形成を意味する（学術的な定義は，本書第 5 章参照。並びに橋川健祐氏の博士学位論文（日本福祉大学，2022年）「過疎地域再生を目指す地域循環型福祉経済の概念形成——就労継続支援 A 型事業所の事例研究をもとに」に詳しい）。②地域循環型経済とは本来，地産地消の循環型経済を基に，地域で生産された商品が地域内外の消費者に届くまでのプロセスを指す。

出所：西尾（2021）のフードサプライチェーンの概念図を基に筆者作成。

しかし昨今の人口減少時代における地域経済の生産者も消費者は過疎化や社会福祉法人や協同組合を前提とした福祉経済システムでは，行政を含む多様な事業者を通じて，生産者と消費者に提供する役割をもつ。③地域循環型福祉経済は生産者と消費者の間に社会福祉当事者や住民，そして移住者が地域資源（自然環境・文化芸術　居住資源等）と社会福祉活動（就労支援事業，子ども食堂等）を結び付け，社会福祉当事者や地域住民，NPO やボランティアの参加を得て地域課題を解決することにある。

　最後に，地域再生のための地域循環型福祉経済の開発に向けた政策提言を示しておこう。

　①地域資源の供給と消費の循環構造全体から考えること，②社会福祉活動が媒体として関わること，③経済振興と地域課題解決を同時に進めること，などである。これからも，このような地域での取り組みを地域再生に結び付けていく実験や実践を新たな地域福祉の「かたち」として表現していきたい。

--- コラム　「形」の功罪 ---

　ここでは，「形」に拘った。「形」や「型」で思い出すのは，菊池寛の『形』（文藝春秋新社）である。戦国時代，槍の名手として名を馳せた侍大将・中村新兵衛は合戦で猩々緋の陣羽織と唐冠櫻金の兜を身に着けており，「ああ猩々緋よ唐冠よ」と敵の雑兵は，新兵衛の鎗先を避けた。そんな彼が合戦前日に自身が養育係として育ててきた若君からある相談を受けた。「明日はわれらの初陣じゃほどに，なんぞはなばなしい手柄をしてみたい。ついてはお身さまの猩々緋と唐冠の兜を貸してたもらぬか。あの服折と兜とを着て，敵の眼をおどろかしてみとうござる」（原文ママ）と言って，見事初陣を飾った。そこで，若君着用の黒皮縅の冑を着て，南蛮鉄の兜をかぶっていた中村新兵衛は二番鎗を自分が合わそうと思ったので，駒を乗り出すと，一文字に敵陣に殺到した。猩々緋の武者の前には，戦わずして浮き足立った敵陣が，この「形」の中村新兵衛の前には，ビクともしなかった。「新兵衛は，いつもとは，勝手が違っていることに気がついた。新兵衛はともすれば突き負けそうになった。手軽に兜や猩々緋を借したことを，後悔するような感じが頭の中をかすめたときであった。敵の突き出した鎗が，縅の裏をかいて彼の脾腹を貫いていた。」（原文ママ）……。

　よく相撲の世界でも，自分の勝てる「型」をつくれ，と言われる。歌舞伎や職人の世界でも善く使われる言葉である。これほど響く作品はなかなかない。この話には二つの意味が込められていると思う。一つは，まさに「形」である。猩々緋の陣羽織と唐冠櫻金の兜の「形」の素晴らしさにある。もう一つは内容である。もちろん両方が備わっているのが望ましい。この話の教訓は，「形」は素晴らしいが，「形」は時として「中身・実力」以上の独自のはたらきをすることがある。その中身（内容）に過信があったのではないか。学術の世界においても，内容をどのようにつくるか（「形」に込められた，理論，理念，データ，事象など），これらの要素をどのように形作れるか，という「戒め」でもある。

注
(1)　宮本（2021：50-51）「新しい生活困難層」という考え方を提示している。行政・会社・家族からなる生活保障の「三重構造」から弾き出され，これまでの福祉制度からも受け入れられない人々であるとしている。

参考文献
宇沢弘文（2000）『社会的共通資本』岩波新書。
小島ブンゴード孝子・澤渡夏代ブラント（2023）『デンマークにみる普段着のデモクラ

シー――人々が "しあわせ" なわけ』かもがわ出版。

コリアー，ポール・ケイ，ジョン／池本幸生・栗林寛幸訳（2023）『強欲資本主義は死
んだ――個人主義からコミュニティの時代へ』勁草書房。

司馬遼太郎（1989）『アメリカ素描』新潮文庫。

スマイルズ，サミュエル／中村正直訳（1981）『西国立志編』講談社学術文庫。

スマイルズ，サミュエル／竹内均訳（2002）『自助論』三笠書房。

堂目卓（2022）「揺らぐ資本主義（2）――『共感』基盤 助け合う社会に」（『経済教
室』「日本経済新聞」2022年3月18日付）。

西尾チヅル（2021）「脱炭素目標と食料システム（下） 取り組みの「見える化」進めよ」
（『経済教室』「日本経済新聞」2021年4月30日付）。

野口定久（2016）『人口減少時代の地域福祉――グローバリズムとローカリズム』
（MINERVA 福祉ブックス②）ミネルヴァ書房。

野口定久（2018）『ゼミナール地域福祉学――図解でわかる理論と実践』中央法規出版。

野口定久（2022）「誰も排除しないコミュニティの実現に向けて――地域共生社会の再
考」宮本太郎編『自助社会を終わらせる――新たな社会的包摂のための提言』岩波書
店，93-115頁。

福沢諭吉（1978）『学問のすゝめ』岩波文庫。

保阪正康（2015）『昭和史のかたち』岩波新書。

松丸和夫・吉田敬一・中島康浩（2012）『地域循環型経済への挑戦』（労働総研ブック
レット⑤）本の泉社。

間宮陽介（2016）「コモンズとしての社会的共通資本とそのマネジメント」『水資源・環
境研究』29(2)，20-25頁。

宮本太郎（2021）『貧困・介護・育児の政治――ベーシックアセットの福祉国家へ』朝
日新聞出版。

俞炳匡（2021）『日本再生のための「プランB」――医療経済学による所得倍増計画』
集英社新書。

（野口定久）

第Ⅰ部　コミュニティ再生に向けた地域資源の展開

　野口定久によると，「1970年代以降，政策的にも実践的にも社会福祉の基盤をコミュニティにおくようになってきた」ものの，「この時期に社会福祉の立場から地域福祉やコミュニティケアが主張され論じられても，コミュニティの現実はこれに応じられるものではなかった。それどころか現実はコミュニティの崩壊過程が急激に展開していった」という（野口 2016：76）。コミュニティの希薄化，コミュニティの崩壊という言葉は，未だに政策場面等において枕詞として用いられることが少なくない。しかし，現実には，これらは半世紀も前から，地域社会あるいは日本社会における課題とされてきた。果たしてコミュニティは再生しうるのか。

　第 I 部のタイトルは「コミュニティ再生に向けた地域資源の展開」である。まずもって，地域資源といっても非常に多義的であり，地域資源とは何かを定義づけるだけでも困難な作業となる。そもそも，社会福祉において資源という用語が用いられる場合，社会資源という言葉が用いられるのが一般的で，有形か無形かにかかわらず福祉的なニーズを満たすものとして捉えられている。

　一方，地域資源という時には，例えば，農林漁業の振興等を図ることを目指して2010年に交付された「地域資源を活用した農林漁業者等による新事業の創出等及び地域の農林水産物の利用促進に関する法律」（通称：六次産業化・地産地消法）においては，「農林水産物等及び農山漁村に存在する土地，水その他の資源」と定義されている。

　本部のタイトルを地域資源とした理由の一つは，多義的であるがゆえに多角的な観点から地域資源の展開可能性を問うことにある。もう一つは，資源を単に福祉的なニーズを満たすためのもの，換言すれば消費的なものに留めるのではなく，資源の利活用，ないしはその所有や管理のありようによって再生産や貢献，循環を生み出すものとして範囲を拡げて捉えることで，従来とは異なる社会福祉，地域福祉の発展を期待しているところにある。

　第 1 章では，地域共生社会の実現を目指して制度化された重層的支援体制の整備を念頭に，住民が参加する場あるいは役割を発揮する場としての地域資源として地域拠点，とりわけその一つの場としてのコミュニティカフェに焦点が当てられている。より具体的には，地域拠点が，地域住民が主体的に地域課題の解決のために活動を展開する可能性を持つことや，そのために常駐する人の存在の重要性について，事例を基に検討されている。

　単に福祉的なニーズを満たすための消費的な資源に留めず，支えられる側と支える側，非専門職と専門職，多様な背景を持った人たちが行き交い混じり合う場こそが，地域拠点たる所以であるとすれば，地域住民によって主体的に運営される地域拠点がどのように展開可能か，そこに専門職はどう関与しうるのかは重要な論点の一つであろう。

　第 2 章では，地域福祉領域における社会資源，その中の文化資源が持つ意味と価値について検討し，さらに文化資源が持続可能な地域社会の創造に寄与する可能性について考察を試みている。社会資源の生活文化的要素を「文化資源」と捉えることで，地域福祉研究が従来捉えきれていなかった個々人や地域社会が持つ「意味」や「価値」の再発見につながるのだという。

資源は，先にも触れたように有形か無形かを問わない。とりわけ，社会福祉や地域福祉は人々の生活を扱う学問領域であることから，その生活を形づくるものの一つとして，文化というものを資源として捉える視点も必要であろう。人々によって世代を超えて受け継がれてきた文化が，翻って人々をエンパワメントする資源になりうるとするならば，その展開可能性は間違いなくコミュニティ再生にも寄与しうるのではないかと思われる。

　第3章では，地域資源を共有財（コモンズ）化することによって過疎地域の再生が可能かどうかを，島根県隠岐郡海士町の事例をもとに問うている。なかでも，過疎地域再生の要件の一つを「共助のしくみ」とし，地域資源を共有財（コモンズ）化することによって，しくみの形成に必要な構成要素を考察している。

　第4章でもコモンズを扱うが，ここではチベット牧畜民によるその維持や管理，再生方策について論じられている。近代の国家体制の変容により，チベット牧畜社会におけるコモンズの形態も変容する中，その管理方法の変遷を辿った上で，近年の合作社（組合式の集中管理体制）に着目し，代表的な3つの事例を取り上げながら，その有効性と課題を考察している。

　地域資源とは何かを問うことも重要であるが，第3〜4章で問うているように，そもそも地域資源とは誰のものかという議論も避けては通れない研究課題である。冒頭にも触れた1970年代は，世界的な新自由主義思想の広がりを見せはじめた時期でもあった。私的所有を基本とする資本主義をより加速させ，格差や分断を拡大し続けてきた。日本もその例外ではない。一方，そのような経済のあり方に異を唱える声は決して少なくない。その一つとして，社会的連帯経済などの考え方が地域福祉分野でも議論されるようになってきたが，地域資源をどのように共同管理し共有財産としていくことで，コミュニティの再生へとつなげていくことが可能か，また，そのときの組織のありようや運営形態などについても，まだまだ研究の蓄積が求められているのではないだろうか。

　第5章では，過疎地域の再生を目指す上で地域循環型経済と福祉経済の二つの概念的用語から設定した合成語である「地域循環型福祉経済」なるものを操作的に概念化し，検討を試みている。中でも，それらの担い手でもあり消費者である，そして当該地域の生活者である一人ひとりの地域住民の存在と行動のありようを論点として検討した上で，昨今の地域福祉の政策化の動向における地域住民の位置付けについても批判的な検討を行っている。

　地域資源を問う上で，経済の話は避けては通れない。経済のあり方という点では，過疎地域研究の分野において，地域循環型経済の考え方が注目されている。過疎対策として，政府の政策にも盛り込まれているし，地方自治体においても政策に盛り込む動きも見られる。一方，地域福祉とコミュニティ政策，地域福祉とまちづくりにおける議論にあるように，これらが，マジョリティ側の思惑だけで進められるようなことがあっては，決して十分とは言えない。マイノリティと言われる人たちがどう主体として関わることが可能か，その上でさらに地域住民はどう関与しうるのかも，重要な問いであろう。

　このように，コミュニティの再生も，地域資源の展開も，学際性のあるテーマであること

から，その射程は極めて広範囲にわたる。それゆえ，研究課題の設定や切り口を誤ると，社会福祉や地域福祉の研究とは言えないという批判にさらされる可能性もある。研究の内容もさることながら，風呂敷を広げつつも，社会福祉研究，地域福祉研究としてどう着地させるかが問われている。

参考文献

野口定久（2016）『人口減少時代の地域福祉——グローバリズムとローカリズム』（MINERVA 福祉ブックス②）ミネルヴァ書房。

（橋川健祐）

<table>
<tr><td>第1章</td><td>重層的支援体制の整備における
地域拠点の意義
——福祉コミュニティ形成の観点から</td></tr>
</table>

1　重層的支援体制の整備と「支え合い」

（1）地域社会の変遷と複雑化・多様化する福祉課題

　現在，複雑化・多様化する福祉課題の解決や地域共生社会の実現が課題となっている。かつて日本には，「結い」や「講」，「頼母子講」をはじめとする地域における支え合いの仕組みがあった。また，子ども会や町内会等，地域を基盤とした様々な組織があった。地域には人々が集う何らかの場所があり，大人も子どもも声を掛け合い，支え合う関係があった。しかしいつしか，地域で支え合う関係をどのように構築するかが喫緊の課題となっていた。

　地域が希薄化した背景は複数あると考えられる。例えば，1960年代の高度経済成長において多くの若い世代が都市部に集中したことにより核家族化が進行したこと（農村の過疎化，都市部の過密化）。また，郊外に居を構え都心に通勤するという生活により，地域で過ごす時間が減少したことも考えられる。やがて子育て中の母親が意を決して「公園デビュー」したものの，すでに出来上がっているグループに入れず孤立感を増してしまったというエピソードは誰もが知るところとなった。さらに2000年代に入り，個人情報保護法が制定されると，人との付き合い方や地域における支え合いの活動にも変化が生じた。民生委員が地域活動を展開しにくくなったことは記憶に新しい。

　気が付けば郊外の大型ショッピングセンターが賑わいをみせている。商店が次々と閉店し，日中でもほとんど人を見かけず，商店街が閑散としている光景も珍しくない。店主と客そして客同士のとりとめのない会話は，人と交流する機会あるいは情報交換の機会でもあったが，それらの機会も減少してしまった。

　また，福祉課題も時代とともに変化してきた。例えば，戦争で生活困窮に陥った人や親を失った戦災孤児，さらに身体に障害を負った人々が多かったことから

生活保護法，児童福祉法，身体障害者福祉法が制定された。そしてその後も，分野ごとすなわち「縦割り」の社会福祉関係法や制度が整えられていった。[1]

　このように福祉施策は，時代の変化とともに生じる課題に対応してきた。しかし近年は，複雑化・多様化した福祉課題を行政のみでは解決しきれなくなり，地域住民と行政との協働に期待が寄せられている。

　本稿では，支え合う関係を構築するための方策の一つとして挙げられている地域拠点に着目し，その有用性について考察する。

（2）地域における支え合いの関係の構築

　地域で支え合う関係を構築するために，厚生労働省から複数のビジョンが示されている。とりわけ近年はサロンをはじめとする地域拠点が，出かける場あるいは役割を発揮する場として期待され，様々な人が「出会う」「交流する」「仲間を作る」だけにとどまらず，運営する側も参加する側も，一人ひとりが主体的に関わり，役割を発揮すること，すなわち場を創出することが求められている。

　支え合う関係を構築するための地域拠点については，これまで何度か提言されてきた。例えば2008年には，これまで分野ごとに施策を整備してきたものの，近年は制度の谷間の問題が生じている旨が指摘されている（厚生労働省 2008）。また，もはや公的機関では多様なニーズに対応しきれないため，今後は地域住民が新たな支え合いの関係を構築することが重要になる旨が示されている。この背景には，団塊の世代が定年を迎え，彼らが地域で活躍することに対する期待があった。そして，彼らの活躍は，支援を受ける側にとっての自己実現にもなる旨が示された。

　当時，登場した言葉が「活動の拠点」である。住民による地域福祉活動を推進する拠点にとどまらず，住民が気軽に集う場，住民の主体的な活動を展開するための拠点の設置が重要であることが示された。そして「活動の拠点」は常設であることが重視され，公民館や自治会館等のほか，空き店舗や空き家など活用されていない建物も挙げられた。さらに，常設であることに加え，常駐する人の存在が重視された。

　「活動の拠点」は，2015年には「小さな拠点（多世代交流・多機能型の福祉拠点）」と表現されるようになった（厚生労働省 2015）。具体的には，利用対象者を限定せず誰もが利用することができる場所であり，「人々が交流する場所」あるいは

「居場所」から発展し，地域活性化の拠点となることが期待された。すなわち地域拠点は，参加者が地域生活課題に関心を寄せ，その課題について話し合う場としての機能を有することのほか，その課題を解決するための活動拠点として重視されるようになった。

　この内容がさらに具体化したのは2019年である（厚生労働省 2019）。地域共生社会を実現するために，人のつながり（人と人，人と社会のつながり）や，一人ひとりが生きがいや役割をもち，助け合いながら暮らしていく地域をつくることが提起された。ここでは，「専門職による支援」と「住民同士の支え合い」の双方が重視されている。とりわけ，つながり続けることを目指すアプローチについては専門職による支援に加え，見守り活動をはじめとする住民同士の活動が不可欠である旨が示されている。

　さらに，住民の複雑化したニーズに対応するため，重層的な支援体制の整備として3つの支援（「断らない相談支援」「参加支援」「地域づくりに向けた支援」）が示されている。そのうち「参加支援」および「地域づくりに向けた支援」は地域拠点と関連しており，住民が参加する場あるいは役割を発揮する場としての地域拠点をいかに創出するかが問われている。

（3）重層的支援体制の整備と地域拠点

　前述した重層的な支援は，社会福祉の分野横断的な視点のみならず，従来の「福祉」の領域から脱却し，多様な領域・多様な担い手により創出されることが期待されている。視点を変えれば，制度に基づいた縦割りの対応あるいは福祉領域だけでは対応しきれないほど，孤立の問題や制度では対応が困難な課題が山積しているといえる。

　重層的支援体制整備事業においては，専門職による支援および地域住民による見守りや声掛け，居場所づくり等が示されている。また，本事業は社会福祉法第106条の4に規定されており，包括的な相談支援体制を基盤として，地域において世代や分野を問わず，人のつながり・人と社会のつながりを構築することが目指されている。さらに同法第4条において，地域住民が地域共生社会の実現を目指して地域福祉を推進する旨が明記されており，地域住民が関係機関と連携しながら地域生活課題を解決するよう求められている。

　以上のことから，地域住民にも，関係機関とともに孤立のない社会を創出すること，すなわち積極的に地域福祉実践を推進することが求められている旨がわかる。とりわけ社会資源の活用のみならず社会資源の開発も含めた，地域独自の取り組みが目指されている。

　ここで留意すべき点は，地域福祉の推進は地域住民のみ，あるいは専門職のみに求められているのではないという点である。専門職だからこそ担える役割があり，地域住民だからこそ実践できる活動がある。とりわけ後者には，日常的な声掛けや地域拠点を中心とした住民同士の交流，あるいは支え合いの関係づくりなどがある。

　地域住民の支え合いは，先述の通り，地域社会の変化および産業構造の変化により希薄化した。しかし「つながり」に注目すると，インターネットの普及やSNS の利用が増えたことにより，世界中の人と容易に「つながる」ことができるようになった。顔見知りでなくても意見を交換したり，ゲームを楽しんだり，時には困りごとを相談することもできる。その一方で，水害や震災等の災害が発生する度に，近隣の声掛けや安否確認の重要性が指摘されるようになった。地域において日頃から顔が見える関係をいかに構築するかが問われている。

　現代は，「地域組織を基盤とした関係性」が脆弱化している。地域住民の付き合いが必要だとわかっていても，互いの家庭環境をよく知っている，というような深い関係を望まないかもしれない。深くつながる関係を目指すより，緩やかなつながりを構築しながら，地域で孤立しない・させない関係の創出が求められているのではないだろうか。そして，こうした関係づくりを意識的に行うことが，現代における「つながり」づくりの特徴ではないかと考える。

2　現代における福祉コミュニティ
——地域拠点に焦点を当てて

（1）岡村重夫の福祉コミュニティ論

　先述の通り，支え合う関係づくりの方策の一つとして，地域住民の活動拠点（居場所やサロン等）が示されている。地域拠点は地域住民にとって，地域活動に気軽に参加できる場所，人と出会う場所，声を掛け合う場所，自己実現の場所等，様々な場として機能している。そして，飲食を共にする，お喋りをする，体操を

する，講座に参加する（主催する），困りごとを抱えている人の話を聴く，町内会の活動に参加する等，多様な活動が展開されている。

　筆者は，地域拠点としてのコミュニティカフェ⁽²⁾に焦点を当てて研究しているが，地域拠点は「利用する」「参加する」場だけにとどまらず「共に場を創り出す」ことができる，すなわち「主体的に関わることができる」という点に特徴があると考えている。地域には，利用者層がある程度限定されている子育てサロンや認知症カフェ等があるが，それらに加え，年齢あるいは障害の有無を問わず誰もが利用することができる場所は，地域共生社会の実現に向けて，地域住民が主体的に地域を創出する拠点として機能すると期待している⁽³⁾。

　さて，岡村重夫は1974年に「福祉コミュニティ」を提唱した。当時は措置制度に基づいたサービスの決定が行われていたほか，福祉分野とりわけ障害（児）者に対する偏見や差別もあった。岡村は「一般的な地域組織化活動」だけでは不十分であるとして，「福祉組織化活動」が必要であると指摘した。すなわち，一般的なコミュニティづくりの組織化活動（「一般的地域組織化活動」）では，高齢者，障害者，児童，少数者集団をはじめとする，生活上に不利条件を持つ人たちの要求は充足されないと考え，一般的地域組織化活動とは別に，共通の関心を中心としたコミュニティ集団の形成の必要性を論じた（岡村 1974：69）。すなわち地域社会における社会福祉サービスの対象者やその関係者，代弁者，機関などから構成される「福祉コミュニティ」を提起したのである。

　岡村は，「福祉コミュニティ」における第一の構成条件として，生活上に不利条件を持つ人，すなわち「サービス受給者ないしは対象者」を位置付けた。その理由について岡村は，福祉サービスの対象者が人権意識と生活主体者としての自覚をもって一般的な「地域コミュニティ」の構成員とならなければならない（岡村 1974：70）ことを挙げている。

　岡村が提起した「福祉コミュニティ」の特徴は，当事者が中心に据えられたというほかにも，「公共機関が実施しない福祉サービスを一時的にこれに代わって実施する」（1974：71）という点にも示されている。そして，一般的な地域コミュニティが成立していないような地域社会状況においてこそ，福祉コミュニティが必要であると主張している。当時，サービスを受ける「対象」とされていた当事者を中心に据え，主体的に捉えた点は，先駆的であったと考える。

（2）現代における福祉コミュニティ

　1970年代に岡村が提起した福祉コミュニティの考え方を，社会福祉を取り巻く環境が変化した現代において，どのように捉えることができるだろうか。

　現代は措置から契約に変わり，社会福祉法において「地域住民」が地域福祉の推進主体として位置付けられた。また，当時と比較すると社会福祉が身近なものとして捉えられるようになった。例えば障害者施策においては，すべての国民が，障害の有無にかかわらず地域で安心して暮らすことができる地域社会の実現が目指されるようになった。

　1970年代と大きく異なる点は，何らかの福祉課題を抱えている人に対する理解や，福祉サービスの利用者に対する理解が（当時と比較して）深まり，自身が福祉サービスを利用することについて抵抗感が低くなった点だろう。また，ソーシャルインクルージョンという，誰もが排除されない社会を目指す考え方が普及し，現在は地域共生社会の実現に向けた取り組みが展開されている。

　具体的には，これからは分野を問わず包括的に相談・支援を行う必要がある旨を指摘し，その際に支援を受ける側・支援をする側が固定されるのではなく，時には役割が入れ替わりながら「支え合う」ことが重要であるとされたほか（厚生労働 2015），複雑かつ多様な問題を抱えながらも，社会との多様な関わりの中で生活すること（厚生労働省 2019）が目指されている。

　このように整理すると，現代における福祉コミュニティは，これまで「対象」とされてきた人が対等に参加し，支え合う地域を構築することだと考えられる。具体的には，専門職が地域住民やニーズを抱えている人と共に，あるいは地域住民がニーズを抱えている人と共に，支え合う関係を構築することであると考えられる。

（3）地域拠点としてのコミュニティカフェ運営の可能性

　筆者は2011年に，全国のコミュニティカフェを対象としてスタッフのアプローチと利用者同士の関係性の構築に関する調査を実施し，個人および地域に積極的に関わるスタッフのアプローチの有用性について言及した（倉持 2014）。また，地域住民が「集う場」から，支え合う関係を構築する拠点となる可能性を指摘した。その後，わが国では子どもの貧困がクローズアップされ「子ども食堂」が急

増したほか，地域住民が地域共生社会の実現を目指すよう求められるようになった。さらにコロナ禍においては，対面で飲食をする場，すなわち人が集う場の運営のあり方が模索されるようになった一方，身近な場所で人のつながりを維持する場として地域拠点が重視された。

　地域拠点を設置するだけでなく，なぜ常駐する「人」（スタッフ）の配置が大切なのか。また，常駐する「人」は何をしているのか。筆者は「場」すなわち拠点を設置するだけでは地域拠点として機能せず，常駐する「人」が重要であり，個人や地域（住民や組織）に目を向けたアプローチの必要性を指摘したが，主にアンケート調査が中心であり，実践（プロセス）に基づいた考察には至らなかった。

　そこで本章では，地域住民が支え合う場づくりのプロセスを例に，利用者層を問わない地域拠点の有用性を論じる。具体的には，一つの事例を通じ，地域住民から寄せられた「地域生活課題への気付き」をどのように共有し，地域住民が主体的に運営する地域拠点を開設したのかについて検討する。そして，地域拠点が「そこに居る場所（行く場所）」にとどまらず，「地域住民が地域の課題に目を向け，解決のために話し合い，主体的に活動を展開する」可能性を持つこと，そのために常駐する「人」とりわけ専門職の存在が重要となる旨を確認したい。

3　地域生活課題を視野に入れた地域拠点の立ち上げと運営の実際
──"まちの食堂"の事例から

（1）地域課題解決の場としての地域拠点

1）地域ケアプラザの概要

　本節では，住民の「ちょっとした気付き」をきっかけに立ち上げた地域拠点A（以下，A）の実践を紹介する。[4] Aは横浜市X区で初めて開設された「誰もが利用できる地域拠点」である。基本的には地域ケアプラザ（以下，CP）[5]において毎月1回，カレーライスを食べるほか，多世代交流の時間が設けられている。

　Aは，横浜市X区Y地区にある。2023年9月1日時点で，横浜市の人口は約375万人（高齢化率24.9%），X区の人口は約31万人（高齢化率22.7%），Y地区の人口は2019年時点で約1万4,000人（高齢化率30.7%）となっている。横浜市は18区あり，そのうちX区には12カ所（横浜市内に145ヵ所）のCPが設置されている（2023年4月1日現在）。

　CP は「横浜市地域ケアプラザ条例」によって設置されており，福祉活動および保健活動の拠点として機能している。配置されている職員は，『横浜市地域ケアプラザ事業実施要綱』によると，所長，生活支援コーディネーター，地域活動交流コーディネーター（以下，地域 Co）となっているほか，地域包括支援センターにおける常勤職員増員配置基準に沿って専門職が配置されている（保健師・社会福祉士・主任介護支援専門員）。

　地域 Co については，『地域ケアプラザ業務連携指針』において「子どもや高齢者，障害者等，地域に暮らす全ての人たちが，孤立することなく地域の一員として，自分らしく支え合って暮らせるような，住民主体の地域づくりを，関係機関と連携して支援する」と規定されている。すなわち CP は，地域 Co の配置により，地域住民の自主的な取り組みや支え合い活動を支援する地域拠点として機能している。先述したように，現在，日本では重層的な支援体制の構築が推進されているが，横浜市においては CP に関する条例や施行規則が1991年に制定されていることから，早期から先駆的な実践が展開されていたことがわかる。

　以下，地域拠点の立ち上げから運営に至るプロセスについて，地域 Co のアプローチとともに整理する。

2）潜在的な地域生活課題に対する地域住民の気付き

　Aは，ほぼ同時期に持ち込まれた複数の相談がきっかけとなり立ち上げられた。具体的には，地域住民から「精神疾患を抱え，子育てすることができない母子世帯がある。高校生ほどの年齢の子どもが，小学校中学年の兄弟の面倒を見ている」「高齢者のお宅に訪問に行くが，孫も含め世帯全体に関わらなくてはならない。どのように関わればよいか」「夜間にコンビニエンスストアの前で子どもたちが集っているので心配だ」等の話が寄せられた。また，区社協から「貸付の申し込みから生活困窮が発覚した。見守り体制を構築したい」という連絡が入った。

　地域 Co は，以前から（職名である）「地域交流」という言葉には「様々な人が交わる」という意味があると理解し，職場内の各部署に対して「誰でも利用できる地域の拠点を作りたい」と話をしていた。また，先述のように地域住民から寄せられる様々な話を耳にし，地域には誰かを気にかけている住民がいることを再認識するとともに，地域 Co だけでは把握しきれない地域生活課題がある旨を実感していた。

そこで，「ちょっと出かける」ことができる場所があれば，その場所が見守りの場として機能するのではないかと考え，地域拠点の立ち上げ準備を始めた。

（2）地域拠点から捉える地域生活課題——「誰もが」利用できる場所へのこだわり

1）地域住民，職場内，関係機関との情報共有

地域 Co は，地域住民から寄せられた声を CP 内で共有した。この共有は，ケアマネジャーが「独居高齢者で元気な方を誘う場が一つでもあれば……」と，地域内に集う場を設置する必要性を感じていたことが明らかになるなど，各部署が日頃の業務を通じて地域課題をどのように捉えているのかが共有される機会になった。そして CP の所長をはじめ，各職種が業務で関わっている関係機関や会議において情報を共有し，地域拠点の立ち上げに向けて動き出した。

地域 Co は保健師とともに区内の施設や組織を訪問し，運営メンバー（地域住民）を募った。例えば，学童のボランティア，学校支援コーディネーター，CP で開催しているボランティア会議の参加者，高齢者サロンの担い手，民生委員や小学校 PTA の関係者等に対して，活動の場に赴いたり自宅を訪ねるなどして協力を求めた。声掛けをしたメンバーは，町会長の経験者，サロンを立ち上げた経験者，近隣住民の溜まり場になっている家の住民，職業柄計算が得意，というように様々な背景があった。これは地域 Co が「様々な人が集うことで，偏りなく広い視野で活動を展開できる」と考え，声掛けを行った結果であった[7]。

また，市役所および区役所，さらに区社協との連携および情報共有を強化し，小さな出来事でも関係機関と共有するよう努めた。

2）「誰もが」利用できる場の共有

準備会の立ち上げに向けて，CP 内の各部署で進捗状況を共有し，協力体制が整えられていった。CP 全体で取り組むことにより，関係者や住民から問い合わせがあった際に全職員が対応できるようになるというねらいがあった。

地域 Co は，保健師やケアマネジャーと共に，地域課題や個別課題を共有した。具体的には，「徒歩圏内に拠点を作りたい」「CP の利用者層は高齢者だけではない。サービスを使わない人も利用できるようにし，対象を広げる機会にしたい」「孤立を防ぎたい。子どもも大人も孤立死させない。プライベートな部分に踏み込むことはできないが，互いに気にかけあう場をつくりたい」「親がタクシーを

呼び，子どもにお金を渡し，子どもが一人でファミレスで食事して帰宅しているようだ」等の情報が共有された。

　また，地域ケア会議（高齢者関連施設，社協，民生委員，区役所，ケアマネジャー，地域 Co，消防署等が参加）や連合町内会長と情報を共有し，「日頃外出しない人が地域に出かけるきっかけとなる場」「地域住民が地域に関心を持つきっかけになること」等の期待と共に本事業に対する快諾を得た。

　X区では「地域福祉保健計画」が策定されており，そこで地区別の計画が掲げられている。第三期の計画策定にあたり開催された地区懇談会では，「地区別計画の取り組み目標」を検討する際に，地域住民から「若い人とのつながり」「高齢者の活躍」「地域全体で子どもを育てる」等について意見が出され，地域住民が幅広い年齢層に関心を抱いていることが明らかになった。

3）準備会の立ち上げ

　地域住民から「気付き」が寄せられてから約1年が経過した頃，2016年に第1回目の準備会が発足した。準備会には，地域 Co が声を掛けた住民，チラシを見て関心を持ち参加した地域住民，CP 内の関係職種，さらに区役所の事業担当職員も参加した。この際に行われた意見交換では，様々な意見が出された。例えば，地域に望まれていることは「多世代交流の場」であること，「誰かと一緒に食事をする」ことの大切さ，参加することに対して偏見を持たれないようにしたい（「福祉ニーズがある家庭の子どもが集まる場」というイメージにならないようにしたい）等が確認された。

　具体的には，「貧困家庭」というように対象を限定すると，子どもの家庭環境が明らかになってしまうばかりか，その他の利用希望者が利用できなくなってしまう。多様な人が交わり，相互理解を図り，孤立防止につながる拠点を創るためには，地域のあらゆる世代に向けた「地域のつながり」を構築するための拠点が必要である。高齢者も子どもも主役になり，担い手として交流できる場を創ろうという点が共有され，多世代が利用できる地域拠点の設置が目指された。

　準備会は毎週開催され，地域 Co のみならず所長，保健師，ケアマネジャーも参加し，板書などの役割を担った。毎回，メンバー全員が参加し，代表者の選出，拠点の名称，メニューや価格等が決定された。地域 Co は当初から，メンバーが会議の司会や"まちの食堂"の運営を担えるよう意識していた。そのため，会議

の運営に慣れるよう，会議の前に代表者と会議の進行について確認をしたり，話し合いが円滑に進むようワークシートや付箋を用意する等，参加型の運営会議を意識しながら準備会をサポートした。

4）プレオープンを通じた気付き——誰のための拠点なのか

①　多世代が交流する場の創出

プレオープンは毎月1回・合計6回実施され，「実施」「反省会」「次回の打ち合わせ会」が繰り返された。反省会では当日の段取りに関する事項のほか，参加者に関する事項も話題になった。例えば「調理を手伝いたい」という子どもがいたという話に対して，「近頃の母親は忙しく，子どもに包丁を持たせるゆとりがないようだ」「子どもに肉を触らせ，感触を伝えよう」「子どもたちに配膳を手伝ってもらおう」「大人にも手伝ってもらいたい（参加者は客ではない）」等である。

また，「高齢者から『子どもを静かにさせてほしい』という声があった」というように，多世代の交流の場を期待したものの，活発な子どもと，静かに過ごしたい高齢者が同じ空間で過ごすことの難しさが共有された。検討した結果，子どもが宿題や遊びをする時間を設け，その時間に大人が特技を活かして子どもに教える機会を設けることになった。例えば将棋，草笛，折り紙，編み物などである。各テーブルに特技を持った大人（運営メンバーや参加者）が座り，子どもは好きなテーブルで大人と一緒に時間を過ごすという試みだった。

②　誰のための地域拠点なのか

一方，当初は「誰もが利用できる地域拠点」という認識で始まったものの，仕事帰りに親子で利用する姿を見て，「親が自宅で料理をせず，子どもと食事をして帰る」ことについて運営メンバーから疑問の声が出るようになった。メンバーはその都度，「たとえ困りごとを抱えていなくても，母親が仕事で疲れて帰って来て，食事を作る時間とストレスをここで解消し（親子で「美味しいね」と食事をし），帰宅後，子どもと穏やかに過ごすことができれば，それでいいのではないか」という考え方を共有した。

この発言の根底には，開設時から，対象を限定せず誰もが利用できる場の必要性を共有してきたものの，「本当に困りごとを抱えている人が利用しているのか」という問いがあった。地域住民が抱えている課題を解決したいというメンバーの熱意はあるものの，利用者像は一人ひとり異なっていることの表れでもあった。

　たびたび提起される話題を踏まえ，地域 Co は区役所の担当課職員に連絡し，ミーティングの際に生活困窮者の状況について話をしてほしいと依頼した。そして後日のミーティングにおいて，生活困窮の背景として「社会とのつながりが無い」点が指摘されていること，彼らが地域とつながりたいと思った時に，Aが「気軽に行ける場所」になることが大切である旨が説明された。

　この話を受け，メンバーは「子どもも大人も様々な事情があるだろうが，困りごとを抱えている人を特別な人として捉えない」「様々な人たちの中に混ざっているほうが利用しやすいのではないか」という方向で話が落ち着き，従来通り運営を継続しようという結論に至った。そしてこの日を契機に，幾度となく噴出していた話題がメンバーから提起されることは無くなった。

　このように地域 Co は関係機関の協力を得ながら，メンバーにとって必要な情報を適宜提供する役割を担った。

（3）地域拠点を中心としたつながり

1）人のつながり

　プレオープンを経て2017年4月から本格的にAの運営が開始された。食事の前に大人が特技を披露する（子どもに教える）企画は，「散歩の際に，女の子が『こんにちは』と挨拶してくれた」「いつも草笛やウクレレを教えているので，『草笛のおじさん』と呼ばれている」というように，地域拠点の外で挨拶をする関係を生んだ。

　また，幼児を連れて参加した母親は，高齢者と子育ての話ができた様子で，「もう少し子育ての手を抜いてもよいのだと思えました」と話していた。さらに，「これまで20時まで家で一人で過ごしていたけれど，ここに来ればみんなでご飯を食べられる」と話す子どもや，「（同級生よりも）小さい子と遊べることを楽しみにしている」と話す子どももいた。また，大人（スタッフ）が担っていた受付や調理を手伝いたいと希望し，受付に大人と一緒に座ったり，エプロンを持参する子どもが現れた。

　ある時，スタッフが（小学校1年生に対して），「あの小さな子は折り紙の作品を完成できないだろうから，ちょっと難しいかもしれないね」「できないところは手伝おうね」と打ち合わせていたものの，誰の手も借りず一人で完成させたこと

に驚いたという場面があった。子どもは孫と同じ年齢だといい，「うちの孫も一人でできるのだと気付いた」と話していた。

2）関係機関のつながり

人のつながりのみならず，関係機関のつながりも生まれた。例えば高齢者施設とのつながりは，近隣の高齢者施設の職員が運営スタッフとして関わっていたことから生まれた。業務の都合上，毎回ではなかったが，職員が交代でミーティングや食堂の開催日に参加していた。やがて高齢者施設の夏のイベントである「流し灯篭」で使う灯篭を拠点の参加者と共に作り，イベント当日に参加者を施設に招待するという企画が持ち込まれた。また，施設入所者がAに遊びに来てレクリエーションを楽しむ等の交流が生まれるようになった。

また，近隣の区で活動しているNPO（主に精神障害がある人を対象とする）のメンバーが，農作業の帰りに遊びに来るようになったり，田植えの誘いが来るようになる等のつながりができた。その他，活動が地域に周知されるようになると，直接活動に参加しないものの，企業や店舗からの寄付が届くようになった。

（4）コロナ禍における地域拠点の運営——つながりを絶やさないために

2019年12月から，新型コロナが世界中にまん延していった。あっという間に人との関わりに距離が置かれ，サロンやコミュニティカフェをはじめとする様々な地域拠点が閉鎖される事態に陥った。しかし，その一方で，外出せず自宅に籠りきりになることで心身にマイナスの影響を与える旨が課題となり，気軽に足を運べる地域拠点の重要性が再認識された。このような中で，サロンをはじめとする全国各地の地域拠点では，開設時間を減らしたり，利用者数を制限する等の工夫をしながら，人のつながりを絶やさないよう拠点を運営していた場所もあった。

Aでは，緊急事態宣言発令中は活動を休止したものの，活動の規模を縮小して事業を継続することを決めた。具体的には，食事の提供を中止し，利用人数を制限した上で，食事の前に実施していた「大人と子どもが遊ぶ時間」を継続したり，作品を作るイベントを企画する等，つながりを保ち続けていた。また最近では，ボッチャ[8]を通じて身体を動かす機会を設けた。

ボッチャの実施は，思わぬメリットを生み出した。第1に，年齢や障害の有無を問わず誰もが参加できるスポーツであることから，高齢者も子どもも一緒に競

技できる点である。多様な年齢のメンバーが「作戦会議」をする様子は，従来の「特技を持つ大人が子どもに何かを教える」関係から，「子どもと大人が一緒に作戦を考える」関係に変化した。また，時には「大人が子どもから作戦を教えてもらう」場面もみられるようになった。第2に，コロナ禍以前に食事を提供していた際に「子どもが賑やかすぎる」という理由で足が遠のいていた高齢者が，「身体を動かしたい」と，再びＡに顔を出すようになった点である。コロナ禍において食事の提供ができなくなったものの，形を変えた開催により，新たなつながりを創出する機会になった。

そのほか，常連の子どもが，コロナ禍で外出を自粛していた高齢者（参加者であり，「折り紙の住民先生」でもある）に，教えてもらった折り紙を折り，メッセージを付けてスタッフを通じて渡したというエピソードがある。自宅に引きこもり沈みがちだった高齢者は大変喜び，たくさんの折り紙を折り，子どもたちに渡してほしいとスタッフに依頼したというつながりもあった。

そして2023年8月，数年ぶりに「まちの食堂」が再開した。休止中に生まれた幼児を連れた親子，近隣スーパーのベンチに座っていた外国人夫妻に声を掛け一緒に利用した男性，これまで民生委員が気にかけていた父と子などの新規利用者の姿がみられた。

4　重層的支援体制の整備における地域拠点設置の有用性

（1）地域拠点における主役は誰か

Ａの事例から，地域拠点の主役は2通り考えることができる。第1に，運営スタッフである。ここには，スタッフも場を創る一員であるという意味のほかに，地域拠点に集う参加者と関わりながら相互理解を深めるという意味が含まれている。Ａの事例では，いくつかの学びの場面があった。例えば，①準備会のメンバーを募る段階で，地域に困りごとを抱えている人がいるというエピソードを聴き，「実は自らも気にかけている人（世帯）がいる」というように，自らの経験だけではなく他者のエピソードを重ねながら地域の状況を理解する場面，②実際に拠点を運営し，様々な参加者との関わりを通じて，多様な地域住民とともに暮らしていることを理解する場面（家庭に何らかの課題があるのではないかという気付

きも含む），③地域には，見た目ではわからないが，生活に困窮している人（世帯）が暮らしているということを理解する場面等である。

　Aが「お客様」を迎える場，すなわち参加者との関わりを持たず，食事を提供する場であれば，その場は「食事を提供してあげた」「誰かの役に立った」という満足感で終わってしまうかもしれない。しかし，運営スタッフは同じ地域住民として地域生活課題に目を向け，その場に集う人々と関わる機会を設け，参加者と共に場を創る関わりをした。当初は，「子どもと関わりたかったのにうまく関わることができなかった」「乳幼児の母親にどのように話しかけたらよいのかわからず，手伝いを頼むことができなかった」「高齢者と関わることができなかった」等の振り返りが出されたが，やがて円滑に関わることができるようになった。

　第2は，参加者である。その場を利用する者，すなわち受け身としての利用ではなく，共にその場を創り出す者として考える。例えば，子どもが学校の日直のように「いただきます」の挨拶をしたり，受付や調理を手伝う場面があったほか，大人が折り紙や編み物，将棋などの特技を活かし，子どもに教える場面が見られた。運営スタッフがすべて準備し，「お客様」を迎えるのではなく，その場にいる者が参加することで場を創出する。もちろん，最後は参加者全員で会場を片付ける。すなわち参加者にとっても，他者との関わりを通じた相互理解の場になっているほか，特技を発揮したり役割を担う（Aの運営に関わる）機会になっている。

　コロナ禍明けに再開した際には，新規に運営スタッフに関わるようになった若い世代の姿がみられた。スタッフ会議においては，今後は開設当初にリーダーを担っていた人たちが後方支援に回り，若い世代がリーダー役として活躍することに期待が寄せられている。

　以上のことから，地域拠点Aは，運営スタッフ側（場を提供する側・支援する側）と参加者側（支援される側）に分かれるのではなく，共に場を創出する場所として機能していると考えられる。すなわち，Aを利用する側であっても何らかの役割を担い，運営スタッフにも参加者との関わりを通じた気付きが生まれている。

　このように地域拠点は，その場に集う者が共に創り出す場として運営することができる。地域生活課題やその場に集うメンバーが異なるため，運営の内容や特徴は拠点ごとに異なる。そして，どのような立場であっても，特技を発揮したり

役割を担うことができるほか，これらの関わりを通じて相互理解を深め，緩やかなつながりを構築することが可能になる。

（2）なぜ「誰もが」利用できる地域拠点が必要なのか

　筆者は先述の通り，分野対象ごとに設けられている場を否定しない。地域に様々な拠点があり，各拠点で顔見知りの関係を築くことが，支え合いの基盤になるのではないかと考えている。時には同世代あるいは同じ境遇にある者同士の交流も必要であろう。しかし，地域には，子どもや高齢者のみならず，病を抱えている人，地域から孤立している人，生活に困窮している人など多様な人々が暮らしている。

　筆者は，「誰もが」利用することができる場所は，こうした地域社会の縮図のような場所ではないかと考える。少なくとも，普段知り合うことが無かった人と出会い，交流を通じて相互理解を図ることができる。コロナ禍明けの再開時に，当時中学生だった子どもが高校生になり，スタッフに「会いに来たよ」と声を掛ける姿があった。また，スタッフから「（自身が高齢で）荷物を持って階段を上がっている時に，ここに来ている子どもに声をかけられ，手伝ってくれて嬉しかった」という話を聞いた。時間はかかるかもしれないが，「誰もが」利用できる場所を通じた多世代のつながりが，少しずつ，地域で支え合う関係を構築するのではないかと考えられた。

　地域拠点の利用を通じ，時には地域に関心を抱き，地域生活課題について考える場面が生まれるかもしれない。こうした時に，その課題を他人のこと（自らには関係のないこと）として捉えるのではなく，自分のこととして受け止め，何ができるのかを考えることができるようになるのではないだろうか。[9]

（3）地域拠点の運営における課題

　地域拠点の運営においては，運営資金の確保が課題となっている例が少なくない。また，運営スタッフはボランティアであることも珍しくない。参加費や飲食費を値上げすると，参加できなくなる人が生じてしまう。行政や社協の助成金には期限があるため，持続性があるとは言い難い。何よりも，「誰もが」利用できる場所だからこそ，該当する行政の担当部署が無く，助成金を出すことが難しい

という現実もある。例えば，「あの拠点には子どもがいるから，子どもを担当する課に行ってください」「いえ，うちではなく，高齢者がいるので高齢者を担当する課に行って下さい」という状況である。包括的な支援体制の構築が提起され，多世代が利用する拠点が必要とされている現状と，矛盾が生じていないだろうか。

　そこで筆者は現在，市民ファンドや企業が，地域拠点をどのように支援できるのかという点に注目し，研究を進めている。「地域共生社会」の創出は，「人」の「つながり」のみならず，その地域にある企業が市民活動を支援したり，市民や団体から寄せられた寄付金を地域拠点に助成するなど，様々な人や団体のつながりや支え合いを活発にすると考えている。

（4）重層的支援体制の整備における地域拠点設置の有用性

　地域共生社会を実現するために，一人ひとりが生きがいや役割を持ち，関係機関と連携しながら地域福祉を推進していくことが目指されている。とりわけ重層的支援体制の整備において「地域づくりに向けた支援」（厚生労働省 2019）として掲げられている事項は，孤立防止や多世代交流の場として期待されている。

　ただし，地域拠点を設置するだけでは人のつながりは生まれにくいことが，アンケート調査から明らかになっている（倉持 2014）。Aにおいて大人と子どもが交流する機会が意図的に設けられていたように，何らかの「つながるきっかけ」を作ることが期待される。

　また，地域包括支援センターの職員が，日頃関わっている高齢者が子どもと交流し笑顔で過ごしている様子を目にしたり，サービスから遠ざかっていた高齢者がAに食事をしに来た際に再会できたということもあった。日頃「やんちゃ」だと思っていた子どもが，Aに迎えに来た保護者を目にした途端に委縮してしまうという場面もあった。このように，地域拠点における「ちょっとした気付き」の積み重ねが支え合いに発展したり，支援につながるのではないかと考える。

　重層的支援体制の整備において，地域拠点は，地域住民がいきいきと関わり支え合う場であるだけでなく，専門職にとっても地域住民や関係機関と連携し見守る場，必要があれば支援につなげることができる場として期待される。だからこそ，地域住民の主体的な活動と専門職の連携が不可欠であると考える。

　地域拠点を中心とした地域社会の開発，専門職あるいは地域のキーパーソンの役

割については，筆者の研究の基盤の一つとなっている地域社会開発（Community Development）と併せて論じたいが，また別の機会に譲る。今後も引き続き，現場の実践に貢献できる研究を続けていきたい。

注

(1)　例えば，「ホームレスの自立の支援等に関する特別措置法」（2002年制定，時限立法）や「犯罪被害者等基本法」（2004年制定）等が挙げられる。

(2)　筆者は，「飲食を共にすることを基本に，誰もがいつでも気軽に立ち寄り自由に過ごすことができる場所」として定義した（倉持 2014）。

(3)　筆者は，コミュニティカフェをはじめとする「誰もが」利用することができる場所に焦点を当てているが，「子ども食堂」や「認知症カフェ」等，主に特定の利用者層が利用する場所を否定するものではない。地域に様々な拠点があれば，利用できる場所（選択肢）が増えると捉えている。地域住民が様々な場所を利用することで構築される「つながり」の層が，様々な拠点を利用した分だけ厚みを増していくことに期待している。すなわち，様々な地域拠点があれば，地域で支え合う関係がより強くなる可能性があると考えている。

(4)　本事例は，科学研究費補助金（課題番号15K03979：研究代表 倉持香苗）による研究の一部であり，筆者は2015年度の準備段階から参与観察を中心に関わっている。研究は日本社会福祉学会研究倫理規程を順守して行われた。本章執筆に関してご理解いただいた関係者の皆様に心から感謝申し上げる。

(5)　「横浜市地域ケアプラザ事業実施要綱」第3条において（1）地域活動交流事業，（2）相談・助言・調整等，（3）通所系サービス，（4）地域包括支援センターの業務，（5）生活支援体制整備事業，（6）居宅介護支援，等が規定されている。

(6)　「横浜市地域ケアプラザ条例」第1条には，「市民の誰もが地域において健康で安心して生活を営むことができるように，地域における福祉活動，保健活動等の振興を図るとともに，福祉サービス，保健サービス等を身近な場所で総合的に提供するため，本市に地域ケアプラザ（以下「プラザ」という。）を設置する」と掲げられている。

(7)　上記のメンバーの他に，チラシを見て関心を寄せ参加した人も含まれている。また，初回に集ったメンバーは互いに顔見知りの関係ではなかったというが，現在は互いの所属グループの活動を手伝いに行く等の関係が構築されている。

(8)　ボッチャは，障害の有無や年齢，性別などを問わず誰もが参加できるスポーツであり，室内で楽しめる。2021年に日本で開催されたパラリンピックの正式種目でもあり，広く知られる機会となった。

(9)　利用者層を問わない地域拠点の意義については，倉持（2023）参照。

⑽　科学研究費補助金（課題番号20K20789：研究代表　倉持香苗）による。

⑾　筆者は，社会開発における地域を基盤とする活動の変遷について整理し，開発を志向したソーシャルワークについて考察している（倉持 2014）。

参考文献

岡村重夫（1974）『地域福祉論』光生館。

倉持香苗（2014）『コミュニティカフェと地域社会——支え合う関係を構築するソーシャルワーク実践』明石書店。

倉持香苗（2023）「地域共生社会における地域拠点設置の意義と運営の課題」『地域ケアリング』25(1)，54-59頁。

厚生労働省（2008）「地域における『新たな支え合い』を求めて——住民と行政の協働による新しい福祉」。

厚生労働省（2015）「誰もが支え合う地域の構築に向けた福祉サービスの実現——新たな時代に対応した福祉の提供ビジョン」。

厚生労働省（2019）「『地域共生社会に向けた包括的支援と多様な参加・協働の推進に関する検討会』（地域共生社会推進検討会）最終とりまとめ」。

横浜市『横浜市地域ケアプラザ事業実施要綱』。

横浜市統計情報ポータル「令和5 (2023)年　年齢別人口」(https://www.city.yokohama.lg.jp/city-info/yokohamashi/tokei-chosa/portal/jinko/nenrei/juki/r5nen.html，2023年9月24日アクセス)。

横浜市統計情報ポータル「令和5 (2023)年　町丁別の年齢別人口」(https://www.city.yokohama.lg.jp/city-info/yokohamashi/tokei-chosa/portal/jinko/chocho/，2023年9月24日アクセス)。

（倉持香苗）

第2章	文化資源を基盤とした地域福祉の再考 ——生活文化を手がかりに

1 「文化資源」への着目

　それぞれの土地の気候風土に応じて柔軟にかたちを変えながら育まれてきた生活文化には，人々の意欲を引き出し，つながりを育む秘密が隠されているのではないか。ここでは社会資源の生活文化的要素を，仮に「文化資源」と呼ぶこととする。その呼称と指し示すものについては後述する。

　文化資源とは，日常生活の中で無意識に取り込まれているが，私たちのくらしを豊かにし，現在を生きる人たちの間に種々の共感を呼び起こし，行動を起こす原動力を持っていると考えられる。少し具体例を挙げてみよう。ふれあい・いきいきサロンや多世代交流の場で，またデイサービス，特別養護老人ホームや児童養護施設などの福祉施設で，餅つきや七夕などの季節行事が取り組まれ，それら行事にちなんだ節句菓子や郷土料理などが取り入れられ続けている。いつしか消えていこうとしている郷土料理を受け継ぎ伝えていこうとする人たちの意欲が，ボランタリーな活動やコミュニティビジネスを創出するきっかけともなっている。地域福祉実践の場で，あるいは生活支援の現場において，人々のくらしを豊かにし，意欲や行動を引き出しているものは，世代を越えて受け継がれてきた生活文化が担保となっている構造が見えてくる。

　本章では，地域福祉における社会資源，その中の文化資源が持つ意味と価値について検討し，文化資源は持続可能な地域社会創造に寄与する可能性があるのかについて考察を試みる。

2　地域福祉における社会資源

（1）地域福祉における文化資源

　近年では，社会的孤立や生活困窮などにより社会制度の網の目から零れ落ち，社会とのつながりが薄い，弱い人々へ積極的にアウトリーチして援助につなげるコミュニティソーシャルワーク（以下，CSW）に関心が高まっている。原田は，CSW では「既存のサービスなどをあてはめるだけではなく，その人に必要なサービス（プログラム），あるいはネットワークを『開発』するという機能が重要視されてきた」「コミュニティソーシャルワーク実践の特徴を考えたときに，社会資源開発が不可欠である」（原田 2013：5）としている。このように，CSW における社会資源とは，社会制度がない，社会サービスがない現状に対して開発すべき援助資源として位置づけられている。

　社会福祉の制度の外側，あるいは関連分野の生活資源として，住居，就労，学習，金融，商業，農林漁業などから新たな社会福祉の資源開発が注目されてきている。この場合の社会資源は，生活全般にわたる資源性に着目して援助資源として問い直しが行われている。

　地域福祉における社会資源の意味づけは，いつのまにか非常に狭められ限定的なものになってしまったのではないだろうか。福祉ニーズと呼ばれる行政需要に画一的に限定されたサービス資源，それらを構成する資源に限定された捉え方，考え方に囚われすぎていたのではないかと考える。社会制度の網の目からこぼれる生活困窮者支援においては，限定された社会資源に縛られるのではなく，制度で対応できていないニーズを充足できる社会資源の開発が必要とされているが，深みと広がりのある社会資源の理解に至っているとはいえないのではないか。ソーシャルワーク（以下，SW）においてもコミュニティオーガニゼーション（以下，CO）をはじめ社会資源の理解は，ニーズと資源の需給調整に引き寄せられ，社会資源の造成，社会資源の持続的保存，社会資源の再活用・活性化なども視野に入れた意味づけは確かなものではなかった。

　原田が指摘するとおり，社会資源の開発は「形式的に何かをつくっても持続しない。なぜならば，そこには『納得できる理由がないから』」である。社会資源を

開発していくときに，この『意味づけ』が大切であることをワーカーたちは知っている」（原田 2013：7）のである。個人にとって，地域社会にとっての「意味」と「価値」がなければ，いくら予算をかけて大掛かりなものをつくろうとも持続は難しい。法律に基づいてつくられても，関わる人たちにとって意味がなければ，それは社会資源とは成り得ない。社会サービスを支える基盤となる社会資源においても，社会資源が内包している意味や価値を意識して取り出し，存続，保持させる取り組みまでを含み込んだ研究と実践が必要なのでないか。

　サービス受給者にとっての社会資源も，ニーズ充足の満足度を超えた，当事者にとっての主観的な「意味」や「価値」が付帯していると考えられる。単にニーズと資源の結び合わせに終わせるのではなく，資源の中に埋蔵されている意味や価値が社会資源の生活文化的要素と仮定するならば，当事者にとって，あるいは地域住民にとって固有の生活文化は，彼らをエンパワメントする源であり，社会資源の核をなすものである。これら社会資源の生活文化的要素を，暫定的にではあるが「文化資源」として呼ぶことにしたい。

（2）「文化資源」と生活文化

　「文化資源」という用語は筆者の造語ではない。現在「文化資源」とは，主に文化を資源と捉え，保存や管理，活用しようとする意味で用いられている。文化資源学会設立趣意書には，「文化資源とは，ある時代の社会と文化を知るための手がかりとなる貴重な資料の総体であり，これを私たちは文化資料体と呼びます。文化資料体には，博物館や資料庫に収めきれない建物や都市の景観，あるいは伝統的な芸能や祭礼など，有形無形のものが含まれます」と説明されている。東京大学大学院 文化資源学研究室（文化資源学）[1]などのように「文化資源」を冠した専攻や講座もいくつかの大学に設置されている。[2]

　伊藤は，文化資源とは「人間が歴史の中でつくりあげてきた有形・無形の文化的産物を，新たな文化を育む土壌として社会的に活用（運用）できる開発可能な「資源」として見なそうという捉え方」（伊藤 2010：68）と述べている。伊藤の定義を手がかりとしながら，本稿においては暫定的に「文化資源」を「生活のなかに潜在化し，生活者である住民に意識化されないまま現在の基盤となっている有形・無形の技術，行事，伝承や風習などを，活用可能な『資源』とみなす捉え

方」としたい。地域福祉における社会資源，その中の「文化資源」の「文化」とは，主として「生活文化」が想定される。小泉（2014：ⅱ）は，「生活文化とは，衣食住をはじめとして，言葉から教育から医術から娯楽から，およそ人間が生きていくために必要なモノとコトの一切であって，人類は太古から世界中のいたるところで，それぞれの方法で生活文化をつくりつたえてきている」としている。これほど広範囲を指すものであるので，「視点のおき方によってもさまざまな解釈がなりたつ」として，現在の日本での生活文化の取り上げられ方について，衣食住をはじめとする日常生活関係だけ取り上げて扱うというもの，およそ歴史的に人間が行ってきたすべてを生活という視点で考察しようとするもの，日常生活の中から生まれる文化的営為に特化したものを対象としているもの，の3点に整理している。ことに3点目の取り上げられ方について「日常茶飯事のなかから発達した文化，モノや様式，あるいは伝統などを生活文化とし，それを歴史的に考察しようとするものであり…（中略）…日本文化のなかではこの分野がとくに発達しているため，生活文化というと，このように解釈する場合も多い」と指摘している（小泉　2014：ⅲ-ⅳ）。

　そしてまた生活文化は，物質的なものだけを指すのではない。福田（2014：38）は，「人びとの日常的な行為を含むことではじめて生活文化といえる」のであり「時間軸でいえば，毎日朝起きて夜寝るまでの行為，さらには寝てからの時間も含めて，すべてが生活であり，さらに1年の始まりから大晦日まで，人が生まれてから死ぬまで，生活文化は種々の時間のなかで人びとが営む行為でもある」（筆者要約）としている。石川（1998：10）は，「生活文化はあくまでも個々人が『自らの生命の持続を支えるための活動』のなかから生み出したものであり，それが集団的に支持され，世代的に継承されたもの」と整理している。また，石川は生活文化の特徴を，官製のものではなく官に対応する民の生み出したもの，公的な社会システムの維持を直接的に意図したものではなく私的生活システムの維持を第一義的目的として生み出されたもの，といったように「個人発」のものであることを重視している。

　生活文化とは，人間が生きていく上で必要とされる人，カネ，モノ，それらを活用する知識や技術，行為や組織，態度や儀礼などのすべてであるといってよい。そして，それは今この瞬間や現代，一世代で終わるものではなく，世代を超えて

積み重ねられ受け継がれていくものである。

（3）生活資源と生活文化のからみあい

　日常生活を営む上で生活資源は欠かすことができない。いわゆる衣食住にかかわる生活資源全般を人々はあらゆる手段を用いて入手し活用し，生命やくらし，人生をやりくりしている。季節行事やそれにともなう様々な道具や設え，しぐさや振る舞いには意味があり，衣食住などの生活文化は，ある意味で様式化された季節行事や年間行事などに埋め込まれ，世代を越えて継承されてきた。さらに，それぞれの土地の気候風土に応じて柔軟にかたちを変えながら地域固有の生活文化や伝統を育んできた。生活文化と伝統は相互に入り交じり，食材，家具調度品，住居家屋，生活慣習，儀礼，冠婚葬祭などなど生活手段である生活資源を構成してきたといえる。地域で受け継がれた伝統とは，技術，建物・構造物，慣習や儀礼など歴史や物語を埋め込んだすべての社会資源を包含しているだろうが，生活資源を媒介して深く結びついていると考えられる。

　世界文化遺産に登録されている岐阜県大野郡白川村の荻町合掌集落においても，その厳しい自然の中で生き抜くために育まれてきた固有の生活文化が受け継がれている（大井 2017：60-61）。かつては豪雪のため周辺地域との交流が遮断され各集落が孤立するような厳しい自然環境にあって，人々は共同や互助により生活を維持してきた。生活資源である合掌家屋は積雪，風の向きなどを想定して建てられており，囲炉裏の煙と熱が建物内に行き渡り，煙が建材を守り，熱は人のくらしと養蚕を支えた。合掌家屋の屋根の葺き替え作業は大勢の労働力を必要とする。初夏の頃に1日から2日で仕上げなくてはならず，個々の家単独で賄いきれるものではない。それらの作業はユイ（結）によって支えられてきた。ユイとは労働力の互助組織であるが，労働や金銭，物品などの互助は多彩なバリエーションがある。それらの多くは，優しさというより責任を伴う要素が強い。ユイが対等な労働力交換であることに対して，コウリャク（合力）は多くの人手を必要とする場合に好意としてなされる労働奉仕である。労働の反対給付は条件ではないが，相手が同じ条件になった時に手伝いにいく関係のもとでなされるもので，村の人たちは「おたがいさま」と呼んでいる。⁽³⁾このように，生活手段である生活資源を生み出し，活用し，維持する過程で，その土地固有の生活文化が育まれてきた。

　共同作業や行事は一定の拘束力を持つ傾向が強いが，その土地で生き抜くために必要な知識や技術を磨き伝承する場でもあった。人々のつながりを育て，そのつながりは世代を越えて人々をつないできた。かつて共同作業の中で重要な位置を占めてきた葬儀を例に挙げてみよう。筆者の調査によれば，ごく近年まで，少なくとも2010年前後まで，飛騨地域や奥美濃地域では自宅もしくは公民館などの集会場，寺での葬儀が少なくなかった（大井 2012：32-33）。自宅もしくは寺での葬儀では，その準備と運営のほぼすべてを近隣（組）が担ってきた。親類も関わるが，それは親族代表が葬儀の手順などについての承認に関わる程度である。葬儀の最中，故人の家族は葬儀運営には一切関わることなく，弔いに専念する。

　葬儀は基本的には各家の檀那寺の宗派の方法に沿って執り行われるが，村落共同体においては宗教行事というより習俗としての意味合いが強い。そのしくみは非常に効率的に整えられている。葬儀委員長をはじめとする年長者が組内の者の得手不得手をよく心得ており，適材適所の配置を行う。これらの共同作業を通して，人々は知識と技術を伝承してきた。葬儀の手順，組内の共有資材の保管場所，使用方法，買い出しの工夫，料理の味付けや盛り付け，葬儀の際の礼儀作法などの知識や技術などが伝承されてきた。長時間を共に過ごす共同作業は組内の者同士が相互に深く知りあい縁を結ぶ場でもあった。故人を偲ぶ夜伽の場，あるいは葬儀後のお斎の場では，涙だけではなく笑顔が見られることも少なくない。亡くなった人の年齢や死亡時の状況にもよるが，故人にまつわる昔話の中には楽しい思い出，その人となりを表わす面白おかしい話も語られるからである。人々は泣き笑いのような状態になりつつ故人を偲び，故人と自分，あるいはそこに集まった人同士のつながりを感じ合ってきた[4]。

　共同作業や行事は，現代を生きる人たち相互のつながりを構築するだけでなく，その土地を守り生き抜いてきた先人たちとのつながり，将来その土地を受け継いでいくであろう子どもたちやまだ出会っていない未来の人たちとのつながりを感じる場ともなってきた。他者に理解はされなくとも，その場を共有する人たちにとっては意味や価値のある主観的な体験であるといえる。

　東日本大震災で多大な被害を被った人々が，復興に立ち向かう最中で，自らは避難所や仮設住宅で生活を送りながらも地元で受け継がれてきた祭りを再興しようと求め，実現させた事実は記憶に新しい。これらの取り組みについて櫻井は

「神社やお祭りは，亡くなられた方々，故郷を離れざるを得なかった方々など，様々な事情を抱えながらも『みなが共にある』ということを感じさせてくれる，つまり人と人をつないでくれるものなのでしょう」（櫻井 2014：118）と解説している。

　信頼関係や慣習はその土地で培われた社会関係性や規範やしきたりがベースになっていないと成り立たない。文化資源は，現代社会における人間的つながりや社会関係の持続を担保するものであって，社会福祉制度や社会福祉実践，社会福祉のケア資源を支える基盤となるものでもある。生活ニーズと生活資源を結び付け充足させる行為が生活支援であるともいえる。そのような需給調整は基本的な生活支援や生活援助とはいえようが，生活文化や伝統をも含み込むことでニーズを有する個々人の生活の質（QOL）を高めるものになる。

　世代を超えて受け継がれていく生活文化は，既に言及したように生活のなかに潜在化し，生活者である住民に意識化されないまま現在の基盤となっている。生活文化を活用可能な社会資源として顕在化させ「文化資源」として位置付けることで，当事者にとって固有の意味や価値のある社会資源になり得るのではないだろうか。

3　社会資源における文化資源の位置づけ

（1）「文化資源」の意味するもの

　文化資源は，極めて主観的なものであり，その意味と価値は普遍化することが難しいものであろう。その土地にとって，あるいはそこで住みくらしてきた人たちにとって固有の意味や価値を持つものであり，他の地域社会の人たちにとっては意味や価値が理解されづらいものかもしれない。

　誰にとっても等しく，普段の当たり前のくらしを実現することが地域福祉の目標だとすると，実現すべきは日常生活の継続であり，その断絶や生活の質の低下が生活問題や生活危機をもたらすということだろう。誰しもが与えられた生命を存続しつづけ，過去から未来につながる意味や意義を実感しながら人生を重ね合わせていく，その積み重ねが日常生活であり，生活なのであろう。Life の語源には生命，生活，人生の意味が宿されているというならば，まさに日常生活は継

続性が最大にして最小の生活原理としている Life 思想ともいえるのではないか。まさしくノーマライゼーションにおける日常生活の継続原理に重なってくる。日常生活の継続を阻むものが生活問題であり，生活危機をもたらすのである。

　社会保障や社会福祉は，伝統的に貧困や失業，疾病や障害，無知，孤独や孤立など，日常生活を歪めたり壊したりする社会問題と闘ってきたが，今，私たちに問われている生活問題とは何なのか，生活の捉え方から再考しておく必要があるのではないか。

　社会福祉領域においては生活概念が曖昧なまま用いられているので，「生活」をどのように規定するかは明確とはいえない。例えば生活保護にいう「最低生活」も貧困生活に限定された内容であるし，貧困生活から脱出するための「生活力」を身につけるとか，地震・津波，水害，台風被害など地域復興とともに目標とされる「生活再建」も元の生活を回復・復元させることに留まるものではないにせよ，どのような「生活」を描いているのか議論しつくしされてきたか心もとない。障害者運動における自立生活思想における「自立生活」は，親からの自立のためには社会保障・社会福祉への依存が介護権・福祉権を意識させる「生活」観へとつながった。ソーシャルワークにおける「医学モデル」から「生活モデル」への転換も実践イメージの改革には意義ある貢献をしたと思われるが，やはりそこでいう「生活」とは何かを明らかにしていたわけではなかった。

　生活文化と伝統が分かちがたく結びついていると既に言及したが，これらが入り交じり分かち難く結びついているほど，生活問題の解決力や生活危機への対応能力，つまり個々の住民の生活力が高まると考えられる。相互扶助や地域慣習など生活文化は，地域住民の人間関係や「おたがいさま」の相互利益をもたらすだろう。そこで共有される内容，ひいてはその価値を基盤で支えている伝統に根差した意識が存在していなければ，無味乾燥な形式だけの関係性が残っているだけで，人々は相互扶助や地域慣習などに魅力を感じなくなるだろう。伝統が指し示す範囲もまた広いが，葬儀や相互扶助以外の季節行事や年間行事など個々の住民が享受するものが地域社会の伝統として語り継がれ，地域の組織・団体に集合的な態度や行為として継承されることで固有の意味や価値を帯びてゆく。生活文化は伝統に彩られて息を吹き込まれ，人々の生活意欲をかきたて，生活問題の解決力や生活危機への対応力を地域の仲間とともに高めるものと考えられる。

（2）社会資源の中の文化資源

　現在の生活は，幾世代にもわたり積み重ねられ受け継がれてきた生活を基盤としている。その土地で過去に何が起きたのか，どのような建造物があったのかなどの歴史的な事実をテーマにしようとしているのではない。多くの人たちにとってその土地で受け継がれてきた生活とは，何十年何百年と世代を重ねてきたことを「なんとなく」感じている程度の認識かもしれないし，全く意識していない人もいるだろう。しかし，少なくとも社会福祉の専門的な支援を働きかけていく専門職は，当事者の生活の基盤に「世代を越えて積み重ねられ受け継がれていく生活文化」があることを認識しているのではないか。

　デイサービス，特別養護老人ホームや保育所，児童養護施設などで，餅つきや七夕などの季節行事が取り組まれ，それら行事にちなんだ料理や節句菓子，郷土料理などが取り入れられ続けているのはなぜか。ふれあい・いきいきサロンで節句菓子や懐かしい料理を共に楽しみ語らう。そこに通うことができなくなった人に，「一緒に食べることができないならせめて」とお節料理や季節を感じる料理，その土地で作られてきた家庭料理を届け，それが受け取った人に笑顔をもたらすのはなぜなのだろうか。季節行事や郷土料理が人々を元気づけるのはなぜなのか。ライフスタイルの変化に伴い郷土料理が消えていくことを「悲しい」「もったいない」と感じ，復活させたいと願い，受け継ぎ伝えていこうとする人たちの熱意の源はどこにあるのだろうか。

　社会資源のなかの文化資源について具体例を通して考えてみたい。三重県伊賀市内阿保地区では，阿保西部区町づくり会「笛吹の里」が中心となり，空き家となっていた民家を改修して高齢者サロンを運営している。喫茶やランチの提供，和菓子の製造販売など地域住民の社会参加の場ともなり，また曜日限定の定食を目当てに遠方からの利用客も訪れるなど，地域住民に限らず多様な人たちが立ち寄る拠点となっている。定食の田楽は，西部地区で親しまれ現在は廃業している豆腐屋さんの味である。2019年から販売をスタートした和菓子は，地元で古くから信仰を集めてきた大村神社の境内にある「要石」[5]をモチーフとしたもので，かつて閉店してしまった和菓子屋の銘菓を復活させたものである。和菓子の復活と販売の実現には，伊賀市社会福祉協議会のアドバイスを受けてファンドレイジングの手法を取り入れている（大井　2022：173-176）。

図2-1　潜在化している文化資源が顕在化するプロセス

潜在化 ⟶ 顕在化

文化資源の顕在化プロセス	無意識・習慣	固有性の発見	承認・認知	活用・応用
	日常生活に溶け込み意識されていない	自らの生活文化の固有性，特徴に気づく	自らの生活文化の歴史，謂れなどを知る	文化の意味・価値の継承（伝承）・活用
価値・意識	⊕共同体意識，支え合い，安心 ⊖同調圧力，因習	⊕受け継がれた知恵や技術に対する再認識 ⊖古臭さ，煩わしさ，マイノリティであることによる劣等感	⊕積み重ねられた時間に対する誇り，矜持 ⊖受け継ぐことの責任，プレッシャー，他地域に対する優越感	⊕時代と社会の動向に応じ柔軟な継承，保存・活用，制度化 ⊖誤った用いられ方により持続できなくなる可能性

出所：筆者作成。

　阿保地区での事例では，高齢者サロンでの活動の軸にかつて地域社会の人々が親しんだ田楽や銘菓の復活と販売を置いたことで，地域住民らに共通の記憶や体験が蘇り，寄付活動への参加や和菓子の購入ほか多様なかたちによる協力を得ることにつながったと考えられる。地元の歴史を知らなかった層にも新たな気づきを生み，住民としての誇りや共通意識を育むことになったのではないか。地域住民らの協力を得る方法として取り入れたファンドレイジングは，新たな知見の導入である。郷土食を主とした定食は，他地域からの客を呼び込むこととともなった。生活の中に潜在化している文化資源を地域住民が意識化し活用する可能性を示す例であると考えている。

　さて，社会資源における文化資源の位置づけを考えるにあたって，「文化資源」がどのように意識化され顕在化するのかという発想から，その過程を構想することができるか少し言及してみたい。

　世代を越えて受け継がれていく生活文化を「文化資源」と捉えることを，潜在化している文化資源を顕在化し資源として活用していくプロセスと仮定し，価値・意識と社会資源の間の交互作用と考え，あくまでも試論ではあるが，概念図にしたものが図2-1である。

　図2-1に示したように，様々なきっかけで文化資源を意識化することで価値

の再確認が始まり，価値や意識に変革が起こる。文化資源は，日常生活の中に溶け込み潜在化している無意識状況から，固有性が発見され，歴史認識による承認・認知の段階を経ながら，活用や応用が可能なものとして顕在化する。

　文化資源が保存のみの対象となり，活用されず，あるいは継承されることなく消費の方向にのみ進むと，その文化資源は持続が困難となる。文化資源を活用し地域社会を持続可能なものとしていくためには，現在をゴールと考えるのではない歴史の積み重ね，未来への継承という意識と，各地域に受け継がれ継承されていく文化資源の多様性を尊重する意識が必要だろう。

4　持続可能な地域社会の創造に不可欠な「文化資源」

（1）「文化資源」と地域資源との関わり

　文化資源について考える際に，地域固有の生活様式や伝統が重要な意味を持つことについては先に述べたとおりである。グローバル化とともに人口流動化が進行する現代において，地域固有の生活文化も希薄化している。伝統的な生活様式が比較的濃く受け継がれていると考えられてきた過疎地域においても，それは同様である。

　集落の衰退は，基本的に青・壮年人口が流失し，流入する人口が減少することによって村落共同体の機能を弱め，生活基盤である労働や収入の道がなくなる。青・壮年は収入を求め，働き口を都市社会に求めざるを得なくなる。基本的な傾向として青・壮年人口が流入してこないのも，生活収入を得るための産業構造がないからである。自然資源は豊富だが，土地や自然を産業基盤とする第一次産業が衰退すれば，収入の道は閉ざされ，出稼ぎあるいは移住というかたちで就労や生活の場を都市社会に求めざるを得なくなる。居住人口が減少することで教育機関や生活サービスが脆弱になると，人口流出が進み過疎化も加速する。その結果として農林水産業などの伝統的な産業，祭礼や季節行事などを守ることもできなくなってきている。これは，地域性の喪失である。

　このような過疎地の現状に対抗する方法として，野口は「中山間地域再生のシナリオ」（野口 2018：138-139）を提唱している。「それら衰退や消滅の道を避けるためには，①中山間地域の地域性に応じた医療・福祉・介護サービス等の公共

サービスを開発する。②中山間地域が保有する自然や地域資源を活用した『第6次産業（第1次産業＋第2次産業＋第3次産業）』の企業・社会的企業・社会起業等等の『地域循環型経済』を創出する。③中山間地域と地方都市を包摂した「過疎地・地方都市の広域居住圏」を形成する」（下線筆者）（野口 2018：139）ことを提案している。大手の経済資本に依存するのではない，自律的で持続可能な地域循環型経済の創出が可能となるためには，豊かな自然と固有の地域性を帯びた資源を色濃く受け継いでいることが強みとなる。それは，都市化が進んだ地域と比較して過疎地域により多く残されている資源であるといえるであろう。

　地域資源と文化資源とは密接な関わりがある。世代を越えて受け継がれ，それぞれの土地の気候風土に応じて育まれてきた地域固有の文化資源が基盤となり，現代の地域資源を形成していると考えられる。

（2）「文化資源」を基盤とした地域福祉の可能性

　社会資源の生活文化的要素を，暫定的に「文化資源」と呼び，その意味と価値について考察を試みた。これまでに述べたように，生活文化とは，人間が生きていく上で必要とされる人，カネ，モノ，それらを活用する知識や技術，行為や組織，態度や儀礼など，すべてであるといってよい。それぞれの土地の気候風土に応じて柔軟にかたちを変えながら地域固有の生活文化や伝統が育まれてきた。それは今この瞬間や現代，一世代で終わるものではなく，世代を越えて積み重ねられ受け継がれていくものである。社会資源の生活文化的要素を「文化資源」と捉えることで，個々人や地域社会固有の持つ「意味」や「価値」の再発見につながるものとなり，地域福祉研究に新たな視点をもたらす可能性がある。

　文化資源は極めて主観的なものであり，その意味と価値は普遍化することが難しい。その土地にとって，あるいはそこで住み暮らしてきた人たちにとって固有の意味や価値を持つ。世代を越えて受け継がれてきた風習や芸能を伝承することは，世代を越えたつながりと伝承する仲間たちの中に自己を見出すことであり，歴史や時間の積み重ねが矜持や自負を育む。他者にとってどうであれ，自分にとって意味と価値を持つもの，それを守るために頑張りもするし無理もする。他者に理解はされなくとも守りたいもの，その思いや願いが起爆剤となり，地域社会で共に暮らす人たち自身によって，それぞれの地域特性を踏まえた豊かな地域

福祉実践が広がりつつある。

　地域の文化資源が完全に消失しないかぎり，その土地固有の生活文化も継承されていく。過疎地域の自然資源や文化資源は，生活者にとって生活の拠り所となる豊かな生活資源の宝庫となっている。過疎地域は経済的な採算性重視の資本主義から取り残されてきたために，皮肉なことに自然資源や文化資源が現代まで継承されてきたという面もある。しかし，日本全体の人口減少，急速な気候変動なども相まって，これまでのように流れに任せるままでは自然資源や文化資源が消失する危機が迫っているといえよう。今，改めて「文化資源」の持つ可能性に焦点を当て，社会資源として積極的に再発見，創造，活用することで，持続可能な地域社会創造の道筋を見出すことを今後の課題としたい。

　注

(1)　正式名称は，東京大学大学院人文社会系研究科 文化資源学研究専攻（文化資源学研究室）。2000年春に誕生した。公式 HP には次のように説明がある。「『文化資源学』（Cultural Resources Studies）という言葉も，この時にはじめて，わたしたちが使い始めました。それは，人間が生み出すさまざまな文化を，既成の観念や既存の制度にとらわれず，『ことば』と『おと』と『かたち』を手掛かりに，根源に立ち返って見直そうとする姿勢から生まれました。多様な観点から文化をとらえ直し，新たな価値を発見・再評価し，それらを活かしたよりよい社会の実現をめざす方法を研究・開発しようとするものです」（「専攻の概要」『東京大学大学院人文社会系研究科 文化資源学研究専攻 HP』〔https://www.l.u-tokyo.ac.jp/CR/，2022年9月6日アクセス〕）。

(2)　例えば，大阪市立大学大学院文学研究科文化資源学専修，金沢大学古代文明・文化資源学研究所，近畿大学文芸学部・大学院総合文化研究科文化資源学系，同志社大学文化情報学部文化資源学コースなど。学部，コース，研究所など設置のあり方は多様であるが，研究・学問領域において一定の位置を確立していると考えられる。

(3)　詳細については，大井（2017）において述べている。

(4)　具体的な例は，大井（2012）において述べている。

(5)　阿保地区は往古からの街道である初瀬街道の阿保宿のあった場所である。大村神社の由緒によれば，「延喜式」（927年）の神名帳にも社名が記載され，主神である大村の神の御名は「古事記」や「日本書紀」にも記されているという。要石とは地震を起こす鯰を抑える役割の石のことで，要石と呼ばれる石は日本各地に存在している。阿保地区の大村神社も，地震除災の神さまとして信仰を集めている（「大村神社 HP」〔https://www.jinja-net.jp/oomura-jinja/，2021年12月6日アクセス〕）。

参考文献

石川実（1998）「生活文化のとらえ方」石川実・井上忠司編『生活文化を学ぶ人のために』世界思想社，1-14頁。

伊藤裕夫（2010）「『文化資源マネジメント』という観点について」『地域生活学研究』1，67-74頁。

岩本道弥編（2007）『ふるさと資源化と民俗学』吉川弘文堂。

大井智香子（2012）「山間地域における葬儀の変化が地域社会にもたらす影響に関する一考察——飛騨地域における事例から」『中部学院大学・中部学院大学短期大学部 研究紀要』13，25-35頁。

大井智香子（2017）「中山間地における高齢者の生活とコミュニティ持続に向けた取り組み」『日本福祉教育・ボランティア学習学会研究紀要』29，59-65頁。

大井智香子（2021）「社会福祉協議会が取り組む地域資源開発」『総合人間科学』7，75-85頁。

大井智香子（2022）「住民組織化としてのファンドレイジングに関する一考察——三重県伊賀市阿保地区の事例を通して」『総合人間科学』8，167-182頁。

岡田一祐（2019）『ネット文化資源の読み方・作り方』文学通信。

小泉和子編（2014）『生活文化史』（新体系日本史⑭）山川出版社。

櫻井治男（2014）『日本人と神様——ゆるやかで強い絆の理由』ポプラ社。

佐藤甚次郎（1976）『生活文化と土地柄』大明堂。

柴田謙治（1997）「アメリカのコミュニティ・オーガニゼーションの形成と展開」日本地域福祉学会編『新版 地域福祉事典』中央法規出版，82-83頁。

高田真治（1989）「生活構造と社会資源」高森敬久・高田真治・加納恵子・定藤丈弘『コミュニティ・ワーク／地域福祉の理論と方法』海声社。

高森敬久（1989）「コミュニティ・ワークの概念」高森敬久・高田真治・加納恵子・定藤丈弘『コミュニティ・ワーク／地域福祉の理論と方法』海声社。

寺出浩司（1994）『生活文化論への招待』弘文堂。

野口定久（2018）『ゼミナール地域福祉学——図解でわかる理論と実践』中央法規出版。

原田正樹（2013）「社会資源開発が求められる背景とコミュニティソーシャルワークの機能」コミュニティソーシャルワーク実践研究会編著『コミュニティソーシャルワークと社会資源開発——コミュニティソーシャルワーカーからのメッセージ』CLC，4-7頁。

福田アジオ（2014）「生活文化にみる地域性」小泉和子編『生活文化史』（新体系日本史⑭）山川出版社，38-63頁。

文化資源学会「文化資源学会設立趣意書」（2002年6月12日採択）〈https://bunkashigen.jp/about.html，2022年9月6日アクセス〉。

別枝篤彦（1991）『日本の地域と生活文化』帝国書院。

松田義幸編（1997）『暮らしの哲学としての「生活文化」——問われ始めた人生八十年
　　時代の幸福論』（エンゼル叢書②）PHP 研究所。

みえ食文化研究会・三重県健康福祉部 健康づくり室編（2007）『美し国 みえの食文化』
　　三重県。

山下晋司責任編集（2007）『資源化する文化』弘文堂。

渡辺裕（2013）『サウンドとメディアの文化資源学——境界線上の音楽』春秋社。

（大井智香子）

<table>
<tr><td>第3章</td><td>過疎地域再生のための「共助のしくみ」
の再構築
——島根県隠岐郡海士町のコモンズ事例を基に</td></tr>
</table>

1　過疎地域再生のためのコモンズ理論の視点

（1）過疎地域出現の要因と地域の変容

　現在，国土の約36.1％に人口約90.8％（「過疎地域データバンク」，2022年4月1日現在）が集住している。

　過疎地域は，生産年齢人口の流出と高齢化率の上昇，経済の衰退などの要因が複雑に絡み合いながらさらなる人口流出をまねくという悪循環を繰り返してきた。国の過疎対策は，1967年に閣議決定された「経済社会発展計画」から見ることができる。これによると，「農山村漁村においては，人口流出が進行し，地域によっては地域社会の基礎的生活条件の確保にも支障をきたすような」（「新経済社会発展計画」1967年）現象があり，その対策としてそれぞれの特性に応じた地域開発を通して国際収支の安定と経済環境の是正を目指すことが記されている。また，初めて過疎地域が定義された1970年の過疎地域対策緊急措置法以降，10年ごと（2000年は20年後に新法が制定された）の時限立法により過疎地域への重点的施策を展開しているが，人口減少や財政的課題解決には至らず，「経済優先のこれまでの地域開発が，森林や農地をつぶし，公共サービスを奪って過疎地域をますます住みにくく」（野口 2016：45）している状況が続いている。特に高度経済成長期以降の新自由主義的な政策の展開やグローバル化した経済は，エネルギーや食料自給率を低下させ第一次産業を衰退させた。例えば，鉱山は規模縮小や閉山に追い込まれ，山村地域ではパルプや重化学工業を基礎とした新建材の普及などの導入により林業が切り捨てられ，減反政策や米の自由化，輸入食材の増加は，農業の衰退を顕著にした。地域内に存在するこれらの資源利用によって得られる財源が海外を含めた外部に流出することにより，人口減少だけでなくそこに存在していたコミュニティを解体させることにもつながった。宇沢（2020：67）は，「経済

的，産業的範疇としての農業をはるかに超えて，すぐれて人間的，社会的，文化的，自然的な意味」を持ち，「人間が生きてゆくために不可欠な食糧を生産し，衣と住について，その基礎的な原材料を供給し，さらに，森林，河川，湖沼，土壌のなかに生存しつづける多様な生物種を守りつづける」という「農の営み」が解体されたと述べている。また宮崎（2021：18）は，「人口減少が進んだ市町村では，かつて農林業や石炭産業などによって，地域に雇用が生み出されてきたが，比較的早い段階でこのような地域の基盤産業が失われてしまったために，人口の流出が止まらず，著しい人口減少と高齢化が生じた」とし，地域衰退がその地域の基幹産業の衰退によるものだと主張している。過疎に存在する農林水産資源などの自然資源の活用を通して人が集まりコミュニティが形成されることが通常の流れだとすれば，高度経済成長期以降の過疎地域ではそれとは逆の流れが生じている。

　過疎地域の中でも特に「基礎的条件の厳しい集落」「維持が困難な集落」に暮らす人々は，自然災害や鳥獣被害，集落機能が低下していく中でもその地に暮らし続けることを望み，森や田畑や水路，地域の寺を管理し，その地での生活を維持するための自主的な管理を担っている。また，過疎地域に暮らす高齢者の中には，介護サービスが不足していることによって生活維持が困難になってもそこに暮らし続ける人や，施設入所や都会の子供のもとに行くことを頑なに拒む人が存在する。その多くは，長年暮らしてきた家への愛着，土地への愛着，これまでに築いてきた人間関係への愛着がある。なぜその地を離れて，もっと安全で便利な地域に移り住まないのかと思う人が大半かもしれないし，「むらおさめ」の議論も出現している。確かに，もっと便利な地域に移住することや「むらおさめ」は，合理的で効率的な選択であるかもしれない。一方で，戦後の過疎対策がそうであったように，合理化と効率化による課題が明確になっているのも事実である。

（2）コモンズ理論の視点

　Common とは，「共通の」「共有の」という意味を持つ単語で，空気や水などのように人々に共有され，管理されているという意味がある。斎藤（2020：141）は，コモンとは，「社会的に人々に共有され，管理されるべき富のことを指す」と説明している。

　宇沢（2020：67）は，前述の通り「農の営み」の解体が農業政策がその要因であることを示し，山岡（1977：87-106）は，市町村合併や土地の私有地化にその要因を示した。共通する点は，かつて共有財として人々の間で使用され，活用されていた土地としての森林や水資源など（コモンズ）を共同で管理することを通して形成されてきた人々のつながりや利益の還元が，国の政策という外的要因によって崩れていったと捉えている点である。また内山（2021：17）は，「共同体」を「人間たちが生きる過程で手にするすべての要素が一体的に展開する世界そのものであった」とし，その「共同体」内にはインフォーマルな「民衆の自律的な再分配システム」（内山 2021：185-186）が存在し，私的に独占される私有財産の捉え方を変更する必要を主張していると述べ，「共同体」の中に埋め込まれていたものには，経済や文化などあらゆるものを内包していたとしている。宇沢（2020：25）の提唱する「社会的共通資本」の構成要素である自然環境や社会的インフラストラクチャー，制度資本は，かつての「農の営み」を通して「共同体」の中に内在する要素であり，共同体の中に存在する住民の共有財の管理や使用を通して，人々を結び付けていたことが推察できる。

　これらのことから，コモンズは宇沢（2020）の提唱した「社会的共通資本」や内山（2021）が示唆する「共同体」に共通する概念として捉えることができる。そして，「共同体」やコモンズ内部においては，住民同士の生活の営みを共に助け合うしくみが内在していたと考えられる。一方で，内山・竹内（1997）が紹介しているトクヴィルの主張では，一つの「精神の習慣」しかない社会は危険な社会であり，「健全な社会とは，さまざまな精神の習慣が併存している社会」であると述べている。野口（2018：84-85）は，このようなかつての伝統社会に存在していた共同体内にある住民相互の助け合いや紐帯を超えて，より解放された共同体内での結びつきを「ゆるやかな共同体」と表現している。本章で述べる「過疎地域が再生すること」とは，地域内に雇用の場が創出され地域経済が復興し，人口減少が回復することのみを指しているのではない。それらと同時に「ゆるやかな共同体」が存在することを指す。さらに野口（2018：20-21）は，地域コミュニティは，共同性の衰退，社会的排除・差別と社会的孤立・孤独，住民間の摩擦（コンフリクト）等の福祉問題の生成と解決の場であるとし，マクロ（公助）による公共政策と市場は再分配や財源移譲をすることによって，「共助」の場として

の地域コミュニティや準市場を下支えする領域であると述べている。本章では，そのような「共助」の場としての地域コミュニティ内部で，地域資源を活用した基盤産業によって利益が分配されていくしくみを「共助のしくみ」と仮定義する。そして，コモンズが「共助のしくみ」の構築を促進する要因になり得るのかについて考察することを目的とする。

（3）本章で対象とするコモンズ——過少利用資源の共有財化

　Hardin（1968）が環境問題との関連で論文「コモンズの悲劇」を発表した当時は地域資源[2]の過剰利用を問題視した研究が主であったが，最近では過疎地域などにおける自然資源が適切に管理できなくなった実態を対象とした研究が行われるようになっている。過疎地域での管理が想定される過少利用資源のコモンズでは，住民と移住者など住民以外の人たちと協働して資源管理を行う場合が想定されるが，この点について小池・中井（2014：293）は，①「共同事業の収益性に関わらず，少数の移住者と多数の地域住民による共同事業だけがコモンズの維持と過疎化対策に寄与する」こと，そして②地域住民への公的補助の増額を促進するが，地域内で移住者をフリーライダーに変え」ること，さらに宮内（2006：20）は，従来の住民と部外者との「レジティマシー」の必要性，つまり資源の共同管理の正統性が必要になると述べている。

　本章で対象とするコモンズは，過少利用資源としてのコモンズとする。

2　地域資源の共有財（コモンズ）化で過疎地域の再生は可能か
——島根県隠岐郡海士町の事例から

（1）調査概要

　海士町を調査対象地に選定した理由は，海士町が過疎地域に指定されており[3]，財政再建団体となることが予測されていたが，地域資源を町の共有財にしその資源を活用した地域循環型経済を軸にした地域再建のための様々な政策を展開している地域であるためである。海士町での政策が「共助のしくみ」を促進するための要因となり得るのかについて考察するため，2021年6月30日〜7月1日に行政職員2名と就労継続支援B型事業所職員を対象にヒアリング調査を行った。ヒアリング対象者には事前に調査趣旨を説明し，研究及び研究結果公表の同意を得た。

（2）海士町の概要及び地域再生政策

　島根県海士町は，過疎地域に指定された隠岐諸島における離島の一つで，隣接する西ノ島町，地夫村と合わせた三町村を島前地域と呼ばれている。面積は33.4㎢，周囲89.1km。本土の松江市からはフェリーで約3時間の場所に位置する。人口は1950年の6,986人をピークに減少し続け，2005年には2,581人，2022年現在で2,273人である。

　1999年以降，市町村合併が積極的に推進された時期（いわゆる平成の大合併）に海士町は単独町制を敷くことを決断するが，その後地方交付税が大幅に削減され，2008年度には「財政再建団体」となることが予測されていた。この状況に対し，2004年には住民，町議会，行政が一体となって町の存続を目指した「海士町自立促進プラン」が策定された。「海士町自立促進プラン」では，大きく「守り」と「攻め」の2つの政策を取り，「守り」は徹底した行財政改革，「攻め」では産業振興を推し進めた。行財政改革では当時の町長を筆頭に，町職員の給与カット（16〜40%）を行い，産業振興では，新たな産業と雇用の場の創出による「外貨」獲得のため，コモンズによる第一次産業の復興を目指した。漁場従事者の多い海士町では，漁獲量が多くても，離島であるために本土への出荷にはコストがかかる。漁港である鳥取県境港市の市場に着くまでに時間と費用がかかり，商品価値を落とすというハンディキャップがあったが，地元の漁業従事者の収入を補完することを目的に，特殊凍結技術（以下，CAS）[4]を導入し，離島のハンディキャップをなくすための対策が取られた。

　また，移住者の積極的な受け入れを実施し，転入者が転出者を超えた2009年〜2015年までの7年間で平均16.1人が転入している（2018海士町勢要覧資料編2018：1）。

　移住者の受け入れは，人口減少対策と地域資源を使用した地域循環型経済の確立を目指していた。Iターン者による島内起業の積極的推奨や，島外から島内の高等学校への入学生受け入れなどを実施した。特に1998年から開始したIターン者による島での起業を推進する制度は，「商品開発研修生制度」として島独自の政策として創設された。この制度は，海士町にあるすべての地域資源を従来の「住民目線」にはなかった地域資源の価値を「島外者の目」から発見，商品化し雇用と新たな市場を形成することを目的とするものである。「商品開発研修生」

は海士町の臨時職員として雇用され，毎月15万円の給与及び格安住居が提供される。2015年度までに25名の研修生が参加し，7名が町に定住した。この制度は，総務省による「地域おこし協力隊」⁽⁵⁾の先駆け的事業として捉えることができる。

（3）地域資源を共有財として展開した事業とその効果

1）海士町独自施策とその効果

　海士町では，海（海産物），遊休農地，森林などの自然資源を共有財とし雇用創出と新たな市場の形成，第1次産業従事者等への所得補塡が行われていた。

　有限会社隠岐潮風ファームは，2004年，海士町が構造改革特区として認定された「潮風農業特区」に，地元企業による新規事業として設立された。元々は建設業を経営していた会社であるが，公共事業が減少したことにより存続が厳しくなったことや，農地法の規制が緩和されたことから農業（畜産，堆肥などを含む農業全般）に参入した。特に，畜産部門の「隠岐牛」の生産では，遊休農地を借り受けて，飼料作物の生産から「隠岐牛」繁殖から肥育までの一貫経営を行っている。「隠岐牛」の売り上げを伸ばしたことから，畜産部の担い手としてⅠターン者3家族が移住し，島外の建設業者4社が畜産に加わったことにより町内での堆肥製造も可能になり，島で縦貫完結する有機農業への取り組みが行われている。

　島の基幹産業であった漁業対策では，漁業従事者の減少にともなう後継者育成と漁業従事者への生活支援と第1次産業の再生のために，様々な政策が講じられた。凍結技術を導入した農林水産物加工施設（CAS凍結センター）を整備し，その後，第三セクター「ふるさと海士」を立ち上げ，運営を開始した。CAS技術を導入した岩ガキやイカなどをブランド化し，外貨を獲得している。商品売り上げも増加している。特に岩ガキの養殖では，2006年に海士いわがき生産株式会社を設立し，国内及び海外へ市場を拡大している（表3-1）。

2）就労継続支援B型事業所による森林資源（クロモジの木）の共有財化とその効果

　島に自生しているクロモジの木は，もともと住民の間で葉や茎を煮出し，飲用茶として親しまれてきた資源である。この木（お茶）は，「商品開発研修制度」に参加した研修生によって注目され，島内の就労継続支援B型事業所（以下，事業所）との共同開発により商品化し，現在，クロモジ茶（商品名はふくぎ茶）として島内外で販売されている。販売価格はそれぞれの企業が決定している。

表3-1　地域資源の共有財化による海士町独自施策

	(有)隠岐潮風ファーム	(株)ふるさと海士CAS凍結センター	(株)ふるさと海士御塩司所	海士いわがき生産(株)
共有財化された地域資源	遊休農地	水産資源CAS技術	海水	いわがき
整備目的	民間企業の農業参入により，遊休農地の有効活用①担い手不足の解消②地域農業活性化③雇用創出	海士町で取れる農水産物を加工し，特殊冷凍（CAS）しブランド化の確立と外貨獲得	①天然塩を生産し，収益確保と雇用創出②塩づくりの学習施設として活用し，都市との交流を図る	特産品いわがきのブランド化種苗生産から養殖，出荷の共同作業化による安定生産と安定供給システムの構築
事業内容	畜産，堆肥の製造	農水産物の加工・販売	天然塩の生産	特産品いわがきのブランド化
事業費(円)総額	193,908,000	829,102,000	179,648,000	70,000,000
補助金(国)総額	0	207,275,000[※1]	44,912,000[※1]	42,000,000[※1]
補助金(県)総額	80,369,000	0	0	0
補助金(町)総額	0	20,727,600	44,912,000	28,000,000

注：※1　補助率5/10
出所：海士町（2019）を基に筆者作成。

　商品として販売する過程には，クロモジの木が自生している森林土地所有者，行政職員，研修生，事業所が関わった。まず，クロモジの木が自生している森林所有者との交渉は行政が行った。私有地化されている土地の利用に関して利用（伐採）することが困難な島外の所有者などからは，使用許可を得て事業所職員や行政職員が行った。利用に関する所有者からの苦情や反対はなく，もともと管理ができていなかった土地であったため，むしろ管理を兼ねた木の伐採や道の整備を任せることは喜ばれている。伐採した木を運搬するための道づくりなどの森林の整備は事業所，行政職員，森林周辺に居住している地域住民が関わる。住民は自主的に伐採作業にも協力し，ボランティアで手伝うこともある。伐採された木から商品にするまでの過程には，研修生や事業所職員，事業所利用者が関わった。お茶の味が少しでも良くなるためには茎のどの部分を切断すればよいのか，などを試行錯誤しながら行った。作業は，木を細かく切る作業から葉と茎を分ける作業などがあるが，役割は利用者間で自然発生的に分担されていった。事業所に入る収入は2006年30万円，2007年140万円，2008年200万円と伸びている。収入

は利用者14名の工賃として支払われ，クロモジ茶の生産前には月２万円だった工賃が，2008年には２倍の４万円にアップした。生産作業は，利用者のモチベーションの向上にもなっている。それは，生産を通して収入が安定していくこと，島の特産品を作ることへの誇りが生まれたこと，利用者のアイデアが採用され試されながらおいしいお茶へと変わっていくことへのやりがいなどがあるためである。これらのことは，休みがちであった利用者が毎日通所してくるようになり生活リズムが改善されたことなどの変化につながっている。

　木の伐採は，継続して収穫できるように大量伐採等乱獲はせず，木を枯れさせない程度に伐採し，一定の範囲での伐採が終了すると，同じ山林の他の土地での伐採を行っている。

3　過疎地域再生のための「共助のしくみ」を促進するコモンズ

（1）地域資源の共有財化による政策

1）過少利用資源のコモンズによる地域再生

　過少利用資源のコモンズでは，小池・中井（2014）の示した通り，資源利用にあたり研修生が関わるクロモジの木の開発や県外企業が開発した CAS 技術の導入など移住者が関わることはあるものの，コモンズの維持は地域住民が多く関わっていることが明らかとなっている。海士町の政策が第１次産業従事者の生活保障や海士町の自然資源を使用した雇用の創出であったことを考えると，過疎地域再生のための政策としては有効であったと考えられる。同時に，地域資源共有財化が地域住民の生活を守るための政策であり「海士町自立促進プラン」に基づく事業であったことは，共有財化の正統性（「レジティマシー」）が確認できる。

2）「共助のしくみ」の構築を促進するコモンズ

　調査結果（表3-2）からも明らかな通り，CAS 技術を導入したことによる海産物販売実績が10年間で約2.8倍，隠岐牛の出荷頭数も大きく増加していることが分かる。これらの実績をもとに新たな産業（加工，販売）が生み出され，地域資源を活用した産業とそれに関わる雇用の場が創出されている。そして，利益が第１次産業従事者の所得として補塡されていることや，クロモジ茶の利益が事業所利用者への工賃として還元されていることから考えると，地域コミュニティ内

表 3 − 2　地域資源の共有財化による効果

共有財	共有財	海洋資源	遊休農地	森林資源（クロモジの木）
資源利用に関する事柄	資源開発・利用者	行政・第一次産業従事者・加工販売業者（島内）	行政，町内企業	商品開発研修生・就労継続支援 B 型事業所職員及び利用者・行政職員・土地所有者・地域住民（ボランティア）・販売業者
	資源所有者	—	私有地	個人（私有地）
行政の関与	政策	海士町自立促進プランによる政策	海士町自立促進プランによる政策	海士町独自施策としての商品開発研修生制度
	補助金	国・町の補助金を利用	県の補助金を利用	町の補助金を利用
人の関与	島内のその他の住民の関与	—	—	木の伐採の手伝い
	島外者の関与	CAS 技術の導入	島外からの移住による事業への参入	—
地域内雇用	住民への利益分配	従業員・第一次産業従事者への所得補填	従業員の所得	利用者の賃金
	市場形成	○	○	○
	雇用創出	第 1 次産業から第 3 次産業までの雇用の場の創出	第 1 次産業から第 3 次産業までの雇用の場の創出	—
	経済効果	CAS 凍結技術の導入により，海産物販売実績が 2008 年 75,649,000 円から 2018 年 209,726,000 円に上昇。インターネット販売などにより販路拡大。	出荷頭数（2005 年 3 頭から 2018 年 211 頭へ）。隠岐牛店の島内出店や飼料作りなどの新たな雇用が創出されている。	経済的価値 0 から利用者の工賃増（2 万円から 4 万円）。

出所：表 3 − 1 と同じ。

部で，地域資源を活用した基盤産業によって利益が分配されていくしくみとしての「共助のしくみ」構築を促進する要因として捉えることができるのではないかと考えられる。

（2）共同作業による目的意識の共有化

　これまでに利用されていなかった地域資源が町の重要な収入源として活用されていった過程では，町独自の「商品開発研修生制度」が大きく関与していたことがわかる。人口減少が加速していく地域において，島外者という人材に投資し，

住民にとっての「我々の島」の中に存在している自然資源という富を再発見できる"仕掛け"としての独自政策は，事業所利用者の変化からも確認できるように，個人の働き方にまで影響を与えた。クロモジの木の商品化は，事業所職員及び利用者，土地権者（住民），行政との共同作業で進められている。また，伐採から商品化までの一貫した作業を担う事業所職員や利用者は，自生していた木が製品になりパッケージ化されていくという工程すべてに関わる。分業によって同一作業を繰り返すのではなく，クロモジの木を一貫して扱う。そして，生産に関わる研修生や利用者などの共同作業を経て，関わるもの同士の中に，「良い商品をつくる」という目的意識が生まれていた。

　また，クロモジの木が自生している森林の土地権者（住民）は，伐採を無条件で許諾していること，自治体が資源の開発を研修生や事業所職員，利用者の手に委ねていることから，お互いの信頼関係が築かれていたことが伺える。

　目的意識の共有化やコミュニティ内における信頼関係が野口（2018：84-85）の示す「ゆるやかな共同体」の要素として捉えるには，多くの検証が必要になるが，お互いの中になんらかの「つながり」が生じたことは否定できない。

（3）過疎地域再生のための「共助のしくみ」

　これまでの新自由主義路線を前提にした過疎対策では，労働の場を求めた住民の都市部への人口流出に歯止めをかけることは困難であった。そのことは，従来から存在する地域文化や人々の結びつき，共同体としての生活の支え合いすらも希薄化させ，共に助け合いながらその地で居住し続ける権利を保障することも困難な状況を招いた。

　小田切（2014：27）は，高齢化率が50％になった集落でも「日本の農山村集落の強靱性という基本的な特質」があると述べている。生活に直結する機能が衰退しても，集落に残った住民の間には，これまでに維持されてきた住民同士の支え合いの関係が存在している場合が多い。その地で共に暮らした数十年の年月は，多くの場合，住民間の信頼を基盤とした人間関係の構築という社会関係資本を築き，コミュニティを維持している。また，川上の過疎地域の自然荒廃は川下の水害を発生させるだけでなく，地球規模での環境破壊を生じさせる。一度破壊された自然が元に戻るまでには数十年かかる。過疎の農山漁村を再生していくことは，そこに暮

らす住民だけでなく，将来にわたる多くの人の生活を維持することにつながる。

　海士町の事例では，私有地を共有地として利用していくことが政策として行われていた。私有地を海士町の財産として使用するためには，所有者の許可を得て予算化，事業化していくことになるが，これは，これまで私有地であった土地（資源）を共有財にし，その利益を地域内で分配するというこれまでのシステムを変換することになった。そして，このことによって雇用の場が創出されたことは，過疎地域から雇用の場を求めて都市部へ移住しなければならないというこれまでの流れを変え，今後の過疎地域再生のための一事例として示すことができると考える。

　本章では，「共助のしくみ」を地域内における利益の分配という一側面を捉えた仮定義しかできていない。しかし海士町の事例からは，コモンズによってコモンズを構成する人たちの間に，「共同」の意識や「信頼関係」が生じるのではないかということが読み取れた。今後は，「ゆるやかな共同体」を捉えた「共助のしくみ」について考察することが課題である。

　本章は，大阪健康福祉短期大学紀要『創発』第22号の初出を基に加筆・修正を行った文章である。

注
⑴　本研究で使用する「共助」ということばは，二木（2021：72）が述べている通り概念が定まっておらず，未だ曖昧なまま使用されている。しかし，社会福祉の実践者や専門家などの間では，「地域包括ケア研究会報告書」の中で示された「共助」の定義，すなわち社会保険としての「共助」と捉えることが一般的になりつつあるのではないかと考えている。しかし，社会保険に加入することができない人々が存在していること，むしろ社会保険と繋がっている人はある程度安定した雇用条件の下で生活している人が多く，加入することができない人々にこそ社会保障としての「共助」と「公助」が必要であると考えるが，現在国民の生活を保障するシステムとしての社会保障（政府の言う「共助」「公助」）は「自助」「互助」で対応できない人を支える手立てになっているとは言い難い。このような理由から，本研究では「共助」を「地域包括ケア研究会報告書」で説明している定義は用いていない。
⑵　地域資源とは，『環境白書 平成27年版』に示されている「地域内に存在する資源であり，地域内の人間活動に利用可能な（あるいは利用されている），有形，無形のあ

らゆる要素」という定義を使用する。

(3)　過疎地域とは，過疎地域の持続的発展の支援に関する特別措置法第2条第1項に規定された市町村または第41条第2項により過疎地域とみなされる市町村の区域をいう。海士町は第2条第1項に規定された地域である。

(4)　CAS（CELLS ALIVE SYSTEM）とは，株式会社アビーにより開発された精密凍結技術。水の分子を利用して生きた細胞組織を壊さず保つ技術で，食材の細胞壁や細胞膜を保護しながら凍結するため，解凍後のおいしさを維持できるといわれている。海士町では，町内にCASエンジンを導入し岩がきをCAS技術で凍結した商品をブランド化し販売している。

(5)　地域おこし協力隊とは，2009年から総務省により開始された事業で，都市部から過疎地域等の条件不利地域に移住し，地域資源を活用した地域ブランドなどを開発したり販売・PRする取り組み。概ね1～3年の任期で退院は各自治体の委嘱を受けて活動する。総務省から1人当たり概ね480万円を上限とした財政措置が行われる。

参考文献

株式会社アビーHP（https://www.abi-net.co.jp/，2023年8月20日アクセス）。

海士町（2015）「ないものはない——離島からの挑戦最後尾から最先端（2014.4.1 改定）」（http://www.town.ama.shimane.jp/contact/files/，2021年7月20日アクセス）。

海士町（2019）「海士町施設概要」。

井上真（2005）「森林コモンズの価値——『永続可能な社会』のための学校」『森林研究』43，95-97頁。

宇沢弘文（2020）『社会的共通資本』岩波新書。

内田樹（2020）『コモンの再生』文藝春秋。

内山節（2021）『増補共同体の基礎理論』（内山節著作集⑮）農山漁村文化協会。

内山節・竹内静子（1997）『往復書簡　思想としての労働』農山漁村文化協会。

小田切徳美（2014）『農山村は消滅しない』岩波書店。

金子祥之（2016）「村落空間の荒廃へのアプローチと立場性——『捨てられゆくもの』を考える視点」「村落社会の荒廃と村落研究——無縁墓・空き家・工作放棄にいかにアプローチするのか」『村落社会研究ジャーナル』23，25-39頁。

環境省（2015）『循環型社会白書／生物多様性白書 平成27年版』内閣官房・内閣府総合サイト地域創生 海士町事例（https://www.chisou.go.jp/sousei/case/chihou_sousei/ijyu_jirei_12.pdf，2022年10月29日アクセス）。

小池心平・中井豊（2014）「地域再生事業にみるコモンズ問題の解決」『理論と方法』29，293-307頁。

斎藤幸平（2020）『人新生の「資本論」』集英社新書。

指出一正（2017）『ぼくらは地方で幸せを見つける』ポプラ社。

島根県海士町（2018）「2018海士町勢要覧資料編 DATAFILE」（http://www.town.ama.
　shimane.jp/about/tokei/post-11.html，2022年5月10日アクセス）。

総務省「地域力の創造・地方の再生」（https://www.soumu.go.jp/main_sosiki/jichi_gyo
　usei/c-gyousei/index.html，2023年8月23日アクセス）。

総務省地域力創造グループ過疎対策室（2021，23）「令和3年度版過疎地域の現況」。

曽我謙悟（2019）『日本の地方政府——1700自治体の実態と課題』中公新書。

中井豊（2014）「コモンズの悲劇からの脱出——地域と社会的企業化のシナジー」今田高
　俊・舘岡康雄編『シナジー社会論——他者とともに生きる』東京大学出版会，57-72頁。

二木立（2021）「『自助・共助・公助』という分け方は適切なのか？——三助の変遷をた
　どって考える」『季刊社会運動』442，70-80頁。

野口定久（2016）『人口減少時代の地域福祉——グローバリズムとローカリズム』
　（MINERVA 福祉ブックス②）ミネルヴァ書房。

野口定久（2018）『ゼミナール地域福祉学——図解でわかる理論と実践』中央法規出版。

野口定久（2022）「日本居住福祉学会の20年を振りかえる」『居住福祉研究』32，東信堂，
　9-30頁。

早川和夫・野口定久・武川正吾編（2002）『居住福祉学と人間』三五館。

林雅秀・金澤悠介（2014）「コモンズ問題の現代的変容——社会的ジレンマ問題をこえ
　て」『理論と方法』29(2)，241-259頁。

宮内泰介（2006）『コモンズをささえるしくみレジティマシーの環境社会学』新曜社。

宮崎雅人（2021）『過疎衰退』岩波書店。

盛山和夫（2008）「新しい共同性を求めて」『日本経済新聞』2008年6月26日付朝刊。

山岡義明（1977）「入会地の解体に関する歴史地理学的研究——奈良県北部の一入会地
　を例として」『人文地理』29(3)，87-106頁。

山本隆・山本恵子（2020）「福祉コモンズと社会的企業」『Human Welfare』12(1)，
　29-44頁。

「しまねの郷づくり応援サイト」（https://satodukuri.pref.shimane.lg.jp/www/index.
　html，2022年9月8日アクセス）。

「人と自然をつなぐ島隠岐ユネスコ世界ジオパーク」（http://www.oki-geopark.jp/
　episode/lifestyle/history/kita-mae-bune/，2022年5月10日アクセス）。

「2018海士町勢要覧資料編」（http://www.town.ama.shimane.jp/about/pdf，2021年7月
　20日アクセス）。

Hardin, Garrett（1968）"The Tragedy of the Commons" *Science* 162, pp. 1243-1248
　（https://pages.mtu.edu/~asmayer/rural_sustain/governance/Hardin%201968.pdf,
　2020.3.6).

（堅田知佐）

<table>
<tr><td>第4章</td><td>チベット牧畜民のこれまでとこれから
——合作経済組織化におけるコモンズの変容</td></tr>
</table>

1 誰がコモンズを維持するのか
——生態移民に関する先行研究から

　チベット牧畜社会では，長い間牧畜民はツォワという伝統型共同体モデルの下で地縁・血縁型の自助・互助を中心に生活課題を克服し，その地域に適した文化習慣を積んできた，いわゆるムラ社会的コミュニティだった。一方，住民生活の安全網である伝統的な互助は，移住政策による激しい人間関係の断絶と地域の分断によって衰退してしまった。こうした問題の発生や共同体の破壊は，人間社会のシステムと自然生態系の不調和を深刻化させている。

　筆者はこれまで生態移民政策の対象となった牧畜民に調査を行い，移民村の生活課題として，所得と支出の不平等から生じるさらなる貧困，社会関係の欠如，教育機会の不充足，労働市場からの排除などを挙げた（彭毛夏措 2021a）。また，牧畜民が草原を離れることで過疎化が生じつつあるため，二地域居住の暮らし方を提起してきた（彭毛夏措 2021b）。事例を収集していく中で，多くの二地域居住者は合作社に加入し，牧畜民の伝統的な暮らし方と意識の中に豊富な環境保全の知識があり，それがコモンズを維持してきた重要な要素であることを把握できた（彭毛夏措・加羊 2022）。

　一方で，チベット社会におけるコモンズ維持と再生方法はまだ不明確である。ゆえに，本章では，チベット牧畜地のコモンズを時系列で概観し，合作社というコモンズの実態と課題を把握する。今後の展開としては，過疎化，砂漠化，荒地化しつつある牧畜地のコモンズの再生方策を探ることである。

2　チベット牧畜業の変容
――近代の国家体制変革の過程の中のコモンズ

（1）チベット牧畜民の暮らし方

　遊牧・牧畜は農耕とならび現生人類の古い生活様式の一つで，そこには群居性の有蹄類（家畜）との共生，乳や毛，皮，肉などの利用，移動性に富んだ暮らしという3つの要素の有機的な融合がみられる（松原 2021）。しかし，近代国家制度の形成という時間的な経過の中で，移動性に富んだ暮らしは国民統合を進める上で大きな障害とみなされ，四季に沿って移動しながら家畜化した動物を管理する遊牧・牧畜社会から，暖季と寒季の2季輪換で放牧する半定住化へ，そして，さらなる定住化へと進んできた。例えば，青海省の三江源生態移民政策は定住化の典型的な事例の一つである。

　チベット高原では，古くから標高や土地の特徴に適して農耕地帯で生活する農民と高地の牧畜地で暮らす牧畜民，そして農業と牧畜業を兼業する半農半牧民が生業を営み，高原文化を発祥及び伝承してきた（ナムタルジャ 2019）。その中で牧畜民はヤクをはじめとする家畜を遊牧・移牧によって飼育し，牧畜で培い代々継承してきた知識と技術を様々な変化の中で蓄積してきた。現在に至るまで，牧畜民は昔と大きく変わらない牧畜生活を維持してきて，自然環境を守る知恵があり，それは今日でも活用できる。一方で，牧草地というコモンズの管理方法には，時代とともに大きな変化が見られる。

（2）チベット牧畜地のコモンズ

　まず，コモンズ概念について論じると，大きくは「ローカル・コモンズ」と「グローバル・コモンズ」の2つに分けることができる。ローカル・コモンズとは，山川，森林，大気，自然資源を利用しアクセスする権利が一定の地域，集団・メンバーに限定される，管理の制度あるいは資源そのものを指し，排除性が強い。一方，グローバル・コモンズは，資源の利用及びアクセス権が国を超えて国際的に存在する場合を意味し，排除性が弱く，共有の範囲が広い特性を持つ。言い換えれば，前者は地域共有資源であり，後者は地球共有資源である（井上 2004：52）。

図 4-1　チベット牧畜社会におけるコモンズのかたち

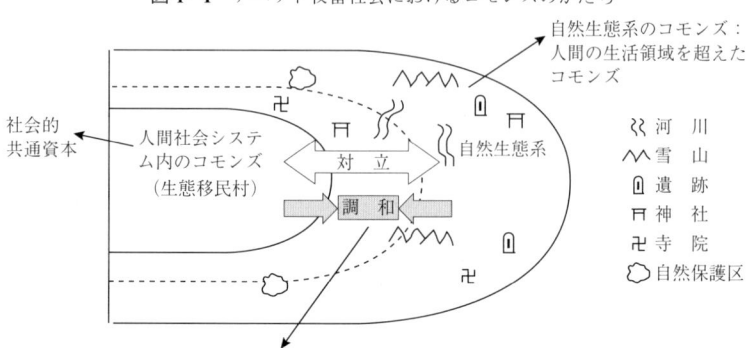

境界領域内のコモンズ：①複数世帯間のコモンズ，②村共同体のコモンズ
出所：野口（2018：134）を参照して筆者加筆。

　コモンズの概念で有名な説である『コモンズの悲劇』（1968）はハーディン（G. Hardin）が提起した概念で，誰でも自由に利用できる状態にある共有資源の管理がうまくいかないために，過剰に採掘され資源の劣化が起こることを意味するとした。ハーディンの考え方は，様々な社会問題に置き換えられるようになり，人口過剰地域，持ち主のない資源，資源の減少が始まった時に，過剰な利用，資源環境の悪化及び破壊が起こるとしている。

　ハーディンは悲劇を回避するには共有地の管理形態を，社会主義を選べば全牧草地にわたり計画的な管理ができ，逆に私有化すれば個々がその土地を大切に扱うという，国有化にするか私有化にするかという 2 つの方法を挙げた。それに対して Thompson（1991），Ostrom（1990），Feeny et al.（1990）らハーディンへの反コモンズ論者らは，悲劇が起こる対象はあくまでも「オープン・アクセス」状態にある資源が前提となり，コモンズ資源の存在形態は多種多様で，資源を持続的に利用・管理している地域・組織は広く存在するとされる。それは，地域コミュニティでは慣習的所有権のしくみを通して良好に資源管理ができており，そのしくみに持続可能な資源管理の方法が存在すると強調する。

　チベット牧畜社会のコモンズは大きく 3 つに分けられる。図 4-1 で示すように，一つは，生態移民の集住地域を含む都市部の人間社会システム領域のコモンズで，主に制度政策をはじめとする社会的共通資本[2]のことを指す。

　次は境界領域のコモンズで，牧草地での牧畜民の生活領域を指す。ここでは，

複数世帯間のコモンズと，村共同体でのコモンズの2つに分けられる。牧草地の
ほとんどは1980年代の請負制度で個々に分配され，使用権と所有権が個人にある
ため，複数の世帯が連携して牧草地を共有し，家畜を共同放牧するケースもよく
見られる。ゆえに，前者を複数世帯間のコモンズとし，後者の村共同体内のコモ
ンズには，持ち主は特定しないが村レベルで管理する土地，水，ラプツェ[3]，タル
チョ[4]，ガカン[5]などチベット特有の文化的資源が多く存在する。

　最後は自然生態系のコモンズである。ここには人間の生活領域を超えて，聖な
る山や森林，ガカン，河川，自然保護区，地下資源等の資源がある。管理主体も
一つの村を超え，複数の村やチベット全域で管理するケースもある。

　何れにせよ，チベットのコモンズは村人や地域住民，寺院等によって管理され，
他者の誰もがオープン・アクセスできる状態ではない。しかし，生態移民政策を
主とする移住政策や人口流出により，境界領域にある村共同体の機能と存在が弱
まりつつあり，人間社会システムと自然生態系が対立関係に陥っている。

（3）国家体制変革とコモンズの変容

　コモンズの管理方法は，時代の変化の中で往々に変遷していくものである。チ
ベット牧畜地の管理方法を概観すると，1950年代までは部族内部で共有するコモ
ン牧場を四季若しくは二季移動する形で管理してきた。いわば民族共有制だった。
1951年の解放以来，土地改革をはじめとする様々なマクロレベルでの体制変革が
あり，コモンズの所有権と使用権・経営権も変わった。特に1950年の「中国土地
改革法」を契機に農牧地の所有権は国家に移り，50年という使用期限を設けた上
で人数分に分配した。

　1956年の人民公社や民主改革などを経て，1983年に生産請負性を肯定的に捉え
る中私有化が進み，牧草地に柵を囲い込み始めた。2000年以降，牧草地では所有
権，使用権，経営権の“三権分離”改革が実施され，農牧民に牧草地の請負，使
用，収益，流転及び請負経営権の抵当と担保を与えたほか，国の計画内にある牧
草地を国有化の下で無人化あるいは利用制限を設けた。

　具体的な事例として Yonten Nyima（2017）は，1959年以前，チベット自治区
の牧草地は部族レベルや寺院によって管理され，家畜の放牧と季節的移動は家族
で行われていたとする。人民公社の時も牧草地は公社で共同利用し，家畜は生産

隊（人民公社制度の下にある最も基本的な単位・部門）で所有されていた。人民公社の解体により，牧草地は行政村で共同利用され，1981年以降，家庭請負制の実施によって家畜の私有化と牧草地の各家庭への分配が始まったとする（Yonten Nyima 2017：270-279）。

3　21世紀におけるチベット牧畜業の動向
——合作社による共同管理

（1）生態移民政策と郷村振興

　三江源生態移民は，2003年から始まったチベット三大水源地の16県（市）１郷（区）に暮らす牧畜民を退去させて草原を保全するという中央政府による定住政策の一種である。その背景には，「牧畜民の過放牧」が西部地区における環境破壊の主な原因であるという中央政府の判断があるが，事実上，それには人的要因と自然的要因が連動し，牧畜民は自己利益を犠牲にして長年暮らしてきた牧畜地を離れざるをえず，全く知らない場所で一から生活を整えていくしかなかった。

　次に，生態環境の保全を最優先しつつ辺境経済の底上げを推進するために導入された政策が「生態牧畜業建設」プロジェクト（2013年〜）である。これは草原に残存する各世帯が所有する家畜を整理・統合し，組合式の集中管理体制（合作社）へと移行させることで経営合理化を図ろうとしている（別所 2020）。

　生態移民政策には環境保護と生活向上という２つの目標があり，中国ではコモンズの危機管理として，国有化による管理方法を用いて，原住民をそのコモンズから撤去させ都市部に集住させた。しかし，「永久禁牧」や「十年禁牧期」といった制限があるこの政策は，制限期間内に原住地を利用停止とするため，牧草地と都市部で新たなコモンズの問題を発生させ，コモンズの衰退とそれに向けた再生方策が，生態移民の今後取り組むべき重要な課題となっている。

　2021年に策定した第14次５年計画では，農業・農村の発展を優先し，地方の活性を目的にした郷村（農村）振興を全面的に推進する中央１号文書を取り上げた。この意見は2020年までに貧困を脱却した県について，貧困脱却の日から５年間の過渡期を設け，軌道に乗るまで必要な支援を行う方針である。これまでの貧困撲滅から地方活性化の方向へ走り始めている。

（2）合作社の発展経緯

　チベット地区におけるコモンズを論じる時，もう一つの共同体である合作社が欠かせない存在となっている。

　中国では都市と農村の所得格差が拡大していく中，農民・農業・農村の三農問題を解決するため，農業運営と農産物流通が喫緊の課題となった。所得格差の主な原因は農業部門の低い生産性に起因する農家所得の停滞によるものである。そこで，農業の生産性を向上し，さらに農産物の流通過程における効率化，資金調達問題の解決を図るため，新たな生産・流通組織の普及が立案された。「合作社」はその普及過程において大きな画期となっている。2006年の第10期全人大において「中華人民共和国農民専業合作社法」が公布され，2007年7月1日の施行と同時に農民専業合作社の営業が再開された。

　合作社は近年になって登場したものではなく，その発展の流れとして，河原（2009）をはじめとする多くの研究者が，民国期の無限連帯責任性の農村合作制度（1919-1936年）から形成されたと指摘している。一方で，新中国の成立後（1949年）から見ると，合作社の発展は3つの段階に明確に分けられる。第1段階は1949年から1957年までである。この時期，中国の農村では，個別経営の基盤の上で集団労働の形で労働力を相互に交換する農業生産互助組から，土地や農具，耕作用家畜を出資または統一運営する初級農業生産合作社へ，さらに土地などの生産手段を集団所有とし，労働による分配を特徴とする高級農業生産合作社へと変遷していった。1958年以降の第2段階では，合作社は人民公社に格上げされ，「工，農，兵，学，商」が一体となった政治・経済組織になったが，所有権の公有や平均化された分配制度のため，人民公社時代の幕は閉じることになった。そして，第3段階は，1980年代初めに人民公社が解体されてから現在までで，これは合作社が自発的に成長した段階である（李 2004）。

　第2段階の人民公社は高級農業生産合作社をさらに大型社に合併することによって1958年に設立された。人民公社の変革は，主に設立初期（1958-1960年），調整期（1961-1965年），文化大革命期（1966-1976年）に分けられる。人民公社の特徴は「政社合一」（政は興や鎮政府に相当する政権・行政組織，社は高級農業合作社を指す）で，いわば，中央政府の末端組織であると同時に農民の協同組織でもあるという二重の性格を持つことである。

　公社の内部組織には，生産・生活活動の計画立案と分配の機能を担う公社，計画の指導・監督を担う生産大隊，労働力並びに土地などの生産手段を請負い計画を実施する生産隊の３段階に分けられていたが，1960年の「農村人民公社工作条例草案」と1962年の「農村人民公社基本計算単位の改革問題についての指示」の制度の見直しの中で，①生産隊に運営権と分配権を与え，生産大隊と公社は生産隊の連合組織になった。②家庭副業や自留地の経営が認められた。③分配方法が賃金制から労働点数制に改められた等の改革に着手した。

　人民公社は行政機構と経済組織との合体すなわち「政社合一」の体制であるが，事実上，農民の経済組織を政権・行政組織の下に置いたため，経済活動への行政的関与が生じがちで，協同組織の原則である自主的・民主的運営が侵害された。また，幹部の指導不足も加わり，農民の生産意欲を低下させ，農業生産は長期にわたって停滞し，食糧需給関係は緊迫した状況に陥った（杉野 1995）。大規模な農業経営・集団労働であるが，農業の生産力の水準は依然として簡単な農具による手労働を主とし，適切な分配ができなかった（王 1987）。さらに，1959年以来の連続災害の発生は公社の民主的運営を推進した。こうした複数の原因により，1982年の憲法で人民公社の解体を事実上認め，1983年から1985年までに郷・鎮政府や村民委員会が行政機能を担い，「政社分離」へ歩んだ。

　上述のように，合作社は社会主義制度の中で多様な形をとってきた。しかし，人民公社と近年増加傾向にある合作社には根本的な違いがある。それは，加入・脱退の自由権の有無，所有権の共有化の有無，政府機関の意思決定への関与の有無，そして，運営形式が単一か多様であるかにある。

（3）人民公社と合作社の相違

　人民公社と昨今の合作社の根本的な違いを表４−１に示す。まず，組織形態を見ると，人民公社は農業生産合作社の経済組織と，最小の行政単位である草の根の政治組織を合体した組織であり，政社合一とも言われている。一方で，合作社は行政による管理ができない農牧民らが自ら立ち上げた互助的な経済組織である。次に財政権では，人民公社は農家が所有する生産資料である家畜・道具・各家庭が所有する土地など農業生産に関する財政権すべてを生産隊・生産大隊が所有する。また，土地の所有権は国家・生産隊や公社にあり，使用権も生産隊にある。

表4-1　人民公社と近年の合作社の違い

項　　目	人民公社	合作社
組織形態	経済組織と草の根政権 政社合一	互助型の経済組織
財産権	生産隊に属する	各家庭に所有する
土地の所有権	国家・生産（大）隊	国家・集団
土地の使用権	生産（大）隊	合作社の加入者
経営自主権	集団統一の組織下で行う	住民の合意・投票によって行う
分　　配	単一（均等に分配）	多様（取引量に応じて配当が主） （集団内で分配調整）
参入・退出	農村戸籍は自然に加入 手続きなし	農民の自発的な組織・任意 自由決定の権利あり
運営形式	単一	多様
配置基準	一郷一社の規模を基本単位	特に規定なし

出所：筆者作成。

　一方，合作社では，住民の合意のもとで財政権は合作社加入者が所有する場合と，合作社という集団が所有する場合がある。土地の所有権は国家・集団にあり，使用権は合作社及びその加入者にある。次に，経営の自主権に関して，人民公社は集団統一の組織の下で行うのが一般的で，分配方式は労働点数を数えて均等に分配する。また，人民公社への加入・脱退には手続きがなく，行政機関の役割があることで，農村戸籍であれば自然に戸籍所有地の公社に加入している。運営形式も全国統一的で単一的である。配置基準として現在の卿政府に当てはまる行政機関ごとに人民公社を配置する一卿一社（人民公社を指す）制である。これらに対して，合作社は住民自ら成立した経済組織であるゆえに，経営自主権も加入者にあり，一人一票という投票と合意の下で運営を行う。

　分配方法も合作社内で自由調整できるため，合作社ごとに異なるが，主流になっているのは取引量に応じて配当する方法である。そして合作社への加入・脱退は任意で，契約手続きの下で加入が可能となる。運営形式は合作社によって異なり，特定した配置基準がなく，一つの村に複数の合作社がある場合もある。

　前述のように，合作社は所有権・使用権では一つのコモンズであると同時に，経済発展を追求するという市場経済化の特徴がある。これは市場経済化を基にし

た中国特色社会主義現代化の発展モデルと合致している。

4　合作経済組織化における新たな牧畜業の事例

　近年では，合作社の運営形式で牧畜業を維持していることが多い。以下では，代表的な３つの事例を取り上げ，チベットにおける合作社の実態を把握する。

（1）境界領域のコモンズ管理——ラカル・モデル（事例１）

　まず，ラカル村に関する先行研究としてナムタルジャ（2021），李（2017），李（2016）ら11件の論文と報告がある。以下では，これらの先行文献を含めてラカル・モデルを概観する。

　ラカル村は黄南チベット族自治州澤庫県寧秀卿に位置し，４つの社から構成された伝統的牧畜村である[6]。同村は元々農業地域であるレプコンロンポ村から1505年にロンポ領主の命令に応じて澤庫県に移転した村で，2021年８月現在，村の世帯数は187戸（912人）である（ナムタルジャ 2021）。牧場の総面積は626,667ha，農耕地面積は7,412haを所有する村である（馬 2019）。

　澤庫県は三江源地帯にある一つの貧困県で，2009年まではラカル村も全県64貧困村の一つであった。2010年の平均年収はわずか2,512元であった。しかし，2011年にはラカル生態牧畜業合作社の設立を契機に，2013年には村全体が貧困から脱却することができた。2021年現在の平均年収は8,240元に上り，2010年の３倍にまで増加した。

　なお，ラカル合作社は2011年に設立され，当初は36世帯が加入していたが，合作社の利益が増加するとともに，今では村の全世帯が加入し，総資産が4,471万元にまで達している。合作社の事業の成功により，ラカル・モデルを学びに各地から研修に訪れるなど，模倣の対象となった。

　ラカル合作社は株主運営モデルを取っており，村人は牧場と家畜を株に換算して加入できるほか，一株500元という基準で現金購入することもできる。共同牧場では，まず家畜を分割し，５〜11月の６カ月間は自由放牧を行い，12月から４月までの６カ月間は小屋での飼育を中心とした輪牧方法を行っている。

　ラカル合作社では，ヤクを飼育する21の牧業グループとチベット羊の飼育には

専門の社員が管理するほか，種雄との交配や家畜の野生化を通した品種改良や，放牧圧を下げるため農業知識を前提とした牧草の栽培方法を取り入れている。さらには，牧畜民の収益を上げるため，ホテルとレストラン，観光業事業を運営して，第二次・第三次産業を推進し，商品化した畜産品の内需を上げている。

（2）人間社会システムのコモンズ管理──デギ村の合作社（事例2）

　デギ村は黄南チベット族自治州チェンツァ県に新設した村で，2017年に県内の5卿30村から256戸（946人）の貧困世帯が移住してきた。国は移民村の建設に8,326.8万元の資金を使用している。デギ村は農牧地のいわゆる暮らしにくい居住地から，生活が困難な家庭の一部を移民の形で相対的に暮らしやすいところに移住させる易地変遷に当てはまる。移住当初から社区が形成され，政府が直接管理していたが，社区は行政村のように村一体で貧困救助や補助金などが申請しにくかったため，2021年に県政府より村に名称変更した。

　県政府は移民村を観光名所としてアピールし，農家泊や民宿，レストランを運営する家庭に補助金を出すほか，2,193.6万元の補助金を用いて各家庭の屋根にソーラーパネルを設置した。住民は自家用の電気代がいらないほか，余った電気を国家電網に売ることで毎年4,500元以上の収益が出るという。

　デギ村の合作社は2019年に設立し，村の村長，書記，副村長など9人は合作社の理事長，社長，課長も兼業している。現段階で80％の家庭が加入しており，未分配の12.67haの畑を合作社で経営し，苗木やチベット茶，果物や野菜などを栽培して商品化するとともに，村内で経営する民宿やレストランに売ったり，農業体験事業を行ったりして需要を高めている。今後は県の名物である胡椒の木を栽培して，ブランド化を目指している。「中国日報網」（2022年）によると，加入した家庭の収益は年間7,000元に達する。

（3）牧草地を超えるコモンズ管理──メシ卿草原生態種植農民合作社（事例3）

　メシ卿草原生態種植農民合作社は，四川省アパチベット族自治州ゾルゲ県メシ卿に属し，2013年に設立された。メシ卿は6つの行政村から構成され，かつては卿（1958年）から公社（1971年）へ変更されたが，人民公社の解体を契機に再び卿に戻された。

　合作社の設立者であるタチォンパラン氏はチベットで有名な環境保護活動者である。元々大学の教員だったタチォン氏は，「故郷では砂漠化と様々な放牧規制が進む中，牧畜生活が草原保全と矛盾しているという認識が若者たちの間で普遍的になりつつあること」に危機感を持ち，2010年からアメリカの非営利団体に加入し，故郷で環境保護の活動（防砂活動）を行った。2013年に独立してタチォン氏と村長，村人ら計8人で合作社を立ち上げた。社の建築は村人や県政府からの募金で集め，運営金は上記8人が一人当たり1万元で起業した（高 2020）。

　合作社では，主に防砂活動に必要な種の購入や地方政府から環境保護プロジェクトを受け取るなど村人と一緒に牧畜民の伝統的なやり方で防砂活動に取り組んでいる。経済発展のため，村人から市場より少々高い金額で家畜の毛，ヤク肉を購入して商品化している。また，牧畜民自身による環境保全をより多くの人に知らせるため，同年に地元寺院の隣で生態文化交流センター[10]を作り，合作社の下で運営している。文化センターでは旅行業を営むほか，図書館と展示会を設置して活動の理念・内容・草原の変化について展示している。そして，ゾルゲ県の牧畜民，農民，僧侶など10名の若者で構成した撮影グループで撮影記録，ドキュメンタリーの作成を行っている。タチォン氏はこれまで10年間防砂活動をし，866.67haの砂漠化が進む草原を緑にした。

5　合作経済組織の課題と必要な支援

（1）合作社を運営する上での課題

　本章で取り上げた3つの事例はチベットで相対的に成功している合作社であり，人間社会システム，境界領域，自然生態系の3つの領域において，合作社は今後も欠かせない一つの管理方法であることがわかる。

　3の事例が成功した理由として，まず，事例1・2のように，運営モデルが株式合作制のほか，モデル事業として政府からの支援・支持を受けやすいことである。次に，農牧業の第一次産業だけに依存せず，畜産品等を商品化するとともに民宿やレストラン，ホテル，農業体験事業などを立ち上げ，六次産業化[11]していることにある。そして，個人で合作社を運営するメシ卿草原生態種植農民合作社は，政府から直接的な支援を受けていないが，牧畜業を主とする多くの合作社とは

違って環境保全への取り組みを中心にし，活動に関するドキュメンタリーの作成
や写真の撮影，さらには文化センターなどを一体的に経営していることにある。
最後は，合作社の商品をブランド品として付加価値をつけて，持続化と収益を上
げていることにある。

　しかし，普遍的に学歴が低いチベット牧畜社会において，すべての合作社が政
府からの支援を受け，事例3のような優秀なリーダーを揃えることは稀である。
中には，牧畜業や農業だけに頼って失敗を繰り返す合作社，国からの支援金を目
的に設立する架空の合作社，市場収益だけに目を向け，自然に優しい経済という
合作社の趣旨とは矛盾する合作社も多く存在する。

　2021年11月現在，工商局に登録している全国の合作社数は221.9万社あり，う
ち，青海省に2万556社ある。農業農村部が発表した「国家農民合作社モデル社
発展指数（2020）研究報告」では，優秀な合作社が300社選ばれているが，青海
省の合作社はわずか1社であった。

　このデータからも見えるように，青海省の多くの合作社は依然として「経営規
模が小規模的，経営観や資金，空間的が分散的，管理やガバナンスが乱雑的及び
市場競争力が弱い」という現実的なジレンマに直面している。これらによって牧
畜家庭と現代的な牧畜業開発との連携を促進し，農業や農村の近代化を加速させ
る上で，制度上の優位性を効果的に発揮することを厳しく制限されている（羅・
羅 2022）。牧畜民の生活空間は元々分散的であるが，定住政策の実施によって，
多くの牧畜民が都市部に移動し，原住地に残る牧畜民の数が少なくなり，この分
散化がさらに著しくなった（包・石 2020）。また，制度的補助金を受けられる合
作社はモデル事業化したものに限り，制度の普遍性がまだ見られにくい現状にあ
る（馬 2016）。

　同じ牧畜業を営むモンゴルでも，合作社の設立が遅れて，発展できない主な原
因として「遊牧民の間で信頼が確立していない」「資金不足」「遊牧民は設立・運
営方法がわからない」「牧畜経営の困難を克服するため，労働面で協力する必要
がある」，「機械を利用する必要がある」などが指摘されている（ズンドゥイ 2006）。

　現段階の合作社の多くは畜産品の生産や商品化に努めており，多くの場合，運
営の単一化と持続困難等の課題が生じている。合作社の機能の多様化と充実は入
社する村人の平均収入の向上につながり，生態移民の就労が確保できるほか，チ

ベット牧畜文化の存続と今後の2035年の国家目標である牧畜業の現代化の模索にとって必要不可欠である。

（2）支援策の構築

　本章では，チベット牧畜社会におけるコモンズの変容を通時的に概観し，コモンズの管理方法が部族管理から人民公社，使用権の私有化，国有化へと変遷したことが把握できた。近年に至って管理方法に変化が見られるものの，牧畜民の暮らし方自体にそれほど変化が見られないといえる。しかし，移住政策によって牧畜文化と牧草地へのダメージが多かった。今日のチベット牧畜社会のコモンズを認識する際，生態移民の移住先である都市部まで視野に入れる必要があり，そのコモンズを人間社会システム，境界領域，自然生態系の３つの領域に分けることができた。各領域には特有の共有資源があり，移住政策等の人口移動は境界領域と自然生態系の管理を衰退させ，それは，ただの牧草地の荒地化ではなく，そこに潜在するタルチョ，ラプツェ，ガカン及び村人の伝統文化と伝統的な自然の管理方法の衰退を意味する。

　これらコモンズの再生には合作社が有効だが，そこには上記で述べた資金の問題，人材不足，運営形態の単一化，持続化の困難などの課題が直面している。これら諸課題を解決するにあたって，まず，運営資金の面では，政府による財政的資金の分配の公平化と，コミュニティファンドからの投資と参入，農村信用社（銀行名）からのローンを組みやすくする必要がある。次に，人材育成に向けては，合作社と企業，大学，合作社同士など多職種・他機関との連携や協動が必要である。また，運営形態の多様性に向けては，地域の特性を生かした畜産品や農産品を商品化するほか，環境事業の展開や，牧草地における福祉の拠点としての機能を発揮し，地域住民や外来者への多様なサービスメニューを整備する必要がある。さらに，持続化の面では政府と合作社の間のパートナーシップと合作社自身による内発的発展が必要不可欠である。

　今後，多くの事例を収集し，合作社の持続的な発展の方向性と展開を考察して，本章で残した課題を解決していきたいと考える。

注

(1)　合作社とは協同組合を意味する。2018年の《新合作社法》の改正法で「農家による生産請負制を基盤として，農産物の生産経営者又は農業生産経営関連サービスの提供者・利用者が自発的に連合し，民主的に管理を行う互助的経済組織である」と定義づけている。

(2)　宇沢（2000）は社会的共通資本を「人々が生存し，生活を営むために重要な役割を果たしているもので，社会にとって共通の財産として，社会的に管理されているような希少資源の総体」と定義し，間宮（2016）はこの社会的共通資本をコモンズとして捉えている。

(3)　土地神の宿り場として部族単位で山中に作成されたもの（チベット牧畜文化辞典）。

(4)　経幡の上に，経文，仏像，縁起のよい図案が描かれた「祈祷旗」のことで，神の守護を祈念し，己の功徳を積む意味がある（チベット牧畜文化辞典）。

(5)　在家行者の集会堂（チベット牧畜文化辞典）。

(6)　村の最少の行政単位である。

(7)　チェンツァ県人民政府（http://www.jianzha.gov.cn/html/5441/401844.html，2021.1.11）。

(8)　中国におけるコミュニティを意味し，都市部の基礎的な行政区画の単位を指している。

(9)　中国日報網高原藏卿青海尖扎：易地搬迁 "安身" 又 "安心"（https://baijiahao.baidu.com/s?id=1725084628841157670&wfr=spider&for=pc，2022.2.18）。

(10)　扎瓊倉生態文化交流中心（http://www.zhaqiongcang.com/about-us/profiles#，2022.2.18）。

(11)　一次産業を担う農林漁業者が，自ら二次産業である「加工」や三次産業の「販売・サービス」を手掛け，生産物の付加価値を高めて農林漁業者の所得を向上する取り組みを指している。

参考文献

井上真（2004）『コモンズの思想を求めて』岩波書店。

宇沢弘文（2000）『社会的共通資本』岩波新書。

王朝才（1987）「中華人民共和国成立後における互助合作運動及び人民公社運動」『神戸大学農業経済』122，19-39頁。

河原昌一郎（2009）『中国農村合作社制度の分析』農林水産政策研究叢書。

杉野明夫（1995）「中国農村改革と人民公社の終結」『立命館経済学』44(6)，746-764頁。

ズンドウイ，ゾルザヤ（2006）「モンゴル国における農牧業協同組合の現状と必要性」『農業経営研究』4，178-182頁。

ナムタルジャ（2019）『変わりゆく青海チベット牧畜社会——草原のフィールドワークから』はる書房。

ナムタルジャ（2021）「チベット高原における伝統的牧畜から現代的牧畜への転換——ツェコ県ラカル・モデルの事例から」共同利用・共同研究課題「チベット・ヒマラヤ牧畜文化論の構築——民俗語彙の体系的比較にもとづいて」（2021年度第3回研究会）。

野口定久（2018）『ゼミナール地域福祉学——図解でわかる理論と実践』中央法規出版。

彭毛夏措（2021a）「中国における生態移民政策と貧困・環境保護対策との関連性」『福祉社会開発研究』16，21-30頁。

彭毛夏措（2021b）「中国・青海省チベット地区における牧畜民の居住選択に関する研究」『居住福祉研究』30，75-90頁。

彭毛夏措・加羊（2022）「地域住民の視点からみたチベット牧畜地区における伝統的な生態意識と環境破壊の原因——生態移民政策の現状に焦点を当てて」『非文字資料研究』25，99-120頁。

別所裕介（2020）「チベット牧畜民の現在と私たちが目指すもの」星泉・海老原志穂・南太加・別所裕介編『チベット牧畜文化辞典』東京外国語大学アジア・アフリカ言語文化研究所，xi-xiv頁。

松原正毅（2021）『遊牧の人類史——構造とその起源』岩波書店。

間宮陽介（2016）「コモンズとしての社会的共通資本とそのマネジメント」『水資源・環境研究』29(2)，20-25頁。

李耀武（2004）「専門家に聞く農業の合作社はなぜ必要か」『人民中国　特集「動き出した中国の『農協』組織」（その3）』。

Feeny, D., Berkes, F., Bonnie, J. M. & James, M. A. (1990) "The Tragedy of the Commons: Twenty-Two Years Later" *Human Ecology* 18(1), pp. 1-19.

Hardin, G. (1968) "The Tragedy of the Commons" *Science* 162, pp. 1243-1248.

Ostrom, E. (1990) *Governing the Commons: The Evolution of Institutions for Collective Action,* Cambridge University Press.

Thompson, E. P. (1991) *Customs in Commons.*

Yonten Nyima (2017) "Rangeland Use Rights Privatisation Based on the Tragedy of the Commons: A Case Study from Tibet" *Conservation and Society* 15(3), 270-279.

李双元（2016）"股份合作制生態畜牧業合作社帯動牧民脱貧的経済学解釈—基于梅隴, 拉格日各案" 青海社会科学 (5)，22-30.

李玉紅（2017）"青海生態畜牧業合作社創新発展研究—基于対拉格日合作社的調査" 攀登 8，91-95.

馬青山（2019）"澤庫県発展生態牧畜業合作社的做法及経験" 農業科 9(8)，705-710.

馬惊鴻（2016）"農民専業合作社組織属性反思及法律制度創新" *政法论丛* 2，80-87.

高恩召（2020）"生態治理的本土経験—扎瓊巴譲的生態治理実践研究" *蘭州大学修士論文*.

扎瓊倉生態文化交流中心（http://www.zhaqiongcang.com/about-us/profiles#，2022.2.18）。

羅千峰・羅増海（2022）"合作社再組織化的実現路径与増效机制—基于青海省三家生態畜牧業合作社的案例分析" *中国農村観察* 1，91-106.

包智明・石騰飛（2020）"牧区城鎮化与草原生態治理" *中国社会科学* 3，146-162.

（彭毛夏措）

<table>
<tr><td>第5章</td><td>地域循環型福祉経済の中の「地域住民」
——地域福祉の政策化の議論に重ねて</td></tr>
</table>

1 地域循環型福祉経済とは何か

（1）過疎地域再生と地域循環型福祉経済

　過疎地域再生という言葉そのものを目にすることは少なくないが，何をどのように再生するか，なぜ再生する必要があるのか，つまりそもそも再生とは何を意味するのかについてはそう多く議論されているわけではない。

　そのような中，筆者は，再生という言葉を用いる理由として辞書的な意味に加え，「経済成長とそれらを推し進めてきた産業政策，雇用政策が過疎を引き起こす要因になったのであり，このような一連の政策が過疎地域に住み続ける権利を[1]侵害，ないし剝奪してきたのであって，これらの権利を取り戻す，権利を回復するという意味合いでも『再生』という言葉を用いる[2]」こととした。そして「これら権利の回復を目指すために，その目標として，福祉コミュニティづくり，さらにそこから一般コミュティづくりへ乗り出し，循環型の経済を築きながら持続可能な地域づくりを実現していくこと」も再生が意味することとして捉えたうえで，「地域循環型福祉経済」なるものを操作的に概念化し，検討を試みてきた（橋川2022）。

　地域循環型福祉経済とは，地域循環型経済と福祉経済の2つの概念的用語から設定された合成語である。次項で詳述するが，検討の結果導き出された「過疎地域再生を目指す地域循環型福祉経済の概念モデル」は，図5-1のとおりである。

　図5-1は，ロンドンを本拠地とする市民団体である New Economics Foundation（以下，NEF）が提起した「地域内乗数効果」の考え方を基に，近年，日本でも注目されている地域循環型経済の考え方として，「Ⅰ：生産（労働）」[3]「Ⅱ：分配（所得）」「Ⅲ：支出（消費）」の循環を基軸に据えている。

　その中でも中核をなすのが「Ⅰ：生産（労働）」の場面であるが，ここでは後

図5-1 過疎地域再生を目指す地域循環型福祉経済の概念モデル

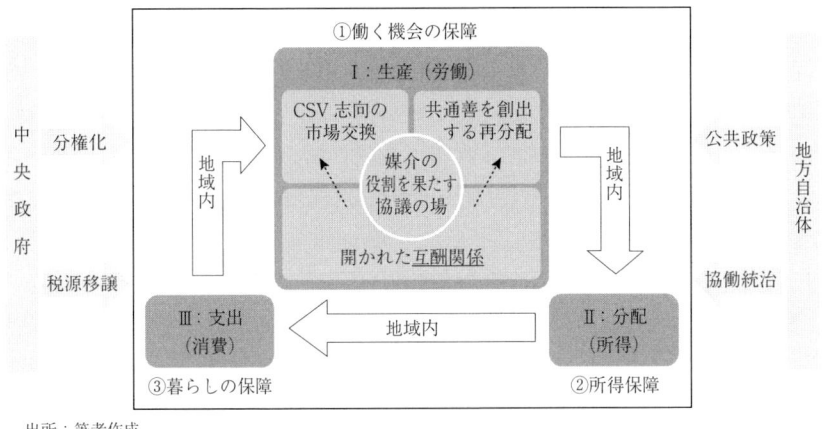

出所：筆者作成。

述するアマルティア・セン（以下，セン）の福祉経済学の検討と，カール・ポランニーの経済の統合形態としての3つの経済原理を踏まえた事例研究などを基に，「CSV志向の市場交換」「共通善を創出する再分配」「開かれた互酬関係」，その中央部分に「媒介の役割を果たす協議の場」を位置づけている。

一連の循環過程を囲う四角の枠は，事例で検討した事業所の周辺地域，ないしは自治体範域を示している。図では一つの事業所の生産活動を起点にした循環過程を示しているが，理念型としては，このような事業所が一定の地域，ないしは自治体範域にいくつも形成されていくことを想定している。

その上で，図の枠外，左側に「中央政府」を，右側に「地方自治体」を置き，それぞれ中央政府からは「分権化」と「税源移譲」，地方自治体からは「公共政策」と「協働統治（ローカル・ガバナンス）」の矢印を示した。とりわけ未だ渦中にある地方分権改革をさらに進めることを前提条件に，条例の制定など地方自治体による公共政策を協働統治（ローカル・ガバナンス）で確立することによって，地域循環型福祉経済の構築が可能なのではないかと提起したのである（橋川 2022）。

（2）なぜ地域循環型福祉経済か

ここで，そもそも，地域循環型経済で良いのではないか，そんな疑問も浮かび上がってくるのではないだろうか。また，社会福祉の分野においては，経済とい

うものに対して多少なりアレルギーを示している人も少なくないであろう。

　しかしながら，今日でも「モラル・エコノミー（moral economy）」と呼ばれるものがあるように，経済学の父として有名なアダム・スミスが著書『国富論』を出版した1776年以前から社会・道徳的なルールに基づいた経済があったという指摘がある（伊藤 2010：19）。また，日本においても，世界的に活躍した経済学者として宇沢弘文がいる。宇沢は，経済成長がもたらす社会の歪みや新自由主義的な経済のあり方に警鐘を鳴らし，「私たちが求めている経済制度は，1つの普遍的な，統一された原理から論理的に演繹されたものではなく，それぞれの国ないしは地域の持つ倫理的，社会的，文化的，そして自然的な諸条件がお互いに交錯して作り出されるもの」であると述べ，経済における倫理性に言及している（宇沢 2000：20）。

　さらに，経済学における倫理的側面の復権に貢献した人として評価された人物で，独自に福祉経済学を打ち出しノーベル経済学賞を受賞したセンがいる。センは，いわゆる潜在能力アプローチ[5]の観点から民主主義と社会的正義に関して検討する中で，権利についても言及しており，「権利を認知することの役割は，これらの役割の実現に向けて制度的なあるいはその他の変化を強く促すことにある。これらの要求は，現在の実行可能ではない権利を，できるだけ実行可能とするような働きかけを含むものでなければならない」と述べ，実現，実行可能性だけではなく，認知することの重要性を捉えている（セン 2008：41-42）。前項でも触れたように，住み続ける権利を回復することは，過疎化による人口の流出をやむを得ないこととして済ませないために必要な視点であり，同権利が権利として認知され，また実現可能性を議論し，実現されなければならないものなのである。

　また，地域循環型経済という考え方そのものが，グローバル経済と行き過ぎた資本主義に対するアンチテーゼとして想起されたものではあるが，それらは一定の層だけにではなく，就労困難と言われる人たちの権利と参加も保障されるものでなければならない。地域循環型経済ではなく，地域循環型福祉経済と新たな概念を提起する理由は，これらを明確に主張する意図も含むからである。

（3）地域循環型福祉経済におけるアクター

　筆者は地域循環型福祉経済の概念を提起するにあたり，過疎地域において事業を行っている障害者総合支援法に基づく就労継続支援Ａ型事業所（以下，Ａ型事業所），とりわけ社会福祉法人が経営母体であるＡ型事業所に焦点化し研究を進めてきた。この点，障害者雇用政策だけを見ても，福祉分野におけるＡ型事業所のほか，雇用分野における特例子会社もあり，過疎地域であっても一般企業で障害者を雇用している事例もあるかもしれない。また，Ａ型事業所についても，NPO法人や営利法人を経営母体とする事業所を研究対象とすることで，異なった知見が得られる可能性にも触れている（橋川 2022）。

　また，筆者はこれら地域循環型福祉経済のアクターを，生産場面を起点として検討してきた。というのも，例えば兪炳匡は，「医療・福祉産業は，『社会的共通資本』に含まれる，根源的な意味で需要がなくならない産業」でありながら，「日本の経済成長の足を引っ張ると言う明白な誤解が，いまだに日本では根強い印象があります」と述べたうえで（兪 2021：103），塚原（2011）や前田（2009）の研究を参照しながら，医療・福祉産業について，二つのマクロ指標である景気指摘効果と雇用創出効果のいずれもが高いことを示している（兪 2021：103-111）。このように，地域経済，循環型経済について考えていくうえでは，その事業主体，つまり生産主体が焦点化されやすい。

　しかしながら，先にも触れたように地域循環型福祉経済は，「Ⅰ：生産（労働）」「Ⅱ：分配（所得）」「Ⅲ：支出（消費）」の循環によって成り立つものとして提起したものである。つまり，生産場面だけでなく，生産に従事した者が，生産によって得られた分配（所得）をどのように支出（消費）するかについても，本来，その分析，検証を進める必要がある。

　ここに，地域循環型福祉経済が，事業者，事業体のみをアクターとして捉えることに留まるものではなく，それらの担い手でもあり消費者である，そして当該地域の生活者である一人ひとりの地域住民の存在と行動のありようをどう捉えるかを，論点として検討しておく必要性があると言えるであろう。加えて，次章以降では，昨今の地域福祉の政策化の動向において岐路に立たされているとも取れる地域住民の位置付けを批判的に捉えながら，そこで浮かび上がる課題をも地域循環型福祉経済が克服しうる可能性を視野に入れ検討していく。

2　地域福祉の政策化と地域住民

（1）地域福祉の政策化の動向

　2000年の社会福祉法施行を節目に「地域福祉の主流化」（武川 2006）が言われて久しい。さらに最近では「地域福祉の政策化」と称される政策動向が見られる中で（川島 2019：1），その根幹となるスローガンに「地域共生社会」なるものが掲げられ，一連の法改正が進められてきた。

　原田正樹によると，2013年8月に「社会保障制度改革国民会議」より提唱された「21世紀（2025年）日本モデル」によって，すべての世代を対象とした相互の支え合いの仕組み，地域づくりとしての医療・介護・福祉・子育てという「21世紀型のコミュニティの再生」が打ち出されたことが，地域共生社会が社会政策として位置づけられた社会的文脈として捉えられるという（原田 2019：63）。

　地域共生社会という言葉そのものは，あくまで政策用語として扱われているものである。2015年9月に厚生労働省が省内のプロジェクトチームによってまとめた「誰もが支え合う地域の構築に向けた福祉サービスの実現——新たな時代に対応した福祉の提供ビジョン」が報告されたのち，2016年6月2日に閣議決定された「ニッポン一億総活躍プラン」の中で，「子供・高齢者・障害者など全ての人々が地域，暮らし，生きがいを共に創り，高め合うことができる『地域共生社会』を実現する。このため，支え手側と受け手側に分かれるのではなく，地域のあらゆる住民が役割を持ち，支え合いながら，自分らしく活躍できる地域コミュニティを育成し，福祉などの地域の公的サービスと協働して助け合いながら暮らすことのできる仕組みを構築する。また，寄附文化を醸成し，NPO との連携や民間資金の活用を図る」こととされ，ここではじめて地域共生社会という言葉が用いられた。

　2016年7月には，厚生労働省に「『我が事・丸ごと』地域共生社会実現本部」が設置された。2017年2月には同本部により「『地域共生社会』の実現に向けて（当面の改革行程）」が決定され，①地域課題の解決力の強化，②地域丸ごとの支援の強化，③地域を基盤とする包括的支援の強化，④専門人材の機能強化・最大活用を骨格に改革が進められた。中でも，2016年10月に設置された「地域におけ

る住民主体の課題解決力強化・相談支援体制の在り方に関する検討会」（座長：原田正樹）での議論が2017年6月，2019年5月に設置された「地域共生社会に向けた包括的支援と多様な参加・協働の推進に関する検討会」（座長：宮本太郎）での議論が，2020年6月の社会福祉法改正へと結びついている。

（2）2017年及び2020年法改正の概要

　ここでは，主に厚生労働省から公表された二種類の資料を基に二度の法改正の内容を概観していきたい。

　2017年の法改正では，1つ目に地域福祉の推進の理念として，支援を必要とする住民（世帯）が抱える多様で複合的な地域生活課題について，住民や福祉関係者による①把握及び②関係機関との連携等による解決が図られることを目指す旨が明記されたことがある。2つ目は，この理念を実現するため，市町村が包括的な支援体制づくりとして地域住民の地域福祉活動への参加を促進するための環境整備，住民に身近な圏域において分野を超えて地域生活課題について総合的に相談に応じ関係機関と連絡調整等を行う体制，主に市町村圏域において関係機関が協働して複合化した地域生活課題を解決するための体制づくりに努める旨を規定したことである。そして3つ目として，市町村地域福祉計画，都道府県地域福祉支援計画の策定を努力義務化したこと，これら計画において福祉の各分野における共通事項を定めることを規定したことなどが挙げられる。

　続く2020年の法改正のポイントは，新たな事業として創設された「重層的支援体制整備事業」にある。同事業は，市町村において既存の相談支援等の取り組みを活かしつつ，地域住民の複雑化・複合化した支援ニーズに対応する包括的な支援体制を構築するために「Ⅰ　相談支援」「Ⅱ　参加支援」「Ⅲ　地域づくりに向けた支援」を一体的に実施するというもので，任意事業とされている。同事業は，この3つを一体的に実施することで相互作用が生じ，支援の効果が高まるとされ，期待される効果として，①狭間のニーズに対応した就労や一時的な住まいの提供など，「参加支援」の推進を通じて相談者の状況等に応じたオーダーメイドの支援が進むことで，「相談支援」もより効果的に機能すること，②「地域づくりに向けた支援」を通じて地域で人と人とのつながりが強化され，個人や世帯が抱える課題に対する地域住民の気づきが生まれやすくなり，周囲の人が課題を抱える

本人に声かけをすることなどを通じて「相談支援」へ早期につながること，③「地域づくりに向けた支援」を通じて新たな社会資源が開拓・開発されることにより，「参加支援」においてそれらの社会資源に働きかけ，相談者のニーズや課題に応じたメニューが整備しやすくなることが挙げられている。

（3）地域福祉の政策化の中での地域住民

　では，改正後の社会福祉法において地域住民はどのように位置づけられているのであろうか。第1章総則の第4条「地域福祉の推進」において，以下のように規定されている（以下，下線筆者）。

　　第4条　地域福祉の推進は，地域住民が相互に人格と個性を尊重し合いながら，参加し，共生する地域社会の実現を目指して行われなければならない。

　　2　地域住民，社会福祉を目的とする事業を経営する者及び社会福祉に関する活動を行う者（以下「地域住民等」という。）は，相互に協力し，福祉サービスを必要とする地域住民が地域社会を構成する一員として日常生活を営み，社会，経済，文化その他あらゆる分野の活動に参加する機会が確保されるように，地域福祉の推進に努めなければならない。

　　3　地域住民等は，地域福祉の推進に当たつては，福祉サービスを必要とする地域住民及びその世帯が抱える福祉，介護，介護予防（要介護状態若しくは要支援状態となることの予防又は要介護状態若しくは要支援状態の軽減若しくは悪化の防止をいう。），保健医療，住まい，就労及び教育に関する課題，福祉サービスを必要とする地域住民の地域社会からの孤立その他の福祉サービスを必要とする地域住民が日常生活を営み，あらゆる分野の活動に参加する機会が確保される上での各般の課題（以下「地域生活課題」という。）を把握し，地域生活課題の解決に資する支援を行う関係機関（以下「支援関係機関」という。）との連携等によりその解決を図るよう特に留意するものとする。

　ここでは，地域住民という言葉が，2つの意味を持って使用されていることがわかる。一つは，第2項の冒頭に出てくる地域住民である。もう一つは，同じく第2項の後半に出てくる「福祉サービスを必要とする地域住民」と表記されているものである。これらは，いわゆる支える側と支えられる側と称されてきた。な

お，第1項に出てくる「地域住民」は両方を指すものと解釈できる。

　留意しておくべきことは，第2項，第3項ともに，その主語が，「地域住民等」の側，つまり，支える側の地域住民とされていることである。

　竹川俊夫は，このような地域福祉の潮流を「互助の制度化」と称し，「自己責任原則や市場を重視する新自由主義的手法を導入することで，増大・複雑化する福祉需要に対して低コストでかつ柔軟に対応しようという国家の意思が色濃く反映されている」と批判的な見解を示している（竹川 2022：15）。また，「地域福祉政策を推進する地方自治体の主たる役割が『調整者』となって背後に退いたとしても，国家の意思はローカルガバナンスに参画する保健・医療・福祉等の多様な専門職や関係者を媒介し，地域福祉計画の策定などを通じて住民へと広く伝達される」として，間接的に行政の地域住民に対する権力性が強まっていることを危惧している（竹川 2022：15-16）。

　その上で竹川は，方面委員を「社会を監視する装置」と評した芹沢一也の研究（芹沢 2001）を引用し，「現代における『監視』のまなざしは，地域の互助活動に①『参加する住民から参加しない住民』へと，②『支援する住民から支援される住民』への大きく2方向に注がれる可能性がある」とも述べ，専門職によって主体化された支える側の地域住民が，国家権力のエージェントとして監視システム化してしまう可能性を示唆している（竹川 2022：21）。

　このような状況を克服するために，竹川は，小地域福祉活動計画の策定とそこへの当事者参加，参加を拒むバリアを取り除くための福祉学習，これらを支える専門職の財政的な自立と倫理性の強化が必要であると述べているが（竹川 2022：22-23），筆者は，一定の経済活動がこのような状況を打開しうるのではないかと考える。

3　経済活動と地域福祉

（1）経済活動に関する地域福祉研究

　さて，「市場交換や経済活動などに対して，これまでの地域福祉活動が盲目的であった」（直島ほか 2019：350）という指摘にもあるように，社会福祉や地域福祉と経済に関する研究の蓄積はまだまだ少ない。

　そのような中，連帯経済や社会的連帯経済なるものが，地域福祉ないしは関連領域の研究でも見られる。柴田学は，「近年，利益を主たる目的とせず，事業活動を通じて社会的課題に取り組む『社会的連帯経済』，とりわけ，労働市場から排除された人々への就労支援分野において活動する『労働統合』を目的とした社会的連帯経済の実践が注目されている。また，労働による障害者の地域社会への参加を促進する新たな地域福祉実践のあり方としても，その関心が高まっている」として，地域福祉研究への応用を試みている（柴田 2020：65）。

　背景には，「生活基盤が弱体化・脆弱化が進んでいるなかで，例えば，暮らしや生活環境を整え守ると言う意味での地場産業の再生や仕事づくり，というような経済活動が伴うまちづくり実践を，地域福祉の側から展開・着目する必要」があるとの指摘がある（柴田 2017：102）。この点，過疎地域は，課題先進地と称されるように，このような課題に半世紀以上も前から直面してきた。つまり，前節でも触れたように，経済成長とそれらを推し進めてきた産業政策，雇用政策が過疎を引き起こす要因になったのであり，このような一連の政策が過疎地域に住み続ける権利を侵害，ないし剝奪してきたのであるが，過疎問題を取り上げた地域福祉研究も，やはり，過疎地域の生活実態に関する調査研究や，地域福祉活動や支え合い活動，専門職の役割論など，人口減少を所与のものとした研究に留まっている（例えば，竹川 2010，小松 2010，高野 2014など）。

（2）住み続ける権利の回復と働く権利及び機会の保障

　ここでは，地域住民でありながら支えられる側とされてきた障害者に焦点化し，経済活動との関わりについて見ておきたい。

　2006年に国連総会において採択され，2014年に日本も批准した障害者権利条約（以下，条約）では，第19条で「他の者と平等の選択の機会をもって地域社会で生活する平等の権利を有すること」を定め，第27条では「障害者に対して開放され，障害者を包容し，及び障害者にとって利用しやすい労働市場及び労働環境において，障害者が自由に選択し，又は承諾する労働によって生計を立てる機会を有する権利」を定めている。朝日雅也は，この条約により，「今日，知的障害者が地域で暮らし，働く機会を得ていくことが当然の権利であることはいうまでもない」のであり，その権利を当たり前のものとして実現していくために社会全体が

問われていると指摘する（朝日 2014：118）。これは言うまでもなく，身体障害者や精神障害者にも当てはまる課題であり，過疎地域で生活する障害者にも同様に保障されるべきものである。

　また前述した「住み続ける権利」を提唱する井上英夫によると，同権利については憲法上の明文規定があるわけではないが，少なくとも第22条第1項の「居住・移転の自由」を保障することになるとし，「労働や所得，医療機関や福祉施設あるいは交通手段の保障，すなわち健康権や社会保障・社会福祉の権利，交通権といった権利が保障されることによって初めて，『移動しない自由』も実現されることになる」と述べている（井上 2012：143）。そして，具体的な居住に関わる社会福祉分野の保障立法として，先の条約に基づく障害者基本法，及び障害者自立支援法（2013年から障害者総合支援法）があるとする（井上 2012：147-149）。

　つまり，障害者にとって働く機会を得ることそのものが社会全体に問われている時代にあって，過疎地域であっても働く権利と機会，そして所得を保障することでいかに住み続ける権利を回復していくことが可能なのであろうか。そのためには，地域内において一定の経済活動が持続的に行われることが必要になる。

（3）消費活動と経済活動

　働く権利と機会，所得を保障することが重要である旨について触れたが，経済の循環という観点で言えば，生産によって分配された所得がいかに地域内において支出されるかが次の段階として重要になってくる。当然ながら，生活に必要なモノやサービスを購入ないしは消費する際，どれを選択するかは消費者に委ねられている。

　様々な地方のまちづくりに関わってきた木下斉は「あるアメリカの中小企業調査では，チェーンストアであれば地元に落ちるお金は売り上げの2〜4割程度である一方で，地元店舗は実に5〜7割が地元に落ちる調査もある」とし，「地域内消費を，バイローカルとして近隣の地元資本のお店に行って普通に買い物するだけでも，地域内に流れるお金は違」うと述べている（木下 2021：226）。

　つまり，消費活動としての経済活動は，地域経済の重要な一翼を担っているのである。地域経済が持続可能でなければ，当該地域の制度的インフラや社会サービスの選択肢も乏しくなる。ということは，消費者である地域住民一人ひとりが

いかに主体的かつ意識的な消費活動を行うかが，地域福祉活動そのものの基盤でもある地域経済を維持，発展させていく上でも重要であるといえるであろう。

4　地域循環型福祉経済の中で「地域住民」を捉える

（1）経済活動の主体的な担い手としての地域住民

　地域福祉の研究においては，その研究対象を限定的に捉えるものも決して少なくない。例えば，平野隆之は，かつて「地域福祉（政策）の拡張概念を取り入れた地域福祉推進概念を用いること」に対して禁欲的な姿勢を取っているとしていた（平野 2008：39）。研究対象を限定的に捉えることは研究方法として好ましいものとされてきた節もあるが，一方でそのことが現実世界の現象を捉えきれていなかったのではないかということをむしろ省みていくことが必要なのではないか。

　一方，高田眞治は，社会福祉は，社会の下位概念としての政治・経済・文化の相互関係によってその質と量が決定されるとし，「現状の社会福祉はいまだに政治・経済・文化と同等に位置し，相互に影響し合う社会制度として確立しておらず，二次的なものになっている」とした。その上で，「社会福祉は政治・経済・文化の所産ではなく，すなわち，これらの残余的，補完的な機能ではなく，いかにして政治・経済・文化に影響を与え，変革し，そしてさらに社会福祉自らを向上させていくことができるであろうか」（高田 1993：301）と述べ，社会福祉内発的発展論を構想した（高田 1993：315-318；2003）。

　地域循環型福祉経済の概念は，生産，分配，支出の三側面の循環過程から構成されるものであり，それらが域内で循環することによって成立する概念である。生産場面においては事業者がその主たるアクターになるが，それだけで地域循環型福祉経済の循環は生まれない。分配を受け，支出の主体になるのは，多くはその地域に住む住民であり，地域住民による主体的な支出，消費活動が，地域循環型福祉経済の一層の好循環サイクルを生む上で欠かせないのである。

（2）支える側と支えられる側という関係性を超える地域循環型福祉経済

　支える側と支えられる側という関係性に関する議論は，前述してきたとおりである。

そのような中，地域循環型福祉経済の構築を目指す上では，一人ひとりが生産，分配，支出の担い手になることが想定される。当然ながら，現在の日本において，一人ひとりの所得には大きな個人差がある。一方，分配には扶助や年金などによる所得収入も含まれる。むしろ，地域循環型福祉経済を考える上で大切なのは，必ずしも所得や支出の大きさではなく，分配された所得がいかに域内で支出，消費されるかどうかである。その意味で，地域循環型福祉経済は，地域福祉においては支える側，支えられる側として二分されてきた地域住民の関係性を超えるものなのである。

（3）地域福祉における経済活動の議論への期待

ここまで見てきたように，地域福祉研究は，経済活動や市場活動に対して盲目的であった。ないしは，捨象されたり，敬遠すらされてきたきらいもあったのではないだろうか。

斎藤幸平の『人新生の「資本論」』がベストセラーとなってから久しい。行きすぎた資本主義に対する批判は地域福祉研究分野においても鳴り止まないが，斎藤のそれは，資本主義そのものに対する限界を提示し，明確に脱成長をかかげ，資本主義に対するオルタナティブを提示したものである。

これまでにも，大なり小なり資本主義や経済のありようを問うてきた研究が地域福祉においてもなかったわけではない。だからといって，今の資本主義社会が一気に様変わりするわけではない。

地域循環型福祉経済は，地域循環型経済と福祉経済との合成語であるとしたが，地域福祉と資本主義経済を止揚するような概念にもなりえるのではないだろうか。この点は，今後の研究課題としておきたい。

本章の内容は博士論文の一部を抜粋，修正，加筆したものである。また，本研究は，下記の研究成果の一部でもある。
・科学研究費補助金（若手研究（B））「労働統合型社会的企業による過疎地域再生を促進するコミュニティワークの実証研究」（2016～2018）
・科学研究費補助金（挑戦的萌芽研究）「社会福祉内発的発展論を用いた地域福祉としての社会起業論の座標に関する萌芽的研究」（研究代表：直島克樹）（2016～2019）

- ・科学研究費補助金（基盤研究（B））「地域福祉を推進する持続可能な社会福祉法人の"三方よし"型経営モデルの開発」（研究代表：関川芳孝）（2017～2020）
- ・科学研究費補助金（若手研究）「過疎地域に住み続ける権利を回復する地域循環型福祉経済の構築に向けた実証的研究」（2019～2021）

注

(1)　なお，「住み続ける権利」は，憲法に人権保障上の明文規定があるわけではなく，新しい権利として提唱されているものである（井上 2012：135-136）。

(2)　「活性」「振興」「創生」「創成」など類似の表現が多用される中で，再生には，死にかかったものが生きかえること，蘇生，復活，生まれかわる，失われた生物体の一部が再び作られるという意味があり，死にかかったといった表現を地域に対して用いるのはやや後ろめたさもあるが，本文中でも記述しているとおり，経済成長とそれらを推し進めてきた産業政策，雇用政策が過疎を引き起こす要因になったのであり，このような一連の政府・行政の施策が，過疎地域に住み続ける権利を侵害，ないし剝奪してきたのであって，これらの権利を取り戻す，権利を回復するという意味合いで「再生」という言葉を用いている。

(3)　地域循環型経済という言葉自体も，地域と循環型経済が合わさった言葉である。近年は，藤山浩（2015：2018）のほか，枝廣淳子が新書『地元経済を創りなおす——分析・診断・対策』で事例なども交えながら紹介しているほか（枝廣 2018），伊藤勝久らによる林業・林産業の新規需要がもたらす地域経済への影響を考察した研究（伊藤ほか 2020），重藤さわ子らによるふるさと納税返礼品による地域経済効果の実態を分析した研究（重藤ほか 2020）などが見られる。

(4)　経済の統合形態には，互酬，再分配，市場交換の3つの原理があるとした（ポラニー 2009）。

(5)　センの福祉経済思想において，機能と潜在能力がキー概念となっている。機能とは，「ひとがなしえること，あるいはなりうるもの」であるという（Sen 1985＝1988：2）。そして，「ひとの福祉について理解するためには，われわれは明らかにひとの「機能」にまで，すなわち彼／彼女の所有する財とその特性を用いてひとはなにをなしうるかまで考察を及ぼさねばならないのである。例えば，同じ財の組み合わせが与えられても，健康なひとならばそれを用いてなしうる多くのことを障害者はなしえないかもしれないという事実に対して，われわれは注意を払うべきなのである。機能とはひとが成就しうること——彼／彼女が行いうること，なりうること——である」と述べており，一例として，自転車を所有することと乗り回すこととは区別する必要があるとしている（Sen 1985＝1988：22）。そして，「彼／彼女が達成しうる機能のさまざまな

組み合わせ（「ありかた」）を反映するもの」を，「潜在能力」（capabilities）と呼んでいる（Sen 1985＝1988：26）。

(6)　特例子会社は，条件不利と言われる過疎地域においては参入に障壁があることから都市部に集中しているため，調査対象から除外した。また，障害者権利条約第27条に定められている「労働によって生計を立てる機会を有する権利」の観点から，一定の所得保障がなされている基準として労働法規が適用されていることが重要であると捉え，労働法規が適用されない同法に基づく就労継続支援B型事業所を調査対象から除外した。事例研究の対象は，2013年，2015年に実施した2つの全国調査の結果を基に，2012年度時点及び2015年度時点で収益全体の50％以上の事業所で，かつ，2021年時点で過疎法に基づく過疎地域指定を受けている市町村であり，さらにそのうち社会福祉法人が運営する事業所が10件ある中から，3つの事業所を選定した。

(7)　厚生労働省HP「『地域共生社会』の実現に向けて」（https://www.mhlw.go.jp/stf/seisakunitsuite/bunya/0000184346.html，2020年11月8日アクセス），「令和2年度地域共生社会の実現に向けた市町村における包括的な支援体制の整備に関する全国担当者会議」（https://www.mhlw.go.jp/stf/shingi2/0000114092_00001.html，2020年11月8日アクセス）。

参考文献

朝日雅也（2014）「知的障害者が地域で暮らす権利保障と社会福祉の支援――就労支援施設の果たす役割」『社会福祉研究』120，117-125頁。

アマルティア・セン／後藤玲子訳（2008）「民主主義と社会的正義――公共的理性の到達地点」アマルティア・セン・後藤玲子『福祉と正義』東京大学出版会，31-57頁。

伊藤勝久・中山智徳・篠原冬樹（2020）「林業・林産業の新規需要がもたらす地域経済への効果」『島根大学生物資源科学部研究報告』（25），19-26頁。

伊藤誠一郎（2010）「『重商主義』の時代――貧困と救済」小峯敦編『福祉の経済思想家たち　増補改訂版』ナカニシヤ出版，11-21頁。

井上英夫（2012）『住み続ける権利――貧困，震災を超えて』新日本出版社。

井上英夫（2016）「憲法と住み続ける権利」日本居住福祉学会編集委員会編『居住福祉研究21――憲法と居住福祉』東信堂，18-29頁。

宇沢弘文（2000）『社会的共通資本』岩波新書。

枝廣淳子（2018）『地元経済を創りなおす――分析・診断・対策』岩波書店。

川島典子（2019）「地域福祉の政策化の潮流」新川達郎・川島典子編『地域福祉政策論』学文社，1-11頁。

木下斉（2021）『まちづくり幻想――地域再生はなぜこれほど失敗するのか』SBクリエイティブ。

小松理佐子（2010）「過疎地域から考える地域福祉——生活の継続を可能にする地域福祉活動」『地域福祉研究』38，25-34頁。

斎藤幸平（2020）『人新世の「資本論」』集英社。

重藤さわ子・織田竜輔・森山慶久・藤山浩・青木大介（2020）「プロジェクト報告——ふるさと納税返礼品へのLM3調査手法適用による地域経済効果分析」『事業構想研究』（3），35-40頁。

柴田学（2017）「地域福祉における『まちづくり』——その再考と模索」牧里毎治・川島ゆり子・加山弾編『地域再生と地域福祉——機能と構造のクロスオーバーを求めて』相川書房，99-114頁。

柴田学（2020）「労働統合を目的とした社会的連帯経済の地域展開に関する一考察——2つの就労継続支援事業A型調査報告を踏まえて」『金城学院大学論集　社会科学編』17(1)，65-81頁。

芹沢一也（2001）『〈法〉から解放される権力——犯罪，狂気，貧困，そして大正デモクラシー』新曜社。

高田眞治（1993）『社会福祉混成構造論』海声社。

高田眞治（2003）『社会福祉内発的発展論』ミネルヴァ書房。

高野和良（2014）「過疎地域（中山間地域・限界集落）——過疎地域の生活支援と地域再生」岩崎晋也・岩間伸之・原田正樹編『社会福祉研究のフロンティア』有斐閣，128-131頁。

武川正吾（2006）『地域福祉の主流化——福祉国家と市民社会〈3〉』法律文化社。

竹川俊夫（2010）「過疎農山村における高齢者の生活実態と地域福祉の課題——鳥取県日南町における生活実態調査報告」『鳥取大学地域学部紀要　地域学論集』7(1)，1-22頁。

竹川俊夫（2022）「『生権力』概念からみた地域福祉の現状と課題——互助の制度化と地域福祉は如何に向き合うべきか」『鳥取大学地域学部紀要　地域学論集』18(3)，15-25頁。

地域における住民主体の課題解決力強化・相談支援体制の在り方に関する検討会（地域力強化検討会）（2017）「地域力強化検討会　最終とりまとめ——地域共生社会の実現に向けた新しいステージへ」。

塚原康博（2011）「医療サービス活動における産業・雇用連関分析の展開」『季刊社会保障研究』47(2)，104-118頁。

直島克樹・川本健太郎・柴田学・橋川健祐・竹内友章（2019）「地域福祉としての社会起業論に関する考察——労働・権利回復への視点と社会福祉内発的発展論の再評価」『川崎医療福祉学会誌』28(2)，345-357頁。

野口定久（2008）『地域福祉論——政策・実践・技術の体系』ミネルヴァ書房。

橋川健祐 (2021)「地域共生社会政策に対する批判的検討と今後の課題に関する予備的考察」『金城学院大学論集　社会科学編』17(2), 31-40頁。

橋川健佑 (2022)「過疎地域再生を目指す地域循環型福祉経済の概念形成——就労継続支援Ａ型事業所の事例研究をもとに」日本福祉大学大学院福祉社会開発研究科社会福祉学専攻博士論文。

原田正樹 (2019)「社会福祉法の改正と新地域福祉計画の位置——地域共生社会の政策動向と地域力強化検討会から」新川達郎・川島典子『地域福祉政策論』学文社, 63-84頁。

平野隆之 (2008)『地域福祉推進の理論と方法』有斐閣。

福士正博 (2005)「地域内乗数効果 (Local Multiplier Effect) 概念の可能性」『経済学』(東京経済大学会誌) 241, 205-225頁。

藤山浩 (2015)『田園回帰１％戦略——地元に人と仕事を取り戻す』農山漁村文化協会。

藤山浩 (2018)「バケツの穴をふさぐ——地域からの所得流出の深刻な実態」藤山浩編著『図解でわかる　田園回帰１％戦略——「循環型経済」をつくる』農山漁村文化協会, 6-16頁。

ポラニー, カール／野口建彦・栖原学訳 (2009)『新訳　大転換——市場社会の形成と崩壊』東洋経済新報社。

前田由美子 (2009)「医療・介護の経済波及効果と雇用創出効果」『日医総研ワーキングペーパー』189, 日本医師会総合政策研究機構。

兪炳匡 (2021)『日本再生のための「プランＢ」』集英社。

Sen, Amartya K. (1985) *Commodities and Capabilities*, North-Holland: Elsevire Science Publisher. (＝1988, 鈴村興太郎訳『福祉の経済学——財と潜在能力』岩波書店。)

（橋川健祐）

第Ⅱ部　居住福祉の今日的課題
──住まいをめぐる排除を中心に

　日本では戦後，住宅政策と福祉政策はそれぞれ独立した政策領域として位置づけられてきた。前者は国土交通省に，後者は厚生労働省の管轄に置かれ，縦割りの慣習のもとでそれぞれのありようは別個に議論されてきたのである。こうした政策動向と呼応するように，学術的な領域においても，住宅と福祉の間には少なからず隔たりがあった。住宅に関する研究は建築学の分野で，福祉に関する研究は社会福祉学の分野で主に蓄積され，2つの分野を横断するような学際的な研究は一部を除いてほとんど見られなかったのである。

　しかしながら，とりわけ1990年代以降，住宅と福祉が交差するところで社会が解決を迫られるような問題が様々な形で立ち現れてきた。例えば，1995年の阪神・淡路大震災をはじめとする大規模災害の被災地において，仮設住宅や災害公営住宅における社会的孤立がアルコール依存や「孤立死」という形で顕在化した。また，厚生労働省が2000年代より掲げた地域包括ケアシステムは，「ニーズに応じた住宅が提供されること」をその成立の基本的な条件に位置づけつつも，現実の社会では，貧困問題の広がりを背景として，低所得層の住宅確保に対する公的な支援の不足を浮き彫りにするような出来事が相次いで起きた。たとえば，2008年の「年越し派遣村」は，就労の場と同時に住まいを失った非正規労働者の不安定な住宅事情を，2009年の群馬県渋川市における高齢者施設の火災事故は，縁もゆかりもない地方の無届け施設に送り込まれる生活保護受給者の問題を明るみに出した。2014年に千葉県銚子市の県営住宅で起こった事件は，住宅政策と福祉政策が交差するところにある「死角」の問題を，改めて社会につきつける形になった。最近でも，新型コロナ禍で住宅確保給付金の支給決定件数が大幅に増加するなど，安定的な住まいの確保・維持は依然として大きな政策課題であり続けている。

　早川和男を中心とする研究者らが「居住福祉」の理論化に着手したのも，まさにこの1990年代以降のことであった。つまり，前述した住宅と福祉の狭間で生じてきた社会問題を同時代的に経験する中で，それまで別個の領域とされがちであった建築学と社会福祉学の接合が一つの学問的な潮流として浮上したのである。特に2001年の居住福祉学会の創立以降，建築学や社会福祉学のみならず，法学や社会政策など様々な学問領域に立脚する研究者によって学際的な研究の成果が蓄積され，居住福祉の学問的な基盤が形づくられていくことになった。

　初学者がこうした居住福祉の基本的な理念や理論を学ぶのに適した著作の一つに，野口定久・外山義・武川正吾編『居住福祉学』（有斐閣）がある。編者の一人である武川正吾は，同書の中で，住宅は福祉の基礎であり，社会政策の対象として捉えるべきであること，住宅の建築物としての側面だけでなく，そこで暮らす人間の居住という側面に焦点を当てる必要があることを強調している。いうまでもなく，住宅は，その内部で人が食事や睡眠などの基本的な生活行為を行うための「器」であるが，それと同時に，地域における人間関係や社会資源にアクセスする拠点としての面も有しているからである。だからこそ，社会的な脆弱性を抱える人に対して物的な住宅を供給することに終始し，コミュニティや公的なサービスにつながれるような機会を生み出すという観点が欠落した政策や支援は，ときに当事者の地域生活が立ちゆかなくなるような決定的な問題を引き起こすことになるのである。

さらに武川は，居住福祉が学際的な領域であるといっても，そこには3つの視点が求められることを指摘している。すなわち，①構造物としての住宅や住環境といった"居住空間"への視点，②住宅を基盤とする"コミュニティ"への視点，③住宅取得や設備水準を規定する"公共政策"への視点である（武川 2011：14-15）。以下では，この3つの視点と関連づけながら，第Ⅱ部を構成する各論文の内容や目的を確認していきたい。

　第6章は，既存の住宅を対象に行われる物理的な改修を，居住福祉の視点から捉え直す必要性を提起するものであり，①"居住空間"への視点に基づくものといえる。長田が提唱する「居住改修」においては，住宅改修に向けた各種の助成制度を自明視するのではなく，居住者本人の意向を丁寧に引き出し，それを実現するための方策を見出すことが支援者に求められるという。さらに長田論文は，改修の影響が住宅を取り巻くコミュニティにまで波及する可能性にも言及しており，①"居住空間"への視点に基礎を置きつつも，そこを起点に②"コミュニティ"をも射程に捉えている点に特徴がある。

　これに対し，第7〜9章は，住まいを基盤としたコミュニティのありようを主題としており，その意味で，より明確に②"コミュニティ"の視点に根ざしたものといえる。第7章は，精神障がいのある人々が生活を営むグループホームに焦点を当て，そこでの入居生活を利用者の視点から質的に分析した上で，求められるソーシャルワークのありようを検討したものである。周知のように，日本における精神科病院を取り巻く状況は国際的に異例なものであり，改善が必要であることは論を俟たないが，居住福祉の視点から見ると，地域移行を進める際に問題となるのは住居の確保だけではない。"コミュニティ"の視点，すなわちグループホームに入居することで，どのような社会関係を構築しているのか／いないのかが重要な論点の一つになるのであり，利用者の社会関係の実態を明らかにする意義は大きい。

　第8章では公営住宅団地に着目し，そこを拠点にコミュニティを形成する方法を論じたものである。近年，公営住宅団地は，社会福祉の対象となる人々の公的な「受け皿」としての色彩を強めているものの，こうした人々の集住を主要な背景として，一部では社会的排除や社会的孤立が先鋭的に生じている。社会的に弱い立場に置かれた人々が，安定的な住まいの確保と引き換えに排除や孤立に直面するような実態があるならば，それは居住福祉の理念に大きくもとるものであり，看過すべきではないだろう。第8章は，こうした問題意識に基づき，「没交渉」の状態になりやすい団地と周辺地域の間に新たなコミュニティを生み出すための道筋を示そうとするものである。

　第9章は，これまでの福祉が「普段のくらし」を重視するあまり，災害時への対応が十分に考慮されていないという問題を鋭く捉え，こうした状況から脱却するためにいかにして「包摂社会」を実現するかという点に主眼を置いている。「包摂社会」を実現するには，地域住民の間に，平時のみならず災害時にも効力を発揮するような強固な信頼が形成されていることが重要な条件になる。第9章では，様々な統計データや事例を基に，ときに居住空間の使用をめぐって意見の対立が生じる地域社会において，信頼関係の構築を実現するための具体的な方法やその意義が詳細に論じられている。

　日本では，住宅は個人の財産であるからこそ，その問題は自らの責任で解決すべきである，という社会通念が依然として根強くある。しかしながら，住宅の確保や維持を各々の自助努力に委ねるだけでは，特に福祉的な課題を抱える人や世帯が適切な居住環境や社会関係を獲得することは困難なものとなる。経済的な格差や不平等が拡大し，社会における分断や孤立が広がる中で，人々の居住をいかにして守るのかが今改めて問われている。

参考文献

武川正吾（2011）「居住福祉学とは何か」野口定久・外山義・武川正吾編『居住福祉学』有斐閣，7-15頁。

（川村岳人）

第6章　居住困難な状況を当事者を含めた 多職種連携で最適化する試み

1　居住改修が居住福祉に与える価値

(1) 居住困難者の出現と増加

現在の生活の障壁はさまざまな要因が組み合わされており，その問題の解決には住宅の改修だけでも周辺環境の整備だけでも実現できず，双方を組み合わせて全体を改修することが必要だと考えられる。筆者は本章においてこれを「居住改修」という概念で考察を試みる。

居住する場所＝住居は居住者が最もくつろぐ場所であり，またくつろげる場所でなければならない。世界保健機関（WHO）も憲章前文[1]で謳うように，人は身体だけでなく精神も健康でなければならないからだ。

そのくつろぐべき場所である住居が，老朽化や居住者の心身の衰えにより本来の性能を発揮できない事例が1994年頃より増加している。この時期，日本は高齢化率が14％を超え「高齢社会」となっていた。住むべき住まい自体が存在しない人たちを近年「住宅確保要配慮者」と呼び，その人たちに対処するため住居をあっせんするような政策は始まっている。しかし現状でも住む家を持っている人に対する支援政策は，その家がどのような形であれ少ない。

日本国憲法第89条で規制されている私有財産に対する個別支援になるからだ[2]。しかし，持ち家であっても住宅の老朽化や心身機能の低下により居住性能の低下は起きる。結果，2階の物干し場から洗濯物を持って階段を降りられなくなったり，和式便器で排泄に苦労すること等が起きるようになる。この事実は1995年以降の家庭内事故の増加にも表れている[3]。

なぜ家庭内事故は増えたのだろうか。一つには，居住者が住居をコントロールできなくなってきていることが挙げられる。一般的に持ち家は賃貸住宅に比べ建築面積[4]が大きいため，ゆったりと生活できると思われている。ただライフスタイ

ルの変化もあり，1990年頃より建売住宅では1階に食事や団欒のためのLDKと風呂などの水廻りと玄関が配置され，個室が配置されるのは2階のみという住宅が多くなった。いわば集合住宅の家族共用部分と居室部分を2つに分割した間取りと考えられる。個室が2階にしかない場合，体が弱り寝室に暮らす時間が増え，1階まで下りていくたびに，転倒の危険を感じるような生活に不安を感じることがあるだろう。集合住宅でも高齢者専用住宅でない限り，高さ31m（5階建てに相当）以下ならばエレベーターの設置義務はないため，外出も含めて居住困難に陥る可能性は排除できない。

　このように，住宅を保有していても居住に困難をきたす人は存在する。すべての居住困難者を網羅している統計ではないが「令和2年介護保険事業状況報告」（厚生労働省）によると，比較的症状が重い要介護3以上の認定者が約230万人存在する。それに対して特別養護老人ホームと呼ばれる介護老人福祉施設の整備数は「令和2年介護サービス施設・事業所調査」（厚生労働省）では57.6万床である。認知症グループホームやサービス付き高齢者向け住宅は，介護保険制度の定義上は在宅扱いなので，170万人以上は在宅生活をしていることがわかる。この人たちを居住困難者にしてはならない。

（2）居住福祉の実践としての居住改修

　早川（1973）は空間を変えることで価値が変わることを論じ，早川・岡本（1993）は，福祉を必要としている人たちには医療制度や社会制度での支援に加え，居住支援が欠かせないことを指摘し福祉の基盤には住宅があるという「居住福祉」という概念を作り出した。岡本（2014）は「『居住福祉』とは『適切な居住が福祉（しあわせ）を実現する』」と定義し，適切な居住が実現できない理由を考察し，「住宅」「社会の生活を支える機能」「費用負担」といった構造的な問題と，居住者自身の経済的困窮，身体機能の低下，認知症や精神疾患の発症，同居者の喪失による居住継続の困難等で生活能力が脆弱になったことを挙げた。

　筆者は従来の居住空間の価値を，居住者と様々な専門職，社会資源が連携して改修していく概念を「居住改修」と位置づけた（図6-1）。「住宅改修」という概念は古くからあり，近年は介護保険制度で多くが運用されている。しかしこの制度は，法律で決めた内容に基づいて改修されるという言わば一方的な流れで構成

図6-1　居住改修の構造

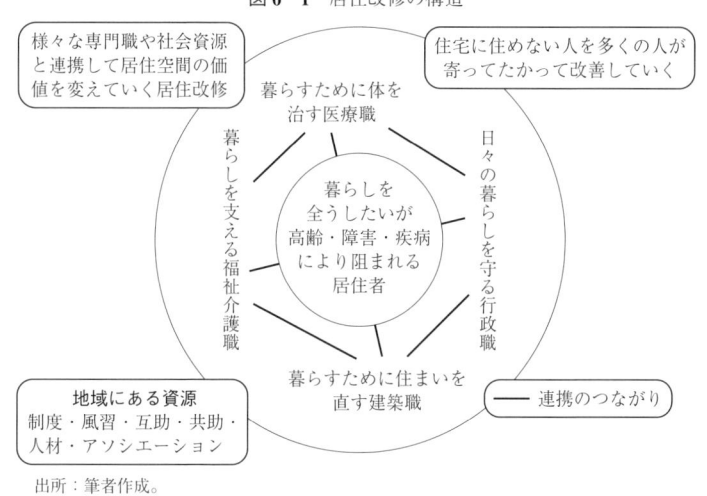

様々な専門職や社会資源と連携して居住空間の価値を変えていく居住改修

住宅に住めない人を多くの人が寄ってたかって改善していく

暮らすために体を治す医療職

暮らしを支える福祉介護職

暮らしを全うしたいが高齢・障害・疾病により阻まれる居住者

日々の暮らしを守る行政職

地域にある資源
制度・風習・互助・共助・人材・アソシエーション

暮らすために住まいを直す建築職

── 連携のつながり

出所：筆者作成。

されている。この一方的な点は，当事者が真に望むあり方を指す「ウェルビーイング[5]」の考え方にそぐわない。筆者は，居住者の参加を周囲の様々な社会資源が支援することで，住宅改修という流れではなく居住改修という価値を持つ機能に引き上げることができると考える。

（3）産業としての住宅政策の改革

　日本の住宅対策は長年，量的整備の実現に向けられており，質的整備への関心は低かった。国は自らが行う公営住宅整備は貧困問題の対処枠内に留めたため，その量と質は最低限であり，立地も駅などから遠い所が多い。それに対して民間住宅の整備はそのすそ野の広さから産業と捉え，国民自らで住宅を整備できるよう税制や金融政策で支援した。この政策を利用して，日本住宅公団や民間不動産会社が多くの住宅を販売した。公団や民間不動産会社は鉄道をはじめとした公共交通企業と連携し，何もない郊外の森や原野を切り開き，空間価値を変え，次々に都心に通勤可能な住宅団地を整備した。住宅団地にはまだ家を買う資力のない若者向けに賃貸集合住宅も多く建てられた。民間賃貸住宅は家賃によって収益を上げることが目的であるが，実際には競合も多い。そのため賃貸住宅の多くは，コストと収益の関係からではなく近辺の賃貸事例比較法で家賃が定められている。

結果，建築の際にぎりぎりの効率を選択せざるを得ず，賃貸住宅の部屋面積や品質は上がらない。都市近郊の人口だけでなく日本全体の居住人口が増加していた2000年前後までは，そのような品質でも需要はあり，この政策は正しかったのかもしれない。

　住宅は高額であり家具や電化製品，植栽など一緒にそろえる製品のすそ野も広いため，住宅取得に支払われた費用は社会に広く乗数効果を及ぼした。購入時の諸施策は持ち家への支援だと考えられるが何十年も前の政策であり，その効用は今や居住困難を支えることはできない。

（4）居住環境の改善という目的に沿う自由な改修

　介護保険を利用するきっかけは，疾病や老化現象で自分だけでは生活する能力が低下し他者による支援が必要になった場合が多い。そのためその支援の一環として人的資源ではないが，福祉用具とともに住宅改修が制度内に設定されている。介護保険制度を使うようになり最初に接するのは医療職となることが多い。安全な病院から自宅に戻った場合に障害が無いよう，医療職は様々な支援を検討し実施を考える。その場合，医療職は居住者を観察し，動作分析により困難の本質を判定する。この知見を利用して社会福祉士や介護支援専門員は居住者から生活のサイクルを聞き取り，改修箇所のニーズを明らかにする。この具体的なニーズを基に建築職が改修を行うというようなサイクルをたどるだろう。方針は医療職が決めているため，医学的知見を持たない建築職には医療職の方針に対する形で現場での改善を申し出ることは難しい。ここに既存の制度に依存する連携の限界が見て取れる。

　では既存の制度によらない改修なら解決できるのだろうか。この点について，費用の負担に関して課題が残されたと筆者は問題意識を持った。公的制度であれば公的助成により金銭的並びに技術的支援が期待できる。しかし私的取り組みでは，そのどちらも自助で組み立てなければならない。賃貸住宅はイギリスのように家賃補助といった手段により政策での支援ができ，家賃が高くとも居住に適した住居にも暮らすことができる。しかし，持ち家は私有財産で，かつ住宅自体で営利活動を行っていないので，補助金という方法は個人に対しては憲法第89条の規定により生活保護以外には通常取れない。

　21世紀に至るまで，少子高齢化により国民の平均年齢は上昇し，さらに産業構造の変化で働く場所が国外に移動し国内の労働場所が減少した。労働社会から退りぞいたことで，住居は居住者が1日で最も長く滞在する場所となった。この居場所から温熱環境を整えたり，家庭内事故など平穏を妨げる要素を取り除くことは重要な要素だ。住居を改修して玄関横に交流スペースを設けたり，ICT機器を用いることで今までのように，他者との交流を維持し孤立による危険も取り除くことができるだろう。法律や慣習にとらわれない分析を行った本人に適合した環境への改修，これが居住改修の価値である。

2　持ち家の悲劇を持ち家の喜劇に変えるには

（1）高齢者の持ち家が多い日本独自の事情

　日本は過去の政策の経緯から高齢者を中心に持ち家比率が高い。図6-2が示す通り，1990年以降の景気の低迷により50代以下の持ち家比率は現在に近づくほど低下しているが，60歳以上の持ち家比率は逆に上昇している。日本の持ち家住宅の平均取得年代はこの50年間，一貫して30代半ばなので，1980年代前半に住宅を取得した人が高齢化し，そのまま持ち家を保有していることがうかがえる。2022年時点で75歳の後期高齢者になるのは1948年生まれである。第2次世界大戦が終結した後に生まれたこの世代は約270万人を数え，「団塊の世代」とも呼ばれている。だが2022年の出生数は77万747人と1/3以下に減少し80万人も割り込んだ。将来的に住宅は余り，利便性の悪い地域から居住者がいなくなることが予想されている。

　総務省統計局（2006）によれば，2006年における高齢者の資産の平均は，家計資産額（純資産額）が5,816万円となっている。そのうち宅地資産が3,141万円であり資産合計に占める割合は54.0%を占めている。次に多いのは金融資産で1,970万円で，資産に占める割合は33.9%である。ここから，宅地資産を売却できなければ，高齢者に適した住居に移り住むのは難しいことがわかる。

　しかし，人口が減少しており，住宅を求める層自体が縮小しているため，すべての住宅用地が次世代に引き継がれるというモデルは崩壊している。これは地方だけではなく都市部でも空き家は増大しているという事実から，宅地＝資産とい

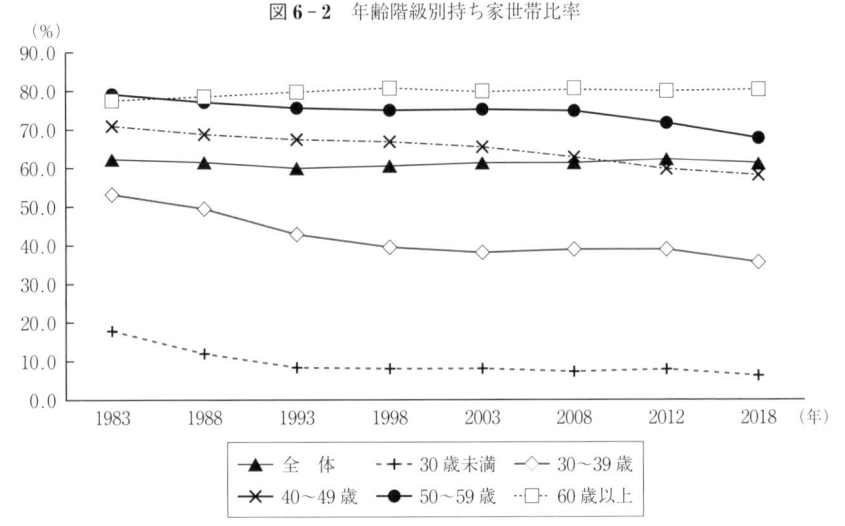

図6-2　年齢階級別持ち家世帯比率

出所：厚生労働省『厚生労働白書 令和2年』「持家世帯比率の推移（家計を主に支える者の年齢階級別）」より筆者作成。

う考え方はできないと考えられる。

　高齢者向け住宅に移り住むことができない場合，どのような対策をとるべきであろうか。ここで重要な概念が「居住改修」である。介護保険制度にも住宅改修は盛り込まれているが，自分が住む家だけを改修しても，地域の居住環境や隣人との交流ができない状況では生活はできないだろう。生活を安全に安心して行うには住宅に加え居住環境も含めて改修する必要がある。

　高齢者だけでなく障害者も，家族介護でしか対応の方法がなかったため在宅比率は高い。厚生労働省（2016）(6)によると，身体障害者436万人のうち在宅比率は98.3％で，人数は428万7,000人，精神障害者は392万4,000人のうち92％で361万1,000人，知的障害者は108万2,000人のうち88.9％で96万2,000人が在宅生活を送っている。

　このような高齢者や障害者をはじめとした居住困難者への支援は様々な人や組織を組み合わせることが必要だ。例えば，地域内外の移動は行政によるタクシー乗り合いのような公助，認知症高齢者や車いすを使用している障害者の見守りなどは地域住民同士の共助，買い物やごみ捨てなどを助け合う互助，このような生活資源を組み合わせることで生活圏内のあり方を含めて改修することが重要であ

る。

　2022年現在，名古屋市で特別養護老人ホームの個室に入居するには，入居費だけで1日1,310円が必要だ。⁽⁷⁾ 1月当たり約3万9,000円が必要となる。個室の広さは10.65㎡が基準で，畳でいえば約7畳だ。そのうちベッドが2畳近くを占めるので，私物を入れるキャビネットや来訪者用の椅子などを置けば本当に狭い空間だとしか言えないだろう。介護保険制度や医療保険制度，障害者総合支援などを利用しているため，負担感は月の負担金額にしか現れないが，残りは保険や税金で負担されている。よって実際は公的施設であっても高齢者施設に居住するコストは大きいことがわかる。

（2）持ち家の喜劇を実現することを目的にする支援の流れ——先行研究の検討

　先行研究でも生活自体に改修による改善を図る必要性は重視されている。山本（2001：71）は日本で従来行われてきた数を充足するだけの住宅政策の限界を指摘し，「高齢者が現在暮らしている住宅や地域で住み続け，生活および社会的ネットワークの継続，それによるアイデンティティの保持を保障するための『住宅』条件を整備するという『居住政策』へのパラダイム転換」を訴えた。この主張は，住宅の定義をただ寝泊まりする場所から生活する場所に変えるものであり，その生活を保障する方法を，居住者・供給者・基礎自治体が連携して地域に適合させることを述べたものである。

　桐山（2003：46）は，住宅を住民が暮らすための資源と定義し，住民が住宅を利用して住まう様を合わせて住居とした。そして住居とその周辺の住環境や資源を利用して生活することが居住であると述べている。ここからは生活を現状に合わせて改修（改善）する時には，住宅だけではなくそこに住む人や周辺の環境をも包含して考察しなければならないことが読み取れる。このことにより建築職だけの介入では課題を収集しきれないことがわかる。桐山は，介護保険制度を活用し居住者へのモニタリングやフォローアップを提案したが，同時に介護保険制度に携わる専門職には住宅に対するスキルがなく，建築職などとの適切な連携が重要なことも指摘している。ただ保険から支給される改修の費用が20万円しかないため広範囲の連携が事実上難しいことも提示している。

　土室・広浦（2004：69）は，このような制度や専門職の限界を超えるには，当

事者である「高齢者の希望や意識はどうか」が重要であることを述べている。土
室らは藤崎（1994）の調査を例に挙げ，高齢者において「現住居への『住み続
け』希望はきわめて強く，調査対象の全体の8割以上はこのまま住み続けること
を望んでいる。ところが，将来身の回りのことが自分でできなくなったときには
どこに住みたいかを問うと，『自宅』にとどまることを希望するものは4割に減
少する」（藤崎 1994：165）ことを挙げた。さらに，住み慣れた住宅で暮らしたい
のは年齢としてその下の階層である中高年に調査しても同じだったと述べている。

　しかし藤崎の行った高齢者への調査では，残りの3割は病院と答え，親族の住
宅などへの転居は1割に留まった。病院は原則生活する場所ではなく，いつか退
院して自宅に戻る必要がある。一度住めなくなった自宅で改めて住み続けるには
住宅改修や福祉サービスなどの活用で退院後の心身能力低下を補完する必要があ
る。ここにいざという時に生活を補完するための医療サービスや介護サービスと
の連携は欠かせないことがわかる。当事者が自分自身を客観視するのは難しく，
今までの自分自身が積み重ねた経験知が優位になる以上，周囲の専門職が観察者
としてその客観視を助ける必要がある。

　土井・上野・和泉（2010）は通常，病院や介護保険制度を利用しているかを特
定せず，某老人センターで開催されている老人教養講座に参加している65歳以上
の高齢者を対象に，自宅で生活する高齢者の転倒の実態を検討した。対象は男性
55名（21.0%），女性207名（79.0%）の262名，平均年齢は72.5±5.5歳であった。
過去1年間の転倒経験者は男性4名（7.3%），女性49名（23.7%）の計53名
（20.2%）であった。転倒発生率は女性の方が男性に比べ有意に高かったことを明
らかにした上で，女性を対象にさらに調査し，土井・上野・和泉（2011）で転倒
後の対策を明らかにした。転倒の原因は「門，玄関口に段差がありつまずきそう
になる」「上がり框の高さが高くバランスをくずす」「マット，じゅうたん，台所
マットがずれたりしてつまずきやすい」「床に電気のコードが広がっている」な
どの9項目が見られ，転倒群の方が非転倒群に比べ，このような要因があった者
の占める割合が有意に多かった。また住宅環境要因で転倒した者は，自宅内転倒
者の50.0%を占めていた。

　しかし対策としては，手摺を取りつける，危険な床面を安全な素材に取り替え
るといった根本的な対策手段はとっていない。敷物を取り除く，常夜灯を取りつ

けるなどの簡単で安価な環境整備に留まっていた。ここから個々に対し面接を実施し，どのような住環境の改善ならば実践できるか，高齢者自らが目標を掲げることができるような支援が大切であると述べている。専門職の適切な援助に加え，ここにも当事者の自覚を持った改善への参加が必要なことがうかがえる。

橋本（2012：6）は居住改修を援助する専門職として，建築技術者を対象として考察した。当時病院において退院時の医療職における住環境整備は盛んに行われていた。橋本は医療の性質上「退院時の身体機能に合わせた一時的なアドバイスに留まることが多く，整備計画の具体化や生活を送る場としての整備に来留めるべき細やかな心遣いまでには至っていない」と指摘した。その上で，重要な存在となるのは工事を担う施工技術者よりも，設計案の作成・設計図面作成を担う建築士である。特に女性の建築士の中には，自らが家庭に入り生活する中で家族の介護などを経験しており，その知恵や苦労を空間づくりに活かすことができるだろうと述べている。建築職が持つ専門性を，生活というリアルな環境での経験を応用しつつ専門性の連携分野まで取り込むことで，より具体的に伴走できる長期的な支援ができるようになるだろう。専門職が持つ分析能力を使い生活の中で手に入れた知見を考察することで，新しい知見を見出すことが期待できる。

3　居住を安定させるために居住者が持つべき覚悟
——公的支援にとらわれない自ら活動する居住改修

先行研究が示す通り，居住改修を支援する人々は現れてきた。しかし居住改修は検討範囲が広いためには現状の支援に比較して費用が掛かることが予想される。本節ではこの費用を負担するのは誰なのかを考える。

本章で考える居住困難者は，住居は持っているが，その住居をどのように改修すれば困難を解決できるかがわからない人だ。何が問題かがわからない人が，どのようにすればその問題が解決できるかを考えられるわけがないだろう。必要なのは居住者自身に様々な方法で支援を受けることが自分自身にとって必要だということを自己覚知してもらうことである。そのためには専門職たちが連携して，居住者に現在の心身状態のコンディションを客観的に理解を促し，生活に応じた改善の方針を打ち出し，その方針に応じて住居や居住サイクルの改修を提案することだ。

図6-3　覚悟した居住者の支援のために取り巻く専門職や地域により住宅改修を
　　　　居住改修に進化させるフレーム

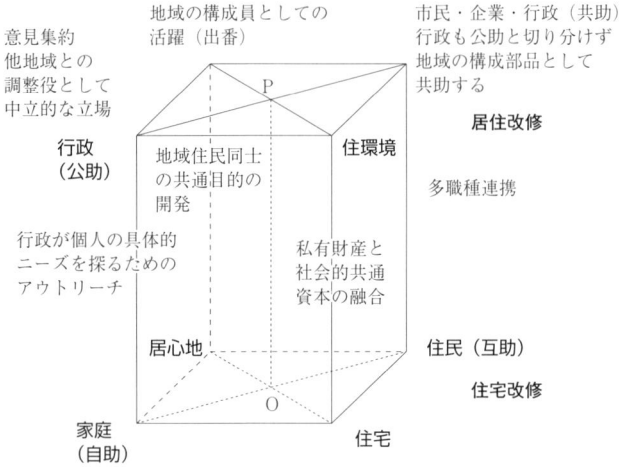

出所：九鬼（1979：55）を基に野口定久の指導を受け筆者作成。

　もちろん，改修を実施しても，居住者に想定外の困難が降りかかることはある
し，逆に備えが必要ない経緯をたどる人もいるだろう。しかし，ここで重要なの
は，居住者が自らの意思で判断できるだけの判断材料を提示することだろう。自
分で判断することで「覚悟」することができるからだ。

　居住者が覚悟を持つことで居住改修という具体的事業が動く。事業を基盤に，
覚悟を促した専門職や周囲の様々な資源が連携することが可能となるだろう。覚
悟するにあたり一番心配なのは，その資金の調達方法だろう。前述した通り，高
齢者の資産の大半は現在住んでいる住居の宅地資産だ。これを有効に利用するた
め，現役世代が住宅ローンで利用する住宅金融支援機構は，現在不動産資産を持
つ高齢者のために，死後その不動産で残債を清算するリバースモーゲージローン
を取り扱っている（中嵩ほか 2019）。この制度を有効に活用すれば，現在保有す
る金融資産を使うことなく居住改修は可能となるだろう。このような工夫は，
ファイナンシャルプランナーなど金融専門職と連携すれば，方法などを含めた知
見を得ることができるだろう（図6-3）。

4　居住改修と定義できる事例
——普遍化へのガイド

　持ち家の長所は，持ち主である居住者の考えで空間の操作ができることだと考えられる。ただし空間操作にかかる費用は居住者が負担する必要がある。現在介護保険制度や市町村の独自事業でバリアフリー改修や耐震改修，温熱環境（＝省エネ）改修に対する補助もあり，ある程度は公助を頼る方法も出てきている。また負担した費用を長い目で見て回収するという考え方もある。

（1）事例1　自宅を終の棲家にするために——居住を楽しくするための取り組み

　建築家である吉田（2021）は，75歳の時に自らが居住する住宅を改修し，終の棲家にしている（図6-4）。改修の経費は450万円ほどかかったが，現在77歳の吉田は「60歳の時に500万円かけて改修したとしても80歳まで生活できれば1年では25万円で済み，1カ月なら2万円強の出費で済む。この程度で好きなものに囲まれ安全に暮らせれば決して高いものではない」（吉田 2021：22）と主張した。改修したマンションには玄関の横にゲストルームを設け，周囲との交流場所も設けている。吉田はさらに「バリアフリーは高齢者や障害者の物と思いがち，でも実は小さなバリアは家の中に潜みそれが積み重なるとどのような人にもストレスになる」（吉田 2021：22）と述べ，制度ではなく居住者の課題から専門性を導くことを主張した。

（2）事例2　分散型サ高住をキーテナントとした居住改修によるコミュニティ再生

　居住改修は，持ち家だけではなくコミュニティ再生にも有効な方法だ。年齢層が偏ってしまったコミュニティに多職種専門職が介入することで目的を再定義し，隠れた地域力を活用することで再生が可能となる。岡本ら（2022）は名古屋市北部の老朽した公的住宅を改修すると同時に住民同士や周辺住民が利用できる仕組みを作り，「地域生活拠点活動」を軸とした居住改修を取り上げた。公的住宅を改修する際に480戸中70戸を独立型サービス付き高齢者向け住宅に改修した。居室面積は約50㎡あり通常のサービス付き高齢者住宅の標準面積25㎡の倍だ。この

図 6 - 4　終の棲家として居住改修した吉田邸

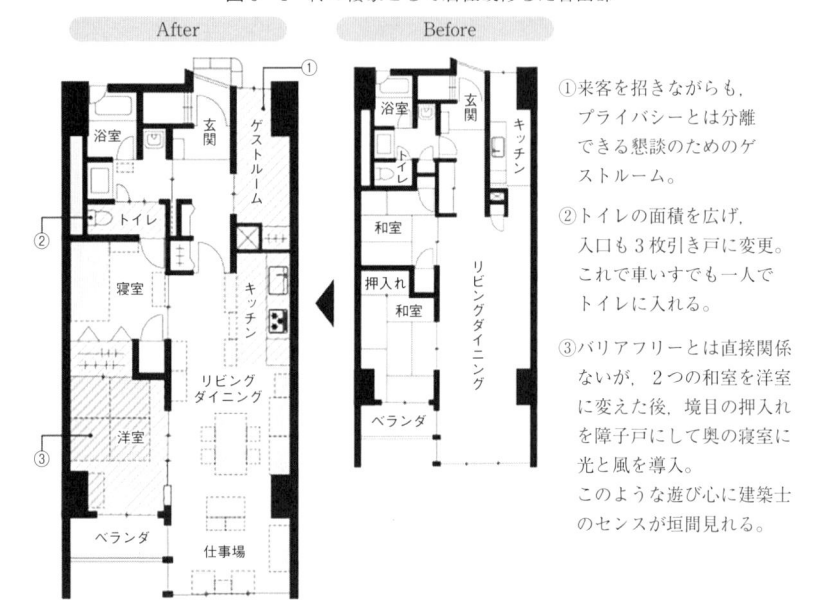

①来客を招きながらも，プライバシーとは分離できる懇談のためのゲストルーム。

②トイレの面積を広げ，入口も 3 枚引き戸に変更。これで車いすでも一人でトイレに入れる。

③バリアフリーとは直接関係ないが，2 つの和室を洋室に変えた後，境目の押入れを障子戸にして奥の寝室に光と風を導入。
このような遊び心に建築士のセンスが垣間見れる。

出所：吉田（2021：21）を基に筆者作成。

ように従来の規定にこだわらない改修も可能である。公的住宅は，環境はいいが多少交通機関から離れた場所に建っている物件も多い。しかし公営住宅よりは家賃は高く中途半端な存在になっていることが考えられる。そのため，ただ住み場所を提供するだけではなく，このような取り組みと組み合わせられることが必要なのだ。

　さらに，この取り組みは様々な人や組織，専門職が連携していることが特徴だ。地域生活拠点として高齢者住宅と同時に開設した食堂と交流施設を中心とした店舗の運営は社会福祉法人が担い，障害者雇用も実現している。サ高住は新たに居住してきた人が多くを占めるため，様々な参加を促している。また店舗に平日相談コーナーを常設し「地域の駆け込み寺」として，小さな困り事から専門家が寄り添って解決を図っている。

5　居住改修により居住困難を克服する方法

　これまで述べてきたように，居住に困難を抱えている人は，高齢化や家族構成の縮小，地域コミュニティの縮小などを背景に今後も増えていくだろう。居住福祉は住居を根源に様々な資源を用いてその安定を図る概念だ。本章ではこの概念を具体化する一つの方法が居住改修だと論じてきた。日本の人口が将来減少することはもう避けられない事実だ。既にある居住資源を有効に利用することで，新たに高齢者向け住宅を新設することを避けることができるだろう。そのためには安定した居住は他人が与えてくれるものだと考えず，居住者自身が自らの意思で居住困難を解決しなければならない。個人の責任のみで居住環境を維持できたのはすでに過去のことだ。これからは様々な人や社会資源を効率的に組み合わせることで成功例も失敗例も収集でき，次の機会に生かし糧とせねばならない。そのためには居住改修という具体的な挑戦を果敢に行うことで広げていかなければならない。

注
(1)　世界保健機関（WHO）憲章（https://www.mofa.go.jp/mofaj/files/000026609.pdf，2022年5月30日アクセス）。
(2)　憲法第89条は「公金その他の公の財産は，宗教上の組織若しくは団体の使用，便益若しくは維持のため，又は公の支配に属しない慈善，教育若しくは博愛の事業に対し，これを支出し，又はその利用に供してはならない」である。個人は公の支配に属しないと解釈されている（前田：2006）。そのため個人への福祉については社会福祉法により定められた社会福祉協議会が仲介して実施される。
(3)　総務省「人口動態調査第5.31表　不慮の事故による死因（三桁基本分類）」を各年次集計（https://www.e-stat.go.jp/stat-search/files?page=1&layout=datalist&toukei=00450011&tstat=000001028897&cycle=7&year=20200&month=0&tclass1=000001053058&tclass2=000001053061&tclass3=000001053065&stat_infid=000032119343&result_back=1&tclass4val=0，2022年5月30日アクセス）。
(4)　31mの高さは7階建てくらいまでは建設可能だが，旧建設省は平成7年6月に長寿社会対応住宅設計指針（建設省住備発第63号）を出しており「6階以上の高層住宅にはエレベーターを設置するとともに，できる限り3～5階の中層住宅等にもエレベー

ターを設ける」と規定した。地方自治体がこの通知に準拠した条例を出しており，結果 6 階建て以上の共同住宅はエレベーターが設置されるようになった。

⑸　国土交通省「平成30年住宅・土地統計調査，第16表」(https://www.e-stat.go.jp/stat-search/files?page = 1&layout = datalist&toukei = 00200522&tstat = 000001127155&cycle = 0&tclass1 = 000001129435&tclass2 = 000001129436&stat_infid = 000031865712&tclass3val=0，2022年 5 月30日アクセス)。

⑹　社会福祉分野においてウェルビーイング（well-being）という概念は，従来の救貧的なウェルフェア（welfare＝福祉）から，「より積極的に人権を尊重し，自己実現を保障する」という意味である。出典，日本社会福祉教育学会（2014），NEWS LETTER No. 21 巻頭言，(https://www.jsswe.org/issues/news-letter/post-330.html#:~:text=%E3%82%A6%E3%82%A7%E3%83%AB%E3%83%93%E3%83%BC%E3%82%A4%E3%83%B3%E3%82%B0（well%2Dbeing），%E8%AA%8D%E3%82%81%E3%82%89%E3%82%8C%E3%82%8B%E3%81%93%E3%81%A8%E3%81%A7%E3%81%82%E3%82%8B E3%80%82，2023年 8 月28日アクセス)。

⑺　内閣府（2019）「 1 ．障害者の全体的状況」『令和 5 年版障害者白書参考資料』(https://www8.cao.go.jp/shougai/whitepaper/r01hakusho/zenbun/siryo_02.html#:~:text=%E5%9C%A8%E5%AE%85%E3%81%AE%E7%9F%A5%E7%9A%84%E9%9A%9C%E5%AE%B3，%E3%81%82%E3%82%8B%EF%BC%88%E5%9B%B3%E8%A1%A8%EF%BC%93%E5%8F%82%E7%85%A7%EF%BC%89%E3%80%82，2023年 8 月28日アクセス)。

参考文献

岡本祥浩（2014）「高齢者，生活困窮者などと居住福祉」『DIO：data information opinion：連合総研レポート』298，12-15頁。

岡本祥浩・堀容子・岡田昭人・斎藤縣三（2022）「生活資本の再構築を促す住宅団地の地域拠点活動」『住総研研究論文集・実践研究報告集』48(0)，199-208頁。

桐山芳和（2003）「『居住のノーマライゼーション』試論——高齢者の居住問題と介護保険制度を通して」『東海女子短期大学紀要』29，45-53頁。

九鬼周造（1979）『「いき」の構造』岩波文庫。

厚生労働省（2016）「平成28年 生活のしづらさなどに関する調査（全国在宅障害児・者等実態調査）」(https://www.mhlw.go.jp/toukei/list/seikatsu_chousa_h28.html，2022年 5 月30日アクセス)。

総務省統計局（2006）「統計トピックス No. 18 統計からみた我が国の高齢者」(https://www.stat.go.jp/data/topics/topi180.html，2022年 5 月30日アクセス)。

土室修・広浦幸一（2004）「在宅高齢者の居住継続に関する一考察」『東北福祉大学研究

紀要』28，69-80頁。

土井有羽子・上野昌江・和泉京子（2010）「自宅で生活する高齢者の転倒の実態と住環境との関連」『大阪府立大学看護学部紀要』16(1)，1-8頁。

土井有羽子・上野昌江・和泉京子（2011）「自宅で生活する女性高齢者の転倒と住環境との関連」『日本地域看護学会誌』13(2)，46-53頁。

中嵜亜衣子・羽山広文・森太郎（2019）「リバースモーゲージを適用した住宅改修に関する研究」『日本建築学会北海道支部研究報告集』92，199-202頁。

野口定久（2018）『ゼミナール地域福祉学——図解でわかる理論と実践』中央法規出版。

野口定久・外山義・武川正吾編（2011）『居住福祉学』有斐閣。

橋本美芽（2012）「高齢者の住まいの現状・課題・今後の方向性」『福祉介護テクノプラス』5(3)，5-8頁。

早川和男（1973）『空間価値論——都市開発と地価の構造』勁草書房。

早川和男・岡本祥浩（1993）『居住福祉の論理』東京大学出版会。

藤崎宏子（1994）「大都市高齢者の『住み続け』の条件」『総合都市研究』54，165-177頁。

前田徹生（2006）「憲法89条後段『公の支配』の意味」『桃山法学 = St. Andrew's University Law Review』8，39-78頁。

山本美香（2001）「地域福祉と『居住』——高齢者の居住継続のあり方を求めて」『社会福祉学』41(2)，71-81頁。

吉田紗栄子（2021）「建築士が自らリフォームした老後も快適に過ごせる家」『婦人公論』1571，20-25頁。

（長田和久）

<table>
<tr><td>第7章</td><td>精神障がいのある人々が地域で
生活するということ
――精神障がいのある人々を対象とした政策変遷の中で</td></tr>
</table>

**1 精神保健医療福祉の改革ビジョン後の制度の変遷と精神障がいの
ある人々を対象としたグループホームの現状**

（1）2000年以降の地域におけるケア体制

　精神障がいのある人々を取り巻く環境はこの十数年で大きく変化し，地域を基盤とした支援体制がこれまで以上に重視されている。そのきっかけの一つとなったのが，「精神保健医療福祉の改革ビジョン」（2004年）である。このビジョンにより，受け入れ条件が整えば退院可能な人々とされた約7万人を地域へ送り出し，地域での生活を中心とした精神保健医療福祉体系の実現が掲げられた。さらに，2006年に施行された障害者自立支援法により，障がいのある人々を対象とした福祉サービスが体系的に展開されるようになり，身体・知的分野と比較して展開が緩やかであった精神分野においても，地域の社会資源が広がっていった。一方で障害者自立支援法は，福祉サービス利用の応益負担や障がいの程度によるサービス利用の判定など，利用者にとって不利益となる課題が多くみられ，メディア等で大きくクローズアップされ，利用者や支援者，障害者団体が積極的に声をあげた。こうした社会的な動きに影響を受け，新たな法整備を目標として，当事者を含むメンバーで構成された障害者制度改革推進本部が設置され，2012年に障害者総合支援法に改正された。障害者総合支援法により，地域における総合的な福祉サービスの体系は，この10年で定着したといえる。これまで地域の中に生活の場がなかった精神科病院における長期入院者も，障害者総合支援法のサービスによって地域生活の実現を考える機会が増え，地域の中で支援を受けながら生活する人々が増えたといえる。

（2）精神科病院と地域のつながり

　障がいのある人々の地域ケア体制が整備されつつある現状とは裏腹に，日本に

おける精神病床数は未だ世界的にも突出している。「令和2年医療施設調査・病院報告の概況」（厚生労働省 2020a）によると，2020年度の精神病床数は32万4,481床であり，約7万人を地域へ送り出すことを目標とした「精神保健医療福祉の改革ビジョン」が出された2004年当時の精神病床数（35万4,927床）と比較してこの16年間で削減された精神病床数は3万446床となっている。この数を人口1,000人当たりで換算すると，全国平均で2.57床，精神病床数が最も多い長崎県で5.95床，最も少ない東京都で1.48床となっている。また，この結果をOECD諸国と比較すると，人口1,000人当たりの平均病床数はドイツで1.31，フランス0.82，カナダ0.36，イギリス0.33，アメリカ0.25，イタリア0.08床であり，日本は最も多いドイツの1.96倍，最も少ないイタリアの32.1倍となることがわかる（OECD 2021）。さらに，同調査の結果による2020年度の平均在院日数は277日であり，平均在院日数が最も長い県は山口県の447日，最も短い県は東京都の200日となっている。日本における精神病床削減に関する課題は，長年にわたり諸外国から指摘され続け，国内外で精神障がいのある人々の人権問題として取り上げられ続けているが，未だ解決の糸口はみられず，現状を維持している状態が続いていると言わざるを得ない。さらに，精神病床や平均在院日数に関する地域間格差は大きく，東京都では，精神障がいのある人々の地域ケアを推進する積極的な姿勢がみられるが，地方では未だ病院中心のケア体制が継続されていることが指摘できる。どこの地域で生活し，どこの精神科病院で治療を受けるかによって，選択できる治療や福祉サービスにも差があることから，同じ精神障がいのある人々でも，本人の生活には大きな違いがあるといえる。

（3）経営主体の変化と現代のグループホームにおける課題

　都市部における居住の場や活動の場などの社会資源の充実の背景には，障害者自立支援法施行以降の規制緩和により，特定非営利活動法人や営利法人による福祉サービス事業への参入が大きく影響している。地域の支援体制，特に都市部においては，この数年間で大きく変化した。「第121回社会保障審議会障害者部会資料」（厚生労働省 2021）によると，2014年のグループホームの設置主体は，社会福祉法人57.9%，特定非営利活動法人23.3%，営利法人6.0%，その他12.9%であったのに対し，その6年後の2020年には，社会福祉法人44.2%，営利法人

23.9％，特定非営利活動法人19.5％，その他12.4％となっている。この結果から，社会福祉法人が13.7％減少しているのに対し，営利法人は17.9％増加していることがわかる。また，グループホーム全体の数は2014年の6,637カ所から，2020年には1万164カ所に増加しており，この6年で1.5倍以上になっている。このように地域の中の福祉サービスが増加していくことは，選択肢が広がり，精神障がいのある人々が病院から地域へと生活の場を変える可能性が高まるが，グループホームのみならず多様な設置主体が参入することで，福祉サービスの質を担保することが困難になってきていることも懸念される。

　その例として，職員の質と運営方法，グループホームの規模が挙げられる。グループホームに限らず福祉サービスを運営するためには，研修を受けた現場経験のあるサービス管理責任者（サービス提供責任者）が必要になる。しかし，このサービス管理責任者ですら社会福祉教育や社会福祉の資格を求められていない。現場で一定期間の経験があれば，誰でも研修を受けられる。また，サービス管理責任者以外の職員に要件はなく，誰でもなれる。福祉専門職による事業所への加算により，社会福祉教育を受けた職員が多い事業所と，社会福祉教育を全く受けていない職員で構成されている事業所では，福祉サービスの質に差が生じる可能性を軽視できない。昨今の福祉現場における人材不足により，職員配置に制限を設けることで社会資源が少なくなってしまうことは懸念されるが，福祉サービスと謳うからには，福祉のあるべき形を職員が理解した上で現場の支援を行うことの意義を忘れてはならない。そういった意味でも，職員教育を事業所の自助努力だけに任せるのではなく，サービス管理責任者以外の人材に対しても研修を必修にすべきだと感じる。社会福祉教育を受けている職員が，専門職として適切な支援を提供できるとは限らないが，基本的な社会福祉の理念を念頭に事業所運営をすることが，ひいてはサービスの質につながると考えられる。

　サービスの質に関する一例として，筆者の地域にあるいくつかのグループホームの入居者は，自分のグループホームの鍵を持たせてもらえない。日中活動が早く終わる時は，近くの公園やコンビニエンスストアで17時に世話人が来るまで待たなくてはならない。また，一度グループホームに戻ると自由に出入りすることはできず，グループホームに閉じ込められたままなのである。日中活動の途中で具合が悪くなり，グループホームへ帰りたいと連絡しても，17時まで事業所に置

いておいて下さいと言われる。さらに，同一法人が運営するグループホームと一緒に日中活動を利用しているケースでは，グループホームに入居している全員が同じ送迎車で日中活動の場へ移動し，日中活動が終わったらまたグループホームに戻ってくる。それ以外の移動や外出は認められず，外部とのやり取りにも制限がある。まるで地域の精神科閉鎖病棟なのである。本人の人権や尊厳を尊重し，自己決定を支援するという考え方が事業所を運営する側の理念となっていれば，自ずとこのような人権や権利を軽視したやり方で利用者に接することにはならないのではないだろうか。福祉サービスの利用者は事業所の利益のために存在するわけではない。人の幸福を追求する学問，そして実践としての福祉のあり方が問い直されていると感じる。

　さらに，近年のグループホームの傾向として，一部の営利法人によるグループホームの大規模化がある。これまでのグループホームの傾向として，地域にある一軒家をグループホームとしたり，公営住宅の一部をグループホームとしたりして，数名の利用者が共同生活をしていた。それが営利法人の手にかかると，巨額の資金を調達することが可能となり，大きな土地にグループホームを何棟も建設し，一つひとつのユニットとして運営する。こうした方法を取れば定員7名以上が該当する大規模住居等減算の対象にはならないが，地域の一カ所にまとまって生活することになる。ある営利法人が新たに建設したグループホームでは7名定員の建物が4カ所（2名の短期入所を含む）建ち並んでおり，まるでコロニーの時代に遡っているような錯覚を起こす。地域で生活していれば地域生活になるのか，障がいのある人にとっての地域生活とは一体何なのか，私たちが直面している課題は山積している。

（4）精神障がいのある人々を対象としたグループホーム

　精神障がいのある人々のグループホームの歴史を振り返ると，1999年の精神保健福祉法の一部改正によって事業として法制化されたのが始まりである。市町村を実施主体として，ホームヘルプ，ショートステイ，グループホームの3事業が規定された精神障害者居宅支援事業により，法的に事業が展開されるようになっていった。その後，障害者自立支援法が施行されるまでの7年の間に法的に整備されたグループホームは4,858名分であり，精神障害者全体の数を考えると極め

て少ないものであった。その後，障害者自立支援法の施行とともに地域の中にグループホームが次第にみられるようになり，2008年には 1 万2,497名分のグループホームが設立された（厚生労働省 2008）。

　また，この頃はグループホームの体系が 2 種類で展開されており，障害程度区分（現在の障害支援区分）が区分 2 以上に該当する人は共同生活介護（ケアホーム），その他の人は共同生活援助（グループホーム）となっていた。いずれの住居も入浴，排せつ，食事，調理，洗濯，掃除，及び生活等に関する相談・助言に加え，住居によっては夜間の支援体制も整備されていた。その後，2014年度からは，ケアホームがグループホームに統合され，グループホームのみになった。これまでのケアホームと同様に，当該事業所の職員が世話人としてグループホーム内での支援を提供し，利用者の状態に応じて生活支援員を配置する介護サービス包括型共同生活援助と，介護サービスを外部の居宅介護事業者等に委託し，生活支援員を配置せず，内部の職員は主として介護サービスの手配を行う外部サービス利用型共同生活援助の 2 類型となった。さらに2018年度からは，24時間体制で居住の場に支援者を配置することで日中活動に参加することが困難な利用者を支援し，短期入所を併設することで地域移行の促進及び地域定着の役割が期待される日中サービス支援型共同生活援助が加わり，グループホームが機能分化していった。

　こうして地域の社会資源として不可欠となったグループホームの利用者は，2010年の時点ですべての合計が 6 万3,323人であったのに対し，2021年時点では14万1,810人となっており，この11年でその数は2.2倍以上になっている。このうち，精神障がいのある人々は28.1％（全体で 3 万9,849人）であり，外部サービス利用型が最も多く58.5％，次いで日中サービス支援型は25.2％，介護サービス包括型は22.8％となっている。さらに，グループホーム入居前の場所については，自宅・アパート等が最も多く36％，次に多かったのが病院20.9％，その次がグループホーム19.1％であった。この調査の病院は精神科病院に限られていないが，精神障がいのある人 3 万9,849人のうち20.9％にあたる8,328人は，精神科病院からの入居者ということが推測できる（厚生労働省 2021）。

　2004年に約 7 万人の退院を目標として掲げられた「精神保健医療福祉の改革ビジョン」から18年が経過した現在，この 7 万人のうちどれぐらいの人々が精神科病院を退院したかという正確な数を出すことは難しいが，未だ精神科病院で生活

し続けている長期入院者にとって，小さな一歩を踏み出す場所であり続けるためにも，これまで以上の支援体制を今後も強化していかなければならない。

2　精神障がいのある人々の生活の場としてのグループホーム
──「暮らす」を支えるグループホーム

（1）グループホーム入居者の実際

　2021年度障害者総合福祉推進事業として行われた「グループホームの運営及び支援内容等の実態把握のための調査」（PwC コンサルティング 2022）によると，精神障がいのある人でグループホームでの生活に満足している人は33.7％，まあまあ満足している人は37.5％，どちらでもない人は12.7％，あまり満足していない人は6.5％，満足していない人は3.7％，わからない人は3.9％，無回答は2.0％であった。この結果から，71.2％の人はグループホームでの生活を肯定的に感じていることがわかった（図7-1）。また，グループホームを出て一人暮らしやパートナーとの暮らしができると思うかという問いについては，できると思う25.4％，難しいと思うは34.8％，わからないは37.4％，無回答は2.4％であった（図7-2）。グループホームで生活している精神障がいのある人の中で，4人に1人は一人暮らしについて前向きに考えているが，残りの3人については，一人暮らしは難しいと感じていることが明らかになった。

　さらに，グループホームを出ることに対しての不安については，以下の理由が挙げられた（複数回答）。「具合が悪くなったときや病気になったときに不安だから」が最も多く51.9％，次いで「お金がないから」40.2％，「困ったときに相談できる人がいないから」39.7％，「他に住める家がないから」38.8％，「家族が心配するから」31.8％，「料理やそうじ，洗濯などが苦手だから」30.8％，「グループホームを出たらさみしくなると思うから」29.9％，「近所の人とうまく付き合えるかどうか心配だから」23.4％であった。医療と密接に関係している精神障がいのある人々にとって，病状は日常生活に大きな影響を与えており，身近で様子を見てくれる人がいることが病状の安定につながっていると感じられた。

　こうしたグループホーム入居者の意向に対して，精神障がいのある人々を支援する職員の見立てによる一人暮らし等の実現可能性については，「すぐに可能」3.8％，「一定期間の支援があれば可能」28.3％，「困難」57.7％，「その他」

図7-1　グループホームでの生活の満足度

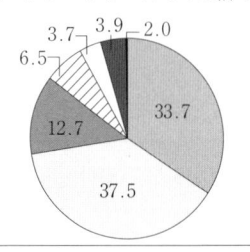

満足している　33.7
まあまあ満足している　37.5
どちらでもない　12.7
あまり満足していない　6.5
満足していない　3.7
わからない　3.9
無回答　2.0

- ■満足している　□まあまあ満足している
- ■どちらでもない　▨あまり満足していない
- □満足していない　■わからない　■無回答

出所：PwC コンサルティング（2022）。

図7-2　グループホームを出て一人暮らし
やパートナーとの暮らしができる
と思うか

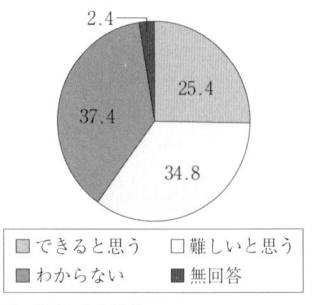

25.4
34.8
37.4
2.4

- ■できると思う　□難しいと思う
- ■わからない　■無回答

出所：図7-1と同じ。

図7-3　一人暮らし等の実現可能性
（職員の見立て）

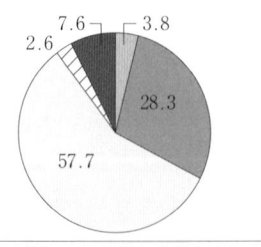

3.8
28.3
57.7
2.6
7.6

- ■すぐに可能　■一定期間の支援があれば可能
- □困難　▨その他　■無回答

出所：図7-1と同じ。

2.6%，無回答は7.6%であった（図7-3）。この結果から，32.6%のグループホーム入居者は，将来的に一人暮らしに向けて進むことができると職員から感じられており，入居者本人が思っている以上にグループホームの職員たちは，一定期間の支援があればグループホーム以外の場所で生活することが可能だと思っていることがわかった。また，職員の見立てにより一人暮らし等をする上での課題については，「継続的な見守りや相談の支援」62.5%，「状態が悪化した際等の緊急対応」57.5%，「本人の意思」56.4%，「契約・行政手続きのスキル」55.9%，「食事の確保や家事等の生活スキル」55.1%などが上位に挙がっている。これらの結果は，グループホーム入居者らが不安に感じていることと類似しており，一人暮らしになってもこうした支援を継続的に提供することが必要だということがわかる。

（2）地域生活を支えるグループホーム以外の制度の現状

　現行の制度の中には，グループホーム等を利用していた人が一人暮らしを始める際や，既に一人暮らしをしている人，障害，疾病などのある家族と同居していて一人暮らしをしようとする人に対し，地域で一定期間支援を提供する自立生活

援助がある。原則として1年間，職員が定期的に居宅を訪問して食事，洗濯，掃除などの支援を行ったり，体調や通院の確認を行ったりすることで，地域において自立した日常生活を営むことができるように準備する。そして，必要な情報の提供や関係機関との連絡調整を行うことで，安定した地域生活を目指している。自立生活援助は，一人暮らしを希望している人に対する重要な社会資源の一つに位置づけられているにもかかわらず，2020年9月の利用者数は，全国でわずか1,197名程度であり，その数は限られている（厚生労働省 2021）。

　さらに，地域生活を支えるサービスとして，単身生活をしている障がいのある人，もしくは同居している家族等が障害・疾病等のため支援が見込めない障がいのある人に対し，365日24時間体制で緊急時の支援を行う「地域定着支援」が整備されている。しかし，この「地域定着支援」も1年が標準的な利用期間となっており，継続的な支援を受けることは想定されていない。精神疾患により，いつどのような形で状態が変化するかわからない精神障がいのある人々にとって，継続的な見守りや365日体制の支援は安心をもたらし，病状の安定にもつながる。こうした理由から，一人暮らしよりも，常にそばで支援する人がいるグループホームでの生活に安心感を覚える入居者は少なくない。いざ一人暮らしを開始し，相談支援専門員がサポートしながらホームヘルパーを利用したとしても，相談支援専門員やホームヘルパーは限られた時間内でしか対応することは難しく，緊急対応は望めない。

　さらに，2020年9月の地域定着支援の利用者は3,836名であり，地域で一人暮らしをしている精神障がいのある人々の数を考えると，その利用者数は極めて少ない（厚生労働省 2021）。地域で単身生活を送る精神障がいのある人々にとって，日本における現在の支援体制は安心できる状態とは言い難く，より多くの精神障がいのある人々が安心できる生活支援を提供するためには，更なるニーズの聞き取りと支援体制の整備が求められている。

（3）国が考える新たなグループホームの類型

　グループホーム入居者の中に，一人暮らしやパートナーとの同居等を希望する人が一定数いることを踏まえ，国は2024年度の障害者総合支援法改正においてグループホームの新たな支援内容の拡大を示している。具体的には，①グループ

ホームでの支援内容として，自立した日常生活への移行及び移行後の定着に関する相談，②グループホーム退所後の住居の確保に係る援助，その他の居宅における自立した日常生活への移行及び移行後の定着に必要な援助である。こうした新たなグループホームでの働きかけを検討する際に提示されたのが，東京都等で2009年から実施されている通過型グループホームの概要である。通過型グループホームは，居住の場の提供と日常生活に必要な支援に加え，グループホームから単身生活への移行を図るための支援を実施している。また，個別支援計画等により，概ね2年間（最長3年間）でグループホームを退所し，一人暮らしができるように，計画的な支援が求められている（東京都 2009）。

　「グループホームの運営及び支援内容等の実態把握のための調査」（PwC コンサルティング 2022）によると，2020年度中にグループホームから退去した人のうち，精神障がいのある人は全体の42.7%で最も多かった。また，グループホーム退去者全体のうち，一人暮らし等へ移行している人の割合は20.2%，その中で最も多かったのは精神障がいのある人60.5%だった。さらに，一人暮らし等へ移行している人全体のうち，137人は東京都のグループホームの退去者で，105人は通過型グループホーム，32人は通常のグループホームからの退去者だった。この数をみても，通過型グループホームから一人暮らしに移行する人々が多いことがわかる。こうした通過型のグループホームのうち71.9%が入居中に一人暮らしに向けた支援を実施しており，計画的に準備をおこなうことが，一人暮らし実現に近づく要因になっていることがわかっている。グループホームから一人暮らしにつながっていく実績を挙げている通過型グループホームの存在が，今後の障がいのある人々を取り巻く制度に大きな影響を与えている。

　2024年度施行予定の障害者総合支援法改正に向けた当初の国の動きとして，東京都の通過型グループホームと同じ一人暮らし等に向けた支援を目的とする類型の新設があった。こうした国の動きに対して，多くの障害福祉団体がグループホーム再編の内容を危惧していた。これまでグループホームは，地域における生活の場（暮らしの場）として位置づけられており，グループホームは施設ではなく，住居として考えられていた。すなわち，そこで生活している人々にとってグループホームは家（ホーム）であり，いつまでも居られる場所として位置づけられていた。しかし通過型グループホームは，グループホームを訓練の場（施設）

にするという考え方であり，グループホームのあり方を根本的に覆すものであった。2022年5月18日に行われた，「グループホーム再編に反対する緊急院内集会」では，一人暮らしを「よいこと」とする社会の流れをつくることは，一人暮らしが難しい人々を自立できないネガティブな人として受け取ることにつながる危険性があるとの考えを指摘している。自立することが「よいこと」，一般就労することが「よいこと」という考え方は障害者総合支援法の中にもみられ，障がいのある人々を評価することにつながっている。グループホームは障がいのある人が「自分らしい生活をつくっていく家」として考えられるべきであるのに，「一人暮らしに移行させる場」になってしまうことで，これまでのグループホームのあり方に大きな影響を与えると考えられる。

2020年度の調査結果から，一人暮らしに移行した精神障がいのある人々は一定数存在し，一人暮らしを希望するニーズがあることがわかる。一方で，一人暮らしをしたいかどうかの判断が難しい人々も存在する。とりわけ長期に精神科病院で生活していた人々にとって，一人で生活することは大きなステップでもあり，期限のある通過型のグループホームは，いつ追い出されるのだろうという考えから病状が不安定になる可能性も考えられる。病院で生活していた人が生活の拠点を持つことは，生活の安定だけではなく病状の安定にもつながり，自分のできることを増やしていくプロセスが，その先に見えるリカバリーに一歩近づく。グループホームにおける支援のあり方を利用者の視点からも検討すべきである。

3 「あるがままに生きる」を支えるソーシャルワーク

（1）地域の中でごく当たり前の生活を送りたいと願う利用者の声

筆者は，これまでソーシャルワーカーとして精神科病院と地域で20年以上，精神障がいのある人々の支援に携わってきた。大学の教員として教育・研究・実践のバランスを保ちながら，精神障がいのある人々が地域で自分らしく生活することができる環境づくりに必要なことを考え，その環境の中でソーシャルワーカーはどのような関わりを持つことを求められているのかということをテーマにしている。現場で直面する，「支援するということ」の難しさを実感しながら，利用者，そして現場のソーシャルワーカーと悩みや喜びを分かち合いながら，人生を

共に歩めることに生きがいを感じている。時に利用者は筆者の師となり，実践者としてだけでなく，教育者，そして研究者としての自分の道に大きな影響を与えてくれる存在である。こうした経験から，自分が関わってきた利用者一人ひとりの声を形にすることで，精神障がいのある人々が地域で生活するために求められていることは何なのか，そして，その中でソーシャルワーカーに求められていることは何なのかを考えるきっかけになると感じている。以下では，グループホームで支援してきた利用者の事例を挙げる。[1]

1）毎年入院していたAさんの事例

　Aさんは，高校を卒業し地元の会社の事務員として働いていたが，20代の頃に統合失調症を発症し，グループホームに入所するまでの13年の間に10回以上も入退院を繰り返してきた。Aさんが入院するきっかけとなるのは，いつも現実から逃げ出したくなる状態になる時で，そうなるとなぜか遠くへ逃げたくなってしまい，気がつくと知らない場所にいるのだという。そのような状態になる時にはいつも酷い幻聴に悩まされているようだった。また，薬の量は殆ど変わらず，必ず服薬をしていても病状だけ悪化するのはなぜか，自分でもわからないということだった。

　Aさんがグループホームへ入居するきっかけとなったのは，最後に入院していた精神科病院のケースワーカーから，自宅での一人暮らしに戻るのではなく，グループホームを体験してみたらどうかという一言だった。Aさんは10年以上の間，一人で暮らしていたため，グループホームで知らない人と共同生活を送ることに抵抗を感じていた。その時，「グループホームの生活が合わなかったら，また一人暮らしをすればいい」というケースワーカーの言葉に背中を押され，グループホームに体験入居した。Aさんは他の入居者ともすぐに仲良くなった。1週間の体験入居を経て，Aさんはグループホームへの入居を決意し，退院前に障害支援区分3の認定を受けた。笑顔で退院し，地域での日中活動の場として就労継続支援B型事業所への通所も決まり，グループホームでの生活はとても順調そうに見えた。

　しかし，グループホームに入居から3カ月後の冬，Aさんはまた突然行方不明になった。グループホームの職員が総出でAさんを探し，家族に連絡して警察に捜索願いを出した。音沙汰のないまま3日が過ぎ，4日目の早朝，警察からグ

ループホームに連絡が入った。Ａさんはグループホームから100km以上離れた場所で保護されていた。薄着で歩いているＡさんを見て，通りすがりの人が心配して警察に通報したとのことだった。グループホームの職員はＡさんを迎えに行き，そのまま病院へ入院するかどうか本人の意思を確認した。「もう病院には入院したくない」というＡさんの意思を尊重し，自分を傷つける様子があれば病院へ同行受診することも検討した上で，グループホームで様子を見ることになった。

それから5年，毎年入院していたＡさんは一度も入院をすることなく，知らない場所へ出歩くこともなくなり，グループホームでの生活を継続している。Ａさんは，お金を貯めてグループホームの世話人とホテルのビュッフェに行ったり，一緒に旅行に行ったりすることを楽しみにしており，コロナ禍の前は北海道や沖縄にも出かけた。

2）一人暮らしのことを考えると不安で眠れなくなるＢさんの事例

Ｂさんは高校を中退し，住み込みで建築現場の仕事をして生活していた。10代後半に「そのままつき進め」という幻聴に従い，隣家の庭の塀によじ登り，警察に通報され精神科病院に入院した。退院後，しばらくは母と姉と同居を続けたが，入退院を繰り返し，その間も土木系のアルバイトを転々としていた。50代の時に家から追い出され，単身生活になってからはひきこもりがちになり，アルバイトもほとんど行かなくなっていた。本人の様子を心配した生活保護のソーシャルワーカーが，グループホームの入居を勧めた。グループホーム入居と同時に，自転車で10分に位置する就労継続支援Ｂ型事業所へ通うことになり，1年後には併設されていた就労移行支援事業所を利用することになった。

持ち前の明るさと前向きな姿勢で色々な事に挑戦し，接客系の一般就労につながった。最初のうちは週5回，1日7時間働いていたが，次第に休みがちになってきたため，週3回に変更した。残りの週2日については，今まで通っていた就労継続支援Ｂ型事業所を利用したいと希望し，サービス等利用計画を作り直してもらった。これまで単身生活をしていたこともあり，本人は家事全般が得意でいつでも一人暮らしをすることができそうに見えた。グループホームでの生活が3年目に入る頃，本人との面談で一人暮らしについて聞いてみた。本人は，「自分は追い出されるのか？」「また一人には戻りたくない」「母と姉に見捨てられ，自分は天涯孤独だ」と訴え，こちらが居宅介護による支援や訪問看護などの利用に

ついて説明し，定期的に支援者が訪問することを伝えても「ホームからは出たくない」の一点張りだった。

　その後しばらく体調を崩し，仕事も1週間休んだ。「ホームから出されることを考えると眠れない」と電話が入り，本人が希望する限りグループホームでの生活を継続できること，10年以上グループホームで生活している人もいることを伝えると安心したようだった。現在，Bさんは週末にパートナーと外出することを楽しみ，平日は一般就労と就労継続支援B型事業所の利用を続けながらグループホームで生活している。

（2）心の拠り所としてのグループホーム

　これらのケースを通してわかることは，グループホームで生活することが安心できる地域生活につながっており，こうした安心を得ることで病状が安定し，再入院を防いでいるという点である。ここで挙げた2つのケースでは，2人ともグループホームから退去する意思はなく，むしろこのままできる限りグループホームで生活していたいと希望している。Aさんの場合は，グループホームで生活することで，再入院することなく，自分のやりたいことのためにお金を貯めたり，楽しみを探したりすることができている。また，Bさんの場合は，一人暮らしをするスキルは十分に持っているにもかかわらず，グループホームでの生活が精神的な安定につながっているため，今の生活を変えたくないと思っている。

　精神障がいのある人々は，精神疾患に罹患することで通院や投薬治療が必要となり，場合によっては入院することもある。日本の精神科病院における入院生活は，未だ治療者と患者の抑圧構造が残存している場合が多く，治療者の許可がなければ面会も外出も退院もできない環境にある。長期にわたり自分の生活を自分でコントロールすることができない環境で生活していると，これまで持っていた生活力を失っていくだけでなく，気力や自信も同時に失っていく。筆者が勤務する事業所に長期入院していた人が退院して入ってくると，職員の許可を求めてから行動する傾向がみられる。「休憩してもいいですか」「トイレに行ってもいいですか」「たばこを吸ってもいいですか」「コンビニへ行ってもいいですか」と続き，許可を得る習慣が身に付いている様子に胸が痛くなる。

　さらに，精神障がいにより，これまで送ってきた生活とは異なる新たな生活に

直面する場合もあり，生活の中の多くを諦めなければならないケースもみられる。病気による休職から，病状が安定し再び仕事を始めたとしても，再び病状が悪化すればまた休職を余儀なくされる。こうした状況を何度も繰り返すことで，自信を失い，自分を責めてしまうこともある。こうした病気による辛い経験は，仕事だけでなく，人間関係にも影響を与えることが多い。友達関係が希薄になったり，恋人と上手くいかなくなったりするだけでなく，場合によってはBさんのように家族とも疎遠になるケースもある。グループホームに入居している人々の中には，身近に家族も友人もおらず，生活保護の担当者がキーパーソンという人もいる。頼る人が誰もいない孤独な環境の中で，出会うのがグループホームの世話人というケースも少なくない。精神疾患により人生の変化を余儀なくされてきた人々が，希望を持ち，新たな人生を切り拓いていくリカバリーに必要な条件には人との出会いがある。こうした時にこそ，ソーシャルワーカーがそばに寄り添い，ひとりぼっちではないと伝え続けることで，小さな将来への希望の光となることを願う。周りに支えてくれる人が誰もいない人生は，誰にとっても辛く厳しい現実である。AさんもBさんも，グループホームの世話人は，これまで自分の成長を見守ってくれた大切な理解者であり，これだけ長い期間を共に過ごしている人とのつながりを手放すことは考えられないし，考えるだけで具合が悪くなると話す。

　グループホームという生活の場で，ごく当たり前の生活を送っていくことで自信を取り戻し，同じホームの入居者や世話人と新たな人間関係を構築していく場は，精神障がいのある人々にとって，リハビリの場であると同時にその人にとっての唯一の居場所である場合もある。すなわち，グループホームは精神障がいのある人々にとって，単なる福祉サービスではなく心の拠り所にもなり得るのだということがわかる。食事，洗濯，掃除のスキルを高め，物理的に一人暮らしの準備を進めても，本人の心が一人暮らしに向かっていなければその実現は難しい。地域で一人暮らしをしても，ひとりぼっちではないと感じ，不安な時は支援者の誰かが必ずそばにいてくれると感じられるような支援体制を地域で展開することが求められる。そして，グループホームを出て生活していくことに対する夢や希望，そして自信を感じることができるようになるためのエンパワメントの実践が現場には求められているのである。

（3）この先にみえるソーシャルワーク

　諸外国から数十年遅れて地域ケアへの扉を開けた日本，確かにこの20年で精神障がいのある人々の生活は大きく変わったと感じる。これまで地域にはなかった生活を支えるしくみがつくられ，長期入院をしていた人がグループホームで生活するようになった。しかし，現状の体制が良いものだとは言い難い。精神科病院を取り巻く環境として，入院期間が長いことは言うまでもなく，強制入院させられたと病院を提訴する事件や，看護師による患者への虐待事件，他にも身体拘束による死亡事故が未だに起こっている。呉秀三の「我が国十何万の精神病者は実にこの病を受けたるの不幸のほかに，この国に生まれたるの不幸を重ぬるものというべし」という言葉は，100年が経過した現代でも通じるものがある。同じ日本の中でも，どこの地域で生まれ，どこの病院で治療を受け，どこの事業所を利用し，誰と巡り合うかによって，人生が大きく変わってくる。

　私たちが目指していることは，日本のどこの地域で治療を受けても人権と尊厳が守られ，自分の望む場所で安心できる生活を送り，どこへ行っても自己決定が尊重されるような現場づくりである。そして，その中で支援をする人たちは，利用者の苦悩を理解し，その人が持っている力を信じ，その人の想いに寄り添い続けることができる人であるべきである。それがソーシャルワーカーであり，ソーシャルワークのあるべき姿なのではないだろうか。

　注
(1)　これらの事例に対する倫理的配慮としては，本人に本章の趣旨について説明を行い，個人が特定できないような配慮を行うことを約束した上で同意を得ている。

参考文献

岡田靖雄（2002）『日本精神科医療史』医学書院。

厚生労働省（2008）「平成20年 社会福祉施設等調査」（https://www.e-stat.go.jp/stat-earch/files?page=1&toukei=00450041&tstat=000001030513，2022年6月27日アクセス）。

厚生労働省（2011）「新たな地域精神保健医療体制の構築に向けた検討チーム」（https://www.mhlw.go.jp/stf/shingi/other-syougai_141273.html，2022年6月27日アクセス）。

厚生労働省（2019）「令和元年 社会福祉施設等調査の概況」（https://www.mhlw.go.jp/

toukei/saikin/hw/fukushi/19/index.html，2022年6月27日アクセス）。

厚生労働省（2020a）「令和2（2020）年医療施設（静態・動態）調査（確定数）・病院報告の概況」（https://www.mhlw.go.jp/toukei/saikin/hw/iryosd/20/dl/02sisetu02.pdf，2022年6月27日アクセス）。

厚生労働省（2020b）「令和2年社会福祉施設等調査」（https://www.e-stat.go.jp/stat-search/files?page=1&toukei=00450041&tstat=000001030513，2022年6月27日アクセス）。

厚生労働省（2021）「障害者の居住支援について（共同生活援助について）」（第121回社会保障審議会障害者部会資料2）（https://www.mhlw.go.jp/content/12601000/000851065.pdf，2022年6月27日アクセス）。

厚生労働省（2022a）「障害者の居住支援について③」（第125回社会保障審議会障害者部会資料1）（https://www.mhlw.go.jp/content/12601000/000911116.pdf，2022年6月27日アクセス）。

厚生労働省（2022b）「第13回地域で安心して暮らせる精神保健医療福祉体制の実現に向けた検討会」（https://www.mhlw.go.jp/content/12200000/000940708.pdf，2022年6月27日アクセス）。

東京都（2009）「東京都障害者グループホーム支援事業取扱要領」。

日本医師会（2021）「病床数の国際比較」。

野中猛（2011）『図説リカバリー』中央法規出版。

平澤恵美（2019）『精神障害のある人への地域を基盤とした支援』ミネルヴァ書房。

OECD（2021）"Hospital beds"（https://data.oecd.org/healtheqt/hospital-beds.htm，2022年6月24日アクセス）．

PwC コンサルティング（2022）『グループホームの運営及び支援内容等の実態把握のための調査　事業報告書』。

（平澤恵美）

<table>
<tr><td>第8章</td><td>排除された空間を福祉コミュニティの拠点に
——公営住宅団地から考える「共生」の創造</td></tr>
</table>

1 空間における社会的排除と公営住宅団地

（1）社会的に脆弱な層の集中による「孤立した場所」の形成

　バブル経済が崩壊した1990年代後半以降，日本は「失われた20年」とも表現される慢性的な不況に見舞われ，長期失業者，貧困に陥る母子世帯，高齢者の無年金・低年金，ネットカフェ難民等を含む広義のホームレスなど，社会の格差を象徴するような問題が次々と顕在化している。一般に，こうした格差の拡大は，ジニ係数や貧困率，失業率など，全国的な統計データによって可視化され，その実態が把握されることになる。しかし現実には，「格差拡大を含めてすべての社会現象は，空間のなかで起こり，空間のなかに表現される」（橋本 2011：42）。格差の拡大が進展した結果，今日，貧困の問題はおよそあらゆる地域で普遍的にみられるが，だからといって，貧困の状態にある個人や世帯が空間的に均等に分布しているというわけではない。そのことは，特定の地域における貧困層の集中に顕著に表れている。

　現代におけるこうした貧困の集積地として，「寄せ場」とともにしばしば挙げられるのが公営住宅団地である。「公営住宅法」が成立した1951年当初，入居対象は比較的広範囲の所得階層とされていたが，その後の度重なる法改正に伴い，より低所得の世帯へと段階的に絞られていった。こうした政策動向は，生活保護の制度改正と相まって公営住宅における生活保護世帯の量的増大を招くことになった（岩田・平野 1986）。さらに，1980年には高齢者および身体障害者の単身入居が，2005年には精神障害者や知的障害者，DV被害者の単身入居が認められるなど，近年の公営住宅は，低所得層全般というより，その中でも高齢者や障害者などの特定のグループに特化した住宅としての性格を強めている。一方で，公営住宅の多くは，戦後に急増した住宅需要に対応すべく，地価が相対的に安い都市

部郊外などの広大な用地に大規模な集合住宅団地として建設されてきた[2]。このため，公営住宅の入居対象を限定する政策は，結果として福祉的な課題を抱える人々が集中する特異な空間を全国各地に生み出すことになったのである（平山 2011：229）。

こうした公営住宅制度のありようについては，特定の集団を社会から分断するように作用する恐れがあるとして，かねてから批判が寄せられてきた（田端 1996：148）。元々，公営住宅団地の入居者は年齢構成や社会階層に偏りがある。一方で，一定の土地に同じような建物が並ぶ集合住宅団地は，規模が大きくなればなるほど，空間の異質性を視覚的に強調するように作用する。そうなると，公営住宅と周辺地域を隔てる「境界」は，内側と外側で暮らす住民の双方に互いの差異を意識させやすくなる。すでに一部の公営住宅団地は，地域社会から切り離されたかのような孤立した場所を形成し（平山 2011：229），入居者が周辺地域から孤立しやすい状況が生じていることが指摘されている（仁科・呉 2013：44）。実際，公営住宅団地では社会的孤立の問題が先鋭的に現れており，この問題の「象徴的な舞台」として知られている（菅野 2012：92）。さらに，最も深刻な場合として，地域内で公営住宅団地に対する否定的なイメージが定着した結果，団地がスティグマ化していることも報告されている（森 2006；西澤 2019）。

（2）空間における社会的排除

ヨーロッパでは，特定の集団が特定の場所に集められ，その場所が排除された空間として意味づけられていく現象を社会的排除の空間的側面として捉える理論的な整理がなされてきたが，公営住宅団地はその典型例として挙げられる（たとえば，Page 2000）。欧米諸国のうちアングロサクソン諸国を中心とする国々では，日本と同様に住宅政策の重心を住宅の「商品化」に置きつつ，公営住宅の対象を市場では住宅が確保できない層に限定してきた。その結果，公営住宅団地が集中的に建設された地域で，福祉的な課題を持つ人々の空間的な集中が進み，その場所にスティグマが付与されるという問題が生じている。こうしたスティグマは公営住宅団地を取り巻く現実的な状況が改善されても容易には払拭されず，長期にわたって住民の生活のあらゆる領域を悪化させることが指摘されている（Dean & Hastings 2000）。

　もちろん，同じ公営住宅団地といっても，日本とヨーロッパの問題状況を短絡的に結びつけるべきではないだろう。実際，日本では高齢化や社会的孤立への対応が求められているのに対し，ヨーロッパでは主に若年層による犯罪や破壊行為，薬物の乱用が問題となっており，公営住宅団地で立ち現れている実際的な問題は，日欧で大きく異なっている。

　しかしながら，日本の公営住宅団地をめぐる状況は，空間における社会的排除の問題構造の基本的な特徴を備えていることに注意を払う必要がある。イギリスの公営住宅団地に関する先行研究では，空間による社会的排除は，そもそも住宅政策によって貧困や社会的な不利を抱えた世帯が集中することによって生じるものであることが指摘されている。そして，ここで重要なのは，団地の入居者が外部とのつながりを持たずに孤立している状況こそが，空間による社会的排除の決定的な特徴と理解されていることである（Page 2000：83）。先にみたように，日本の公営住宅団地も，社会的に脆弱な層の集住が政策的に進められた結果，団地そのものが地域社会から隔絶した空間となり，社会的孤立の問題が顕著に現れている。こうしてみると，日本の公営住宅団地が抱える問題状況は，ヨーロッパの先行研究がいう空間による社会的排除と基礎的な「構造」を共有していると考えられる。

（3）本章の目的

　このように日本の公営住宅団地の状況を社会的排除の一つの現れとして捉える視点でみた時，社会的包摂に向けてどのような対応が求められるのかが次に問われることになる。イギリスの社会学者 D. バーンによると，この問題に対処するには，住民を組織化してエンパワメントすることが基本的な戦略になる（Byrne 2005＝2010：250）。実際にイギリスでは，入居者を組織化するための専門的支援を行うため，管理者が独自にコミュニティワーカーを雇用している公営住宅団地もみられるという（Twelvetrees 2017：191）。

　これに対し，日本の公営住宅は行政の一定の関与の下で，自治会という形で入居者が組織化されている点に特徴がある。一般的に公営住宅団地では，入居者のみで構成される独自の自治会（以下，「団地自治会」）が組織されており，入居の際に管理者から半ば強制的に加入を求められるため，加入率はきわめて高い。[3]こう

した実態を踏まえ，公営住宅団地のコミュニティ形成をめぐる議論では，その方法として，団地自治会の活動を活性化することがほとんど自明の前提とされてきた。これまで地域福祉は，福祉的な課題を抱える人々を中心とする組織化活動を重視してきたが，団地自治会をめぐる議論においては，活動の停滞に対する問題意識に基づき，いかにして活動の「担い手」を確保するかという点に関心が寄せられる傾向がある反面，こうした負荷に耐えられないような「弱い市民」に対する視点は欠落しやすかった。また，組織化の主体として団地自治会を自明視することは，団地「内部」の入居者同士の関係性に過度に焦点を当てることで，団地「外部」の周辺住民との関係性を改善していくという視点を持ちにくいという点でも問題がある。これらの問題の背景には，公営住宅に関する研究が建築計画や住宅政策の分野に偏っていることや，地域福祉の側も個別具体的な地域の実態に即して福祉コミュニティを実現する方策を十分に検討してこなかったこと（真田 1992：94）があると考えられる。

　そこで本章では，地域福祉の立場から，公営住宅団地を拠点としたコミュニティ形成の可能性について論じる。この目的を追究するため，まず，地域福祉に関する先行研究を検討し，公営住宅団地におけるコミュニティ形成の課題を整理する（第2節）。次いで，東京都調布市の大規模公営住宅団地を拠点とするサロンを取り上げ，社会的に脆弱な層を中心に組織化された地域福祉活動がもたらしたものをコミュニティ形成という点から明らかにする（第3節）。最後に，その結果を踏まえ，公営住宅団地を拠点に福祉コミュニティが存立するための基礎的な要件を検討する（第4節）。

2　公営住宅団地におけるコミュニティ形成の課題

（1）弱い立場に置かれた人々を中心とした組織化

　地域福祉は，地域社会の中で弱い立場にある人々を中心とする組織化活動を重視してきたが，こうした価値を志向するコミュニティのあるべき姿は「福祉コミュニティ」として理論化されてきた。今日では，「地域社会のなかに多くの福祉コミュニティをつくり出すこと」は，地域福祉の究極的な目標として位置づけられているが（野口 2018：49），周知のように，福祉コミュニティ研究の端緒を

開いたのは岡村重夫である。岡村は，少数者の生活要求は多数の住民の関心の外に置かれる可能性があるという問題意識に基づき，社会的不利条件を持つ少数者が抱える生活要求の解決を志向するコミュニティを「福祉コミュニティ」とした上で，地域社会の下位集団に位置づけた。また岡村は，福祉コミュニティの構造を論じるにあたり，福祉的な課題を抱える当事者を福祉コミュニティの中心に明確に位置づけているが，これもまた，当事者が地域社会の中で疎外されやすいという問題意識に基づいている（岡村 1974）。

　社会的排除が拡大する今日において，社会的な脆弱性を抱える人々の包摂を可能にするコミュニティをつくり出すことは，これまで以上に重要な意味を持つ。この点に関して，平野隆之は，「地域福祉が社会的排除に対応するためには，社会的包摂の多様な経路を地域のなかに作り出す実践の積み上げが必要となる」と述べた上で，社会的包摂を目指す地域福祉実践の課題の一つに，誰もが来ることができる居場所・拠点の確保を挙げている（平野 2014：161）。社会的排除に関する研究においても，同様に地域における居場所を確保することの重要性が指摘されている（阿部 2011：138-140）。公営住宅団地で社会的孤立の問題が深刻化していることや，障害者や生活保護受給世帯，ひとり親家庭など，とりわけ弱い立場の入居者がコミュニティから疎外されやすいことを踏まえると（小澤 1993），こうした人々の「居場所」をつくり出すことが，公営住宅団地における地域福祉実践の基本的な課題になると考えられる。したがって，たとえば住民の交流を生み出す小地域福祉活動を評価するにあたっても，単にどれだけの人が参加しているのかという点以上に，そこに地域社会の中で疎外されやすい人々がどれだけ多く含まれ，そして実際に包摂されているのかという点が考慮される必要がある。

（2）自発的な支え合いの活動の創出

　あるコミュニティが福祉コミュニティとして存立するには，構成員の間に「地域社会の中で疎外されているか，また排除されようとしている人びとをうけいれる価値と社会的態度」（野口 2008：86）が共有されていることが必須の条件となる。ここでいう社会的態度は，他者を気づかう直接的な行動のような「地域住民がともに重荷を担い合う諸活動」を指しており，野口定久はこれこそが福祉コミュニティの本質であると言明している（野口 2008：90）。つまり，福祉コミュ

ニティの目標は，単に社会的に脆弱な人々を弱い立場のまま包摂するのではなく，そうした人々も含む様々な属性の地域住民が，他者との関係性の中で，自身が担えるだけの負担を引き受けられるような条件をつくり出すという点に置かれるべきである。

　しかし，多くの団地では現在，団地自治会の互助的な活動を行うための負担が入居者に重くのしかかり，それはもはや限界を迎えつつあるのが現状である。最も深刻な場合，団地自治会の負担をめぐり，入居者の間で新たな分断や排除が生まれる場合すら生じている。また，多くの団地自治会で実施されている定期的な清掃活動では，原則として全戸の参加が前提されており，たとえば仕事のために都合がつかない母子世帯や，体力的に参加が難しい高齢者のみからなる世帯など，個別の事情を考慮して参加の義務が免除されることは少なく，むしろ参加しない（できない）世帯に「出不足金」が課される場合もみられる。このように負担が全員に義務づけられている活動においては，それを担うだけの資源を持つ者とそうでない者といった区別を招きやすく，結果として後者が疎外感を強める可能性がある。したがって，公営住宅団地におけるコミュニティのありようを検討するにあたっては，社会的に脆弱な入居者も含め，それぞれが他者に対して自らしたいと思うことをできる範囲で引き受けられるような仕組みをつくり出すという観点が強く求められる。

（3）入居者と周辺住民の交流の促進

　すでにみたように，岡村重夫は，社会的に不利な条件を持つ少数者が抱える生活要求は，多数の住民の生活関心とは必ずしも一致しないという認識に基づき，福祉コミュニティを地域社会の下位集団として位置づけた。原田正樹は，岡村のこうした議論を踏まえつつ，その今日的な意義を詳細に検討している。その中で原田は，地域社会で社会的排除の問題が立ちあらわれている実態を踏まえ，福祉コミュニティは，地域社会に対して「常に問題提起を繰り返し，その緊張関係のなかで地域のあり方を変革していくこと」が必要であると主張している。この「変革」は，「多様性による共生社会をめざし，相互に支えあうことができるケアリング・コミュニティという構造をつくり出していく」ことで達成される（原田2014：29）。

　本来,「共生」という言葉には, 様々な属性の地域住民が互いに交わることなく存在するのではなく, 属性の違いを超えて関わりを持ち, 支え合うという含意がある。繰り返し述べてきたように, 社会的に脆弱な層が集住する公営住宅団地は, ともすると周辺地域と「没交渉」の状態に陥りやすく, そのことが入居者の社会的孤立を促進する要因にもなっている。一方, 多くの公営住宅で中心的なコミュニティとなっている団地自治会は, その構成員である入居者同士の親睦や連帯を深めることを重視する傾向があるため, ごく一部の例外を除き, 団地の「外部」に位置する周辺住民との関係性の構築にまで広がりを持つことはほとんどない。

　しかしながら, そもそも地域福祉は, 住民間で顕在化している差別や偏見といった問題も視野に入れ, 排除する側／される側の相互理解を行うプロセスや福祉意識を変えていくための介入を率先して行うことが求められる（原田 2014：191-199）。公営住宅団地における問題状況を空間における社会的排除という視点から捉えるならば, 入居者と周辺住民の関係性をつくり出し, 両者の交流や相互理解を促すことも地域福祉実践の重要な課題になると考えられる。

3　多様な人々が集う場としてのサロン

　前節では, 地域福祉に関する先行研究を検討し, 公営住宅団地におけるコミュニティ形成の課題を, ①弱い立場に置かれた人々を中心とする組織化, ②強制を伴わない支え合いの活動, ③地域社会の変革による共生の実現, の3点に整理した。本節では, こうした課題に一定の対応を示している事例として東京都調布市の都営Ｘ団地の地域福祉活動（サロン）の事例を取り上げ, 社会的に脆弱な層を中心に組織化された地域福祉活動が生み出したものを, 3つの課題に即して明らかにする。

（1）調査の対象及び方法

　都営Ｘ団地は, 総戸数が1,300を超える大規模な公営住宅団地であり, 10階もしくは11階建ての複数の建造物で構成される。1970年代後半以降に入居が開始され, すべての棟が築35年を超えている。周囲の土地は平坦であり, 大型のスー

パーマーケットや飲食店が点在しているため，日用品の購入等は徒歩圏内で済ませることができる。また，最寄り駅までは徒歩で約10分，そこから都心までは電車で約30分と交通の便もよい。立地条件が悪い公営住宅団地には，そのことを問題としないほど生活が不安定な層が特に集積しやすいとされるが，都営Ｘ団地にはこうした指摘は当てはまらないと考えられる。しかしながら現在，入居者の高齢化が顕著になっており，全戸が加入する自治会は「担い手」不足のために活動が停滞しがちである。また，以下にみるサロン活動が展開される以前は，周辺地区との交流はほとんどみられなかった。こうした意味で，都営Ｘ団地は、大規模な公営住宅団地一般に共通する特徴を備えているといえる。

　今回取り上げるサロンは，都営Ｘ団地のある棟の集会室前のスペースを会場として，2016年9月以来，毎月2回，午前10時から12時まで開催されている。このサロンは団地の外部にも開放され，多様な背景を持つ人々が自由に集う点に特徴がある。筆者は，この取り組みが空間による社会的排除の解消につながる何らかの方向性を示していると考え，2018年9月より参与観察を続けてきた。具体的には，サロンが開催されている会場に出向き，距離を取って利用者の様子を観察したり，利用者と同じ席に着いて談笑の輪に加わったりした。聞き取りをする際は定型的な質問は用いず，自然な会話の流れの中で，折を見てサロンに参加する動機や感想を自由に話してもらった。参与観察に先立ち，自分は研究者であり，あくまで調査データの収集を目的としてサロンに参加していること，調査結果を公表する際は個人が特定されないよう配慮することを説明した。また，聞き取りはメモを取りながら行い，対象者の同意を得た上で会話の内容をICレコーダーに録音した。

　この活動に周辺住民が参加することを可能にした条件については，すでに川村 (2019) で詳細に論じているため，ここでは，こうした活動が蓄積される中からどのようなコミュニティが立ち現れているのかという点についてのみ記述する。以下の分析にあたっては，筆者が2018年9月から2020年1月の間に行った計5回の聞き取り調査のうち，本章の内容に関連する語りが得られた入居者の発言を選択的に取り上げる。

（2）分析結果

1）社会的に脆弱な人々の利用

　このサロンは発足当初より，対象を限定せず，誰もが気軽に利用できる場を目指すことを活動理念に掲げてきたが，実際，サロンが開催されている間，高齢者や車いすを利用する障害者，外国人，子育て世帯の母親や児童など，様々な属性の人々が立ち寄っている。自治会役員を務めるなどすでに地域社会の中に安定した居場所を持つ人は少なく，毎回のように利用する「常連」はひとり暮らしの後期高齢者や障害者，子育て中の母親，外国人など，いわゆる社会的に脆弱な層とされる人々が多い。しかも，こうした利用者の中には，このサロンを利用するまで社会的孤立に近い状態にあった人が多く含まれていた。また，後にみるように，このサロンを利用する者の中には，団地外から通ってくる周辺住民も一定数含まれているが，そのほとんどがやはり社会的な脆弱性を抱える人々であった。

　サロンでは，あらかじめ用意されたプログラムが提供されることはなく，利用者は自分の好きな時間に出入りすることができる。筆者が参与観察を行った際も，買い物前に短時間だけ立ち寄る人や，待ち合わせ場所として使う人など，利用者は様々な形でこの場を利用していた。なかにはあまり会話に加わらない利用者も見られるが，そういう人も「あんまりしゃべらなくても，なんとなくみんな楽しい」と，その場にいることを楽しんでいた。このように，サロンでは，出入りも滞在時の過ごし方もすべて利用者の自由に委ねられており，利用者もこうした方針を肯定的に受け止めている。

2）自発的な手助けの往来

　もっとも，サロンでは自由に過ごすことができるとはいえ，サロンの利用者は個々ばらばらに過ごしているというより，むしろそのほとんどが他者と何らかの関わりを持っていた。利用者間でみられる最も典型的な関わりが，隣り合わせた人との談笑である。その内容は雑多であるが，健康に関することや身の上話，家族に関する困りごとを話す者が多い。ここで強調しておきたいのは，利用者の多くが，サロンに参加する前は地域社会の中でこうした関係を築く機会がほとんどなかったと認識していることである。このことについて，ある利用者は自治会活動を例に出し，次のように説明している。「（自治会活動を一緒にするだけだと）あんまり内々で行き来はしないのね。やっぱりね，なんかプライバシーがあって，

（活動が）終わったらすぐ帰っちゃうのね」。

　さらに、利用者の間では、お菓子を取ってきてあげたり、帰りがけに声をかけて出口まで手を引いてあげたりするなど、相手を気づかうような些細な行為が頻繁に交わされていた。こうした相手を気づかう行為は、時間的にも空間的にもサロンの外部にまで広がりをみせる場合があった。たとえば、都営Ｘ団地に暮らすある高齢女性Ａさんは、サロンで周辺地域に暮らす外国人女性のＢさんと出会い会話を重ねるうちに、彼女の認知機能が低下していること、にもかかわらず家族が十分なケアをできずにいることを知った。気の毒に思ったＡさんは、Ｂさんがサロンに来ないとその身を案じ、わざわざ都営Ｘ団地の敷地を出てＢさんの自宅を訪ねに行くようになった。さらに最近は、サロンがない日もＢさんの自宅を訪ねて日用品を届けるようになったという。

3）団地入居者と周辺住民の感情的なつながり

　このサロンの利用者のうち２割ほどが団地外から通ってくる周辺住民であるが、都営Ｘ団地の入居者は「それ（相手が周辺住民かどうか）がどうっていう見方はあんまりしない」と、住まいの違いを意識している様子はほとんどみられなかった。さらに、入居者の中には、サロンで出会った人々に「みんな家族以上」と言うほどの感情的なつながりを持つ者もいた。

　一方の周辺住民からも、当初こそ「○○（都営Ｘ団地）じゃないから、最初のうちは遠慮があった」ものの、何度も利用するなかで、自らをサロンの「一員」と認識するようになったという語りが得られた。別の周辺住民からも、「そんなに話すわけじゃない」ものの、都営Ｘ団地からの利用者に感情的なつながりを感じるようになったという。

　このように、サロンの利用者の中には入居者と周辺住民が混在しているが、交流を積み重ねるなかで、双方ともその場で出会う人々に対する感情的なつながりを感じていた。先にみた自発的な支え合いは、都営Ｘ団地の入居者のみならず、入居者と周辺住民の間でも確認されているが、このことも、サロンを起点とする感情的なつながりが、同じ都営Ｘ団地に暮らす者という共通性に根ざしたものではなく、むしろそうした住まいの違いとは無関係に立ちあらわれていることを裏づけるものといえよう。

4　公営住宅団地における福祉コミュニティの成立要件

　前節では，社会的に脆弱な層を中心に組織化された地域福祉活動が生み出した
ものを利用者の視点から分析した。その結果，①社会的に脆弱な人々の利用，②
自発的な手助けの往来，③団地入居者と周辺住民の感情的なつながりの3点を析
出した。本節では，これらの結果を踏まえ，公営住宅団地を拠点に福祉コミュニ
ティが存立するための基礎的な要件を検討する。

（1）無条件で承認される場
　このサロンには，異なる背景を持つ様々な人々が立ち寄っていた。とりわけ注
目されるのは，中心的な利用者が，団地入居者の中でも自治会で中心的な役割を
担うような「安定層」ではなく，むしろそうした「肩書」を持たない高齢者や障
害者，子育て中の母親など，社会的に脆弱な層の人々だったことである。
　こうした層の人々の利用が多くみられた背景には，様々な要因があるだろう。
たとえば，会場が団地の敷地内にあるという地理的条件は，車いす利用者など移
動が不自由な入居者の負担を軽減する上で大きな利点となっていたと思われる。
また，民生委員や社会福祉協議会の専門職が運営に関わっていたため，彼らを介
して地域の「気になる人」がサロン活動につながりやすかったという面もあるだ
ろう。もっとも，ここでより注目したいのは，サロンでは誰もが好きな時に出入
りし，自由に過ごせるような場となっており，こうした方針を肯定的に受け止め
た人々が気軽に利用をしていたという点である。
　そもそもコミュニティは，それに関わる者にとって，ほかならぬ誰かとして承
認される「居場所」としての機能を備えている（齋藤 2013：25）。しかし一方で，
先にみたように，コミュニティの構成員であるために何らかの負担が求められる
状況の下では，それを担うだけの能力や資源を持たない者が疎外される危険性が
生じる。特に，団地自治会を維持するための負荷に耐えきれない入居者が疎外感
を抱えているような公営住宅の場合，いかなる義務や負担も伴わず，ただそこに
居続けられるコミュニティをつくり出すことは，社会的に脆弱な層の「居場所」
を確保する取り組みとして大きな意義を見出すことができよう。

（2）困りごとの開示による共感の広がり

　誰もが気軽に立ち寄れるサロンは，利用者が安心して身を置くことのできる「居場所」として作用していただけでなく，様々な形の手助けが行き交う場ともなっていた。室田信一は，地域福祉活動の主体を「担い手」から「共感する他者」へ転換する必要性を主張している。あらかじめ決められた役割に住民を当てはめていくのではなく，それぞれの住民が，他者に対する共感に基づき主体的に行動することで，はじめて実効的な活動の展開が可能になるからである（室田2020：101-102）。この議論に関わらせていうと，本事例における自発的な手助けのほとんどは，後者の「共感する他者」によるものといえよう。誰からも期待や要請をされていない中で，純粋に内的な動機に基づいて自発的に行われているところにこれらの行為の本質があると思われるからである。特に，サロンでみられた様々な手助けの中でも，相手の家に行くなど相応の労力を必要とするものは，相手の「身の上話」を聞くなどして生まれた共感に深く根ざしたものであった。

　ここで重要なのは，先にみたような，誰もが安心して身を置くことができるというこのサロンの基本的な性格が，そこに集う人々が自分の困りごとを開示するための重要な条件になっていたと思われる点である。その場を覆っていた雰囲気は，大塚類がフッサールの著作に依拠しつつ，幼児発達支援室に集う母親たちのコミュニティに備わるものとして，「妥当性の雰囲気」と呼んだものに近いものであるかもしれない。母親たちは，友人や保育園などの日常生活のコミュニティでは萎縮する一方，幼児発達支援室では，自分の置かれている状況の愚痴を言ったり，深刻な悩みを吐露したりする。こうした言動が可能なのは，母親たちが「『ここではこうしてもいいんだ』という形で『妥当性の雰囲気』に肯がわれている」からである（大塚2021：39）。都営X団地のサロンにおいても，何を話しても受け入れてもらえるという場の雰囲気を感じ取った人が，個人的な困りごとや愚痴をこぼすようになったと考えられる。これまでの地域社会の中ではこうした話をする関係性が得られなかったという入居者の語りは，こうした推論を裏づけるものといえよう。

　いずれにしても，本研究の結果からは，社会的に脆弱な層の人々が安心して身を置くことができるような場が，個人的な困りごとを話せるような雰囲気を備えた時，強制によらずに「重荷を担い合う諸活動」を生み出すための基盤整備の役

割を果たしうるということである。社会から排除される人々が増大する今日，こうした場が求められるのは公営住宅団地に限った話ではないだろう。しかしながら，そもそも公営住宅団地が周辺地域から孤立しやすく，団地の内部でも自治会活動から疎外されやすい人々の存在を踏まえると，その重要性はいっそう増すことになると考えられる。

（3）弱さを介した団地内外の人々の組織化

　一般に，公営住宅団地の入居者は周辺地域から孤立しやすいとされるが，都営X団地のサロンに何度も立ち寄っている利用者は，都営X団地の入居者か否かという住まいの違いを意識する様子はほとんどみられず，むしろそこで出会った人々と分け隔てなく交流を重ねていた。また，入居者か周辺住民かにかかわらず，サロンの利用者の多くがその場で出会った人々に対して「感情的なつながり」を感じていた。

　かねてより心理学では，異なる集団カテゴリーに属する者の対等かつ直接的な接触が，差別や偏見にとらわれずに親密な関係を築くことを可能にするという知見が，「接触理論」として蓄積されてきた[6]。社会福祉においても，外部に開かれて多様な者が出入りする空間では，そこに集う人が具体的な一個人として互いに関係を持つことが可能になることが指摘されている（三井 2018：165）。こうした知見を踏まえると，都営X団地のサロンも，団地の「外部」に開かれ，周辺住民を含む多様な背景を持つ人々が直接的に交流したことが，そこに集う人々の間に個人的な関係を可能にする素地をつくり出し，さらに，その蓄積がその場で出会った人々に対する感情的なつながりを生み出したと考えられる。一部の入居者と周辺住民の間で確認された自発的な手助けも，おそらくはこうした個人的な関係や集団への共属感が成立したところに生じたものと理解できよう。

　とはいえ，入居者と周辺住民が接点を持ちさえすれば，常に両者の間に親密な関係や感情的なつながりが生起すると考えるのは現実的ではないだろう。特にスティグマが強固な団地においては，両者が接触することで不和や分断が広がる場合も考えられる。しかし，そもそも異なる属性の人々が直接的に関わり合うことは，連帯をもたらす潜在的な可能性を有している一方で，葛藤や衝突を生む危険性も内包しており，前者のみを「いいとこ取り」できるようなものではない（大

谷 2020：214)。つまり，多様な背景を持つ人々の出会いが何を生み出すのかは，あらかじめ確信的に見通せるようなものではないのであり，入居者と周辺住民の関係性を生み出そうとする試みもまた，常に予測不可能性を伴うことになるだろう。

　いずれにしても，都営Ｘ団地のサロンが弱さを抱える多様な人々を団地内外から受け入れ，こうした人々が直接的に交流する場を設けたことで，団地と周辺地域を隔てていた「境界」を横断する形で支え合うコミュニティが成立する道が開かれたことはたしかである。そしてこのことは，先の原田 (2014) の議論に関わらせていうと，それまで出会うことのなかった団地の入居者と周辺住民の間に支え合う関係性をつくり出すことで，地域社会を共生の場へ「変革」する可能性が切り拓かれたことになる。一般的に，公営住宅団地が地域社会から切り離されたかのような没交渉の状態になりやすい，つまり団地を含む地域社会が「共生」という理念とは対照的な状況になりやすいことを踏まえると，公営住宅団地を拠点とするサロンが，弱さを抱えた多様な人々を地域社会から広く受け入れたことを契機として，排除ではなく共生を生み出す場として機能し始めたことの意義は決して小さなものではないと思われる。

　前述したように，団地自治会を前提にコミュニティの再生を図ろうとする議論の中では，団地で暮らす入居者，特に活動の「担い手」となれるような人に焦点が当てられやすい。これに対し，弱さを抱える人々を広く受け入れることで共生を実現した本事例は，団地を取り巻く問題状況における新たなコミュニティのありようを示唆するものといえる。公営住宅は長らく住宅行政の管轄の下に置かれてきたため，社会福祉協議会などの地域福祉を推進する機関や専門職にとっては手を出しにくい面があるのかもしれない。しかしながら，公営住宅団地において，地域福祉が重視してきた弱さを抱える人々を中心に据えた組織化が，他のコミュニティ形成の方法ではなしえない形で地域社会における共生を実現しうる可能性を見落とすべきではないだろう。より広く視野をとれば，空間による社会的排除の問題が立ち現れている公営住宅団地に地域福祉の側から接近することは，地域福祉が排除のない地域社会の実現に向けて独自の貢献を果たすことができることを示す一つの試金石になるといえるのかもしれない。

　本研究は，JSPS 科研費17K13874（研究代表：川村岳人）および20K02183（研究代表：川村岳人）の助成を受けたものである。また，本研究は，令和２年度に日本福祉大学大学院福祉社会開発研究科に提出した博士論文の一部を大幅に加筆・修正したものである。

注
⑴　公営住宅には，被差別部落及び不良住宅密集地域の住環境改善として建設されたものや，災害により住宅を失った人を対象とする災害公営住宅なども含まれるが，本研究では，これらを除いた一般的な公営住宅に限定して議論を進める。
⑵　こうした団地には，他にも地方公共団体の住宅供給公社や日本住宅公団（現・UR都市機構）が建設したものがあるが，これらは公営住宅に比べてより所得の高い層を対象とするところに特徴がある。
⑶　公営住宅の住民が自治会から退会できるかどうかが争われた訴訟において，最高裁判所は2005年４月26日，公営住宅の自治会は強制加入団体ではないため，会員はいつでも当該自治会に対する一方的意思表示により退会することができる，と判決した。しかし，入居に際して住宅管理者から自治会への加入を求められることや，住宅管理者に支払うべき共益費が自治会を通じて徴収されることなどから，多くの入居者は自治会を退会することが現実的に可能だとは捉えていないと思われる。
⑷　2019年，大阪市平野区の市営住宅団地において，自身の障害を理由に自治会での役割を免除するよう訴えていた30代の男性が自死に追い込まれるという事件が生じている。
⑸　この点に関連して，社会的孤立の本質は「誰も自分を必要としないこと」であり，だからこそ「自分を頼ってくれる人がいる」ことが重要になるという議論がある（阿部 2011：100）が，このサロンの利用者の多くがそれまで孤立しがちだったことを踏まえれば，利用者が気づかうべき他者と出会い，実際に相手を気づかう役割を自発的に担いはじめたことは，社会的孤立の解消という観点からも重要な意味を持つと考えられる。
⑹　当事者同士の接触による偏見の解消については，互いの集団カテゴリーを意識せずに個人対個人として接触することが望ましいと考えられてきた一方，相手の集団カテゴリーを意識した方がかえって効果が高まるという指摘もされている（池上 2014：140）。

参考文献
阿部彩（2011）『弱者の居場所がない社会——貧困・格差と社会的包摂』講談社。

池上知子（2014）「差別・偏見研究の変遷と新たな展開——悲観論から楽観論へ」『教育心理学年報』53，133-146頁。

岩田正美・平野隆之（1986）「大都市における公営住宅と生活保護問題の変容」『社会福祉学』27(1)，29-50頁。

大谷悠（2020）『都市の〈隙間〉からまちをつくろう——ドイツ・ライプツィヒに学ぶ空き家と空き地のつかいかた』学芸出版社。

大塚類（2021）「笑いと共感——発達障害傾向にある幼児の母親コミュニティの機能」村上靖彦編『すき間の子ども，すき間の支援——一人ひとりの「語り」と経験の可視化』明石書店，19-49頁。

岡村重夫（1974）『地域福祉論』光生館。

小澤浩明（1993）「地域社会での〈階層化秩序〉と『生活困難層』——〈うわさの階層構造〉と孤立・敵対のメカニズム」久冨善之編『豊かさの底辺に生きる』青木書店，179-216頁。

菅野道生（2012）「大都市の公営集合住宅における高齢化と世帯規模縮小の実態——江東区における公営集合住宅入居者調査から」『季刊自治と分権』47，91-101頁。

川村岳人（2019）「大規模公営住宅団地の入居者と周辺住民が交流する場の創出——推進組織の整備に着目して」『居住福祉研究』28，59-72頁。

齋藤純一（2013）「コミュニティ再生の両義性——その政治的文脈」伊豫谷登士翁・斎藤純一・吉原直樹『コミュニティを再考する』岩波書店，15-46頁。

真田是（1992）『地域福祉の原動力——住民主体論争の30年』かもがわ出版。

田端光美（1996）「ノーマライゼーションと居住政策」岸本幸臣・鈴木晃編『講座 現代居住　2 家族と住居』東京大学出版会，133-154頁。

西澤晃彦（2019）『人間にとって貧困とは何か』放送大学教育振興会。

仁科伸子・呉世雄（2013）「大都市郊外の公営住宅団地に居住する高齢者の社会関連性の特性と課題についての研究——周辺地域との比較において」『社会福祉学』54(1)，42-54頁。

野口定久（2008）『地域福祉論——政策・実践・技術の体系』ミネルヴァ書房。

野口定久（2018）『ゼミナール地域福祉学——図解でわかる理論と実践』中央法規出版。

橋本健二（2011）『階級都市』筑摩書房。

原田正樹（2014）『地域福祉の基盤づくり——推進主体の形成』中央法規出版。

平野隆之（2014）「社会的排除と地域福祉の課題」平野隆之・原田正樹『地域福祉の展開』放送大学教育振興会，150-162頁。

平山洋介（2011）『都市の条件』NTT出版。

三井さよ（2018）『はじめてのケア論』有斐閣。

室田信一（2020）「共生社会づくりの根拠と実践」上野谷加代子編著『共生社会創造に

おけるソーシャルワークの役割――地域福祉実践の挑戦』ミネルヴァ書房，93-104頁。

森千香子（2006）「『施設化』する公営団地」『現代思想』34(14)，100-108頁。

Byrne, D. (2005) *Social Exclusion,* Second Edition, Berkshire: Open University Press. (＝2010，深井英喜・梶村泰久訳『社会的排除とは何か』こぶし書房。)

Dean, J. & Hastings, A. (2000) *Challenging Images: Housing Estates, Stigma and Regeneration,* the Policy Press.

Page, D. (2000) *Communities in the Balance: The reality of social exclusion on housing estates,* Joseph Rowntree Foundation.

Twelvetrees, A. (2017) *Community Development, Social Action and Social Planning 5th edition,* Red Globe Press.

（川村岳人）

<table>
<tr><td>第9章</td><td>未来型包摂社会
──災害にも対応しうる包摂社会を考える</td></tr>
</table>

1 分断から包摂へ──コンフリクトとは

　ロシアによるウクライナ侵攻，アメリカ社会におけるアジア人へのヘイトクライム，西欧諸国の移民・難民問題等に象徴されるように，世界各地で分断をめぐる課題が巻き起こり，そして分断は新たなコンフリクトを生み出している。さらにこのことは，具体的な社会問題となって私たちの眼前に現れる。所得格差，社会格差，貧困，虐待，暴力，マイノリティ排除，障害者差別，人身売買，宗教・民族対立，途上国女子教育，医療格差など，日本を含む世界中に様々な問題が山積している。その背景には，自然災害，人的災害，経済危機，感染症の蔓延など，社会的リスクとされる様々な外的要因の影響も否定できず，これらの破壊要因が新たな創造への起点となることもある。

　これまで世界中の国々において，種々の社会問題に対し，それぞれの問題を別の性質の問題と捉え，解決方法を模索してきた。その結果，多くの社会問題は解決するどころか深刻の度合いを深めている。なぜこれらの社会問題は，時代が進み文明が発達しても消滅することなく発生し続けるのか。この問いへの答えを見出し，未来型包摂社会を志向するためには，まず社会問題の根底には何があるのか，そこに目を向ける必要がある。

　コンフリクトとは，相反する意見，態度，要求などが存在することにより緊張状態が生じることであり，対立，軋轢，摩擦，葛藤，争いなどと表現される。そのため，種々の社会問題を解決に導き，真に包摂社会を構築するためには，まずコンフリクトを根源から解消することに注力しなければならない。

　日本の地域社会に目を向けると，従来の法制度の下では対応困難な諸課題やこれまで想定されることのなかった新たな課題が生じている。現在の人口減少，少子高齢社会の下で，SDGs の目標である "No one will be left behind"（誰一人取り

残さない）のスローガンを満たすためには，様々な分断を乗り越えなければならない。「分断」，そしてそこから生じる具体的課題としての「コンフリクト」に対抗しうるものは，未来型包摂社会への志向である。今，社会に必要なものは，社会包摂の概念を先鋭化し，そのものが前述した SDGs のスローガンを満たす機能を兼ね備え，それを十分にマネジメントできるしくみである。

2　信頼とコンフリクト

（1）コンフリクトをいかに捉えるか

　信頼とコンフリクトがどのような関係にあるかを述べる前に，まずコンフリクトをいかに認識するかを確認しておきたい。日本人は比較的，ものごとを穏便に進めることを良しとする傾向にあるため，これまでコンフリクトは避けるべきものとして捉えられる傾向にあった。しかし，欧米諸国では，コンフリクトは関係性や状況を前進させるよい機会であると捉えられてきた。

　フィッシャーらは，コンフリクトの存在を否定するのではなく，コンフリクトそのものは関係づくりのきっかけとなり，マネジメントの仕方によっては，人間の発達を促進する可能性があることを指摘している（Fisher et al. 2000）。

　R. リッカートと J. G. リッカートは，コンフリクトから見た社会システムのレベルを 4 段階に想定し，レベル 4 に近づくにつれ成熟した社会であるとしている（Likert & Likert 1976）。つまり，ある社会システムが構造や社会的相互作用において社会的に成熟するにつれ，コンフリクトが建設的に解決される確率は大きくなる。そして，成熟した社会では，コンフリクトの発生から合意形成に至った後も，友好的，協力的な関係の下でさらなる努力がなされることが明らかになっている。

　コンフリクトの根源的解消を目指し，その構造を理解するためには，まず，人間が社会で生きる以上，他者や社会との間にコンフリクトが生じることは自然なことだと捉えることが重要である。大切なことは，コンフリクトを避けるのではなく，いかに未来につながる建設的な合意形成へと導くかである。

（2）信頼とは

　R.D. パットナムは，信頼を「社会的信頼」と表現している。そして，社会的信頼とは，市民あるいは人間にとって社会が公正であり援助的であり，信頼に足るものであるとみなす「信念」であると述べている（Putnam 2000）。また，日本では山岸が「安心」と「信頼」を区別することにより，信頼について説明している（山岸 1998）。安心も信頼も人々の心理をリスク管理者への「ひどいことをしないだろうという期待」と「任せておこうという方向」に導く心理的要素であるという共通性があるものの，その発生の仕方は大きく異なる。「安心」はリスク管理者が住民をだましたりすると，リスク管理者自身の不利益になると住民がみなすことにより生じるものである。一方「信頼」は，住民がリスク管理者の自己利益に対する評価を行うこと以外の要素に基づく「意図への期待」のことを指すものである。

　信頼に関しては，社会心理学者の中谷内による論及にみられる。中谷内は G. スベトコビッチとの共同研究において，信頼を「相手の行為が自分にとって否定的な帰結をもたらしうる不確実性がある状況で，それでもそのようなことは起こらないだろうと期待し，相手の判断や意思決定に任せておこうとする心理的な状態である」と定義している（中谷内・Cvetkovich 2008：259-268）。また，人々がリスク管理者に対する信頼を構成するための要因として，中谷内は山岸と同様に「能力への期待」と「意図への期待」を挙げている。前者より後者の影響力が強いことから，「信頼の改善には，能力や専門性よりも『意図への期待』に影響する要素を整えることが重要である」と述べている。（中谷内・大沼 2003：187-200）。

　つまり，「信頼」とは，不確実性があるにもかかわらず，それでも何かを他者に委任しようとする心理的状態であるといえる。将来における損害の可能性を認識しながらも，自分でそれを引き受けることこそが他者に対する信頼である。換言すると，他者を信頼するということは，リスクの可能性を受容することである。そして信頼は，相手の利益，不利益にかかわらず，相手の人格の誠実さや自分の感情に基づいて相手の行動意図を評価する場合に生じるものであると捉えることができる。

表9-1　信頼に関する質問項目と結果

信頼に関する質問項目	日　本	スウェーデン	アメリカ	中　国	インド	イギリス	台　湾
ほとんどの人は基本的に正直である							
そう思う	14.5%（83）	26.5%（151）	27.0%（155）	44.9%（266）	38.9%（244）	22.1%（127）	17.0%（99）
ややそう思う	40.7%（233）	44.7%（255）	28.7%（165）	46.4%（275）	28.3%（178）	45.6%（262）	41.2%（240）
あまりそう思わない	25.7%（147）	17.5%（100）	22.4%（129）	5.4%（32）	18.2%（114）	17.9%（103）	24.5%（143）
そう思わない	10.8%（62）	8.1%（46）	16.0%（92）	1.3%（8）	10.2%（64）	11.5%（66）	14.6%（85）
どちらともいえない	8.2%（47）	3.2%（18）	5.9%（34）	2.0%（12）	4.5%（28）	2.8%（16）	2.7%（16）
ほとんどの人は信頼できる							
そう思う	9.8%（56）	19.1%（109）	15.8%（91）	34.6%（205）	22.1%（139）	17.2%（99）	9.9%（58）
ややそう思う	40.0%（229）	45.8%（261）	32.9%（189）	50.8%（301）	39.5%（248）	46.3%（266）	36.2%（211）
あまりそう思わない	29.4%（168）	20.2%（115）	26.4%（152）	9.4%（56）	20.2%（127）	22.0%（126）	34.1%（199）
そう思わない	13.1%（75）	11.9%（68）	18.3%（105）	2.4%（14）	14.0%（88）	11.1%（64）	17.3%（101）
どちらともいえない	7.7%（44）	3.0%（17）	6.6%（38）	2.9%（17）	4.1%（26）	3.3%（19）	2.4%（14）
ほとんどの人は基本的に善良で親切である							
そう思う	11.4%（65）	21.8%（124）	20.3%（117）	36.6%（217）	29.8%（187）	20.2%（116）	12.7%（74）
ややそう思う	42.3%（242）	51.8%（295）	39.5%（227）	49.4%（293）	36.6%（230）	49.1%（282）	45.8%（267）
あまりそう思わない	28.7%（164）	16.3%（93）	22.1%（127）	9.3%（55）	20.7%（130）	19.3%（111）	28.3%（165）
そう思わない	9.6%（55）	6.3%（36）	12.5%（72）	3.0%（18）	9.2%（58）	8.4%（48）	11.1%（65）
どちらともいえない	8.0%（46）	3.9%（22）	5.6%（32）	1.7%（10）	3.7%（23）	3.0%（17）	2.1%（12）
ほとんどの人は他人を信頼している							
そう思う	10.5%（60）	16.5%（94）	14.8%（85）	26.6%（158）	23.7%（149）	15.5%（89）	10.1%（59）
ややそう思う	35.3%（202）	45.3%（258）	31.1%（179）	47.6%（282）	35.5%（223）	44.8%（257）	35.5%（207）
あまりそう思わない	33.6%（192）	24.6%（140）	29.4%（169）	18.9%（112）	22.1%（139）	27.7%（159）	36.9%（215）
そう思わない	11.2%（64）	10.9%（62）	17.4%（100）	3.0%（18）	13.2%（83）	8.4%（48）	14.8%（86）
どちらともいえない	9.4%（54）	2.8%（16）	7.3%（42）	1.7%（10）	5.4%（34）	3.7%（21）	2.7%（16）
私は，人を信頼するほうである							
そう思う	12.4%（71）	22.5%（128）	20.5%（118）	37.3%（221）	39.5%（248）	20.2%（116）	26.1%（152）
ややそう思う	40.7%（233）	44.7%（255）	33.9%（195）	46.4%（275）	33.9%（213）	44.3%（254）	53.0%（309）
あまりそう思わない	27.4%（157）	19.1%（109）	18.8%（108）	8.9%（53）	11.5%（72）	20.7%（119）	14.2%（83）
そう思わない	11.0%（63）	9.5%（54）	18.4%（106）	4.0%（24）	6.5%（41）	11.1%（64）	3.8%（22）
どちらともいえない	8.4%（48）	4.2%（24）	8.3%（48）	3.4%（20）	8.6%（54）	3.7%（21）	2.9%（17）
たいていの人は，人から信頼された場合，同じようにその相手を信頼する							
そう思う	15.9%（91）	23.5%（134）	26.6%（153）	35.4%（210）	44.7%（281）	30.8%（177）	26.8%（156）
ややそう思う	47.0%（269）	49.3%（281）	41.0%（236）	52.8%（313）	34.4%（216）	49.3%（283）	52.3%（305）
あまりそう思わない	22.2%（127）	15.3%（87）	12.9%（74）	7.4%（44）	9.1%（57）	10.8%（62）	14.1%（82）
そう思わない	6.8%（39）	6.1%（35）	11.0%（63）	2.2%（13）	5.7%（36）	4.5%（26）	3.9%（23）
どちらともいえない	8.0%（46）	5.8%（33）	8.5%（49）	2.2%（13）	6.1%（38）	4.5%（26）	2.9%（17）

出所：野村（2023）。

（3）信頼の貧困

　筆者は2021年8月～9月にかけて，日本，スウェーデン，アメリカ，中国，インド，イギリス，台湾の10代～60代，計4,095名を対象に市民意識調査を実施した。表9-1は，信頼に関する調査項目と結果である。

　「ほとんどの人は他人を信頼している」の項目のみ，「そう思う」の割合は台湾が日本よりも0.4ポイント低くなっているものの，他の項目はすべて「そう思う」の割合は日本が最も低い割合となっている。特に，「私は，人を信頼するほうである」と「たいていの人は，人から信頼された場合，同じようにその相手を信頼する」に対する「そう思う」の日本の割合は他国に比べ顕著に低くなっており，この点からも，日本人は他者を信頼していない可能性が高いことが示唆される。

　過去の研究においても，国民性という観点から「信頼」を捉えた場合，一般的に，日本人は他者を信頼する傾向が高いと考えられがちであるが，それと相反する研究結果が示されている。山岸は，アメリカのように，社会的な不確実性と機会コスト（利益を考えて行動する意識）の高い社会では，一般的に，信頼感を高めることにより新たな関係を築くことが適応的であるため，人々は高信頼者になると述べている。一方で，日本のように集団主義的で固定的な関わり方が社会に占める割合が高い環境では，信頼が必要とされる場面が少ないため，低信頼社会が形成されると指摘している。

（4）コンフリクトの合意形成に向けた信頼の構築

　2011年3月に発生した東日本大震災による福島第一原子力発電所の事故は，いまだ被災地の復興に深く，そして暗い影を落としている。この事故を機に，世界各国における日本の原子力発電技術に対する信頼は一瞬にして崩壊した。

　信頼には，「非対称性原理」および「二重非対称性モデル」がある。非対称性原理とは，先述した原子力発電の例にみられるように，信頼を得るためには多くの肯定的な実績の積み重ねが必要であり，極めて長い時間を要するのに対し，信頼を失うには一つの否定的な事実で十分であり，瞬刻で失墜することを意味する。このことは，信頼を醸成することの難しさと，一方でその崩壊はいともたやすく起こることを表している。ネガティブな出来事はポジティブなものよりも人の目につきやすく関心を高めるため，人々の信頼やリスクへの認知に大きな影響を及

ぼすのである。一方，二重非対称性モデルとは，信頼はネガティブな出来事や
きっかけにより低下する一方というものでもなく，事前の信頼がある程度高い場
合には，そのレベルを維持したり，それをさらに高めようとする方向に人々の情
報処理が行われるというものである。つまり，信頼は否定的な情報に傾倒するだ
けでなく，事前の信頼レベルが高ければ，否定的な情報に接したとしても簡単に
は崩壊しないことを意味している。コンフリクトの根源的解決において目指すも
のは，事前の信頼レベルの高い信頼である。

　では，このような信頼をどのようにして築き上げればよいのだろうか。信頼の
構築によりコンフリクトを合意形成へと導くための方法の一つに，「リスクコ
ミュニケーション」を援用したコミュニケーション手法がある。リスクコミュニ
ケーションは1970年代初めにアメリカで生まれたものであり，1980年にはリスク
学会（SRA：The Society for Risk Analysis）が設立され，様々な領域でリスクに関
して言及されるようになった。なお，リスクの定義は，社会が直面するリスク問
題や関係者の考え方などにより，時代とともに変化してきた。現代のリスクコ
ミュニケーションは，主に安全や環境などにおける懸念に対する議論の相互作用
プロセスだと捉えられている。

　1989年に，National Research Council（NRC）がリスクコミュニケーションを
定義している。その定義によると，リスクコミュニケーションとは，「個人とグ
ループそして組織の間で情報や意見を交換する相互作用過程」である。そして，
そこには2種類のメッセージが含まれる。一つは，人が自分にとって何らかの
「リスク」であると認識するものの性質に関するメッセージ（risk message）であ
り，もう一つは，リスク管理のための法律や制度の整備に対する関心，意見，お
よび反応を表現するメッセージである。

　このようなリスクコミュニケーションの理念を手法として展開する際の原則と
して，日本リスク研究学会は，①市民団体や地域住民などを正当なパートナーと
して受け入れ連携する，②コミュニケーション方法を注意深く立案し，そのプロ
セスを評価する，③人々の声に耳を傾ける，④正直，率直，オープンになる，⑤
多くの信頼できる人々や機関と協調，協議する，⑥マスメディアの要望を理解し
てそれに応える，⑦相手の気持ちを受け止め，明瞭に話す，といった7つを提示
している（日本リスク研究学会 2000）。

　日本リスク研究学会以外にも，様々な研究者がリスクコミュニケーションの原則について述べているが，それらの共通点は「手続きの公正さ」と「発信機会の担保」である。また，筆者はリスクコミュニケーションを行うことの最終目的を，コンフリクト状態にある両者の「信頼」を構築することであると考えている。そのため，リスクコミュニケーションでは，一人ひとりの思考を最大限に活かした「本音の対話」が行えるよう配慮することが何よりも重要である。リスクコミュニケーションの本質的な特徴の一つは，認識主体（活動主体）である個々人に固有の主観性を排除しないことにある。個人の主観的な認識や判断は，他者のそれとは当然異なるものであり，それを尊重することによってリスクセンサーの多様性は保たれる。

　上記の原則を踏まえ，リスクコミュニケーションを具体的な手法として活用するための方法に関して，2002年に環境省からマニュアルが示されている（環境省2002）。このマニュアルに規定される合意形成を目的としたリスクコミュニケーション手法の具体的な要素は，①地域住民との関係性，②コミュニケーションの方法，③意見交換，④基本的な姿勢，⑤連携，⑥マスメディアの活用，⑦話し方，⑧窓口，⑨見学会の実施，⑩対話の場，の10要素である。

　リスクコミュニケーション手法の原則に則り，最終的な目標を信頼関係の構築に置くことで，コンフリクト状態にある両者の「信頼」が醸成される。時間をかけて醸成された信頼は，先述した非対称性原理に反し一つのトラブルなどでは簡単に崩壊しないことも証明されている。避けるべきものであると考えられてきたコンフリクトは，「人と人とのつながり」という資源を生み出すきっかけにもなり得る。

3　未来型包摂社会

（1）包摂社会とは

　包摂とは，「一定の範囲の中に包み込むこと」「ある概念がより一般的な概念に包み込まれること」を意味する。これに社会を加えた社会包摂は，しばしば「ソーシャル・インクルージョン」と言い換えられ，その意味は「国民一人ひとりを社会の構成員として取り込むこと」である。

　災害が発生すると，被災地域において包摂社会のような状態がしばしば見られる。子どもも大人も高齢者も障害者も，誰もが一緒に避難し助け合い，命をつなぎ合う。しかし，一定期間が過ぎ生活に落ち着きが戻るにつれて，また元の社会形態に戻っていく。真に包摂社会が形成されたわけではなく，特別な状況による疑似包摂社会であったため，特別な状況でなくなると再び元の状態に戻るのである。

　包摂社会を目指してそのためのしくみづくりを行い，あらゆる人が地域で当たり前に生活することのできる社会を創造する「福祉」とは，その文字を頭文字として，「ふだんの　くらしを　しあわせに」「ふつうの　くらしの　しあわせ」などと表現されることがある。「福」も「祉」も，どちらも「しあわせ」を意味する言葉だと考えられており，英語で福祉を意味する welfare も「well」＝「よく」，「fare」＝「生きる」から成り立つワードであるため，意味は「よりよく生きる」こと，つまり「しあわせに生きること」に違いはない。ただ，どこにも「ふだんの」や「ふつうの」という意味は含まれていない。福祉を「ふだんのくらし」と捉えること自体に，そもそもの誤りがある。福祉とは，ふだんつまり平時でも，災害時でもどちらでも，どのような場面であっても，よりよく生活するために最善を尽くし，そのための制度を整え，生活をサポートするしくみを整備しておくことであり，このことは包摂社会の創造に他ならない。

（2）地域活動の実態

　第2節（3）で紹介した調査では，地域活動状況と障害者との関わりについても問うている。その結果を表9-2〜4に示す。

　表からわかるように，日本人は COVID-19 に関係なく，地域活動に携わる割合が低い。また，そのことも影響してか，障害のある人との関わりも極めて薄い。さらに，今後の障害のある人との関わりについても，関わりを持ちたいとする割合は低い。このような状況において，もしも明日，大規模災害が発生したら，果たして助け合いながら命を守ることができるのであろうか。年々，自然災害の規模は大きくなり，地震も頻発している。包摂社会の創造においては，災害時も想定した未来型の包摂社会への志向が求められる。

表9-2　地域活動の状況

あなたのボランティア活動・地域活動について，COVID-19感染拡大以前と以後の状況を教えてください。	日　本	スウェーデン	アメリカ	中　国	インド	イギリス	台　湾
COVID-19感染拡大以前							
数カ月に1回程度	12.6% (72)	9.6% (55)	20.7%(119)	12.3% (73)	25.3%(159)	15.2% (87)	15.1% (88)
月に1回程度	7.5% (43)	6.5% (37)	6.8% (39)	14.8% (88)	14.3% (90)	7.8% (45)	8.6% (50)
月に数回程度	6.1% (35)	17.5%(100)	12.5% (72)	15.5% (92)	16.7%(105)	9.1% (52)	14.4% (84)
週に1，2回程度	3.3% (19)	27.2%(155)	10.1% (58)	19.1%(113)	14.6% (92)	11.0% (63)	13.0% (76)
ほぼ毎日	1.9% (11)	22.5%(128)	5.0% (29)	9.1% (54)	11.5% (72)	3.3% (19)	4.5% (26)
ボランティア活動はしていない	68.5%(392)	16.7% (95)	44.9%(258)	29.2%(173)	17.5%(110)	53.7%(308)	44.4%(259)
COVID-19感染拡大以後							
数カ月に1回程度	12.8% (73)	11.4% (65)	18.1%(104)	17.2%(102)	21.3%(134)	11.0% (63)	14.1% (82)
月に1回程度	4.2% (24)	17.0% (97)	7.7% (44)	14.7% (87)	20.9%(131)	6.4% (37)	9.3% (54)
月に数回程度	3.0% (17)	16.7% (95)	9.7% (56)	12.8% (76)	11.6% (73)	7.8% (45)	5.7% (33)
週に1，2回程度	2.1% (12)	18.8%(107)	4.7% (27)	11.5% (68)	12.4% (78)	8.7% (50)	3.3% (19)
ほぼ毎日	1.4% (8)	14.9% (85)	5.4% (31)	7.1% (42)	7.0% (44)	2.8% (16)	2.1% (12)
ボランティア活動はしていない	76.6%(438)	21.2%(121)	54.4%(313)	36.8%(218)	26.8%(168)	63.2%(363)	65.7%(383)

出所：表9-1と同じ。

表9-3　障害者との関わり

あなたと障害者の方との関わりについてお聞きします。次の中からお答えください。	日　本	スウェーデン	アメリカ	中　国	インド	イギリス	台　湾
当事者または家族	10.3% (59)	14.4% (82)	31.1%(179)	5.1% (30)	25.5%(160)	19.2%(110)	15.1% (88)
親族に障害者がいる	9.3% (53)	22.1%(126)	28.7%(165)	17.4%(103)	30.3%(190)	17.9%(103)	18.4%(107)
友人・知人に障害者がいる	13.6% (78)	27.2%(155)	25.4%(146)	20.6%(122)	27.4%(172)	18.5%(106)	22.1%(129)
近隣または身近な場所に障害者がいる	8.7% (50)	24.4%(139)	22.3%(128)	28.3%(168)	31.7%(199)	15.0% (86)	16.0% (93)
ボランティア等の活動で出会ったことがある	11.5% (66)	13.2% (75)	11.5% (66)	32.9%(195)	22.3%(140)	7.1% (41)	16.0% (93)
職場に障害者がいる	7.2% (41)	15.6% (89)	11.1% (64)	10.5% (62)	11.3% (71)	12.2% (70)	17.5%(102)
これまでに関わったことはない	51.9%(297)	29.1%(166)	22.4%(129)	29.8%(177)	18.8%(118)	39.0%(224)	29.8%(174)

出所：表9-1と同じ。

表9-4　障害者との今後の関わり

あなたの障害者施設・事業所等との関わりについてお考えが近いものを次の中からお答えください。	日　　本	スウェーデン	アメリカ	中　　国	インド	イギリス	台　　湾
機会があれば関わりを持ちたい	26.2%(150)	30.7%(175)	42.8%(246)	65.8%(390)	79.0%(496)	36.6%(210)	44.9%(262)
あまり関わりを持ちたくない	27.1%(155)	33.9%(193)	22.8%(131)	22.8%(104)	6.5%(41)	28.9%(166)	16.1%(94)
どちらとも言えない	46.7%(267)	35.4%(202)	34.4%(198)	16.7%(99)	14.5%(91)	34.5%(198)	38.9%(227)

出所：表9-1と同じ。

（3）超高齢社会の防災

　超高齢社会とは，65歳以上の人口の割合が全人口の21％を占める社会のことを指す。国全体の高齢化率をみてみると，先進国において高く発展途上国は低い傾向にある。そして先進国のどの国よりも，日本の高齢化率は高くなっている。現在の日本は，世界に先駆けて超高齢社会に突入しているのである。

　現在日本では，高齢人口の急速な増加をめぐる様々な問題に対応することが喫緊の課題となっている。従来の医療制度や保険制度では対応しきれない問題が生じていることも事実である。

　日本は核家族化が進み，単身世帯，夫婦のみの世帯，夫婦ともに65歳以上の世帯などが増加している。特に都市部では単身世帯が多く，そのため，高齢者世帯では介護できる者がいない，あるいは「老々介護」の状態にある世帯が増えており，これらは新たな社会問題として早急に対応することが求められている。

　このような状況の中，もしも大規模な地震や自然災害が発生した場合，高齢者の多い地域ではどのように避難するのかなど，防災体制の再構築も喫急の課題である。高度経済成長によって，都市でも地方でも，地域社会のつながりは瓦解していると考えられている。

　地域住民同士の絆の希薄化，地域力の弱体化による孤立死の問題なども，新たな課題として浮かび上がっている。このような地域の中で，平時からの防災のしくみづくり，つながりを基調とした支え合いをどのようにつくっていくのか，私たちは他人事として捉えるのではなく，まさにわがこととして真剣に考えていかなければならない。地域社会全体で，これからの超高齢社会を支えていかなけれ

ばならず，何らかの支援が必要な状態となっても，住み慣れた地域で自分らしい暮らしを人生の最後まで続けることができるような地域を，住民総出でつくっていく必要がある。

　また，高齢者が増えることは，何らかの支援や介護を要する人も増えることを意味する。認知症による生活課題を抱える人も増えていくものと考えられている。そのような状態にある高齢者を災害から守るために，平時から私たちは何を備えておく必要があるのだろうか。要介護状態の人がいる場合であっても，災害対策や防災の考え方は，基本的には同じである。より具体的な時間帯や場面，災害種別を想定し，もしもの場合にはどのような行動が求められるのかを平時から考え，それを家族や友人，地域住民で共有することが重要である。

（4）平時からのつながりによる包摂社会

　ここでひとつの事例を紹介したい。

　北海道A町には，現在，4カ所の福祉相談所「ぽっと」（地域総合相談拠点）が開設されている。最初に開所したのは，B自治会のぽっと（以下，相談所）であった。本相談所は，2016年10月に開設したものであり，運営は主に民生委員や自治会役員からなる地域の担い手10名程度と町の担当者，社会福祉協議会の担当者とで担っている。

　相談所を開設するに至った背景には，町の急速な高齢化と人口減少，そして生活課題の多様化，深刻化がある。現行のしくみでは対応することのできない課題が増えることが予想され，現行の事後対応型福祉から事前予防型福祉への転換を早急に図る必要があった。そのため，本相談所の最大の特色は，把握した生活課題に対して支援を行うことを目的とするのではなく，課題が発生する前に，課題が深刻化する前に予防的に支援を行う点にある。

　従来型の支援では，困りごとにふさわしい相談窓口を自ら選び出向く必要がある。また，多様化，複雑化する生活課題に対し，個別の窓口で対応することには限界がある。加えて，そうした生活課題に対し，行政の窓口や単一の専門機関だけで対応していくことも困難なケースが増えている。さらに，潜在的な課題に対するアプローチ，いわゆるアウトリーチの困難性は全国的に高まっている。

　このような情勢の中で，地域を基盤としたソーシャルワークの理念に基づいた

総合相談を展開する視点に立てば，これらの一連の取り組みは，行政や専門機関内ではなく，住民に身近な場所で行うことが重要である。本人の生活の場，つまり日常生活圏域内（小地域）に総合相談拠点を設けることが求められ，住民に身近な場での総合相談は，地域における新しいつながりの構築と多様な支え合いの創造にもつながる。そしてそのためには，専門職だけでなく地域住民との協働により展開することが求められる。

　先述したB自治会の担い手は女性が多く，地域の中で潜在化していた課題が顕在化することも多い。なお，相談所内の話はいわゆる地域の「うわさ話」ではなく，地域住民を地域住民が支えるために必要な情報であるとの共通認識を持ち，相談所以外の場で他言することのないよう申し合わせをしている。相談所での活動に取り組む中で，担い手からは，相談所で「待つ」だけではなく，専門職と担い手がペアになり同行訪問やアウトリーチをしてはどうかといった提案もなされ，実行に移している。

　C自治会では，B自治会から1カ月遅れの2016年11月に相談所を開設した。地域の担い手6名程度と町の担当者，社会福祉協議会の担当者とで運営している。C自治会はB自治会と異なり，担い手の大半が男性である。そのため，当初はなかなか話が膨らまない，次の話に進まないといった課題があった。しかし，担い手から「地域の状況を把握したい」という要望が出され，早い段階から家族との同居ではあるものの「日中独居」である世帯や，ひきこもりの人のいる世帯への訪問活動を始めている。訪問は地域の担い手のみで行っており，2～3人が一組となって家庭訪問を実施し，訪問後は相談所内で情報共有を行い，支援が必要な世帯に関しては専門職を中心に支援へとつなげている。

　平時からの住民相互の支え合いやつながり，信頼関係の構築のためには，そのための「場」を意図的につくる必要がある。そしてその場に専門職の存在があることが重要である。平時からのつながりは，災害時にもそのまま力を発揮する。多様な人が地域の中で多様な生活を送ることのできる地域をつくることは，すべての人が安心して住み続けられる地域をつくることにつながる。

　多様な担い手が関わりながら，本人の生活の場で援助を展開することは，本人の生活の継続を考える際に極めて重要なものである。地域での総合相談では，本人が生活する場を拠点として，本人及び本人を取り巻く環境に一体的に援助を展

開することになる。このことは，予防的な働きかけにもつながる。本人がいよいよ困ってから窓口を訪れるのを待つのではなく，本人の生活の場に出向き，そこで援助を展開することは，深刻な状態になる前に対応することにつながる。深刻になる前に対応するということは，それだけ援助の選択肢を多く持てるということであり，本人の側に立った援助の可能性も広がりをみせる。

　また，本人の生活の場で援助を展開するということは，援助対象の拡大につながる。さらに，本人の課題を個別に見るのではなく，生活を中心として生活上で生じる生活のしづらさそのものに焦点を当て援助を展開することが可能となる。多様化・深刻化する生活課題の中には，現行の制度の枠組みでは対応できない，いわゆる「制度の狭間」にあるものが多く存在する。しかし，専門職である以上，本来援助の対象者を制度的な枠組みで選別することなく，生活のしづらさの種別によって対象者として認識されていない課題にも対応していかなければならない。

　相談所での総合相談の核となるものは，「地域担当の専門職」と「地域側の中核的担い手」との日常的な連携・協働である。なお，この連携と協働の中心にあるものは言うまでもなく「本人」である。本人を中心として，複数の機関や様々な専門職，地域住民等がネットワークを形成し，連携と協働によって援助を展開することは，現代の生活課題に対応するためには必要不可欠なことであり，その重要性も増している。

　複雑化，多様化した生活上の課題に対応するためには，専門職のみの援助には限界がある。本人の生活のしづらさに焦点を当てた援助を展開するためには，地域住民等のインフォーマルサポーターの積極的な参画が必要となる。専門職は住民の参画を促しながら，住民が安心して活動できるようにサポートし協働する役割を担う。

4　協働社会への志向

　現代社会では各分野の機能分化が進んでいるため，生活を営むためには複雑化した機能と複数の接点を持ちながら，生活の必要性に応じてそれらの機能を自身で判断し，組み合わせて活用することが求められる。しかし，すべての人が容易に機能を活用できるわけではない。これらから取り残された人々は生活が立ち行

かなくなり，次第に近隣の人々との間に距離が生まれ，いわゆる自立した生活を営むことに困難を伴うようになる。その結果，地域の中には，様々な課題を抱えながら生活する人も少なくない。それは現代に限ったことではなく，いつの時代にも共通することではあるものの，課題の質は時代とともに変化している。平時からのつながりや支え合いのしくみを構築することは，時代に取り残されつつある人々の孤立を防ぐことにもつながる。

　これからの日本は，高齢者人口が増える一方で日本全体の人口は減少していく。このような様態が待ち受けている未来に向けて，いかに包摂社会を構想していくのか。これからの日本においては，地域での高齢者を含めた，住民同士の「支え合い」や「つながり」が，地域生活を送る上でさらに重要な要素となる。

　既存の制度や枠組みで，地域の課題に対応することには限界がある。地域の特性や実情に合わせて，地域の中で生じる地域コンフリクトや地域課題を捉え，対応することが求められている。既存の制度やサービスが人を支えるのではなく，人が人を支えるという観点から，地域における人と人との支え合いを再考しその意味を人々が認識することが何よりも重要である。

参考文献

岩間伸之（2011）「地域を基盤としたソーシャルワークの特質と機能——個と地域の一体的支援の展開に向けて」『ソーシャルワーク研究』37(1)，4-19頁。

岩間伸之（2015）「生活困窮者自立相談支援事業の理念とこれからの課題——地域に新しい相談支援のかたちを創造する」『都市問題』106(8)，60-68頁。

岩間伸之（2016）「地域のニーズを地域で支える——総合相談の展開とアウトリーチ」『月刊福祉』99(9)，22-27頁。

岩間伸之・野村恭代・山田英孝・切通堅太郎（2019）『地域を基盤としたソーシャルワーク——住民主体の総合相談の展開』中央法規出版。

環境省（2002）「自治体のための科学物質に関するリスクコミュニケーションマニュアル」。

中谷内一也・大沼進（2003）「環境リスク・マネジメントにおける信頼と合意形成——千歳川放水路計画についての札幌市での質問紙調査」『実験社会心理学研究』42，187-200頁。

中谷内一也・Cvetkovich, G.（2008）「リスク管理者への信頼——SVSモデルと伝統的信頼モデルの統合」『社会心理学研究』23(3)，259-268頁。

日本リスク研究学会（2000）『リスク学辞典』TBS ブリタニカ。

野村恭代（2013）『精神障害者施設におけるコンフリクト・マネジメントの手法と実践
　　──地域住民との合意形成に向けて』明石書店。

野村恭代（2014）「信頼社会の構築へ──合意形成のためのリスクコミュニケーション
　　手法」『TASC MONTHLY』457，6-12頁。

野村恭代（2023）「低信頼社会のコンフリクト──信頼の再構築による合意形成」『精神
　　保健福祉』135，278-283頁。

山岸俊男（1998）『信頼の構造──こころと社会の進化ゲーム』東京大学出版会。

Fisher, S., Ludin, J., Williams, S., Abdi, D. I. & Smith, R. (2000) *Working with conflict:
Skills and strategies for action*, London: Zeb Bools.

Likert, R. & Likert, J. G. (1976) *New Ways of Managing Conflict*, McGraw-Hill.（＝1988,
三隅二不二監訳『コンフリクトの行動科学──対立管理の新しいアプローチ』ダイヤ
モンド社。）

Putnam, R. D. (1993) *Making Democracy Work: Civic Traditions in Modern Italy*,
Princeton University Press.（＝2001，河田潤一訳『哲学する民主主義──伝統と改
革の市民的構造』NTT 出版。）

Putnam, R. D. (2000) *Bowling Alone: The Collapse and Revival of American
Community*, New York: Simon & Schuster.（＝2006，柴内康文訳『孤独なボウリング
──米国コミュニティの崩壊と再生』柏書房。）

（野村恭代）

第Ⅲ部　地域共生社会の創出と展開
——専門領域と地域時空を超えて

　これまでの社会保障制度は，疾病や障害，介護に加え，出産，育児といったライフサイクルにおいて典型的なリスクや問題・課題を想定し，現金給付や福祉サービスを行うことで，公的な保障が行われてきた。公的保障によって，セーフティネットの機能は大きく進展し，社会福祉の領域では，生活困窮にかかる生活保護や，児童福祉，高齢者福祉，障害福祉など属性別・領域対象者別の制度を拡充し，専門的支援が提供されるようになった。

　ところが21世紀に入り，少子・高齢化に加え人口減少社会に突入したことから，個人が抱える生きづらさや生活上のリスクが複雑化するとともに，複合化した問題に直面する世帯が顕在化するようになった。ここに示した生活上のリスクの複雑化，複合化した問題としては，「老老介護」の問題や「8050（9060）問題」が挙げられる。また，児童が家族の世話をするといった「ヤングケアラー」の問題に加え，育児と介護を同時に行うといった「ダブルケア」の問題が挙げられる。さらに，地域の問題として，「ごみ屋敷」となったり，地域との関係が希薄となったりすることから，社会的孤立が顕在化するようになった。

　これら多問題家族や社会的孤立は一例に過ぎないが，現代社会が直面する問題は，生活困窮と社会との関わりの希薄さから生じる社会的孤立・孤独問題であり，人々の暮らしを支える社会関係資本の喪失にあるといえよう。また現代社会は，社会的孤立・孤独問題が顕在化するとともに，参加の場面や機会が失われている状況にあると考えられる。だが，新たな地域問題・課題から誕生した多様なつながりによる参加・協働・自主管理に基づく団体，組織が地域の中で創出されている。これらは，地域にある「資源」や「人」をつなげることで，文化や社会活動の維持に加え社会参加の場と機会を実現しようとする新しい取り組みの兆しといえよう。こうした兆しは，公的支援が「支え手」と「受け手」という固定化した関係の下で提供されるのに対し，ゆるやかな人と人のつながりによってネットワークを形成し，支援の必要な人を含め，誰もが役割を持っているという考え方の下で展開されている。

　第Ⅲ部は，新しい地域福祉の「かたち」を探求する 5 人の論者によって構成され，地域の「支え合い」のあり方を展望した論考からなる。

　第10章では，現代社会が人口減少を迎え，社会構造が大きく変容していく中，いかに地域共生社会を創出していくことができるのかという問題意識の下，公害の史実に基づき検討を加えている。筆者によれば，現代社会が希求する地域共生社会の理念と公害被害から誕生した内発的発展の史実は，随所に呼応している点があるという。また，公害被害地域で展開された史実に基づく教訓は，「人間社会システムと自然生態系の調和」を主軸とし，近代に対抗する概念から誕生した内発的発展から「豊かな暮らし」とは何かを問い続けた地域創生のプロセスにあるという。こうした地域創生のプロセスは，現代社会が希求する地域共生社会の理念と呼応していると結んでいる。

　第11章では，災害から人々が生活再建をするには，比較的長期間を要すると論じている。筆者によると，応急仮設住宅からの退去には時間を要する場合が多く，被災者の高年齢化によって，その傾向はさらに進んでいるという。東日本大震災及びその後の原子力災害では，これまでにない長期避難を経験することになり，「帰還」が望めない住民も少なくないとい

172

う。特に，放射性物質の拡散にともない，その放射性物質の除去を「除染」という方法によって処理したが，「汚染土」は，一部の地域に「中間処理施設」を設置し搬送されている。こうした「汚染土」は，保存期間が震災から30年間とされており，同施設が設置された区域内に土地を持つ住民は，少なくとも震災から30年間は「帰還」する条件を有しないと指摘している。本章では，災害によって長期にわたり避難を余儀なくされた被災者の生活再建とは何かを論じている。

第12章では，韓国障害者雇用公団雇用開発院が実施した障害者雇用パネル調査を用いて，「障害者福祉法」に規定している15の類型の障害を有する登録障害者4,577人の内，賃金労働障害者を対象に欠測値を除いた1,532人を対象として分析している。なお本研究は，障害受容が日常生活満足度に及ぼす影響関係を分析し，さらに障害受容と日常生活満足度に及ぼす自己効能感の媒介効果にも言及している。これらを通じて，賃金労働障害者の障害受容と自己効能感，日常生活満足度の間の影響関係に基づき，賃金労働障害者の日常生活満足度を高めるための示唆が論じられている。

第13章では，2022年度から実施されている第二期成年後見制度利用促進基本計画は，権利擁護支援を「地域共生社会の実現を目指す包括的な支援体制の共通基盤」として捉え，要支援者が「地域社会に参加し，共に自立した生活を送るという目的を実現するための支援活動」と定義し論述されている。そして，意思決定支援を含む権利擁護の「重要な手段」として「成年後見制度」を位置づけるとともに，「地域共生社会」の実現には，成年後見制度を中核とした権利擁護支援システムの構築と推進が求められているという。しかし，その前提であるべき成年後見人の確保が進まない状況にあると指摘している。本章では，社会福祉協議会の法人後見における実態の解明と，その普及に向けた課題を提起している。

第14章では，中国内外のコミュニティガバナンスのモデルを検討している。とりわけC市の「三社連動」によるコミュニティガバナンスへの参加の発展現状と，その運営モデルが紹介されている。現在，中国の改革は都市化建設を力強く推し進めると同時に「三社連動」を図るための重要な時期にあり，現代型社会へと変遷する時期にあるという。近年政府の推進の下で，コミュニティ建設とコミュニティガバナンスの面で成功した発展モデルが現れ，特色のあるモデルが形成された。しかしながら，筆者によると未発達地区では，自然，社会などの要素の制約により経済発展の動力と優位性が不足し，「三社連動」の研究は立ち遅れた状況にあり，独自的な発展モデルの形成には至っていないという。本章では，辺境地区の「三社連動」の研究について，探求できる空間が残されていることから，「革新社会統治メカニズムの実践」と「理論的枠組み」が検討されている。

以上，第Ⅲ部では，5人の論者によって，現代社会が直面する人口減社会と共同性の危機から，分かち合いの福祉社会を展望している。そして，地域で暮らす個人が，それぞれの利害や立場を乗り越え，力を合わせて共同の問題に取り組み，共に生きることの価値を検討している。

（三好禎之）

第10章	公害被害者支援団体は地域共生社会を いかに担うことができるか

1 問題・課題の背景

　周知の通り日本社会には，地域の相互扶助や家族同士の助け合いなど，地域・家族・職場といった人々の暮らしの場面に，支え合いの機能が存在していた。しかしながら，少子高齢化の進展や核家族の進行，そして人口減少社会を迎えたことから，家族や地域の支え合いとなる基盤や社会的な機能が低下するとともに，暮らしにおける人と人とのつながりは希薄化していった。こうした家族や地域の構造的な変化が伴う中，現代社会においては個人や世帯が複数の分野にかかる課題を抱え，複合的な支援を必要とする多問題家族が顕在化するようになった。多問題家族の事例として，高齢者が高齢者の介護を担ういわゆる「老老介護」の問題に加え，年老いた老夫婦と壮年期の子どもがひきこもりとなって同居する「8050（9060）問題」が挙げられる。また，2022年の厚生労働省の報告にもあるように，児童の15人に1人に当たる6.5％が世話をする家族がいると回答し，そして，平日1日当たり，家族の世話に費やす時間が7時間を超える児童が7.1％確認できるという。このように，就学しながら家族の介護を担う「ヤングケアラー」の問題が出現している。

　一方，働く女性が育児と介護を同時に行うといった「ダブルケア」の問題が指摘されたり，ごみをためこみ自宅が「ごみ屋敷」となって社会的に孤立する事例が地域で確認されるようになった。こうした多問題家族や社会的孤立は一例に過ぎないが，現代社会が直面する問題は，生活困窮と社会との関わりの減少から生じる社会的孤立・孤独問題であり，人々の暮らしを支える社会関係資本の喪失にあるといえよう。

　ところで，国は多問題家族や社会的孤立・孤独に対応するために「ニッポン一億総活躍プラン」（2016年）を示し，ここで初めて地域共生社会が謳われた。地域

共生社会は，住民や多様な主体が，分野・属性を超えて誰もが支え合うことのできる地域を創るという内容である。これまでの日本の社会保障制度は，疾病や障害・介護，出産・子育てといった人生において典型的なリスクや問題，課題を想定して現金給付や福祉サービスを行うことで，公的な補償が展開されてきた。その結果，生活保障やセーフティネットの機能は進展し，生活保護をはじめとする高齢者福祉や障害福祉のほか児童福祉など，属性別・対象者別に分類した制度を整備することにより，専門的支援が提供されてきた。

　だが，前述したように多問題家族や社会的孤立をはじめ，個人が抱える生きづらさや生活上のリスクが複雑かつ複合化した問題が発生する中で，これまでの縦割りの公的支援のしくみでは対応しきれないケースが顕在化してきている。複雑かつ複合的な支援を必要とする多問題家族を如何に地域で支えることができるのか，そのしくみが問われているといえよう。中でも，多問題家族を重層的に支えるしくみや，サービス供給のあり方として，「支え手」と「受け手」という関係性を超えた支援のあり方が模索されている。

　本章では，人口減少社会を迎え社会構造が大きく変容していく中，いかに地域共生社会を創出していくことができるのかという問題意識の下，公害の史実に基づき検討を加える。国は地域共生社会にかかる先行事例（好事例）を複数紹介しているが，実践にかかる検証の蓄積は僅少に留まっていることから，その課題や効用に関しては不透明な部分が多い。そこで，高度経済成長期に日本社会が直面した公害問題と課題から内発的発展に組織化された団体に着目し，国が実施しようとしている地域共生社会の展開性を検討してみたい。中でも，地域共生社会の理念[3]に示す①参加支援，②地域づくりに向けた支援に焦点を当て，公害問題から発生した福祉コミュニティの実践展開と役割について検討を行う。

　なお，本章で取り上げる公害の史実は，新日本窒素肥料株式会社（以下，チッソ）によって，重大な自然生態系の汚染と地域生活の破壊をもたらした水俣病公害[4]に着目する。およそ70年前に南九州で発生した公害被害からの生活再建を振り返れば，現代社会が希求する地域共生社会の実現に向けた問題と課題が随所で呼応しているように思えてならない。水俣病が発生した時代と現代社会では，人口構成や産業基盤，社会情勢に加え，環境に対する人々の意識，そして，法に関しても大きく異なっている。

　しかしながら現代社会においては，人権意識の高まりと相まって，個人の尊厳が問われていることや，また，人口減少に伴い地域が衰退し，町の自治機能を担う人材が不足するなど地縁組織の社会統合や，新しい課題に対して創出されたグループの社会連帯が問われている点は，水俣の史実と共鳴する。これら課題への対応には，水俣で展開された史実から学ぶべき教訓が大いにあると考えられる。水俣で展開された史実に対する教訓は，重大な環境汚染と生活破壊により得られた「人間社会と自然生態系の調和」を主軸とし，近代に対抗する概念から誕生した内発的発展から「豊かな暮らし」とは何かを問い続けた地域創生のプロセスにある。そして「豊かな暮らし」とは何かを問い続けるとともに，「何人たりとも排除しない」とする包摂型社会を追求してきた。こうした地域創生のプロセスは，現代社会が希求する地域共生社会の理念と呼応しているように思える。

　このように，水俣病公害を概観するとともに，水俣病被害者ならびに支援者による生活困窮から克服へのプロセスを史実より検討してみたい。また，水俣病公害の史実を基に，現代社会において模索されている地域共生社会にかかる課題について，野口（2016）が提示する中山間地域再生のシナリオを基に検討を加える。

2　水俣病被害の概要

（1）水俣病の概要

　水俣病被害者ならびに支援者らによる生活困窮からの克服へのプロセスと地域共生社会を検討する前に，簡略ではあるが，水俣病発生の背景と被害者の生活困窮について概観しておきたい。まず，水俣病[5]とは，化学工場から海や河川に排出されたメチル水銀化合物を魚，エビ，カニ，貝などの魚介類が直接エラや消化管から吸収して，食物連鎖を通じて高濃度に濃縮されるとともに体内へと蓄積し，これらを日常的に食べていた住民の間に発生した中毒性の神経疾患[6]である。熊本県水俣川河口や水俣湾及び不知火海沿岸（現・八代海）で発生し，当初は原因不明の神経疾患として扱われていた。水俣湾周辺の水俣病については1956年5月に初めて患者の発生がチッソ水俣工場附属病院細川医師によって報告され，同年末には52人の患者が確認された。なお，1957年以降，原因不明の疾患は「水俣病」と呼ばれるようになった。

　水俣病患者の認定は，公害健康被害の補償等に関する法律（昭和48年法律第111号）に基づき関係各県の知事及び国によって行われた。水俣病の原因企業であるチッソ株式会社（水俣工場）は，終戦後の復興に続いて高度経済成長の最中にあった日本社会を支え，発展させる原動力の役目を担った企業である。中でもチッソは高い技術開発力を有し，独自の技術で次々と生産設備を更新して製品の増産を行ってきた。チッソの成長と歩調を合わせるように，水俣市も急速に発展を遂げた。そして，工場と従業員の納める税が水俣市の税収の半数を超えるなど，チッソは地域経済や行政に大きな影響力を持つようになった。

　こうしてチッソは，地域社会の支持を背景に，安い労働力と豊富な工業用水や自社が保有する水力発電，そして，水俣の対岸に位置する天草の石灰岩や石炭などの原材料を活用し，工場生産を重ねていった。

（2）水俣病被害者の生活破壊

　水俣病の発生は，水俣湾をはじめとする公害激甚地域を中心に，市街地へと拡大していった。水俣市の資料（1957年）によると，水俣病多発地域に居住する47世帯の内，17世帯が生活扶助を受給していた（水俣病研究会編 1996：118）。中でも，不知火海沿岸地域における魚介類の影響は深刻で，漁家の生活は困窮を深めた。また，1959年に水俣市魚卸小売業組合が，不知火海一帯で獲られた魚は販売しないと不買を決議したことから，さらに漁家の生活は困窮を極める結果となった。収入源を絶たれ，またチッソからの生活補償も無く，なおかつ，親族に支援を求めることができない漁家は，生活保護を受給することになる。

　1959年の生活保護適用状況は74世帯344人に達し，そのうち，水俣病世帯は16世帯，60人が受給していた。1957年，水俣市議会奇病対策特別委員会は，困窮する漁家の状況に対して，「生活扶助の開始にあたり，ある程度の資産があっても之が適用されるようにしてもらいたい」（水俣病研究会編 1996：415）と国に陳情を行った。

　後に，1959年第33回衆議院社会労働委員会（水俣病研究会編 1996：722）において，生活保護による各種扶助ならびに社会保険各法の給付に万全を期すことや，治療費の増額，保護率の３分の１についても引き上げるよう柳谷議員によって指摘されている(7)（水俣病研究会編 1996：721）。しかし，国は生活保護の適用の変更や

治療費などの増額は認めなかった。

　こうした国の決定を受け，熊本県民生労働部社会課は，水俣病被害者と小規模零細漁家の生活は困窮を極める状況にあることから，このまま放置すれば被保護世帯に転落する状況にあるとして，世帯更生資金を活用する一方，法外援護を実施した。[8]

　深井純一によると，1959年熊本県社会課は，水俣病被害者及び漁家の援護状況と生活実態を次のようにまとめている。「生活保護の適用は水俣市12世帯，津奈木町，湯ノ浦村合わせて46世帯と総合計月額，46万円に抑えられていた。世帯更生資金は1958年末で17世帯合計72万円にとどまり，法外援護に関しては市より盆暮れ見舞金ほか累計139万円弱，県より28万円余円と衣類380点」が支給されたに過ぎないという（深井 1977：142）。こうした法定ならび法定外の脆弱な救済を補うために，水俣市は1958年，水俣病被害者への栄養補給費として，1人当たり月3,000円の国庫負担を厚生省に陳情（水俣病研究会編 1996：380-381・414）するが認められず，月額700円の支給に留まった。また，1959年の水俣市保護記録（水俣病研究会編 1996：399）によると，水俣病被害者世帯のほとんどが零細漁家であり，一家の働き手を失う生活は，極度に困窮し，担税力の無い世帯であることから市民税等が減免された。

　なお，水俣病被害者の回想によると，「小さな土地しか持たない漁家にとっては，魚は怪しいと思いつつも，生きるために魚を食べざるを得なかった」という。1958年，熊本大学研究班が水銀の疑いが強いと公表した後も，漁家は1人当たり1日に400 gの魚を摂取していたとされる（水俣病研究会編 1996：559）。1955年当時の水俣市の1世帯の構成人員数は約5人[9]とすると，1世帯当たり1日おおよそ2 kgの魚を摂取していたことになる。独立行政法人国立健康・栄養研究所の調査によれば，1956年，日本人1人当たりが1日に摂取する魚の量は47 gであったこと[10]から考えると，水俣の漁家1人当たりの摂取量はおよそ10倍だったことになる。

　筆者によるインタビュー調査によると，漁家の多くは日々の生計を維持するために，日払いの職を求め家族総出で働いていた。とりわけ，県道の整備やトンネル工事や，佐賀方面へ海苔養殖業者に就職した者が多数確認された。県道の土木工事には，1日男性250円，女性200円で雇われ，水俣病特有の症状である「カラス曲がり[11]」の症状を抱えての仕事では，その日の食費を稼ぐのがやっとであった

という[12]。インタビュー調査でも聞き取られているが，水俣病被害者らは先行きの不透明な生活が続き，日に日に困窮の度を増したと回想していた。有機水銀中毒によって生まれたいわゆる胎児性水俣病の子どもや，劇症型水俣病の被害者及び高齢者の介護が伴い，女性の生活は一段と厳しかったと付け加えられていた。このように，水俣病被害者及び漁家の困窮は極限に達していたにもかかわらず，支援策は一時的な救貧施策でしかなく，防貧対策として機能していなかったと推察される。

3　水俣病被害者と支援者による内発的発展

　水俣市において近代化が進む中，これに抵抗した内発的発展から形成された団体と，自力更生的な実践が展開されてきた。内発的発展によって形成された団体は雇用を創出し，水俣病被害者の生活構造を安定化させた。現代社会においては，相思社や反農薬水俣袋地区生産者連合（以下，反農連）に続く団体や，地方公共団体と住民をつなぐ中間支援団体が創出されている。

　本節では，現代社会で自力更生的に事業を展開する「企業組合エコネットみなまた」に着目し，創設の背景ならびに実践内容を概観する。また，「企業組合エコネットみなまた」が展開する実践を，下記に示す野口（2016）が提示する中山間地域再生のシナリオ（図10-1）を基に検討してみたい。

（1）企業組合エコネットみなまたの事業

　企業組合エコネットみなまたは，2005年1月，「水俣せっけん工場」と「水俣・反農連」が合併し，出資者7名の許可法人として設立された。事業内容は①せっけん部門，②農水産加工部門「はんのうれん」の2部門で構成され事業展開されている[13]。

　せっけん部門である「水俣せっけん工場」の歩みを振り返ると，1986年11月，チッソ第1組合に所属していた従業員と，水俣病被害者，水俣市民54名の出資でせっけん工場を作る会が結成され，1987年に工場を設立したことから始まっている。「水俣せっけん工場」は，水俣市内の一般家庭から出る廃食油の回収を行い，それらからせっけんを製造する事業である。せっけん工場の設立趣旨は，台所か

図 10-1　ソーシャル・キャピタルの蓄積
（信頼・つきあい・参加・互助）

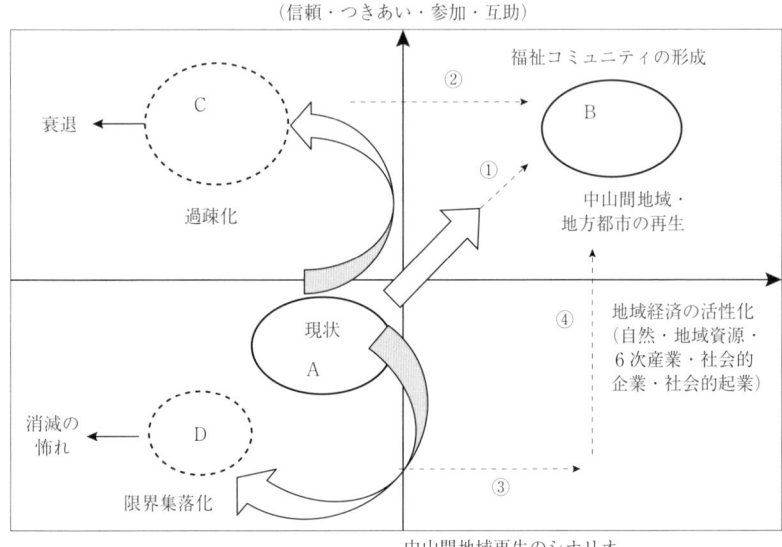

出所：野口（2016：47）。

　ら廃食油を流すと川や海は汚れ，環境汚染を広げることになる。汚染源となる廃食油を原料にせっけんを作ることができれば，環境汚染を防ぐことができると考えられた。また，もう一つの汚染源である合成洗剤の使用をやめ，リサイクルによって製造されたせっけんを一般家庭に普及させ，環境に配慮した啓発活動が実施された。こうして，せっけん作りからまちづくりを進めようと目標が掲げられ，事業が始まった。

　設立趣旨の背景には，チッソが水俣湾及び水俣湾河口に有機水銀を含む工場廃液を流し，不知火海を汚染したことにある。不知火海をこれ以上汚染するのではなく，生態系が豊かな海に蘇らせ，守っていくことが必要との考えからであった。また，自然生態系と向き合うということは，現代社会の暮らしのありようを問うということでもあった。つまり，自然生態系の循環の中に，現代人の暮らしもあるという考えである。そして，現代人が作り出した化学物質は，持てる技術をもって自然に影響なく返さなければ，動植物に影響を与えるだけでなく，人間にも影響を及ぼし，再び生活ができなくなるという反省の念からであった。

　この他に，「せっけん工場」は，人と人が息づく生産の場であること，そして，「製品に込めた想い」を人から人へと伝えていくことのできる「暮らしの場」を創造することが謳われている。こうした事業理念の下，せっけん工場は水俣市内から廃食油を回収し，洗濯用の粉せっけん，食器洗い用の粉せっけん，固形せっけん，洗顔せっけんを作るという活動が行われた。洗顔せっけんで特徴的なものが，炭と廃食油を混ぜて使ったものや，酒かすからつくられたせっけんである。また，作ったせっけんを対面販売したり，ネット販売や新水俣駅構内に設置された店でも販売したりしている。販売する際，合成洗剤は水を汚し，環境によくないことを伝え，水俣工場のせっけんを使う人を増やす取り組みが行われた。さらに，廃食油からせっけんを作る小さな機械を開発し，全国に販売したという。この他にも，水俣病を伝える研修会や，せっけん作り講習会などが行われた。

　一方，反農連は，1979年6月に形成された小規模農家の支援を行った。現在，反農連は，「はんのうれん」と名称を変更し，生産者会員80世帯（2014年9月現在）を有する団体となっている。「はんのうれん」は，結成当初からの水俣病事件の教訓を踏まえ，「農薬は毒である」ということを生産者の共通理解とし，「反農薬」「有機栽培」「自主販売」を柱に，甘夏栽培を主に柑橘類，野菜を出荷している。このように，自然生態系の調和と人間らしい生活や生産の場をつくるために，複合自給農業を追及しようとしている。そして，小規模生産者が互いにつながりを深め，協働，互助の精神を高める生産が行われている。

　他方で，農協や流通機構に頼らない自らの生産・加工・販売が目指されていることに加えて，水俣産のみかんを通して全国各地の生産者がつながり，無農薬農産物の理念共有は，地域の枠を超える実践となっている。このような活動を通して，近代社会の暮らしのありようを見つめ直す実践が取り組まれている。

（2）福祉的就労の展開

　2011年以降，エコネットみなまたは，これまで実施してきた環境問題の啓発活動や，日用品の製造・販売，農水産業の生産・販売事業に加え，水俣病被害者，障害者（知的障害者，精神障害者），そして，困難な状況にある人[14]が共に働くことのできる社会的な事業を目指すようになった。エコネットみなまたによる社会的な事業は，健常者も水俣病被害者，障害者，困難な状況にある人も，それぞれが

「管理する，管理される関係ではなく対等な関係」を構築することを志向している。そして，水俣病被害者を含む障害者や健常者も対等な関係で働き，運営することが基本に置かれている。また，相互に認め合いながら収益を上げることが目指され，経済的な自立が図れることを目標に実践が展開されている。なお，経済的な自立を目指すに当たって，生産性向上のための効率性の追求や能力主義とするのではなく，様々な人々が事業に参加することから収益を上げることを事業理念としている。

　エコネットみなまたでは2014年時点で 9 名の職員が勤務し，うち水俣市に在住する障害者 1 名を雇用した。さらに2015年には 2 名の障害者を農水産加工部門に採用している。このように，これまで地域から疎外されてきた水俣病被害者や障害者が参加できる労働の場に加え，様々な人が事業に参画できる参加型事業が展開されている。エコネットみなまたの職員の話によると「事業規模は小さく試行的な実践ではあるが，障害者，健常者，また，困難な状況にある人が事業に参加して，収益を上げながら自立できる社会的な事業所を作り，今後経営を軌道に乗せたい」という。

　こうした事業理念が誕生した背景を考えると，近代資本に支配されてきた歴史と，封建時代から続く地五郎，零落にみる偏見，差別があり，一部の住民に受苦を強いてきた反省がある。また，チッソの環境破壊によって，水俣病被害者の尊厳は著しく傷つけられたとともに，市民の分断が進んだという教訓に基づいている。

　現代社会においてもなお，排除され孤立する水俣病被害者や家族が存在し，彼らを包摂する社会が地域より希求されているといえよう。そして，水俣病被害者や家族への偏見や差別の問題は，地域で暮らす障害者の生活，雇用の問題や課題を共有し，排除されることのない地域づくりが取り組まれている。

　ところで，現代社会において地域から排除され，そして，孤立する水俣病被害者の状況をここで示しておきたい。とりわけ，水俣病の症状があると主訴しながらも，認定されずにいる「未認定患者」の実態を示し，取り残された水俣病被害者の生活保障について検討を加える。

　2014年水俣病被害者に対する訪問調査において，地域とのつながりなく高齢の父母と50代の軽度の知的障害を持つ子どもからなる 3 人家族の世帯に出会った。

上記世帯は，みかん栽培をしながら古い農家の一部屋で日中を過ごす家族だった。部屋の中は家財道具であふれ，足の踏み場もない中で親子3人が生活していた。この家族は外部との接触が全くなく，時折，支援者が来訪し言葉を交わすのみという状況であった。父母は，自分たちが亡くなった時，障害を持つ子どもの生活はどうなるのかを心配していた。「子どもに働く場所があり，地域で仲間に囲まれ，生活を送ることができるといいのだが」と将来の希望を話していた。

　この他に，水俣病認定を申請するも認定されない，いわゆる「未認定患者」は，水俣病特有の末梢神経の障害の他に，めまい，頭痛，痙攣などを訴えると同時に，仕事ができない，長く仕事を続けられないという認定患者と同様の症状を有している場合が多い。未認定患者のもう一つの例として，日中のほとんどを2階建てコンクリート造りの市営住宅で暮らし，「ひきこもり」の状態が2年続くケースを概観してみたい。同家族には15分かけて毎日食事を届け，身の回りの世話を行っていた。「ひきこもり」の状態となった原因を尋ねると，「社会に出て人と接するのが怖い」といったことや，「一日仕事が続けられるのか」といった身体上の不安や，人間関係に不安を抱いたことによるものであった。水俣病認定を申請するも認定されない「未認定患者」は，身体上の理由から就労することができず，また，人間関係の不安から社会参加の機会が極端に少ない状況にあるといえよう。

　さらに，これまで示した事例を篭山（1976）の生活構造論（労働生活 → 労働力消費 ⇄ 労働力再生産 → 消費の循環）から考えると，未認定患者は水俣病を申請するも認定されず，企業補償や医療を含む補償を受給することができないことから，困窮した状況にあると考えられる。加えて，家族の支援がなく，労働保障，社会保障が受けられなければ，階層なき層（いわゆる「沈殿層」）に転落すると考えられ，その一歩手前の層に「滞留」する水俣病被害者や家族は多数存在すると推察される。これまで，水俣病に関する健康被害の実態を国や地方公共団体は全数調査をしておらず，その全貌が解明されていないことから，上記のようなケースを把握する実態調査が行われるべきであろう。

　事例に示した対象者が，エコネットみなまた等の事業に参加することができれば，生活構造を形成することが可能になると考えられる。つまり，生活構造を有し，自立した生活が得られるということである。また，社会に参画する機会が増えることから，対人関係もより多様になると考えられ，そこから発生する福祉的

効用も期待できると考えられる。しかし，水俣病認定患者ならびに未認定患者の就労支援を行う場合，以下のように，いくつかの条件と支援の段階を踏まえる必要があると考えられる。

第1に，居住地の環境整備である。居住地が狭く，暗い環境であることから，住宅改修が求められよう。水俣病の症状の一つである視野狭窄や，めまい，ふらつき等がある場合，居室内の照明とバリアフリー化が必要である。

第2に，金銭的な生活保障に加え，日常的な生活支援が必要である。特に，食事や通院などの移動時には，見守りが必要であろう。簡略に示した2事例中，親子3人で暮らす事例では療育手帳（程度は不明）を有していたが，もう一つの事例では，何ら社会保障を受けていなかった。そのため，家族の支援が必要となっていた。

第3に，長期にわたってパーソナリティが狭く，その関係性が限定的であることから，対人関係を少しずつ広げ，信頼関係を築き不安を軽減する必要があろう。

第4に，就労に対する動機づけである。支援者と一緒に働きたい，メンバーの一員であるといった意識を持ち，社会に参画する喜びを得ることが必要である。なお，就労支援には，社会福祉や介護の知識を持ったジョブ・コーチを配置した支援が必要であろう。また，就労時間についても，基礎的な体力が無かったり，集中できなかったりすることが考えられるため，食事や運動を含めたプログラムを行いつつ，徐々に就労時間を伸ばしていく支援が必要であると思われる。

（3）第6次産業化と福祉コミュニティの創生

野口（2016）の中山間地域再生のシナリオ（図10-1）を基に，水俣市の状況をいま一度検討すると，不知火海沿岸部の住民は自然生態系と向き合い，地域資源を活用してコミュニティを維持してきた。しかし，チッソによる激しい環境破壊が，伝統的な互助や協働の精神に基づいた地域の関係性を崩壊させた。また，水俣市を含む隣接市町村は，1950年から1960年代を人口のピークとし，以後，減少傾向をたどっている。こうした，激しい環境破壊と著しい人口減少にともない，産業構造は大きく変容した。図10-1に示した中山間地域再生のシナリオに当てはめ，水俣市がたどった生活破壊と生活再建を振り返ると，左端の枠にある「現状A」または「D」の状況が，1950年代後半から1960年代初頭に発生していたと

考えられ，不知火海沿岸部の集落は消滅の危機にあった。

　だが，不知火海沿岸部に定住する住民は，家族の稼働力，家族の仕送り援助，そして，自力更生的に内発的な団体が形成されたことで，生活構造を循環させ，階層の安定化が図られた。これにより，中山間地域再生のシナリオにみる右端下に示された③から④に上昇し，今日においては右端上にある福祉コミュニティが形成されつつあると考えられる。野口が示す中山間地域再生のシナリオを援用して考えると，水俣病被害者らの生活再建は，家族の仕送り援助，また，内発的発展によって形成された自力更生的な団体の力によって行われ，こうした小さな団体の力が地域に産業と雇用の創出につながっていると考えられる。

　一方，国や地方公共団体がこれまで実施してきた水俣病被害者への施策に注目すると，環境省[17]は1974年より環境保健対策の推進として，水俣病総合対策を計画し実施してきた。国は水俣病総合対策に対して，熊本県，鹿児島県，新潟県，新潟市，水俣市に健康上の問題の軽減，解消を図る総合対策医療事業等を実施するとともに，すべての水俣病被害者が地域社会の中で安心して暮らしていけるよう，医療と地域福祉を連携させる取り組みが必要との考えから補助金を交付してきた。さらに環境省環境保健部は，2013年より環境保健対策の推進ならびに，水俣病対策の一環として「環境都市水俣創造事業[18]」を実施している。これは，水俣病が発生してから半世紀以上にもわたって，地域経済の疲弊や住民間の軋轢など，深刻な影響が及んでしまった水俣病発生区域において，問題解決のため，地域の絆の修復，地域の再生，融和，地域振興，ならびに雇用の確保を目標とした事業が行われている。いずれも水俣病被害者や住民を対象としており，地域再生・振興を柱とした事業によって絆を修復し，軋轢を融和させることが目指されている。こうした水俣病被害者を対象とした地域の振興計画は，水俣病被害者の医療や福祉，雇用対策が機能し，生活を安定させたとも考えられよう。

　しかしながら，前述した事例に示すように，未認定患者やその家族は，地域とのつながりがなく，また，雇用の機会に接続されていない場合がある。国が実施する事業は，地域の再生，融和，地域振興・雇用確保と位置づけているが，水俣病を主訴する未認定患者やその家族には，これら計画が十分に反映されているとは言い難い。とりわけ，未認定患者に対する日常的な生活支援は，親族関係にある血縁家族によって担われている。そして，未認定患者の医療や福祉に加え，雇

用が確保された状況にもない。かつて水俣は，水俣湾河口に塩田が広がり製塩業で栄え，また，32の網代と6統に及ぶ地引網を曳くことのできる漁場があり，多くの漁労を必要とした。こうした労働の場を家族経営からなる小規模零細漁家が，雇用を生み出すと同時に，生活構造にみる労働生活を保障してきた。また，漁船や漁具を持たない漁業従事者は，地域で相互に助け合いながら生活を支え合っていた。生活が持続的に保障され社会に参画する機会を確保するためには，家族やコミュニティが機能しなければならない。さらに，国や地方公共団体による施策や制度が好適に家族やコミュニティに接続する必要がある。

　未認定患者からすれば，上記に示した環境都市水俣創造事業などは，機能不全が生じていると感じられるのではないだろうか。水俣病被害者，未認定患者ならびにそれら家族が安心して暮らしを営める所得，雇用，住居，社会サービスからなる一体的な生活保障のしくみづくりが求められよう。

　近年，企業組合エコネットみなまたに見られるような事業所は，水俣市や芦北町，津奈木町を含む近隣市町村で誕生している。事業規模は小さくとも地域に複数の生活構造を支える場所や社会参加ができる機会が設けられると，水俣病被害者や未認定患者の生活は安定すると考えられる。また，こうした場所や参加機会の創出は，精神障害者や知的障害者などの利用にもつながり，地域の福祉的課題を共有できる機会になるとも考えられよう。地域創出を進めるために野口は，地域資源を活用して産業を起こし，第6次産業化[19]を提唱している。第6次産業化は生産物の価値を上げるために，農林漁業者が農畜産物・水産物の生産だけでなく食品加工も行い，そして，流通・販売にも取り組み，農林水産業を活性化させ，農村漁村の経済を豊かにしていこうという市場開発である。ここに示した市場開発は，農畜産物・水産物の価値を高め，農林漁業者の所得を向上させるというねらいがある。

　エコネットみなまたの事業展開をいま一度振り返ると，第六次産業化によって市場を開発し，人と人が行き交い，交流人口を高める場面を，労働市場（廃油回収），流通市場（せっけん対面販売）によって創出していた。また，せっけんの付加価値を高めるために事業理念を謳い，製品の使用価値がさらに高められていた。こうした，事業の展開から，水俣病被害者や精神障害者，知的障害者に加え，生活上の困難を抱えている人と，地域住民が相互に交流を図り，支え，支えられる

といった関係を超えた地域づくりが実践されていた。井手ら（2016：10）が指摘するように，「思想や立場を超え，人間の違いではなく，共通点を発見し理解する」という地域福祉が重要ということであろう。そして，「過去の歴史に学びながら，日本人が大切にしてきた価値観と向き合いながら，新しい道を切り開く決断と未来を創り出す勇気がいま求められている」（井出ほか 2016：46）といえる。現在，水俣市を含む不知火海沿岸地域で，お茶やみかん，玉ねぎ，そして，いりこ製造など，農・水産物の生産，加工，販売を行う小さな経営体が多数創出されている。このように環境破壊から回復の兆しが見られる公害激甚地域において，人間社会システムと自然生態系の調和を基軸とした新たな地域づくりの挑戦が展開されている。

4　地域共生社会の創出

　水俣病被害者や家族の生活を再建する支援が展開されるとともに，人間社会システムと自然生態系の調和を目指した地域づくりを概観してきた。少子高齢化が進み人口減少が著しい公害激甚地域においては，地域共通の生活課題と結びつけながら，地域の資源を活用した事業が創造され実践されていた。水俣病被害者の生活課題への克服は，野口がいう地域安全網4層理論（野口 2013）に見られるような重層的な生活保障の構築が必要となるばかりか，水俣病被害者の孤立や潜在的な問題を防ぐことにつながっているといえよう。また，重層的な生活保障の構築は，水俣病被害者への本質的な「救済」へつながるだけでなく，精神障害者，知的障害者など福祉的就労を目的とした支援にもつながっている。

　一方，人口減少社会が進み，水俣地域の社会・産業構造が大きく変容していく中で，相思社やエコネットみなまたは，福祉コミュニティを形成するまでに至っている。

　そして，環境破壊によって自力更生的に形成された内発的発展による団体の創出は，地域産業を通して人と人を結び，地域住民をゆるやかに結束させながら，新たな機会を創出している。こうした機会の創出は，支え，支えられるといった関係を超えた実践であり，これらは現代社会が希求する地域共生社会の理念に呼応しているといえよう。さらに加えて言えば，地域資源を活用した産業の創出は，

生活圏域を超える人と人のつながりを生み，交流人口を高める活動となっていた。

　このように多様なニーズを併せ持つ水俣病被害者と，水俣病被害者以外の市民が抱く生活課題を融合することは，分断された地域の新しい協働行為と民意の結節場面を創出している。つまり，社会的脆弱層を支えるしくみづくりに関して検討することは，地域経済の活性化につながると考えられ，こうした意味で福祉社会の創生と振興に結び付いている。

　なお，本章は2018年日本福祉大学大学院博士論文を加筆した内容である。また，本研究は，2013年名古屋経営短期大学倫理規定（審査）に基づき調査を実施している。

注

⑴　2005年の国勢調査結果では，2005年10月１日現在の総人口は，１億2,776万8,000人で，2004年10月１日現在の推計人口（１億2,779万人）を２万2,000人下回っていることが判明した。10月１日現在の人口が前年を下回ったのは，第２次世界大戦後初めてのことであり，日本社会が「人口減少社会」に突入したことが明確となった。

⑵　厚生労働省「地域共生社会の実現に向けて」資料（https://www.mhlw.go.jp/stf/seisakunitsuite/bunya/0000184346.html，2022年９月25日アクセス）。

⑶　①属性を問わない相談支援，②参加支援，③地域づくりに向けた支援。

⑷　1956年５月１日，熊本県水俣市の新日本窒素肥料（後にチッソ株式会社に変更。現：JNC株式会社）水俣工場附属病院長の細川一が水俣保健所に患者の発生を報告し，公式に確認された。

⑸　1965年，新潟県阿賀野川流域（昭和電工鹿瀬工場）においても水俣病が確認された。

⑹　1940年，イギリスのハンター，ボンフォード，ラッセルの３名は，種子殺菌剤製造工場でメチル水銀化合物の製造に従事していた労働者の中毒事故について報告した。この工場では16名の労働者がメチル水銀化合物に曝露していた。メチル水銀中毒症の３症状は運動失調，言語障害，視野狭窄とされ，これがハンター・ラッセルの３徴候と呼ばれた。現在では，水俣病解明の経緯から，感覚障害及び難聴を含めて（場合によっては，言語障害を運動失調に含めて）典型的な水俣病の症状を示すものとして，いわゆるハンター・ラッセル症候群と呼ばれている。

⑺　自由民主党の柳谷喜三郎議員の発言である。

⑻　法外援護の例として，熊本県は1957年３月，盆暮れ見舞金として20万円，1958年には８万4,000円，衣類380点，累計28万4,000円を支給した。

⑼　国勢調査によると1955年の水俣市の人口は４万6,233人，世帯数9,251世帯で，１世

帯当たりの人員は約 5 人となる。

⑽　1956年時，日本人 1 人当たりが摂取した魚の値（独立行政法人国立健康・栄養研究所『国民栄養の状況』〔http://www0.nih.go.jp/eiken/chosa/kokumin_eiyou/，2022年 9 月25日アクセス〕）。

⑾　こむら返りを水俣地域ではカラス曲がりという。

⑿　1957年12月の水俣市保護記録によると，日雇い 1 日当たり300円の支給があったと記されている。

⒀　特別の法律に基づいて数を限定して設立され，かつ，その設立に関し行政官庁の認可を要する法人のうち，特別民間法人に該当しない法人のことである。特殊法人等改革基本法（平成13年法律第58号）では，認可法人の改革も指向され，第 2 条・別表において，認可法人（認可法人でない法人形態に移行した法人を含む）が指定されている。同法に基づく特殊法人等整理合理化計画に基づき，認可法人の多くが独立行政法人・特別民間法人や，一般的な民間法人などに改編された。

⒁　水俣病被害者ではなく，体などに障害は無いが，差別されたり，社会参加ができなかったりする人をいう。

⒂　水俣に代々伝わる世帯家族をジゴロという。何世代と明確な定めはないが，一般的には 3 世代以上続く世帯をジゴロと呼び，それ以下の世帯をナグレと呼んでいる。

⒃　50代の子どもは胎児性水俣病の疑いがあり，父母は何度も水俣病認定を申請している。2014年時点で，上記の子どもは水俣病に認定されていない。

⒄　担当課は特殊疾病対策室。

⒅　水俣病被害者の救済及び水俣病問題の解決に関する「特別措置法」（平成21年法律第81号）及び同法に基づく「救済措置の方針」（平成22年 4 月閣議決定）。

⒆　第 6 次産業は東京大学名誉教授今村奈緒臣によって提唱された。

参考文献

井手英策・古市将人・宮崎雅人（2016）『分断社会を終わらせる──「だれもが受益者」という財政戦略』筑摩書房。

篭山京（1976）『戦後日本社会における貧困層の創出過程』東京大学出版会。

野口定久（2008）『地域福祉論──政策・実践・技術の体系』ミネルヴァ書房。

野口定久（2013）「居住福祉社会論の焦点と構想」日本居住福祉学会編集委員会編『居住福祉研究』16，57-82頁。

野口定久（2016）『人口減少時代の地域福祉──グローバリズムとローカリズム』ミネルヴァ書房。

野口定久（2018）『ゼミナール地域福祉学──図解でわかる理論と実践』中央法規出版。

深井純一（1977）「水俣病問題の行政責任」宮本憲一編『公害都市の再生・水俣』（講座

　　地域開発と自治体②）筑摩書房，98-187頁。

水俣病研究会編（1996）『水俣病事件資料集』葦書房。

（三好禎之）

<table>
<tr><td>第11章</td><td>長期避難を余儀なくされた被災者の
生活再建</td></tr>
</table>

1　災害時における生活再建とは

　災害に人々がさらされた際，そこから生活再建をすることは比較的長期間の時間を要する場合がある。日本における災害救助法は，住宅の損壊等によって被災した住民への住宅提供として，応急仮設住宅の供与を行ってきた。同法における応急仮設住宅の供与期間は，建築基準法との関連から原則2年間とされている。しかし実際には，応急仮設住宅からの退去に時間を要する場合が少なくない。特に高齢社会を迎え，被災者の高年齢化によって，その傾向はさらに強まっている。

　2011年に発生した東日本大震災及びその後の原子力災害によって，これまでにない長期避難を経験することになった。長期にわたり避難指示が続き，住民の「帰還」が当分望めない住民も少なくない。特に，放射性物質の広範囲にわたる拡散にともない，その放射性物質の除去を「除染」という方法によって処理したが，この「除染」によって出た「除去土壌等」は，東京電力福島第一原子力発電所の立地自治体である双葉町・大熊町に「中間貯蔵施設」を設置し，搬送されている。最終的には福島県外に搬出することを想定した「中間貯蔵施設」であるが，その保存期間は震災から30年間とされており，同施設が設置された区域に土地を持つ住民は，少なくとも震災から30年間は「帰還」する条件を有しない。

　災害によって長期にわたり避難を余儀なくされた被災者の生活再建とは何か。災害を含むリスクに長期にさらされた際に，そのリスクからの回復過程に関する研究は，社会政策学及び社会福祉学における重要な課題といえる。

2　調査が示す長期化する避難生活

（1）旧山古志村住民の応急仮設住宅実態調査

　2004年10月23日に発生した新潟県中越地震は，中山間地域における地震被害として，阪神・淡路大震災とは異なる特徴を持っている。元々，中越地方は，全国有数の地滑り地帯とされる一方で，従来の丘陵地を宅地としてならし，市街地を形成してきた地域である。地震による大きな揺れは，山を崩し，家を倒壊させると同時に，地滑りや土砂崩れを発生させた。土砂崩れや地滑りなどにより，外部に通じる道路のすべてを寸断された旧山古志村（現・長岡市山古志地区）は，村民681世帯，2,168人のすべてが避難する，いわゆる全村避難を余儀なくされた。

　震災直後，村の行った調査では，旧山古志村被災者の9割以上が村に戻りたいと答えている。しかし，2006年7月末に筆者らが行った旧山古志村の仮設住宅3カ所の全戸調査では，時間の経過とともに村からの転出者も増え，当初は帰村を希望していた者のうち，少なくない人たちが帰村をあきらめ転出している事実を確認した。これは，住宅の再建だけでなく，道路・農地・学校・医療福祉サービスなど，生活基盤そのものの再建が課題となり，こうした地域にある生活基盤が一休的に再建されなければ，住み慣れた地域に住み続けることは困難であることを示している。

　調査対象は，旧山古志村仮設住宅全戸632戸のうち，2006年7月末現在の入居世帯数515世帯を分母とした。留置法によるアンケート調査を実施し，回収数は178世帯，有効回収率は34.7％であった。

　調査において，応急仮設住宅の退去の目処についての設問では，118世帯（66.3％）が目処が「たっている」と回答し，54世帯（30.3％）が「たっていない」と回答した（無回答6世帯）。

　また，帰村するかどうかについての設問では，「する」と回答したのが132世帯（77.2％），「しない」が29世帯（17.0％），「まだ決めていない」が10世帯（5.8％）であり，約2割の回答者が「しない」もしくは「まだ決めていない」という状況にあった（無回答7世帯）。これを損壊程度でみると，全壊世帯が「しない」と回答しているのが28.0％に対し，半壊・一部損壊世帯の方が「しない」と回答した

図 11 - 1　損壊程度別帰村の意向（旧山古志村調査）

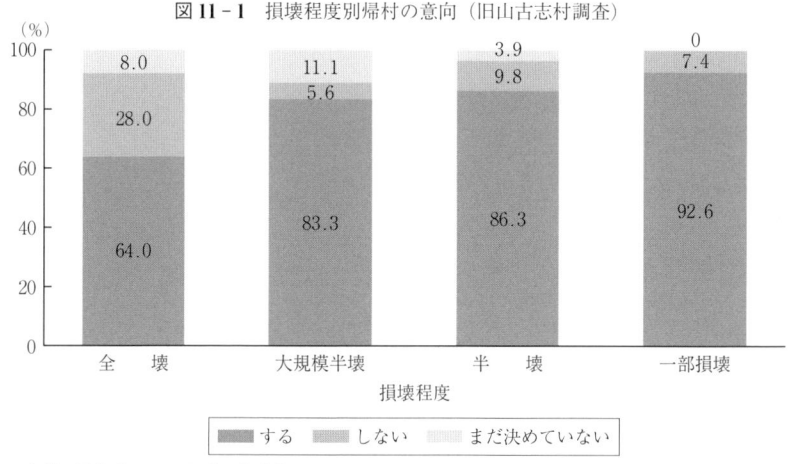

出所：丹波（2007：83）を一部改変。

数が1割未満に留まった（図11‐1）。ただし地区によっては，損壊の規模が高い世帯だけでなく，比較的損壊規模の少なかった世帯からの転出も一割前後と一定数存在することが確認できた。

　長期にわたる避難生活，見通しの立たない復旧工事，仕事や学校など実際の生活環境など，住宅や生活を再建していく過程の中で生まれる課題の前に，少なくない住民が帰村への迷いを感じ始めていた。村を走る路線バスの廃止が取りざたされるようになると，他の交通手段を持たない高齢者や村外の学校に通う子どもたちなどの移動にも支障が生じることになり，生活基盤そのものが失われてしまうことへの不安も募った。

　震災後，村からの転出で目立つのは，子育て世代を中心とした若年層の流出である。こうした世代の多くは，仕事や学校が長岡市や小千谷市などの「平場」にあるために，震災以降，交通事情もあり，生活の中心を村以外の「平場」に求める傾向が一層強くなっている。また，高齢であるために村での住宅再建をあきらめ，転出するケースもある。ちなみに，2007年2月15日現在の村全体の帰村は331世帯899人であり，震災前の681世帯の約半数に留まっている。

　このように，実際の災害においては，単に元の居住地への「帰還」という選択をするばかりとは限らない。むしろ，避難が長期化したり，実際の生活再建の条件（仕事や学校，地域生活など）によって，他の居住地における生活の再建を選択

する場合もあることが，同調査によって確認できた。

（2）　3回にわたる双葉郡住民実態調査

　その傾向が一層進むことになったのが，東日本大震災，特に原子力災害であった。2011年に発生した東日本大震災及びその後の原子力災害は，これまで住んでいた居住地に長期にわたり帰還することができない「長期避難」という特徴を示した。筆者は，2011年の東日本大震災直後から，被災者の生活再建上の課題を明らかにする研究を継続して行ってきた。原子力災害によって「長期避難」を余儀なくされた住民の生活再建上の課題を3つの大規模調査によって明らかにしてきた。

　3回にわたる調査は，第1回目を2011年9月，第2回目を2017年2月，第3回目を2021年12月に実施した（表11-1）。なお，本調査は無記名式で避難先の世帯分離状況も加味して対象を定めているため，住民基本台帳に基づく世帯と同一ではない。被災自治体は，東日本大震災後に避難する住民向けに広報誌を発送してきたが，本調査は，被災自治体の協力の下，広報誌発送のデータベースに基づき対象世帯に調査を行っている。無記名式であることから，パネル調査のような経年的な世帯の変化を把握することはできない。

1）長期間する避難

　「第1回双葉郡住民実態調査」（以下，「第1回双葉郡調査」）では，事故後の半年間の間に何回も避難場所を変えざるを得ず，かつその過程で家族や地域が離散している実態が浮き彫りになった。調査において避難回数をたずねたところ，1〜2回が17.2％であり，3〜4回が47.2％，5回以上が35.6％であった。中には半年間で10回以上避難場所を変えた者もいた（図11-2）。

　中には避難中に健康を害する者もみられた。例えば，自由記述には，「義父が避難中に脳梗塞になり，通院や介護のため，南相馬市へ移動した。80代の母は介護支援2級の身で，不自由。妻の父や母の体を考え，苦悩の生活中である」というような声に代表されるように，避難にともない高齢者が身体的・精神的健康を害したりするだけでなく，それによって他の家族も苦しい生活を強いられるケースがみられた。

表 11-1　3回にわたる双葉郡調査の調査概要

調査回	実施年月	調査票発送数 （全体）	回収数 （票）	回答率 （％）	備　　考
第1回	2011.9	28,184	13,630	48.2	
第2回	2017.2	26,582	10,013	37.7	広野町を除く7町村
第3回	2021.12	27,186	8,295	30.5	

出所：3回の調査を元に筆者作成。詳細は丹波（2023：159-246）を参照。

図 11-2　避難回数の割合（第1回双葉郡調査）

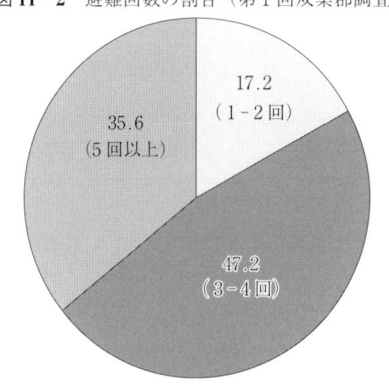

出所：福島大学災害復興研究所（2011）より筆者作成。

2）家族の離散

　また，もともと一緒に住んでいた家族が震災を通じて離散したケース（家族離散）が全体の3割近くを占める（図11-3）。とりわけ3世代以上の大規模家族において離散する傾向が高く，半数近くが経験している。これは震災により何度も避難先を変えざるを得ず，その過程において家族が離散していくケースもあるが，一方で，制度そのものが家族を事実上離散させている点も見過ごせない。災害救助法に基づく応急仮設住宅の居住環境の制約から，家族が制度上離散している状況が数多くみられた。例えば自由記述では，「大家族で暮らしていたが学校，仕事の都合で三重生活となり，とにかく生活費が大変。一つで済む生活用品をそれぞれ3つずつ買い，すべて揃えるだけでも大変。食費もバラバラにお金がかかり，貯金をとり崩して使っている」という声があった。双葉郡のように地方都市の場合，家庭によっては大規模家族で世帯人数が多いこともしばしばである。震災前

図 11 - 3　世帯別の家族離散（第 1 回双葉郡調査）

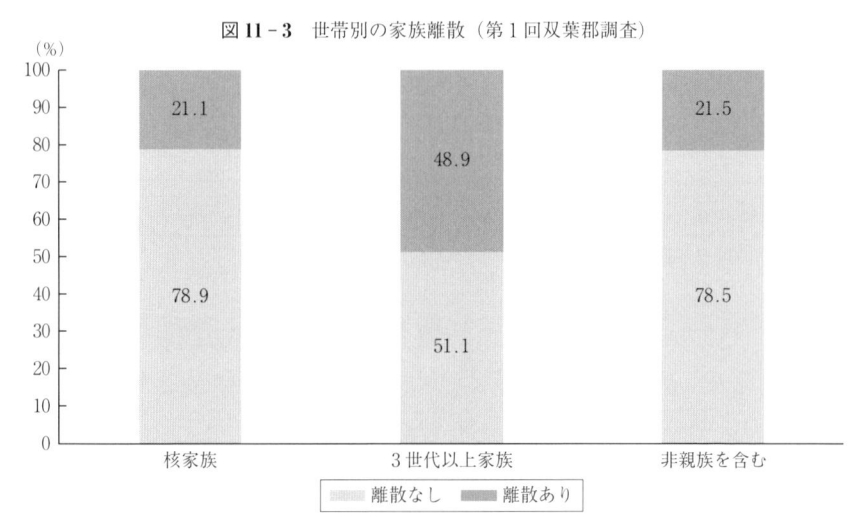

は 3 世代あるいは 4 世代が同居していても，応急仮設住宅に入る際，家族すべて
が一緒に入居することができず，別々に居所を持つことにより，結果として「家
族離散」となる。自由記述では，「大家族の為，仮設住宅へ入居できない」と
いった意見が多数あった。

3）仕　　事

仕事について，3 回にわたる調査で，その職業上の地位や業種について確認し
ている。「第 1 回双葉郡調査」では，現在の職業上の地位について，「無職」とし
ていたのが50歳以下で約 4 割と高水準にあったが，その傾向は「第 2 回双葉郡住
民実態調査」（以下，「第 2 回双葉郡調査」）でも依然として続いていた。「第 2 回双
葉郡調査」では，全体でみると，「正規の職員・従業員」については震災前
36.5%，震災後20.6%であった。「派遣社員」は震災前1.0%，震災後0.9%，
「パート・アルバイト（契約社員，嘱託を含む）」は震災前8.2%，震災後6.9%，
「自営業主（自由業を含む）」は震災前14.3%，震災後6.5%，「無職（主婦・主夫を
含む）」は震災前28.3%，震災後55.5%であった。「正規の職員・従業員」は震災
前後で15.9ポイント下がっていた。「自営業主（自由業を含む）」は7.8ポイント下
がっていた。一方で「無職（主婦・主夫を含む）」については震災前後で27.2ポイ
ント上がった（表11 - 2 ～ 4 ）。

表11‑2　震災前の職業上の地位（第2回双葉郡調査）

	調査数	正規の職員・従業員	派遣社員	パート・アルバイト（契約社員，嘱託を含む）	会社などの役員	自営業主（自由業を含む）	家族従業者（農家や商店など自営業主の家族）	内職	無職（主婦・主夫を含む）	学生	無回答
全　体	10,013	36.5%	1.0%	8.2%	4.0%	14.3%	4.8%	0.3%	28.3%	0.5%	2.1%
楢葉町	1,108	35.6%	1.2%	10.5%	2.3%	11.7%	4.6%	0.4%	30.6%	1.2%	1.9%
富岡町	2,440	41.2%	0.9%	7.5%	4.8%	11.6%	3.6%	0.3%	27.7%	1.0%	1.3%
川内村	314	27.1%	1.6%	5.7%	3.8%	17.5%	5.1%	0.6%	34.4%	0.3%	3.8%
大熊町	1,702	41.8%	1.2%	9.6%	4.3%	10.7%	4.0%	0.4%	26.1%	0.4%	1.6%
双葉町	1,020	36.5%	1.2%	7.4%	3.5%	14.8%	5.7%	0.4%	28.5%	-	2.1%
浪江町	3,029	32.6%	0.9%	8.2%	4.1%	18.2%	5.3%	0.3%	28.1%	-	2.4%
葛尾村	238	23.9%	0.8%	4.6%	2.1%	21.8%	12.6%	-	28.6%	1.7%	3.8%

出所：福島大学うつくしまふくしま未来支援センター（2018）。

表11‑3　現在の職業上の地位（第2回双葉郡調査）

	調査数	正規の職員・従業員	派遣社員	パート・アルバイト（契約社員，嘱託を含む）	会社などの役員	自営業主（自由業を含む）	家族従業者（農家や商店など自営業主の家族）	内職	無職（主婦・主夫を含む）	学生	無回答
全　体	10,013	20.6%	0.9%	6.9%	3.2%	6.5%	1.3%	0.7%	55.5%	0.2%	4.1%
楢葉町	1,108	21.8%	1.0%	8.3%	2.3%	7.4%	2.2%	0.5%	52.7%	0.5%	3.4%
富岡町	2,440	23.5%	0.8%	7.5%	4.0%	5.5%	0.8%	0.7%	53.4%	0.3%	3.5%
川内村	314	15.6%	1.6%	9.2%	3.8%	12.7%	4.5%	0.3%	45.5%	0.3%	6.4%
大熊村	1,702	24.1%	1.2%	6.4%	3.6%	4.8%	0.9%	0.6%	54.3%	0.2%	3.8%
双葉町	1,020	19.5%	0.6%	5.9%	2.6%	5.1%	1.3%	0.9%	60.4%	-	3.7%
浪江町	3,029	17.1%	0.8%	6.3%	3.1%	7.7%	1.1%	0.7%	58.7%	0.0%	4.5%
葛尾村	238	19.3%	2.1%	8.4%	1.3%	9.7%	3.4%	0.4%	50.8%	0.8%	3.8%

出所：表11‑2と同じ。

表 11 - 4　現在の仕事の業種（第 2 回双葉郡調査）

	調査数	農林漁業	建設業	製造業	電気・ガス・水道業	運輸・通信業	卸売・小売・飲食店	金融・保険業	不動産業	サービス業	公務	その他	無回答
全　体	6,886	12.0%	20.7%	9.0%	9.3%	3.5%	7.2%	1.4%	0.6%	15.2%	8.3%	10.9%	2.1%
楢葉町	731	10.4%	15.9%	11.8%	8.6%	4.5%	7.0%	2.5%	0.1%	16.8%	9.3%	10.9%	2.2%
富岡町	1,699	6.4%	22.0%	8.8%	10.4%	3.2%	8.2%	1.2%	0.8%	17.2%	9.2%	10.9%	1.9%
川内村	191	22.0%	23.0%	3.7%	2.1%	1.6%	7.9%	1.0%	0.5%	9.9%	11.0%	15.2%	2.1%
大熊村	1,218	8.9%	21.9%	7.2%	15.2%	2.5%	5.5%	0.8%	0.7%	16.7%	8.9%	9.9%	1.8%
双葉町	704	13.6%	17.2%	6.4%	13.6%	4.0%	6.3%	0.0%	0.4%	13.9%	9.7%	11.8%	2.3%
浪江町	2,098	15.4%	21.8%	10.9%	5.2%	4.0%	7.9%	1.5%	0.5%	13.8%	6.0%	10.7%	2.2%
葛尾村	157	37.6%	18.5%	6.4%	2.5%	3.2%	3.8%	2.5%	-	7.6%	7.0%	8.3%	2.5%

出所：表11 - 2 と同じ。

　震災前後の「仕事」の変化を見ると，震災後は生産年齢人口（15～64歳）でも 31.9%の者が「無職」の状態であった。これは震災前のそれ（10.3%）と比較すると，3 倍になっている。ここからも生活再建がまだ十分進んでいない実態が浮かび上がった（図11 - 4）。

　「第 3 回双葉郡住民実態調査」（以下，「第 3 回双葉郡調査」）において，現在の仕事について尋ねたところ，「正規の職員・従業員」は，45.6%であり，震災前は 62.1%であったことからみても大きく減少している。一方多かったのは，現在「無職（主婦・主夫を含む）」と回答した25.3%であり，震災前の9.8%と比べて約2.5 倍となっている（図11 - 5）。これは回答者の年齢構成が高く，65歳以上の者が約半数を占めていること，さらには震災から10年以降を経て年齢構成が高年齢に推移していることが背景にある。ただし，年齢別に見ると，30代で19.9%，40代で 14.5%，50代で20.3%と約 2 割が無職であることは無視できない。この傾向は，第 2 回調査でも見られたが，第 2 回調査から 4 年ほど経過し，かつ震災から10年以上を経過しても，働き盛りの生産年齢人口のうち無職の者が一定割合存在していることは仕事による生活再建が依然として進んでいないことを意味している。

4）住居の再建

　3 回にわたる双葉郡住民実態調査では，震災前と現在の住居の状況について調査している。

図 11-4　震災前後の仕事（第2回双葉郡調査）

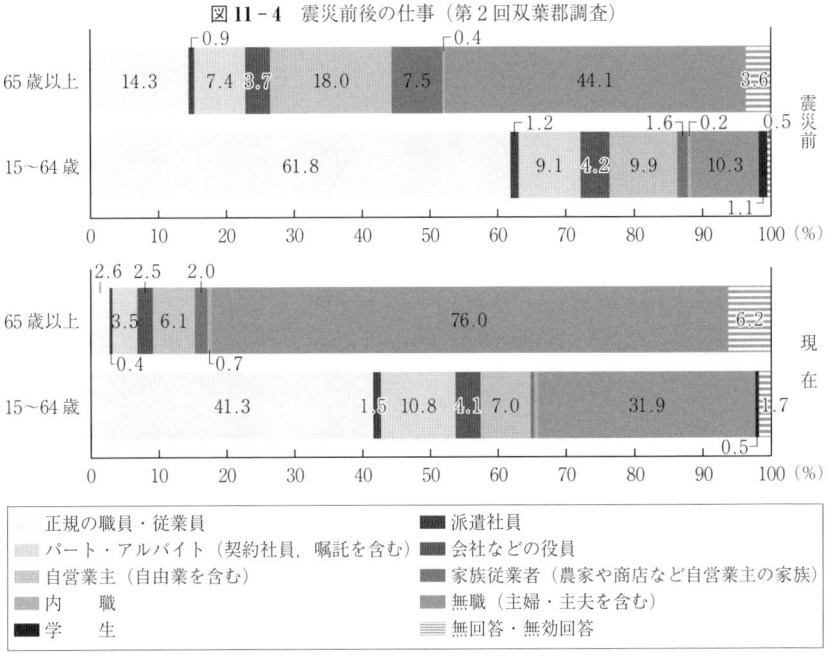

出所：丹波・清水編著（2019：142）。

図 11-5　震災前後の仕事の変化（第3回双葉郡調査）

凡例：
正規の職員・従業員　／　派遣社員
パート・アルバイト（契約社員，嘱託を含む）　／　会社などの役員
自営業主（自由業を含む）　／　家族従業者（農家や商店など自営業主の家族）
内　職　／　無職（主婦・主夫を含む）
学　生　／　その他

出所：筆者作成。

　「第1回双葉郡調査」では，元々住んでいた住まいの損壊状況について聞いているが，「全壊」が6％，「大規模半壊」が4％，「半壊」が10％，「一部損壊」が53％，「破損なし」が21％であり，約2割が損壊のない状況であった。

　避難先の住居種別では，いわゆるみなし仮設住宅といわれる「自治体が借り上げている住宅（民間借上げアパート）」が47％，次いで「仮設住宅」が18％，「その他」が11％，「自己負担の賃貸住宅」「親戚・知人宅」がそれぞれ10％であった。回答者年齢別に見ると，「仮設住宅」は高齢者が多く，「自己負担の賃貸住宅」は若い世代が多い傾向であった。避難場所を選んだ理由は，「親戚・知人の近くだから」が30％，「放射能の影響が心配だから」が23％，「職場が近いなど仕事の関係で」が22％，「経済的負担が少ないから」「行政の指導により」「学校など子供の関係で」がそれぞれ15～16％であった。一方，福島県内に避難している者については，「職場が近いなど仕事の関係で」が26％で最も多く，福島県外へ避難している者は，「親戚・知人の近くだから」が最も多く46％であった。避難場所の移動回数は，平均4.0回であった。

　「第2回双葉郡調査」では，震災前の住まいについては，その住まいがどの避難区域に該当するかについて確認したところ，全体の40.1％が帰還困難区域に該当した。次いで，居住制限区域が23.8％，避難指示解除準備区域が25.4％であった。ちなみに「それ以外」は6.5％であり，約9割の住民がいずれかの避難指示区域の中に住まいがあった。

　現在の住まいの種類について確認したところ，全体でみると，「仮設住宅（プレハブ・木造）」が7.7％，「みなし仮設住宅（民間借り上げ住宅等）」が16.8％であるのに対し，「購入・再建した持ち家（集合住宅を含む）」は45.0％であった。また，「元々住んでいた持ち家（集合住宅を含む）」は4.6％であった。これは地域別に見るとさらにその違いは大きい。避難指示解除が比較的早く進んだ川内村では，「元々住んでいた持ち家（集合住宅を含む）」が58.3％と多かった。一方，長期にわたる避難生活を余儀なくされた自治体においては，「購入・再建した持ち家（集合住宅を含む）」が多く，富岡町では46.6％，浪江町では46.9％，大熊町では55.3％，双葉町では57.3％を占めた（図11-6）。

　震災時の住まいの状況については，全体で見ると「問題なく居住することができる」が12.1％，「修理しないと住めない状態」が31.1％，「建て替えないと住め

図11-6　現在の住まいの種類（第2回双葉郡調査）

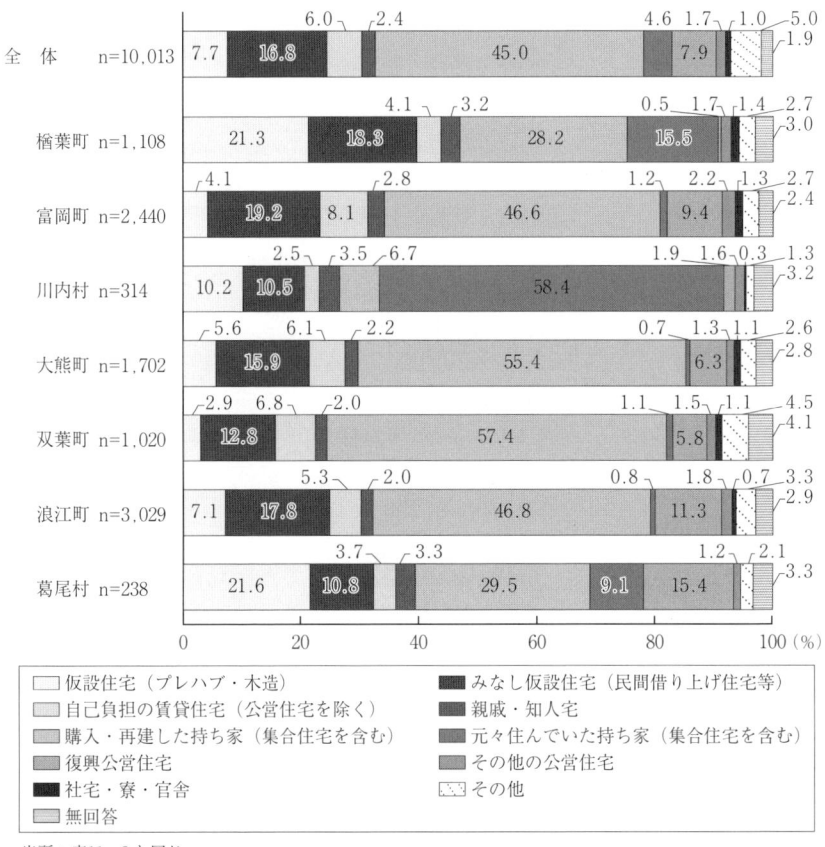

出所：表11-2と同じ。

ない状態」が22.3%，「取り壊した」が13.4%であった。問題なく居住できる住居は少なく，修理や建て替えをしないと住めないか，もしくはすでに取り壊したところも多かった。ちなみに避難指示解除が比較的早く進んだ川内村では，40.2%が「問題なく居住することができる」と回答した（図11-7）。

　同調査は，2017年2月から3月にかけて実施された。そのため，上記の浪江町・富岡町は避難指示解除がまだされていなかった時期にあたる。長期にわたる避難生活の中で，元の住まいのほとんどは問題なく住める状態にはなく，何らかの修理・建て替えを要していた。そうしたことも要因となり，避難先で新たに住

図 11-7　震災時の住まいの状況（第 2 回双葉郡調査）

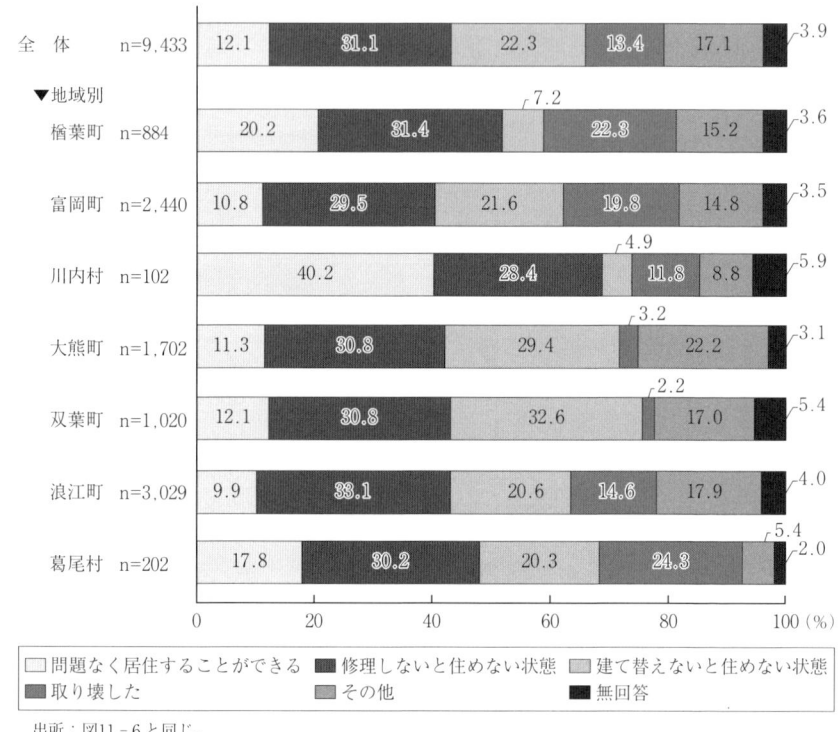

宅を購入し，避難先での「定着」が進む実態が浮かびあがった。

　自由記述をみると，避難元の住まい，あるいは今後の帰還について様々な意見がみられた。その内容は，長期にわたる避難生活によって，元の自宅が荒廃していく様子に気持ちが滅入ってしまう様子や，震災後の生活環境の変化によって，ふるさとへ戻ることへの不安，避難先での環境への適応から帰還をあきらめたなど，それぞれの家族が避難生活の中で揺れ動いていた心情が読み取れる。

　　「避難先に住宅を建て，やっと落ち着きが見えてきたが，一時立入にて大熊町の自宅に帰ると，家の中は荒れ，回りは雑草伸び放題で，気持ちが落ち込んで帰ってくる。また，私達の土地は中間貯蔵施設候補地になっており，先祖代々の土地は，30年間国に使用され（地上権契約），30年後も戻るか分からない状態である。県・町は地権者に寄り添って支える体制が整備されてい

ない。中間貯蔵地権者は誰を頼ればよいのか，私達は大熊町民だ。」

　「震災前同居していた息子達と，もしこれから同居することになっても，うまく生活していけるか不安がある。現在お互いに別の生活スタイルなので。富岡に戻れるとなっても，周りが戻ることもなさそう。戻りたいが戻れない。戻ってもいいのか…。原発さえ何事もなかったら，大変だった生活もお互い助け合いながら続けていたのでは…と今も思う日々。」

　「娘が小学校入学の年に震災となり，7回程の移動を経て，現在のいわき市に落ち着きました。生きて行くために必死で，あっという間に時間が過ぎました。母子家庭のため，悩みはつきません。幸いにも娘は元気に学校に通っているし，友達もできたので，戻るつもりはありません。」

　「第3回双葉郡調査」において，被災した住民が現在どこに住んでいるかという設問では，「震災時に住民票のあった自治体」が21.5％，「震災時とは異なる福島県内の自治体」が55.3％，「震災時とは異なる福島県外の自治体」が21.5％であった。別の設問で，震災時の住居に住んでいるかという設問では，「震災時の住居に住んでいない」が83.3％であり，「震災時の住居に住んでいる」は15.3％であった（無回答1.5％）。では現在はどのような住居に住んでいるかという設問では，最も多かったのが，「購入・再建した持ち家（集合住宅を含む）」で，60.0％であった。次いで多いのが，「元々住んでいた持ち家（集合住宅を含む）」13.1％，「復興公営住宅（災害公営住宅）」10.0％，などであった。「第2回双葉郡調査」同様に，避難先で新たに再建した住居に住んでいる被災者が多いことがうかがえる。なお，自治体別にみると，帰還困難区域内を多く含む自治体ではさらにその傾向は顕著であり，双葉町70.6％，大熊町69.0％，浪江町65.7％，富岡町64.8％の回答者が「購入・再建した持ち家（集合住宅を含む）」で生活していた。

5）帰還意志

　長期化する避難生活は帰還への意志に影響を与える。長期化すればするほど「帰還する」と回答する者が減っていくことが予想されるが，「第1回双葉郡調査」では，震災から半年の段階での帰還意向について確認している。

　地域別の帰還意向について確認すると，「すぐにでも戻る」と回答した者が比較的多かったのは，広野町・葛尾村・川内村であった。一方，「戻る気はない」と回答した者が多かったのは，大熊町・双葉町・富岡町・浪江町であり，帰還困

図 11-8　帰還の意志（第 3 回双葉郡調査）

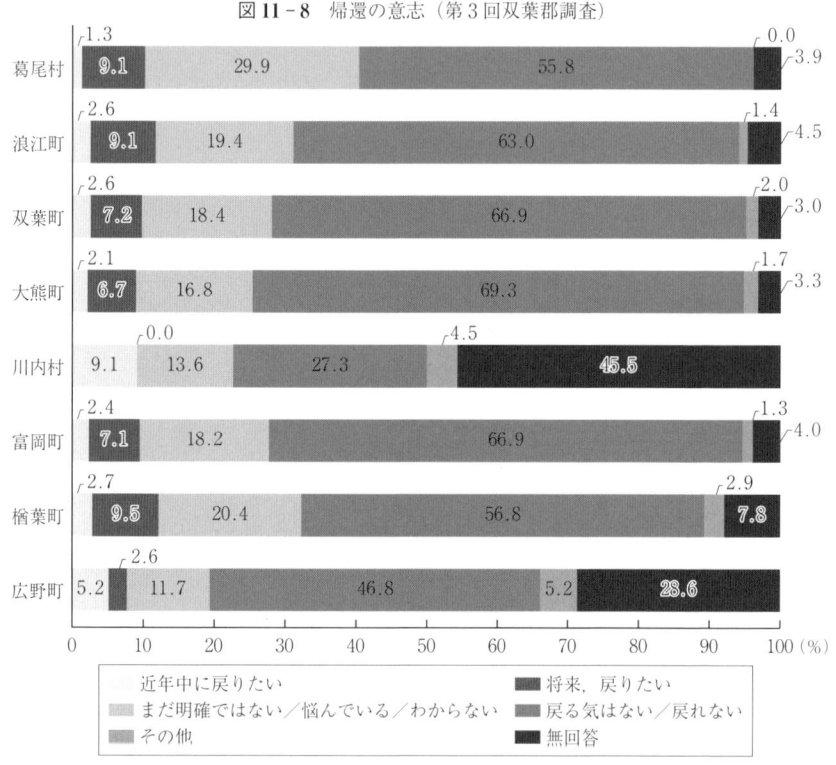

凡例:
- 近年中に戻りたい
- まだ明確ではない／悩んでいる／わからない
- その他
- 将来，戻りたい
- 戻る気はない／戻れない
- 無回答

出所：丹波ほか（2023）。

難区域を抱え，避難指示解除がすぐには見込めない自治体では，帰還意向が少ない傾向が窺えた。ただし，震災から半年ほどで実施された調査であるため，情報が十分にないことも影響していると見る必要がある。

　一方，若年層ほど「戻る気はない」と回答しているケースが多い。34歳以下の46.0％が，35～49歳の31.9％が「戻る気はない」と回答している。特に子育て世代の不安は大きく，放射能汚染によって住み慣れた地域に戻ることができないと感じている者も少なくない。

　「戻らない」と回答した者にその理由を尋ねる（複数回答）と，最も多かったのが「放射能汚染の除染が困難」で83.1％，次いで「国の安全宣言レベルが信用できない」65.8％，「原発事故の収束が期待できない」61.4％となっていた。

　「第2回双葉郡調査」において帰還意向について確認したところ，全体では「近年中に戻りたい」が6.8％，「将来，戻りたい」が10.4％，「まだ明確ではない／悩んでいる／わからない」が19.7％，「戻る気はない／戻れない」が57.5％であった。調査時期が避難指示の解除が進む前の2017年2月であったため，「戻る気はない／戻れない」が全体で約6割を占め，町の大半が帰還困難区域である大熊町や双葉町にあっては約7割が「戻る気はない／戻れない」と回答した。一方で「戻る気はない／戻れない」以外の帰還を希望する者や悩んでいる者も一定数存在することも無視することはできない。

　「第3回双葉郡調査」においても，帰還の意志を確認している。多くの自治体において，「戻る気はない／戻れない」と回答した者が3割から7割程度存在していた（図11-8）。帰還困難区域を多くかかえる自治体ほどその傾向は強く，避難の長期化が帰還意志に反映した形となった。

3　被災者の尊厳を回復する社会政策の必要性

　東日本大震災経験をふまえ，生活再建についても言及している室崎益輝は，東日本大震災は一人ひとりの生活再建のあり方が鋭く問われた災害であるとし，「住宅再建や集団移転あるいは産業復興といった側面から復興が語られることはあっても，生活再建という側面から語られることは極めて限定的である」（室崎2013：9）と東日本大震災における復興の問題点を指摘している。室崎によれば，「生活再建」とは「被災者が，災害によって受けた種々のダメージを克服して，災害前のように自立して生活ができるようになること」（室崎 2013：11）であるとする。その上で，被災者の生活再建を進めていく上で，「生活総体の回復」「生業支援と生きがいしごと」「心のケアと地域とのつながり」などが重要であると指摘する。特に「生活総体の回復」では，「医・職・住・育」とする4要素の重要性を提起する。その中で「住」に関わる住宅再建に言及し，「住宅再建は生活再建の必要条件であっても十分条件ではない」とし，阪神・淡路大震災では，住宅の再建は達成できても，「心身の障害が回復しないために，また仕事や雇用が確保できないために，さらには人間関係が回復できないために生活再建が成しえないという状況が広範囲に生まれた」（室崎 2013：12）という事実を指摘した上

で,「4 要素である『医・職・住・育』は, 相互に密接に関係」し,「暮らしの総体を回復させる」視点が重要であるとしている。

それは, 被災時に生活していた場所への「帰還」でも, 被災した「住宅」の再建でもない。被災した住民が, いずれの場所においても,「災害前のように自立して生活ができる」ようにするための「暮らしの総体を回復」といえる。さらに「国内避難に関する指導原則」に依拠するならば,「避難に関連する特別な援助と保護のニーズ」を解消し, 政治的・社会的・経済的諸権利を行使することが, 他の市民と同様に遜色なくできることであろう。

特別な援助や保護を要するニーズには, 災害法制に基づく支援や, 原子力災害においては福島復興再生特別措置法のような特別措置法などによる一定の重点的施策で対応することが必要である。ただし, こうした特別対策を恒久的に続けることではなく, 通常の一般対策につなげていくことが重要である。さらにいえば, その一般対策としての通常の社会政策に関わる諸制度が脆弱なほど, 災害などのリスクにさらされた際, その被害がさらに困難なものになることが災害研究では確認されている。その点をふまえれば, 特別対策を長期間続けるのではなく, 通常の社会政策の不十分さを改善し, 一般対策を充実させて, 将来の災害等のリスクに備えることが重要になっていくのである。

注
(1)　なお, 分母は2006年7月末現在の入居世帯数としたが, 翌月（2006年8月末）の時点では, 入居世帯は472世帯であった。1カ月で43世帯が応急仮設住宅から退去したことになる。この時期, 一部集落において帰村が始まったことなどによる変化とみられる。そのため, 調査分母には若干の誤差が生じる可能性があるが, 形式上7月末とした。

参考文献
越山健治（2012）「住宅再建と地域復興」関西大学社会安全学部編『検証　東日本大震災』ミネルヴァ書房, 134-150頁。
越山健治・室崎益輝（2001）「阪神・淡路大震災における住宅再建の現状と課題——2000年被災者アンケート調査を通じて」『地域安全学会論文集』3, 17-22頁。
越山健治・立木茂雄・小林郁雄ほか（2003）「災害復興公営住宅居住者の復興感分析——2002年兵庫県災害復興公営住宅団地コミュニティ調査報告」『地域安全学会論文

集』5(0), 237-244頁。

丹波史紀（2007）「中山間地の災害復興と被災者生活再建の課題——旧山古志村被災住民に対する住宅再建調査を通して」『福島大学地域創造』19(1), 76-90頁。

丹波史紀（2014）「東京電力福島第一原子力発電所事故の現状と復興に向けた課題」『学術の動向』19, 72-76頁。

丹波史紀（2023）『原子力災害からの複線型復興——被災者の生活再建への道』明石書房。

丹波史紀・佐藤慶一・サトウタツヤほか（2020）「東京電力福島第一原子力発電所事故にともなう長期避難の実態——2017年第2回双葉郡住民実態調査」『東京大学大学院情報学環紀要情報学研究・調査研究編』36, 1-65頁。

丹波史紀・安本真也・静間健人・関谷直也・小山良太・服部正幸（2023）「東京電力福島第一原子力発電所事故にともなう長期避難の実態——2021年第3回双葉郡住民実態調査」『東京大学大学院情報学環紀要情報学研究・調査研究編』39, 169-237頁。

丹波史紀・清水晶紀編著（2019）『ふくしま原子力災害からの複線型復興——一人ひとりの生活再建と「尊厳」の回復に向けて』ミネルヴァ書房。

福島大学うつくしまふくしま未来支援センター（2018）「第2回双葉郡住民実態調査報告書」。

福島大学災害復興研究所（2011）「第1回双葉郡住民実態調査報告書」。

室崎益輝（2013）「東日本大震災後の生活再建に向けて」『人間福祉学研究』6(1), 9-18頁。

室崎益輝・冨永良喜・兵庫県立大学大学院減災復興政策研究科編（2018）『災害に立ち向かう人づくり——減災社会構築と被災地復興の礎』ミネルヴァ書房。

山古志村史編集委員会編（1985）『山古志村史——通史』。

山古志復興新ビジョン研究会（2005）「山古志復興新ビジョン——住民主導による創造的復興に向けて」。

山古志村（2005）「山古志復興プラン——帰ろう山古志へ」。

（丹波史紀）

<table>
<tr><td>第12章</td><td>賃金労働障害者の障害受容は，日常生活
満足度に影響を及ぼすのか
──自己効能感の媒介効果</td></tr>
</table>

1 研究目的

　すべての人々は経済活動を通じて社会構成員として自己効能感を高め，日常生活の満足度を高めて生活する。障害者にとって職業は自己実現に不可欠な手段であり，生計維持と社会生活のための機会を提供する。したがって，障害者の場合，障害特性を考慮して雇用安定性を保障するためには，適切な経済活動の場が確保されなければならない（クォン 2019）。

　韓国では，経済的に豊かになり，障害者の積極的な権利主張が普遍化している中で，障害者の就業と社会参加に対するニーズが一層高まり，障害者の雇用は量的により増加傾向にある（韓国障害者雇用公団・雇用開発院 2018）。同時に，障害者に対する社会的認識も共に向上し，障害者雇用を促進する障害者雇用義務制と最低賃金の適用除外認可といった制度等を国が設け，障害者の雇用促進を支えている（雇用労働部 2017）。このような努力の結果，障害者の労働市場への参入障壁は低くなり，賃金労働障害者の数も割合も着実に増加している（クォン 2020）。

　障害者雇用政策における障害者の就業は，障害者当事者の経済的独立を実現し，社会心理的な問題を解決し，障害者がリハビリテーションや社会適応及び日常生活の満足度を高める機能を果たす（ヨム・イ 2014）。障害者の日常生活満足度の適正水準を維持するための取り組みとして，障害受容の重要性が次第に強調されている（Albrecht & Devlieger 1999）。障害受容は，障害者個人はもちろん，社会共同体内で他の構成員と融合して円満な経済活動ができるようにするための非常に重要な要因として職業活動に肯定的な影響を及ぼすことになり，雇用満足はもちろん日常生活満足度を高める重要な影響要因といえる（クォン 2020）。

　また，障害者の職業活動において，自分の障害を受け入れ克服できるよう支援する障害の受容とともに，障害者が自分の能力をどれほど信頼できるかについて

の重要な要因は自己効能感（self-efficacy）である（Maujean & Davis 2013）。クォン・ムン（2018）は，障害者の自己効能感こそ日常生活満足度に影響を及ぼす主な要因だとした。

　しかし，賃金労働障害者を対象に障害の受容と自己効能感が日常生活に及ぼす影響に関する分析は非常に少ない。したがって，本研究は賃金労働障害者の障害受容が日常生活満足度に及ぼす影響関係を分析し，加えて障害受容と日常生活満足度に及ぼす自己効能感の媒介効果を分析しようとする。これを通じて賃金労働障害者の障害受容と自己効能感，日常生活満足度間の影響関係に基づき，賃金労働障害者の日常生活満足度を高めるための示唆点を提示する。
本研究の研究問題は以下のとおりである。

　第1に，賃金労働障害者の障害受容は日常生活満足度に影響を及ぼすか。

　第2に，賃金労働障害者の自己効能感は障害受容が日常生活満足度に及ぼす影響に媒介効果を持つのか。

2　理論的背景及び先行研究の検討

（1）韓国の賃金労働障害者の現況

　韓国の15歳以上の障害者人口に対する就業障害者の割合は，2020年現在37.0%（15歳以上人口に対する全国就業者の割合63.0%）であり，障害者の失業率は5.9%で2019年度障害者失業率6.3%に比べてやや減少しているが，全国失業率4.5%に比べると依然として高い水準である（韓国障害者雇用公団・雇用開発院 2020b：12）。

　障害者の経済活動状態の構成をみると，2020年現在の賃金労働者は69.5%で，このうち常用労働者は39.5%，日雇労働者は8.2%，臨時労働者は21.8%だ。非賃金労働者は30.5%で，このうち自営業者は27.1%，無給の家族従事者は3.3%だ。賃金労働者のうち常用労働者は2017年に比べて12.6%増加し，日雇労働者は11.6%減少した（韓国障害者雇用公団・雇用開発院 2020a）。

　2020年5月現在，全国賃金労働者の月平均所得は268.1万ウォンで，2017年の243万ウォンに比べて25.1万ウォン増加した。2020年5月現在，賃金労働障害者の月平均所得は192.2万ウォンで，2017年の171万ウォンに比べて21.2万ウォン増加した。すなわち，全国賃金労働者の月平均賃金に比べて増加幅も少なく，賃金

表 12-1　賃金労働障害者の月平均労働所得水準

(万ウォン)

区　　分	2014年		2017年		2020年	
	賃金労働障害者	全国賃金労働者*	賃金労働障害者	全国賃金労働者**	賃金労働障害者	全国賃金労働者***
賃金労働障害者月平均勤労所得（全国賃金労働者の月平均賃金対比率）	152.5	2,240 (68.1%)	171.0	243.0 (70.4%)	192.2	268.1 (71.7%)

注：2020年5月基準である。
出所：＊統計庁（2014）『経済活動人口調査勤労形態別付加調査』，＊＊統計庁（2017）『経済活動人口調査労働形態別付加調査』，＊＊＊韓国障害者雇用公団（2020）『2020年障害者経済活動実態調査』，統計庁（2020）『経済活動人口調査労働形態別付加調査』。

労働障害者の賃金水準も賃金労働者全体の月平均賃金の71.7%より依然低い（表12-1）。

（2）主要変数の影響関係についての先行研究の検討

　障害受容とは，障害によって発生した生の結果を受け入れ理解する過程で，障害によって自分の価値が低くなるとは考えず，障害は単に不便や制限を与えるものと考え，認めることを意味する（Livneh 2001；カンほか 2008）。障害受容は産業災害の領域で多く使われたが，リハビリテーション心理文献では，しばしば障害に対する受容を適応という単語で表現し，適応段階を一般的に，衝撃，回復への期待，悲嘆反応，防御，そして適応の5段階で提示する（Martz et al. 2000）。このように，障害受容という用語は肯定的または否定的な方法で使用され，認知的・知覚的要素を強調する時には，障害認知（disability acknowledgement）と表現することもある（Martz et al. 2000）。Martz et al.（2000）は，障害受容の認知的側面を①障害者として自己受容，②新たな自我概念，③人生価値の再評価，④人生の新たな意味と目標追求，の4つの状態に，情緒的側面を①肯定的自己価値感，②残存したり新しい潜在力の能動的追求と模索，③社会的職業的目標の能動的追求，④障壁の克服，の4つに区分した。障害による否定的な効果を防ぐためには，人生の意味と価値領域を拡張し，障害受容を助ける他の価値を発見し，自分の能力に合わせて内的な価値体系に転換しなければならない（Groomes & Linkowski 2007）。

　自己効能感は自分の能力に対する確信であり，成功的な遂行に対する信じる心である。これは，危機状況において問題解決のために資源を動員して必要な行動を組織化できるという個人的な信念に対する認知的な評価である（クォン 2019）。このような自己効能感は障害賃金労働者の社会心理的特性要因であり，ストレス症状を緩和し，対処行動を強化する心理的資本の役割を果たす（Luthans et al. 2004）。クォン・ムン（2018）は，障害者の自己効能感は日常生活に影響を及ぼし，自己効能感増進プログラムの運営を通じて日常生活満足度をさらに効果的に高めることができると述べた。日常生活満足度とは，個人生活全般に対する満足感で，個人が持つ期待が環境との相互作用の中で効率的かつ適切に満たされるかについての主観的かつ相対的な評価といえる（キム 2017）。

　障害受容と自己効能感の影響関係に対する先行研究としては，ヤンら（2017），イら（2018）などの研究があり，障害受容と日常生活満足度の影響関係についての先行研究を見ると，キム（2017），イ（2013）などの研究があり，自己効能感と日常生活満足度の影響関係についての先行研究を見ると，クォン・ムン（2018），コ（2019）などの研究がある。このような先行研究の検討の結果，本研究の主な変数である障害受容，自己効能感，日常生活満足度の間には相互相関関係があることが推測できる。

3　研究方法

（1）研究モデル
　本研究は賃金労働障害者の障害受容が日常生活満足度に及ぼす影響から自己効能感の媒介効果を検証しようとする。研究モデルは図12-1の通りである。

（2）研究対象及び資料収集
　本研究では，韓国障害者雇用開発院が実施した「障害者雇用パネル調査2次ウェーブ5次調査」（2020年6月～9月）のデータを分析した。調査対象は，「2022年障害者雇用パネル調査（2次ウェーブ1次調査）」で構築したパネルで，障害者福祉法で規定している15の障害タイプに登録した障害者4,577人である。このうち本研究は，賃金障害者を対象に欠陥データを除いた1,532人を研究対象とする。

図 12 - 1　研究モデル

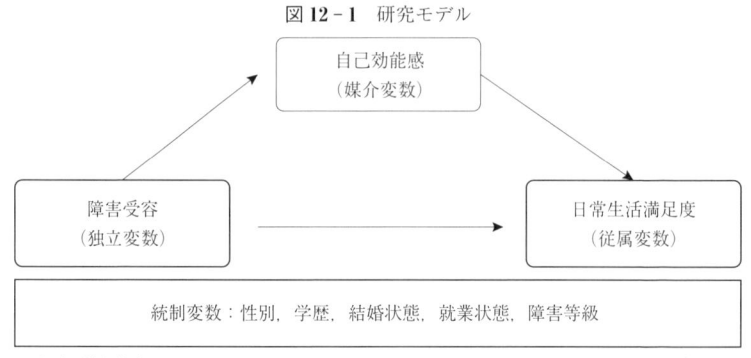

出所：筆者作成。

（3）変数の定義及び測定ツール

1）独立変数──障害受容

　障害受容検査は，Kaiser et al.（1987）の障害受容尺度（Disability Acceptance Scale：DAS）9 項目とペクら（2001）が開発し，カンら（2008）が妥当化研究を行った自己受容検査の障害克服要因 3 項目を含め計12項目を使用した。否定的な意味の質問を逆コーディングした後，関連項目を平均して「全般的障害受容度」と分析した。各項目は「全くそうではない」＝ 1 から「非常にそうだ」＝ 5 点リカット尺度（likert scale）で測定した。各項目の平均値の点数が高いほど全般的障害受容度が高いことを意味する（「2020年障害者雇用パネル調査（2 次ウェーブ 5 次調査）」）。本研究において障害受容の Cronbach's Alpha 値は .77である。

2）媒介変数──自己効能感

　自己効能感は Schwarzer & Jerusalem（1993）が開発した一般的自己効能感ツールを Lee et al.（1994）が開発した韓国版一般的自己効能感ツール（Korean Adaptation of the General Self – Efficacy Scale）10項目で測定した。各項目は「全くそうではない」＝ 1 から「非常にそうだ」＝ 4 のリカット尺度で測定した。各項目の平均値の点数が高いほど自己効能感が高いことを意味する（「2020年障害者雇用パネル調査（2 次ウェーブ 5 次調査）」）。本研究において自己効能感の Cronbach's Alpha 値は .90である。

3）従属変数──日常生活満足度

　日常生活満足度は「障害者雇用パネル調査（2 次ウェーブ 5 次調査）」（2020年 6

～9月）データで使用している尺度を使用した。この尺度は「家族との関係」「友達との関係」「住んでいるところ」「健康状態」「1カ月の収入（または小遣い）」「自己効能感」「していること」「結婚生活」「全般的満足度」の9項目に対する満足度を「非常に不満足」＝1から「非常に満足」＝5のリカット尺度で測定している。各項目の平均値の点数が高いほど日常生活満足度が高いことを意味する。本研究において日常生活満足度のCronbach's Alpha値は.71である。

4）統制変数

統制変数は，クォン・ムン（2018），クォン（2019），キム（2017）など障害者の障害受容，自己効能感，日常生活満足度に関する研究で頻繁に使用されている性別，結婚状態，教育レベル，障害タイプを人口学的属性変数として使用した。本研究のモデル分析のための回帰分析ではダミー変数（Dummyvariables）を用いた。ダミー変数において準拠集団は，性別では「男性」，年齢では「40-49歳」，教育レベルでは「高卒」，結婚状態では「結婚（同居）」，障害タイプでは「身体障害」である。

（4）分析方法

SPSS 25.0プログラムを利用して頻度分析，技術統計，相関分析を実施し，研究モデルを検証するため PROCESS macro v.3.5を活用しようとしており，媒介効果分析のため Hayes（2013）の Model4 を活用した。また，ブートストラッピング（bootstrapping）により媒介効果の有意性を検証しようとした。

4　研究結果

（1）技術統計分析結果

1）人口社会学的属性

人口社会学的属性は表12-2のように，性別は男性75.5%（1,156人），女性24.5%（376人）で男性比率が高かった。年齢は40-49歳が32.8%（502人）で最も多く，次が50-59歳22.4%（343人），30-39歳22.0%（337人）の順だ。教育レベルは高卒が46.5%（712人）で，大卒以上が39.0%（597人），中学校以下14.6%（223人）の順だ。結婚状態を見ると，結婚（同居）が56.5%（866人）で最も高く，未

表12‐2　調査対象者の人口社会学的属性（*N*＝1,532）

区　　分	項　　目	頻度（人）	有効パーセント（%）
性　　別	男　　性	1,156	75.5
	女　　性	376	24.5
年　　齢	15-29歳	167	10.9
	30-39歳	337	22.0
	40-49歳	502	32.8
	50-59歳	343	22.4
	60-68歳	183	11.9
教育レベル	中卒以下	223	14.6
	高　　卒	712	46.5
	大卒以上	597	39.0
結婚状態	未　　婚	485	31.7
	結婚／同居	866	56.5
	離　　婚	137	8.9
	死　　別	32	2.1
	別　　居	12	0.8
障害タイプ	身体外部障害	962	62.8
	感覚障害	369	24.1
	精神的障害	126	8.2
	身体内部障害	75	4.9

出所　筆者作成。

婚が31.7%（485人）の順だ。障害タイプは身体外部障害が62.8%（962人）で最も多く，感覚障害が24.1%（369人），精神的障害が8.2%（126人），身体内部障害が4.9%（75人）の順だ。

2）主要変数の技術統計と相関関係

　主要変数の技術統計と相関関係の分析結果は表12‐3の通りである。独立変数である障害受容の平均値は3.20（標準偏差：0.49）で，「そうだ」（3.0）よりやや高くなった。媒介変数である自己効能感の平均値は2.95（標準偏差：0.49）で，「そうではない」（2.0）より高くなった。従属変数である日常生活満足度の平均値は3.44（標準偏差：0.55）で，「普通」（3.0）より高くなった。歪度の絶対値は

表 12-3　主要変数の記述統計と相関関係（$N = 1,532$）

変　数	平均値	標準偏差	障害受容	自己効能感	日常生活満足度
障害受容	3.20	.49	1		
自己効能感	2.95	.49	.545**	1	
日常生活満足度	3.44	.55	.419**	.406**	1

注：**：$p < 0.01$
出所：筆者作成。

3。尖度の絶対値は7未満で，すべての変数が正規性仮定の必要条件を充足したことが分かった。

　相関関係の分析結果を見ると，障害受容，自己効能感，日常生活満足度間の相関関係が有意レベル $p < 0.01$ で有意に現れた。相関係数値もすべて0.8以下であり，変数間の多重共線性が疑われる変数がないことが検証された。相関関係の方向性は障害受容と自己効能感，障害受容と日常生活満足度，自己効能感と日常生活満足度のいずれも正（+）的の相関関係があることが分かった。

（2）障害受容と日常生活満足度の関係で自己効能感媒介効果の検証

　障害者の障害受容と日常生活満足度との関係で自己効能感の媒介効果を検証するために，Hayes（2013）の SPSS プロセスマク Model4 による媒介効果分析を実施した。分析手続きで第1段階では障害受容が自己効能感に及ぼす影響を検証し，第2段階では障害受容が日常生活満足度に及ぼす影響を検証した。第3段階では障害受容と自己効能感が日常生活満足度に及ぼす影響を検証した。

　第1段階では，自己効能感に対する障害受容の回帰モデルが統計的に有意であり（$F = 91.493$, $p < .001$），説明力は42.0%（$R^2 = 0.420$）である。回帰係数の影響力である自己効能感に対する障害受容の影響は正（+）的で有意に示された（coeff = .462, $p < .001$）。すなわち，障害受容がなされるほど自己効能感が高くなるということを意味する。障害受容が1単位増加すると，自己効能感は.462ほど高くなるといえる。ダミー（dummy）化した統制変数には，教育レベルのうち大卒以上ダミー（dummy）（coeff = .071, $p < .01$）が正的（+）として有意な影響を及ぼした。結婚状態のうち未婚ダミー（coeff = -.064, $p < .05$），障害タイプのうち精神的障害ダミー（coeff = -.547, $p < .001$）が負的（-）に有意な影響を及ぼした。つまり，大

表12-4　障害受容が自己効能感に及ぼす影響（第1段階）（N=1,532）

項　　目		coeff	S.E.	t	F	R²
定　数		1.541***	.070	22.159		
独立変数	障害受容	.462***	.021	22.492		
統制変数	15-29歳ダミー	-.017	.040	-.430		
	30-39歳ダミー	-.057	.028	-2.030		
	50-59歳ダミー	-.006	.027	-.238		
	60-69歳ダミー	-.037	.037	-.992		
	中卒以下ダミー	-.026	.032	-.816	91.493***	.420
	大卒以上ダミー	.071**	.022	3.272		
	女性ダミー	-.037	.023	-1.632		
	未婚ダミー	-.064*	.027	-2.390		
	離婚ダミー	.028	.035	.797		
	感覚障害ダミー	.005	.023	.206		
	精神的障害ダミー	-.547***	.040	-13.660		

注：*：$p<.05$，**：$p<.01$，***：$p<.001$
　　Reference group：性別＊男性，年齢＊40-49歳，教育レベル＊高卒，結婚状態＊結婚（同期），障害タイプ＊身体外部障害
出所：筆者作成。

卒以上の場合，自己効能感が高く，未婚や精神的障害を持っている場合に，自己効能感が低いことを意味する（表12-4）。

　第2段階では，日常生活満足度に対する障害受容の回帰モデルが統計的に有意であり（$F=84.990$, $p<.001$），説明力は40.2％（$R^2=0.402$）である。回帰係数の影響力である日常生活満足度に対する障害受容の影響は正的（＋）で有意に示された（coeff=.369, $p<.001$）。すなわち，障害受容が行われるほど日常生活満足度が高くなるということを意味する。障害受容が1単位増加する時の日常生活満足度は.369ほど高くなるといえる。ダミー化した統制変数には，年齢レベルのうち15-29歳ダミー（coeff=.116, $p<.01$），30-39歳ダミー（coeff=.107, $p<.001$）が正（＋）的に有意な影響を及ぼし，60-69歳ダミー（coeff=-.120, $p<.01$）が負的（－）に有意な影響を及ぼした。教育レベルのうち大卒以上（coeff=.101, $p<.001$）が正的（＋）に有意な影響を及ぼし，中卒以下のダミー（coeff=-.115, $p<.01$）が負的（－）に有意な影響を及ぼした。結婚状態のうち未婚ダミー（coeff=-.533, $p<.$

表12-5　障害受容が日常生活満足度に及ぼす影響（第2段階）（$N=1,532$）

項　　目		$coeff$	S.E.	t	F	R^2
定　　数		2.453***	.078	31.366		
独立変数	障害受容	.369***	.023	15.961		
統制変数	15-29歳ダミー	.116**	.045	2.611		
	30-39歳ダミー	.107***	.031	3.406		
	50-59歳ダミー	-.042	.031	-1.363		
	60-69歳ダミー	-.120**	.041	-2.894		
	中卒以下ダミー	-.115**	.036	-3.179	84.990***	.402
	大卒以上ダミー	.101***	.024	4.162		
	女性ダミー	-.015	.025	-.580		
	未婚ダミー	-.533***	.030	-17.647		
	離婚ダミー	-.593***	.039	-15.013		
	感覚障害ダミー	-.014	.026	-.553		
	精神的障害ダミー	.061	.045	1.366		

注：＊：$p<.05$，＊＊：$p<.01$，＊＊＊：$p<.001$
　　Reference group：性別＊男性，年齢＊40-49歳，教育レベル＊高卒，結婚状態＊結婚（同期），障害タイプ＊身体外部障害
出所：筆者作成。

001），離婚ダミー（$coeff=-.593$, $p<.001$）がいずれも負的（－）に有意な影響を及ぼした。すなわち，年齢が15-29歳，30-39歳の場合と大卒以上の場合に，日常生活満足度が高く，60-69歳と中卒以下，未婚と離婚の場合に，日常生活満足度が低いことを意味する（表12-5）。

　第3段階では，日常生活満足度に対する障害受容と自己効力感の回帰モデルが統計的に有意であり（$F=88.136$, $p<.001$），説明力は43.0％（$R^2=0.430$）である。回帰係数の影響力を見ると，日常生活満足度に対する障害受容（$coeff=.256$, $p<.001$），自己効能感（$coeff=.245$, $p<.001$）のいずれも正的（＋）で有意義な影響を示していることがわかった。すなわち，障害受容と自己効能感が高いほど，日常生活満足度が高くなるということを意味する。障害受容が1単位増加する時の日常生活満足度は.256ほど高くなり，自己効能感が1単位増加する時の日常生活満足度は.245ほど高くなるといえる。ダミー化した統制変数には，年齢レベルのうち30-39歳ダミー（$coeff=.121$, $p<.001$）が正的（＋）に有意な影響を及ぼし，60-

表 **12 - 6**　障害受容と自己効能感が日常生活満足度に及ぼす影響（第 3 段階）（$N = 1,532$）

項　　　目		$coeff$	S.E.	t	F	R^2
定　　数		2.075***	.088	23.628		
独立変数	障害受容	.256***	.026	9.811		
媒介変数	自己効能感	.245***	.028	8.702		
統制変数	15-29歳ダミー	.121**	.044	2.770	88.136***	.430
	30-39歳ダミー	.121***	.031	3.937		
	50-59歳ダミー	-.040	.030	-1.343		
	60-69歳ダミー	-.111**	.040	-2.741		
	中卒以下ダミー	-.109**	.035	-3.074		
	大卒以上ダミー	.084***	.024	3.520		
	女性ダミー	-.006	.025	-.230		
	未婚ダミー	-.517***	.030	-17.509		
	離婚ダミー	-.600***	.039	-15.553		
	感覚障害ダミー	-.016	.026	-.613		
	精神的障害ダミー	.195***	.047	4.199		

注：＊：$p<.05$，＊＊：$p<.01$，＊＊＊：$p<.001$
　　Reference group：性別＊男性，年齢＊40-49歳，教育レベル＊高卒，結婚状態＊結婚（同期），障害タイプ＊身体外部障害
出所：筆者作成。

69歳ダミー（$coeff = -.111$，$p<.01$）が負的（-）に有意な影響を及ぼした。教育レベルのうち大卒以上（$coeff = .084$，$p<.001$）が正的（+）に有意な影響を与え，中卒以下ダミー（$coeff = -.109$，$p<.01$）が負的（-）に有意な影響を及ぼした。結婚状態のうち未婚ダミー（$coeff = -.517$，$p<.001$），離婚ダミー（$coeff = -.600$，$p<.001$）がいずれも負的（-）に有意な影響を及ぼした。障害タイプのうち精神的障害ダミー（$coeff = .195$，$p<.001$）が正的（+）に有意な影響を及ぼした。すなわち，30-39歳，大卒以上，精神的障害の場合に，障害受容が高く，自己効能感が高い場合に，日常生活満足度が高くなるということを意味する。一方，60-69歳，中卒以下，未婚，離婚の場合に，日常生活満足度が低くなるということを意味する（表12 - 6 ）。

　障害受容と日常生活満足度間の自己効能感の媒介効果を検証するため，ブートストラッピング方法（Hayes 2013）を使用した。分析の結果，障害受容が自己効

表 12 - 7　自己効能感の媒介効果ブートストラッピング結果（*N* = 1,532）

媒介経路	B (間接効果)	*SE(Boot)*	95% 信頼区間 *LLCL*	
			LLCL	*ULCL*
障害受容→自己効能感→日常生活満足度	.113	.015	.084	.144

出所：筆者作成。

能感を経て日常生活満足度に向かう間接効果を意味する自己効能感の媒介効果（Effect=.113）が，95%信頼区間で上限値と下限値との間に0が含まれず統計的に有意性が検証された。すなわち，障害受容が自己効能感を経て日常生活満足度に影響を及ぼすということを検証した（表12 - 7）。

5　結論及び提言

　本研究は，障害者の障害受容と日常生活満足度の関係で，自己効能感の媒介効果を検証しようとした。本研究の主な結果は以下の通りである。第1に，障害者の障害受容は自己効能感に有意な影響を及ぼすことが検証された。このような研究結果は，ヤンほか（2017），イほか（2018）などの研究結果を支持する。これらの研究は，障害受容が高いほど自己効能感が高まると検証している。第2に，障害者の障害受容が日常生活満足度に有意な影響を及ぼすことが検証された。このような研究結果は，パクら（2011），キム（2017）などの研究結果を支持する。これらの研究は，障害者の障害受容は日常生活満足度と肯定的相関関係を示すと検証している。第3に，障害者の障害受容と日常生活満足度との関係で，自己効能感が媒介効果を示すことが検証された。障害受容と自己効能感は日常生活満足度に直接的にも影響を及ぼすが，円滑な障害受容は日常生活満足度だけでなく自己効能感にまで影響を及ぼし，日常生活満足度がより一層高くなる。すなわち障害者は障害受容が円滑に行われることを通じて自己効能感が高まり日常生活満足度が高くなるということがわかる。

　本研究の結果に基づいて障害者の日常生活満足度をより高めるための方案摸索について提言すると，次のようになる。第1に，障害者の障害受容が自己効能感に直接的・肯定的に有意な影響を及ぼすと分析されたので，自己効能感を高める

ための方案として，障害受容がうまく行われるための方案摸索が必要である。障害受容度を高めるためには，障害者自らが自分に対する評価切り下げをせず，自分の価値と可能性について認め増進させる力量強化プログラムなどの活性化が必要である。自助集団などを通じて自己効能感を高く知覚できるように支持し，簡単な課題から遂行するようにして持続的な成功経験を持たせて自己効能感を向上させるプログラムなどの活用が必要である。障害者が成功的な職業生活を設計できるよう，自己効能感増進のための就業前の事前教育なども必要だ。第2に，障害者の障害受容が日常生活満足度にも直接的にも肯定的に有意な影響を及ぼすと分析されたので，日常生活満足度を高めるための方案として障害受容が円滑になされる方案の模索が必要である。円滑な障害受容を高めるための方案以外に，うつ病の症状がある障害者に対する情緒的支持，相談サービスの提供なども必要である。また，一般的に就業者が未就業者に比べて全般的に日常生活満足度が高いという色々な研究結果（ユン・イ 2012など）が検証しているように，障害者の日常生活満足度を高めるためには障害者に対するオーダーメイド型就職支援などがより一層活性化する必要がある。第3に，障害者の障害受容と日常生活満足度の関係で自己効能感が媒介効果を持つことが検証されたので，日常生活満足度を高めるためには障害受容が円滑に行われるようにして自己効能感を高めることも重要である。

　最後に，本研究はこれまで先行研究でほとんど行われなかった，障害者の障害受容が日常生活満足度に及ぼす影響から自己効能感の媒介効果を検証し，変数間の影響力を検証したということに意義がある。すなわち，障害者の日常生活満足度がより高くなるためには，多様な支援を通じて障害受容がより円滑に行われるようにし，これを通じて自己効能感を高めることが必要だということを示唆する。本研究では媒介効果を中心に主要変数間の影響関係を議論したが，事例研究など質的研究のような深層分析を通じて量的研究結果を補完することが必要である。

参考文献

イ・ウィビン，シン・ソンマン，イ・ダダスル，チョ・ウィヒョク，チュ・ヒョンジュ（2018）「聴覚障害者の障害受容が自己効能感に及ぼす影響と対人関係の媒介効果」『特殊教育リハビリテーション科学研究』57(4)，301-324頁。

イ・ダルヨプ（2013）「韓国の障害者雇用パネルの主な特性，障害収容，日常生活満足度比較研究」『肢体・重複・健康障害の研究』56(1)，159-185頁。

カン・ヨンジュ，パク・ジャギョン，ク・インスン（2008）『自我認識・自我受容検査妥当化研究』城南：韓国障害者雇用公団雇用開発院。

韓国障害者雇用公団・雇用開発院（2018）『2018年障害者統計』。

韓国障害者雇用公団・雇用開発院（2020a）『2020年障害者経済活動実態調査』。

韓国障害者雇用公団・雇用開発院（2020b）『一目で見る2020障害者統計』。

キム・ドンジュ（2017）「障害者の主観的健康水準が日常生活満足度に及ぼす影響――障害受容と憂鬱の媒介効果」『デジタル融複合研究』15(1)，519-526頁。

クォン・オヒョン，ムン・ジェウ（2018）「障害者の対人関係が日常生活満足度に与える影響――自己効能感の媒介効果を中心に」『融合情報論文誌』8(6)，327-333頁。

クォン・ソンヒョン（2019）「障害資金労働者の障害受け入れが職務満足に及ぼす影響」『国家政策研究』33(2)，171-207頁。

クォン・テウン（2020）『勤労障害者の自己効能感と障害受容が働き満足に及ぼす影響要因に関する研究――対人関係能力および職務没入媒介効果を中心に』ソウル市立大学院博士論文。

コ・ミンソク（2019）「労災労働者の日常生活遂行障害が日常生活満足度に及ぼす影響――自尊心と自己効能感の媒介効果分析」『保健と福祉』21(1)，韓国保健福祉学会，27-49頁。

雇用労働部（2017）「障害者最低賃金適用除外認可業務処理指針（障害者雇用課-3809)」。

パク・ジュンソン，ホ・ソンホ，チョン・テヨン（2011）「障害者賃金勤労者の勤労条件が職業満足と生活満足に及ぼす影響」『障害と雇用』21(1)，167-186頁。

ペク・ヨンスン，キム・ソンフェ，ユミ，キム・チュンス（2001）『自我認識検査開発研究報告書』城南：韓国障害者雇用公団雇用開発院。

ヤン・ヘリン，ゴ・ユンジョン，パク・ヨンミ，イ・ヘラン（2017）「差別経験と自己効能感が後天的肢体障害者の障害受け入れに及ぼす影響：条件付き過程モデリングを通じた社会参加活動の役割を中心に」『障害と雇用』27(3)，89-112頁。

ユン・サンウン，イ・ダルヨプ（2012）「高学歴障害者の職業特性と職業リハビリ態度研究」『障害と雇用』22(1)，5-28頁。

ヨム・ドンムン，イ・ソンデ（2014）「媒介された調節模型と調節された媒介模型を通じた職場差別が生活満足度に及ぼす影響に関する研究――職務満足と自我尊重感を中心に」『障害と雇用』24(1)，139-165頁。

Albrecht, G. L., & Devlieger, P. J. (1999) "The disability paradox: high quality of life against all odds" *Social Science & Medicine* 48, pp. 977-988.

Groomes, D. A., & Linkowski, D. C. (2007) "Examining the Structure of the Revised

Acceptance Disability Scale" *Journal of Rehabilitation* 73(3), pp. 3-9.

Hayes, A. F. (2013) *Inturoduction to meditation, moderration and conditional process analysis: A regression-based approach*, Guilford Publications: New York.

Kaiser, S. B., Wingate, S. B., Freeman, C. M., & Chandler, J. L. (1987) "Acceptance of physical disability and attitudes toward personal appearance" *Rehabilitation Psychology* 32(1), pp. 51-58.

Lee, Y. M., Schwarzer, R., & Jerusalem, M. (1994) *Korean adaptation of the general self-efficacy scale.* (http://userpage.fu-berlin.de/~health/korean.htm, 2009.9.2)

Livneh, H. (2001) "Psychosocial adaptation to chronic illness and disability: A conceptual framework" *Rehabilitation Counseling Bulletin* 44(3), pp. 151-160.

Luthans, F., Luthans, K. W., & Luthans B. C. (2004) "Positive psychological capital: Beyond human and social capital" *Business Horizons* 47(1), pp. 45-50.

Martz, E., Livneh, H., & Turpin, J. (2000) "Locus of control orientation and acceptance of disability" *Journal of Applied Rehabilitation Counseling* 31(3), pp. 14-21.

Maujean, A., & Davis, P. (2013) "The relationship between self-efficacy and well-being in stroke survivors" *International Journal of Physical Medicine & Rehabilitation* 4, pp. 1-10.

Schwarzer, R., & Jerusalem, M. (1993) Generalized perceived self-efficacy scale. (http://web.fu-berlin.de/gesund/skalen/Language_Selection/Turkish/General_Perceived_Self-Efficac/hauptteil_ general_perceived_self-efficac.htm, 2009.9.2)

（鄭　逸教）

第13章	社会福祉協議会による法人後見の普及に向けて
	――市区町村社会福祉協議会を対象とした実態調査から

1　地域共生社会と権利擁護支援

　2022年度から実施されている第二期成年後見制度利用促進基本計画は，権利擁護支援を「地域共生社会の実現を目指す包括的な支援体制における本人を中心とした支援・活動の共通基盤」として捉え，要支援者が「地域社会に参加し，共に自立した生活を送るという目的を実現するための支援活動」と定義する。そして，意思決定支援を含む権利擁護の「重要な手段」として「成年後見制度」を位置づける。

　すなわち，社会福祉の理念である「地域共生社会」の実現（社会福祉法第4条第1項）には，成年後見制度を中核とした権利擁護支援システムの構築及びその推進が求められているのである。

　しかし，その前提であり要ともいうべき成年後見人の確保が進まない状況にある。弁護士・司法書士等の専門職後見人は成年後見人全体の約66％を占めるが，国家資格者であるがゆえに今後の大幅な増員には限界がある。また市民後見人も2022年現在でわずか0.8％にとどまっており（最高裁判所事務総局家庭局 2023），政府が期待するほど増えていない。さらに2019年3月に最高裁が発表した親族後見優先原則も，世代間分離の拡大，離婚・DV・虐待等による家族関係の希薄化・断絶化等から，実現には疑問が残る。

　こうした現状に対し，市区町村社会福祉協議会（以下：社協）の法人後見に可能性を見出す見解がある（前田 2015；西森 2017；高木 2018等）。当該先行業績は，いずれも社協による法人後見の意義と課題をテーマとしており，多くの示唆に富む。しかしそれらは仮説的見解の提示，単一社協の事例検討，特定エリアの社協に限定した小規模な量的調査にとどまる。

　本研究は，筆者が実施した「社会福祉協議会の成年後見に関する実態調査」

（以下，本調査）の結果を踏まえ，社協の法人後見における実態の解明とその普及に向けた課題の提起を目的とする。

2　本調査の概要

調査方法及び回答率

　本調査は，自計式調査票を用い，すべての社協を対象とした悉皆調査として実施したものである。調査基準日は2019年12月31日現在とした。調査項目は全国社会福祉協議会（2017），社会福祉法人昴（2018）等，権利擁護の実態把握を目的とする先行調査の一部を参照した。調査期間は2020年2月26日～2020年4月30日である。回答は，法人後見もしくは権利擁護関係部署の責任者に依頼した。回収は郵送法にて行い，対象1,741件のうち有効回答数953件を得た（有効回答率54.7%）。

　なお本調査は，筆者の所属機関に設置されている「人を対象とする研究倫理審査委員会」にて審査を受け，承認された後に実施した（承認番号H31-5）。

3　社協における法人後見の実態

（1）社協の法人後見に関する取り組み状況

　社協の法人後見に関する取り組み状況を確認したところ，全体では「受任体制はなく，当面は体制構築の予定もない」が44.6%と最も高く，以下，「受任しているケースがある」31.3%，「受任体制はないが，体制構築に向けた準備・検討を行っている」18.8%，「受任しているケースはないが，受任体制がある」5.4%であった。

　自治体別にみると，「受任しているケースがある」については「区社協」が72.7%と最も高く，次いで「市社協」48.2%，「町社協」14.4%，「村社協」5.7%と続いている。逆に「受任体制はなく，当面は体制構築の予定もない」は，「村社協」71.6%，「町社協」57.9%，「市社協」29.9%，「区社協」18.2%の順であった（表13-1）。

表13-1　市区町村社協別の取り組み状況　（上段：実数，下段：％）

	受任している ケースがある	受任している ケースはないが， 受任体制がある	受任体制はない が，体制構築に 向けた準備・検 討を行っている	受任体制はなく， 当面は体制構築 の予定もない	合　計
全　体	298 31.3%	51 5.4%	179 18.8%	425 44.6%	953 100.0%
市社協	231 48.2%	27 5.6%	78 16.3%	143 29.9%	479 100.0%
区社協	8 72.7%	1 9.1%	0 0.0%	2 18.2%	11 100.0%
町社協	54 14.4%	20 5.3%	84 22.4%	217 57.9%	375 100.0%
村社協	5 5.7%	3 3.4%	17 19.3%	63 71.6%	88 100.0%

出所：筆者作成。

（2）受任ケースの概況

　以下，953の回答のうち，受任体制がある社協349件（「受任しているケースがある」298件，「受任しているケースはないが，受任体制がある」51件）を中心に論じていく。

　本調査で把握した受任ケースでは，「後見類型」が最も多かった（71.5%）。また「市区町村長申立」が48.8%を占め，経済的困窮世帯（「生活保護世帯」「非課税世帯」）も72.6%と多かった。「被後見人の状況」については，いずれの類型も「認知症高齢者」が最も多く（53.4%），以下「知的障害者」21.0%，「精神障害者」15.5%と続く。また「施設入所」が約半数を占めるが，「保佐類型」・「補助類型」における「居宅」はそれぞれ35.5%・40.6%を占めた（表13-2）。

（3）法人後見業務の実施体制
1）後見担当職員数

　後見担当職員数では，「1人のみ」が11.9%に留まり，ほとんどの社協で複数体制が採用されていた。ただし専任職員数は「0人」が75.2%を占め，何らかの事業・活動と兼務している場合が多い実態が明らかになった。

表13-2　後見類型別内訳

（上段：実数，下段：%）

内　　訳		後見類型	保佐類型	補助類型	合　　計
全体	成年後見受任件数	2,514 100.0%	816 100.0%	187 100.0%	3,517 100.0%
申立の状況	市区町村長申立件数	1,442 57.4%	227 27.8%	47 25.1%	1,716 48.8%
	本人申立件数	96 3.8%	327 40.1%	83 44.4%	506 14.4%
	親族申立件数	784 31.2%	159 19.5%	26 13.9%	969 27.6%
経済状況	生活保護世帯件数	583 23.2%	193 23.7%	41 21.9%	817 23.2%
	非課税世帯件数	1,280 50.9%	386 47.3%	70 37.4%	1,736 49.4%
被後見人の状況	認知症高齢者件数	1,463 58.2%	338 41.4%	78 41.7%	1,879 53.4%
	精神障害者件数	338 13.4%	171 21.0%	37 19.8%	546 15.5%
	知的障害者件数	490 19.5%	213 26.1%	35 18.7%	738 21.0%
居住状況	居宅件数	434 17.3%	290 35.5%	76 40.6%	800 22.7%
	病院入院件数	457 18.2%	73 8.9%	14 7.5%	544 15.5%
	施設入所件数	1,445 57.5%	361 44.2%	81 43.3%	1,887 53.7%
報酬	後見報酬なし件数	152 6.0%	47 5.8%	12 6.4%	211 6.0%

注：各後見類型の内訳については無回答ならびに非該当のケースが含まれていることから，内訳の合計値は「全体」の値と一致していない。
出所：筆者作成。

2）バックアップ体制

　バックアップ体制については，「運営委員会等のバックアップ体制がある」が80.4％と最も高く，次いで「運営委員会等の組織はないが，随時相談できる弁護士，司法書士等の法律専門職がいる」11.8％，「特にバックアップ体制はない」5.8％の順であった。また運営委員会等がある社協に対して年間の開催回数を確認したところ，「2回以上4回未満」が44.1％と最も高く，以下「1回」21.1％，「4回以上6回未満」20.3％，「6回以上」14.6％となっており，全体平均は年間

約3.2回であった。運営委員会等の機能では「受任可否の決定，受任事案の個別対応の相談・助言」が86.7％と最も高く，「対応困難ケースに対する関わり方についての検討」74.6％，「成年後見事業の方向性についての検討」64.9％，「受任ケースの収支や身上保護に関する定期報告」59.1％が続いた。

さらに運営委員会等の構成メンバーは「行政機関の職員」が88.9％と最も高く，「弁護士」85.7％，「司法書士」82.1％の順であった。逆に「（社協職員以外の）社会福祉士」35.5％，「（社協職員以外の）精神保健福祉士」5.0％，「親族」1.8％は相対的に低位であった。

3）法人後見業務の財源状況

財源については，「事業継続できるが苦しい」が36.2％と最も高く，以下「十分ではないが事業継続に支障がない」32.6％，「十分である」11.5％，「事業継続が困難である」6.8％の順であった。事業継続が厳しい状況にある社協（「事業継続できるが苦しい」「事業継続が困難である」）は43.0％となる。

（4）法人後見業務の実態

1）後見業務の実施方法・頻度

後見業務の実施方法では，「基本的に訪問（面談）している」が圧倒的に多く（84.8％），「基本的に訪問（面談）は行わず，定期的に本人や施設職員等と電話等で状況確認を行う」は0.6％であった。「基本的に訪問（面談）も電話連絡等も行わない」社協は皆無であった。

「基本的に訪問（面談）している」と回答した社協（296件）における訪問（面談）の平均頻度は，1カ月当たり「1回」が最も多く（61.8％），「2回」27.4％，「4回以上」4.1％，「3回」3.4％の順であった。また訪問（面談）1回当たりの平均滞在時間については，「30分以上60分未満」が約半数を占め（51.0％），以下「60分以上120分未満」28.0％，「20分以上30分未満」8.8％，「10分以上20分未満」7.4％，「120分以上」1.4％，「10分未満」0.3％が続いた。

さらに訪問（面談）時における財産管理（生活費の持参・サービス利用料の支払い・払込み等）以外の通常業務（複数回答）では，「心身の異常や変化の確認」98.7％，「生活上の不安・困っていることの把握」92.5％，「利用した医療・介護等のサービス内容や利用時の様子の把握」87.3％，「やりたいこと・購入したい

ものの把握」84.3％「親族や近隣住民との交流もしくはトラブルの把握」56.5％，「居室，台所，トイレ等のゴミ・衛生面の確認」54.6％，「服薬や残薬の確認」28.4％，「散歩や日用品の買い物等，外出の同行支援」22.9％の順であった。「その他」13.1％には，「留守宅（自宅）の郵便物の回収」「本人の意向を踏まえた収支計画の作成」等が含まれていた。

2）後見支援員の採否

　本研究では，「後見支援員」を「地域住民のうち，養成講座や研修を修了したうえで，一定期間ごとの支払・振込，生活費の受け渡し，面談による近況や意思の把握等，法人後見業務の一部を担う者」と定義している。現段階では，後見支援員を採用していない社協が57.5％と多かった。しかし一方で，「報酬付きの後見支援員と社会福祉協議会職員とで役割分担している」29.2％，「報酬付きの後見支援員がすべての成年後見業務を担っている」4.3％，「無報酬の後見支援員と社会福祉協議会職員とで役割分担している」0.9％，「無報酬の後見支援員がすべての成年後見業務を担っている」0.3％と，34.7％の社協が後見支援員を採用している実態も明らかになった。そしてそのほとんどが「報酬付きの後見支援員」であることもわかった。

（5）意思決定支援の実現に向けた課題

　意思決定支援の実現に向けた課題（複数回答）では，「意思決定支援をすることについての，親族を含めた関係者の理解促進」60.9％，「本人の意向に沿った代理決定とするための，親族や医療・福祉サービス提供者等と情報共有を行う場の設定」55.9％，「意思決定を支援した場合，その責任の所在の明確化」46.4％，「代理決定をすべきと判断した事案について，意思決定支援を模索し尽くした結果であることを証明するための記録の作成・補完方法の設定」43.5％の順で多かった。

（6）法人後見推進に求められる公的支援

　社協の法人後見推進に求められる公的支援を上位5位で求めた結果，「安定的かつ十分な財源の支給」88.2％，「後見報酬の支払能力が乏しい者を対象とする成年後見業務を公的事業として法制化すること」62.0％，「成年後見制度利用支

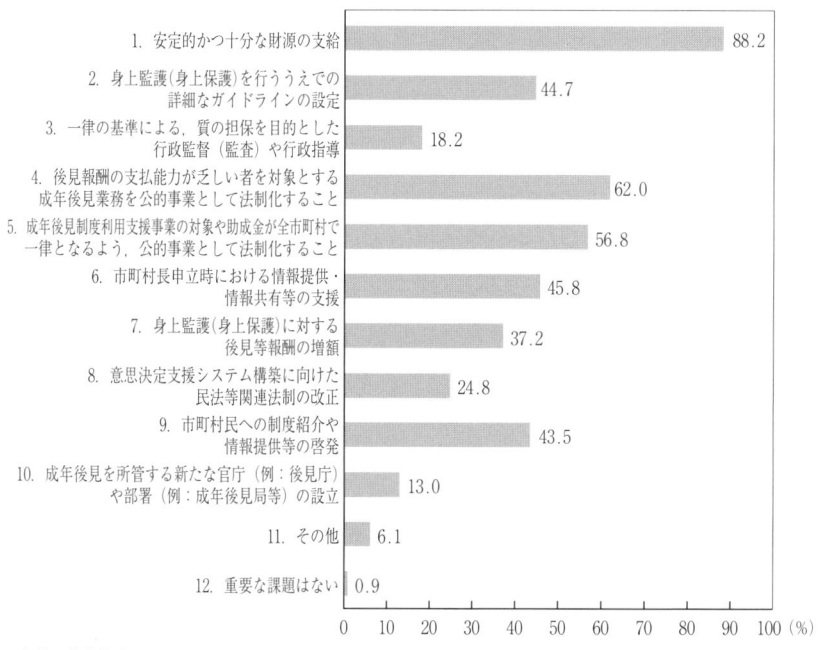

図13-1　社協の法人後見推進に求められる公的支援（複数回答：上位5位）

出所：筆者作成。

援事業の対象や助成金が全市町村で一律となるよう，公的事業として法制化すること」56.8％が上位を占めた。以下，「市町村長申立時における情報提供・情報共有等の支援」45.8％，「身上監護（身上保護）を行ううえでの詳細なガイドラインの設定」44.7％，「市町村民への制度紹介や情報提供等の啓発」43.5％が続いた。

　一方，「成年後見を所管する新たな官庁（例：後見庁）や部署（例：成年後見局等）の設立」13.0％，「一律の基準による，質の担保を目的とした行政監督（監査）や行政指導」18.2％等，行政の関与については相対的に低かった（図13-1）。

4　法人後見の普及に向けた課題

（1）法人後見の実施率向上に向けて

　法人後見の実施状況では，人口規模が大きいほど実施率が高い傾向がみられた（表13-1）。その理由として，一定の財源を確保しやすいこと，人口と同様に支

援を要する認知症高齢者や知的・精神障害者も相対的に多いこと，世代間分離の進行から親族による扶養や後見が困難であること，債務や孤立等の複合的問題を抱えるケースが多いこと等が考えられる。

　逆に受任体制もなく体制構築の予定もない社協については，「村社協」「町社協」が多い。人口規模が小さい自治体は後見ニーズそのものの絶対数が少ないことが想定される。しかし同時に専門職後見人や市民後見人のなり手も少なく，後見過疎になる危険をはらむ。そうした自治体では，社協が後見人としての機能を担わざるを得ない場合があるだろう。まずは既存事業である成年後見制度法人後見支援事業（障害者総合支援法第77条第1項第5号）の実態把握とその成果の検証を足がかりとし，「受任体制はないが，体制構築に向けた準備・検討を行っている」社協に対する行政や都道府県社会福祉協議会のより細やかなサポートが求められる。

（2）受任ケースからみた社協の法人後見の位置づけ

　上記受任実態からすれば，社協が受任するモデルケースとして「社会的孤立かつ経済的困窮状態にあり，意思能力が著しく低下している高齢者」が抽出できる。とりわけ「市区町村長申立」48.8％については，申立総数に対する割合が23.3％（最高裁判所事務総局家庭局 2023）であることから，いかに社協での受任割合が高いかがわかる。これらに「後見報酬なし」のケースも一定数あることを含めれば，親族や他の専門職後見人による対応が困難なケースについて社協が積極的に受任していると捉えられる。

（3）実施体制のあり方

　法人後見業務のバックアップ体制については，約8割の社協で運営委員会等が整備されていた。また，その機能では「受任の適否の判断」や「対応困難ケースに対する関わり方の検討」が多く，とりわけ後者は適切な後見業務を担保するものとして評価できる。よって，運営委員会等が整備されていない法人後見実施社協や後見実施予定社協における早急な設置が求められる。また運営委員会等のメンバーは，既存の職種に加え，利用者の心身機能の状態に応じた関わり方を検討できる医療関係者，福祉の視点から身上保護のあり方を助言できる社会福祉士・

精神保健福祉士，利用者の日常を把握している介護サービス等の事業者，地域の実情や資源に精通する民生児童委員等の参加が望ましい。さらに意思決定支援あるいはベスト・インタレストという視点からすれば，親族への参加の呼びかけも試行すべきであろう。

（4）後見業務からみる社協の法人後見の意義と課題

1）後見業務の方法・頻度

第1に，後見業務の方法・頻度である。本調査では，96.1％の社協が「訪問（面談）」という方法を採用していた。そして当該方法を採用するすべての社協が1カ月当たり1回以上の頻度で訪問（面談）しており，その82.9％の社協で30分以上の滞在時間を確保していた。

この点に関し，他の成年後見利用実態調査を見てみると，例えば千葉県内の知的障害者支援施設の後見等利用者を対象とした「入所支援施設における，入所者の成年後見制度利用状況調査」（名川・田上 2017）では，成年後見人の平均訪問回数は「月1～2回」36.6％，「2～3か月に1回」33.1％，「年1回～2回」28.0％，「ほぼ訪問はない」10.9％，「電話のみ定期的にある」2.9％であった。同じく障害者支援施設利用者を対象とした「成年後見制度の利用実態把握及び法人後見の活用に関する研究報告書」（社会福祉法人昴 2018）での平均面会頻度は，「月1回以上」30％，「2～3か月に1回」25％，「年1～2回」19％，「ほぼ面会に来ない（定期的な電話連絡もない）」13％，「ほぼ面会に来ない（定期的な電話連絡はある）」6％であった。また面会にかける時間は，「10分以内」15％，「20分以内」13％，「30分以内」17％，「1時間以内」14％，「2時間以内」5％，「半日以内」7％であった。

これらの結果から，社協の法人後見がいかに利用者との時間の共有に重点を置いているかが理解できる。そしてその時間の中で，健康面，不安・心配ごと，サービスの利用状況，親族・近隣住民との社会関係，衛生面，やりたいこと・購入したいもの等，身上保護や意思決定支援につながる情報把握が行われていた。

以上より，単なる財産管理に留まらない日常的・継続的な生活"支援"が行われていることが明らかとなった。これら業務は，経済的困窮状態にあり「市区町村長申立」を採用せざるを得ない者の受任が多いからこそ求められるものでもあ

るだろう。そしてここに，社協による法人後見の意義，すなわち権利擁護支援システムにおけるセーフティネット機能があると考える。

2）後見支援員の採用

　第2に，後見支援員の採用についてである。社協職員のみで成年後見業務を行っている社協が約6割を占める一方，3割の社協が報酬付きの後見支援員を採用していた。上記のとおり，厳しい財政事情から専任職員はもとより兼任職員すら確保が困難な状況にある。後見支援員の活用は，今後の後見ニーズ増加に対する「効果的な手法」となり得る（全国権利擁護支援ネットワーク編 2015：187）。また市民にとっても，「社会に役立ちたい」（内閣府 2023）との思いを実現する機会の一つになるだろう。佐藤によれば，市民後見人の受任は，権限の大きさや継続性への不安から躊躇される場合もあるという（佐藤 2019：13）。しかし上記後見支援員の定義で触れたように，少額の振込や払戻し，居宅訪問による会話や身上保護等，過剰負担にならない程度の業務であれば，市民にとって参加しやすいのではないか。むしろこうした業務によってこそ，利用者の微細な変化や潜在的なニーズの把握が可能となり，問題の早期発見や意思の把握に寄与すると考える。そして，後見支援員を採用する社協のほとんどが導入していた報酬付与は，業務に対する責任感と達成感の醸成につながるという点で有効であろう。ただし，比較的平易な業務に限定するとしても，他人の財産管理や意思決定に関わることに精神的な負担を感じる場合もあると思われる。したがって，後見支援員に対する定期的な事後研修や当事者組織の結成・継続的運営への支援，個別のスーパービジョンや精神的フォローアップが，社協の担当職員に求められると考える。

（5）意思決定支援の課題

　意思決定支援における課題としては，「親族を含めた関係者の理解促進」が最も高かった。意思決定支援は，後見主体である社協が中心となってその方向性を決める場合が多いであろうし，意思を汲み取る専門的なスキルを要するケースも少なくない。しかし，意思決定支援は，成年後見人である社協だけが担うものではなく，利用者と関係するすべての者が配慮すべきものである。"本人に，わずかでも意思があることを前提として関わる"，"その意思を理解するためにあらゆる手段を講じる"等，意思決定支援の具体的方法・手順（意思決定支援ワーキン

グ・グループ 2020）について，親族をはじめ関係者の理解促進を図る必要がある。2番目に多い「代理決定するための，親族や医療・福祉サービス提供者等と情報共有を行う場の設定」は，ベスト・インタレストを探る上で不可欠の手続きである。利用者と日常的に関わる者が情報を持ち寄り，本人らしい人生となるよう方向性を協議する機会であるとの理解と，その定期的・継続的な開催が求められる。そしてこの場の企画・日時調整・進行・まとめ・記録は，成年後見人であり，かつ地域における連絡調整機関（社会福祉法第109条第1項第3号）でもある社協が担うべきであろう。

（6）社協の法人後見推進に求められる公的支援

　求められる公的支援として多かったもののうち，「身上監護（身上保護）を行ううえでの詳細なガイドラインの設定」「市町村長申立時における情報提供・情報共有等の支援」「市町村民への制度紹介や情報提供等の啓発」については，厚生労働省（2017），厚生労働省（2018），意思決定支援ワーキング・グループ（2020）によるガイドラインの策定や「中核機関」（閣議決定 2022）の設置・運用によって，実現されつつあるといえる。以下では，上位3つ（「安定的かつ十分な財源」の確保，「後見報酬の支払能力が乏しい者を対象とする成年後見業務」の公的事業化，「成年後見制度利用支援事業」の公的事業化）に焦点を当てて論じる。

　上記のとおり，社協の法人後見が積極的に受任している市区町村長申立や経済的困窮のケースは，今後も増加すると思われる。社協による法人後見がこれらのケースに適切かつ十全に対応し，上記セーフティネットとして存続するためには，生存権及び「個人としてその尊厳が重んぜられ，その尊厳にふさわしい生活」（成年後見制度の利用の促進に関する法律第3条第1項）の保障を目的とした公的事業，すなわち一定の公的監督の下で公的財源によって実施される事業にすべきと考える。

　公的事業化に関する見解では，例えば日本社会福祉士会は，「生活保護受給者の成年後見人等報酬を『権利擁護扶助』として生活保護制度に位置付ける」こと（日本社会福祉士会 2021）や，「地域特性を生かした法人後見及び法人後見以外の公的な関与による後見の実施…（中略）…についてのスキーム」の提示（日本社会福祉士会 2022）を求めている。また西田は「権利擁護センター」の設置運営を

「市町村あるいは都道府県に…（中略）…義務づけ」ると同時に「委託可能な仕組み」を導入し，「第二種社会福祉事業の一つと位置づけ，…（中略）…社会福祉協議会にはその実施を義務付け，行政はもっぱら財政面での責任を負うという方法」を提起する（西田 2011：50-51）。日本社会福祉士会の見解は，生活保護受給者に対する成年後見を健康で文化的な生活の支援・保障として捉える点，及び法人後見等に対する公的関与を提起する点において妥当と考える。またその公的関与を具体的に提示した西田の見解についても，社会福祉事業とする点において異存はない。しかし，成年後見が日常生活自立支援事業よりも広い権限を有する業務であり，かつ多額の現金を扱うことに留意する必要がある。したがって，筆者は経済的困窮や対応困難なケースへの法人後見業務を第1種社会福祉事業とすることを提案したい（鵜沼 2019：89-91）。社会福祉事業となれば，①「安定的」な財源確保が可能となる。また，②上記厚生労働省（2017）等のガイドラインを厚生労働省令「人員，設備及び運営に関する基準」等のサービス基準に落とし込むことが可能となり，意思決定支援を含む業務内容の担保や一定の専任担当職員数の確保を可能とし，サービスの質の底上げ・維持につながる。そして③利用者に対する成年後見業務に加え，後見支援員の養成・活用や成年後見制度利用支援事業を包含する総合事業として法定化されれば，受任可能件数のさらなる向上と同時にきめ細かな意思決定支援の浸透をも期待できよう。

　だからこそ，「成年後見を所管する新たな官庁（例：後見庁）や部署（例：成年後見局等）の設立」や「一律の基準による，質の担保を目的とした行政監督（監査）や行政指導」が低位であったことは看過できない。公的事業化には，公的資金の適切な運用の保全に向けたこれらの行政機関もしくは部局の設置，介入・監督が不可避だからである。社協職員が納得できるよう，彼らとともに公的事業化への方途を模索していきたい。

5　本研究の成果と今後の展望

　本研究の成果として，①社協の法人後見における全国的な傾向を把握したこと，②後見支援員の採用率・採用方法，意思決定支援に関する項目により，先行業績では触れらなかった実態を浮き彫りにしたこと，③調査結果を踏まえ，経済的困

窮ケース等に対する成年後見業務の一部や成年後見制度利用支援事業を総合する公的事業（第1種社会福祉事業）を提起したことが挙げられる。

今後は，とりわけ③の公的事業化を実現していくために，「国家はあくまでも，…（中略）…間接的な形で側面支援をすることにとどめるべき」（菅 2010：268）や「行政が個人の意思決定に介入することには疑問が残る」（海野 2019：154）等の慎重論の理解，中核機関の機能や既存事業との関連性の整理，海外の公的後見に関する法令・運用システムの把握等が課題となる。

冒頭に述べたとおり，地域共生社会の実現には意思決定支援を含む権利擁護システムが欠かせない。こうした認識が広がり，その一端を担う社協の法人後見の安定した存続が可能となるよう，さらなる研鑽を積んでいきたい。

本調査にご理解賜った市区町村社会福祉協議会会長様ならびに本調査にご協力賜った市区町村社会福祉協議会の職員の皆様に，心より感謝申し上げる。

本研究は，JSPS科研費助成18K02085及び22K02020による研究成果の一部である。

参考文献

意思決定支援ワーキング・グループ（2020）「意思決定支援を踏まえた後見事務のガイドライン」（https://www.courts.go.jp/vc-files/courts/2021/20201030guideline.pdf, 2023年7月31日アクセス）。

鵜沼憲晴（2019）「公的後見と社会福祉事業」『日本学論叢』9，75-94頁。

海野仁志（2019）「ミニシンポジウム　質疑応答」『社会保障法』35，153-154頁。

閣議決定（2022）「第二期成年後見制度利用促進基本計画」（https://www.mhlw.go.jp/content/12000000/001112288.pdf, 2023年8月10日アクセス）。

厚生労働省（2017）「障害福祉サービス等の提供に係る意思決定支援ガイドライン」（https://www.mhlw.go.jp/web/t_doc? dataId=00tc2677&dataType=1&pageNo=1, 2023年7月31日アクセス）。

厚生労働省（2018）「認知症の人の日常生活・社会生活における意思決定支援ガイドライン」（https://www.mhlw.go.jp/file/06-Seisakujouhou-12300000-Roukenkyoku/0000212396.pdf, 2023年7月31日アクセス）。

最高裁判所事務総局家庭局（2023）『成年後見関係事件の概況　令和4年1月～12月』（https://www.courts.go.jp/vc-files/courts/2023/20230317koukengaikyou-r4.pdf, 2023年7月31日アクセス）。

佐藤英晶（2019）「成年後見制度における法人後見の類型と特徴」『帯広大谷短期大学地域連携推進センター紀要』6，9-19頁。

社会福祉法人昴（2018）『厚生労働省 平成29年度障害者総合福祉推進事業 成年後見制度の利用実態把握及び法人後見の活用に関する研究報告書』（https://www.mhlw.go.jp/content/12200000/000307920.pdf，2022年6月25日アクセス）。

菅富美枝（2010）『イギリス成年後見制度にみる自律支援の法理――ベスト・インタレストを追求する社会へ』ミネルヴァ書房。

全国権利擁護支援ネットワーク編（2015）『権利擁護支援と法人後見――養成のために必要な知識を網羅した研修テキスト』ミネルヴァ書房。

全国社会福祉協議会（2017）『平成29年度「成年後見にかかる実態調査」』調査結果。

高木淳佳（2018）「木更津市社会福祉協議会による法人後見の取組み」『実践成年後見』72，63-70頁。

内閣府（2023）「社会意識に関する世論調査」（https://survey.gov-online.go.jp/r04/r04-shakai/gairyaku.pdf，2023年7月31日アクセス）。

名川勝・田上昌弘（2017）「入所支援施設における，入所者の成年後見制度利用状況調査」千葉県手をつなぐ育成会・NPO法人PACガーディアンズ（http://pacg.jp/pdf/Q_results_guardianship.pdf，2023年7月31日アクセス）。

西田和弘（2011）「後見等にかかる福祉立法の動向と『公』の責任と役割――オーストラリア法を参考に」『週刊社会保障』2636，46-51頁。

西森利樹（2017）「高齢期の生活継続性の確保と法人後見の果たすべき役割」『臨床法務研究』18，67-92頁。

日本社会福祉士会（2021）「2022年度予算・制度に関する提案書」（https://www.jacsw.or.jp/citizens/seisakuteigen/documents/0210602.pdf，2023年7月31日アクセス）。

日本社会福祉士会（2022）「『第二期成年後見制度利用促進基本計画（案）』に関するパブリックコメント」（https://www.jacsw.or.jp/citizens/seisakuteigen/documents/20220218_JACSWpublic_comments.pdf，2023年7月31日アクセス）。

前田佳宏（2015）「社会福祉協議会における法人後見についての一考察――社会福祉士の配置と他職種他機関との連携の視点」『福岡県社会福祉士会研究誌』8，2-12頁。

（鵜沼憲晴）

<table>
<tr><td>第14章</td><td>辺境地域でのコミュニティガバナンスに
おける「三社連動」[1]の発展経路</td></tr>
</table>

1　中国のコミュニティ建設は「三社連動」の時期に入った

　現在，中国の改革はすでに堅塁を攻略する段階に入り，都市化建設を推進し，小康社会を全面的に完成させる重要な歴史的時期にあり，社会構造も従来型社会から現代型社会へと変遷している。コミュニティは都市化発展の産物として強い生命力を示し，都市住民の生活の主要な依存主体となっている。中国共産党第十八次全国代表大会第三次会議で初めて国家ガバナンス体系とガバナンス能力の現代化を提出し，大国ガバナンスは小さいコミュニティから行う必要がある。

　ここ数年，コミュニティ建設とコミュニティ管理の面で多くの成功した発展モデルが出現し，主に発達地区，例えば北京，上海，広州，深センなどの地区に現れ，コミュニティの発展実践の中でそれぞれ特色のある発展モードを形成した。しかし，広大な未発達地区では社会などの要素の制約により，経済発展の動力と優勢が不足し，自身の特徴を持つ発展モードが形成されていない。本研究はコミュニティガバナンスに関する研究の学術含蓄と意義を豊富にし，コミュニティガバナンス中の各管理主体間の連動研究の内容を拡張した。

　「三社連動」という概念は最初に叶・陳（2010）によって提出されたものであり，彼らは末端コミュニティの経営活動はコミュニティ建設，社会組織育成とソーシャルワーク現代化体制が構築した三社連動の協力が必要であり，それによって三社資源共有の優勢及び政府と社会相補の新しい局面を形成すると考えている。末端政府には三社の連動発展を推進し，社会矛盾と衝突が末端コミュニティで解決される目標を実現する責任と義務がある。

　現在一般的に採用されている言い方は中国民政部の「民政部・財政部によるコミュニティソーシャルワークサービスの推進加速に関する意見」である。そして，社会的組織とソーシャルワーク専門人材とコミュニティ連動サービスのメカニズ

ムを健全にし，ソーシャルワーク専門人材を支持し，コミュニティをプラット
フォーム，社会的組織をキャリアとする新型コミュニティサービスガバナンスメ
カニズムを構築しなければならない。また，本章の「三社連動」の概念は基本的
に民政部門の定義を踏襲しているものである。

2　コミュニティガバナンスの「三社連動」の発展の現状
——C市の事例から

　C市は広西チワン族自治区の南西部にあり，北回帰線の南，東南アジアに面し，
雲南省・貴州省を背にチワン族を主体とした都市である。管轄区域内の四県市は
ベトナムと国境を接し，国境線の長さは533kmで，広西国境線陸路が最も長い都
市である。総面積は 1 万7,440㎢，全市の総人口は245.37万人。C市は西部辺境
地区の少数民族コミュニティの一つの縮図として，今回代表的な 2 つの都市コ
ミュニティと 1 つの農村コミュニティを実証研究の対象とした。

（1）Yコミュニティの実践
1）コミュニティの概況
　Yコミュニティは 6 つの住民グループを管轄下に置き，政府機関を14，学校を
7 校持っている。住民の多くは周辺に転入した農民とその子供であり，コミュニ
ティにも半年以上居住した人口は5,010人であり，そのうち18歳以下は2,335人，
60歳以上の高齢者は735人で，総人口の約15％を占めている。
　家庭の収入を家族全員で平均化し計算した 1 人当たりの年収が 2 万元以下が
1,650人， 2 万〜 5 万元が2,383人， 5 万元以上が450人，政府の援助を受けてい
るのが717人で，住民の経済と生活のレベルは普遍的に低い。学歴では専門学校
以上115人，高校646人，中学1,387人，中学以下719人で，住民の教育レベルは全
体的に低い。退役軍人20人，ひとり暮らし高齢者200人余り，そのうち寝たきり
が 5 人。コミュニティの人口高齢化，特殊児童，困難なグループなどの問題が突
出している。
2）ガバナンスの状況
①　コミュニティ居民委員会
　コミュニティガバナンス制度の面では，コミュニティ居民委員会の主な役割は

以下の通りである。

　一つは，コミュニティ党組織の指導的役割を十分に発揮し，コミュニティの党建設仕事を強化し，各会議制度を健全化し，コミュニティ居民委員会，政府機関，住民代表などを組織し，共同で本コミュニティの各事項を研究討論し，難題を解決することである。

　もう一つは，コミュニティ自治組織協会あるいはボランティアチームを支持し，コミュニティの資源共有を原則とし，協議協力メカニズムを構築し，熱心なコミュニティ住民とボランティアを広く動員し，各方面の力を統合して，慈善，救助などのサービスを提供することである。

　② 社会的組織

　Yコミュニティの社会的組織は，積極的に活動に参加することでコミュニティのガバナンスに参加している。例えば「愛公益連盟」はコミュニティの困難・障害・ひとり暮らし高齢者のために敬老公益プロジェクトを展開し，生活日用品の購入，衛生清潔，祝祭日などの慰問を通じて，高齢者の生活に心に寄り添い，彼らの不便や困難を助けている。

　広西の某大学青年サービスチームは，辺境少数民族里子を重点対象として社会実践プロジェクトを展開し，思想道徳教育の実施，心理健康ファイルの構築，健康教育教室の開設などの方法を通じて，子供たちの自信を確立し，健康に，楽しく成長できるように力を注いだ。

　「愛佑チーム」は児童養護施設に依頼し，脳性麻痺の児童をサービス対象とし，識字練習，言語表現，実行能力に関するイベントを催すことで，彼らのリハビリテーション訓練に協力し，彼らがよりよく社会に馴染めるように力を注いだ。

　学生ソーシャルワーク協会の退役軍人サービス隊は，退役軍人を重点サービス対象とし，退役軍人病院と連合し，治療を用いてサービス対象に潜在能力を見出し，肯定し，向上させ，そして退役軍人の事績を本にして住民に配布することで，社会の彼らへの厚意を高め，彼らがより多くの支持を得られるように尽力した。

　③ ソーシャルワーカー

　コミュニティの困難児童の発展サービス　まず，ソーシャルワーカーはコミュニティ総合サービスセンターに「四度空間学堂」を設立し，コミュニティの監護不足児童に授業指導，情緒管理，行為矯正，家庭システム治療などのサービスを

提供した。また，情緒管理グループ，自己能力向上グループなどの多彩なグループ活動も行った。

　ソーシャルワーカーは，グループワークを用いてグループメンバーの共通の問題を解決することに誘導し，自己保護能力を向上させるとともに，同輩互助の支援ネットワークを構築した。活動の中では，ソーシャルワーカーは一部のサービス対象を子供ボランティアに育成し，困難児童の総合能力を育成した。

　さらにサービスの範囲を拡大し，より多くの困難児童を助けるため，小学校に公益本屋を設立し，小学校の流動児童（流動人口のうち0～17歳の児童を指す）にケースとグループサービスを提供した。

　高齢者養老サービス　　ソーシャルワーカーは，ひとり暮らし高齢者のフォローアップ，孤独感の解消，社会支援ネットワークの構築などにサービスの重点を置いた。

　ソーシャルワーカーは，春節と元宵節の慰問活動を通じてコミュニティ住民との関係を近くし，彼らのソーシャルワーカーに対する認識を深めた。同時に，住民ファイル情報に基づいて，ソーシャルワーカーは訪問を通じて彼らの需要を理解し，的確にケースサービスを提供し，これまでにソーシャルワーカーはコミュニティですでに高齢者のケースワークを30例展開している。

　また，ひとり暮らし高齢者のコミュニティニーズに対して，ソーシャルワーカーは，コミュニティの高齢者たちを統合することでインタラクショングループを結成し，ひとり暮らし高齢者の社会支援ネットワークの構築に力を注いだ。また，高齢者の自己能力向上の需要に対して，ソーシャルワーカーは手作りグループを開設し，高齢者の自己価値の実現に力を注いだ。

　活動の中で，ソーシャルワーカーは育成と激励を通じてソーシャルワークに熱心な比較的年齢の低い高齢者を見つけ，高齢者同士，隣人同士の協力を実現させ，高齢者の生活満足度を向上させた。

　困難グループへのサービス　　最低生活保障対象のような困難グループへの支援サービスでは，ソーシャルワーカーは主にケースワークを採用し，具体的なサービスを提供した。例えば，対象が高齢者であった場合，養老サービスを提供する。対象者が一時的に貧困に陥っている場合，家庭訪問を定期的に行い，対象者の情緒を安定させ，困難に立ち向かえるよう励まし，自信を取り戻すことに協

力し，居民委員会に連絡して就職情報を提供させ，就職支援にリンクさせ，生活上の困難の解消に尽力している。

　　現地のボランティア組織を育む　　ソーシャルワーカーはコミュニティの資源を統合することで，多様なルートを以て組織し，発展する。まず，党員ボランティアの模範的な役割を十分に発揮し，より多くのボランティアをコミュニティ建設に参加させ，ボランティア組織の建設と模範的活動の形成を推進する。さらに，香港の監督を招いて実践経験を共有し，広西大学の専門家あるいは学者を招いて指導し，ボランティアの座談会を組織してボランティア訓練グループを設立し，コミュニティの「二重連携」を実現する。他に，大学生ボランティアとサービス対象者を積極的に吸収し，自らコミュニティボランティアサービスに参加してもらい，プロのソーシャルワーカーと大学生ボランティアのもとでコミュニティの社会的組織を育成する。

（2）Sコミュニティの実践

1）コミュニティの概況

　Sコミュニティの世帯数は997戸，管轄区域の現人口は4,291人であり，そのうち，常住人口は3,208人，流入人口は1,083人である。コミュニティの政府機関は18である。また，このコミュニティも最も主要な華僑居住区である。現在，コミュニティ管理が直面している主要な問題は，コミュニティ住民の教育レベルが比較的低く，麻薬と麻薬関連者数及び国際入国者数が比較的多いことである。

2）ガバナンスの状況

①　居民委員会

　コミュニティの特殊な問題に対して，Sコミュニティはコミュニティ党組織の核心的リーダーの役割を十分に発揮し，コミュニティの党組織建設事務を強化し，各会議制度を完備し，コミュニティ居住委員会，制服事業単位，住民代表などを組織し，共同で本コミュニティの重大な仕事と難題について検討する。

　また，コミュニティの資源を統合し，コミュニティの女性と愛心ボランティアを広く動員し，「女性禁毒帯教隊」を設立し，家庭訪問や麻薬中毒患者治療所の訪問通じて教育を施し，麻薬関連者及び国際入国者の就職に協力し，社会排除の解消に力を注いだ。

② 社会的組織

非行青年の社会復帰　　国境線上の貿易都市として終始麻薬犯罪に対して高圧態勢を維持しているが，政府は公安機関の力だけでは麻薬犯罪を防止できないことに気づき，社会ガバナンス体制を革新することによって，より多くの力を動員して麻薬禁止事業に参加させなればならないことを意識した。

このような背景の下で，コミュニティ居民委員会は住民を動員して「女子帮教隊」を結成し，麻薬犯罪を防止する重要な力になった。「女子帮教隊」は主に自発的に家庭訪問をすることで麻薬関係者に麻薬による弊害を教えた。また定期的に治療施設に行き社会復帰を支援し，各方面の力を借り就職先を増加させた。現在，「女子帮教隊」は麻薬関係者または前科者30人以上を支援し，560回以上家庭訪問をした。

入国者に関心を向け，社会に馴染めるよう支援する　　コミュニティの特殊な地理的位置のため国際的な人口流動は比較的頻繁であり，国際婚姻も多く存在している。コミュニティ居民委員会と社会的組織は，入国者に中国の法律とコミュニティの文化を教え，定期的な家庭訪問で彼らの需要と困難を知り，彼らの就職活動にも協力した。また特殊な優遇政策を制定し，生活が困難な国際入国者は臨時補助を申請することができ，政策範囲内で同等の権利を共有し，日常生活問題の解決に力を注いだ。他に，イベントを開催することで国際入国者と現地住民の関係を改善した。

居民委員会に協力し教育事業に力を注ぐ　　Ｓコミュニティの住民の誰もが楽しく参加できるよう，老年苗歌隊，コミュニティ文芸宣伝隊，獅子舞隊やボランティアサービスチームなどを設立した。これらのコミュニティ社会組織はそれぞれの領域でイベントを展開し，例えば重陽の日に敬老活動を行い，法制あるいは麻薬取締宣伝日に公演活動を開催するなど，様々な知識をイベントに取り込むことで，住民は楽しくイベントを享受すると同時に国家政策や法律規定，経済発展などの知識を知ることができる。

国際麻薬禁止日に多くの住民に麻薬の種類を紹介し，麻薬の弊害について宣伝し，麻薬をどのように判別するかなどの関連知識を紹介し，住民を自覚的に麻薬禁止の活動に参加させた。

同時に，就職情報の面では，女子教師チームはコミュニティ居民委員会に就職

情報公示板を設立し，求人情報を広げ，就職活動の協力にも力を注いだ。

（3）P村の実践

1）コミュニティの概況

　P村は5つの村民グループを管轄し，コミュニティの常住人口は1,650人，管轄区域の世帯数は417戸であり，政府機関がなく，典型的な「老，少，辺，山，貧」を一身に抱える重点貧困村であり，貧困問題と「三留守」（子供たちの出稼ぎによるひとり暮らし高齢者，親の出稼ぎによる里子，父の出稼ぎによるひとり子育て母）問題は農村コミュニティで特に突出している。1人当たりの平均耕地面積は1.6ム（1ム＝6.6667a），1人当たりの収入は2,000元しかなく，現有の貧困世帯は58戸であり，そのうち，学による貧困が3戸，障害による貧困が7戸，病気による貧困が11戸，資金不足が10戸，土地不足が2戸，労働力不足が4戸，技能不足が8戸，他に13戸である。

　現在，コミュニティの村民の主要な経済源は現地の農業収入であり，出所構造は比較的単一であり，しかも村内の大多数が留守高齢者であり，病弱である。多くの青壮年は出稼ぎすることで両親と子供の生活を保障している。

2）ガバナンスの状況

①　村民委員会

　コミュニティ党組織の核心的リーダーの役割を十分に発揮し，コミュニティの党組織建設事務の強化を通じて，各会議制度を健全化し，定期的に学習会議を開催し，村民委員会，村民代表などを組織し，共同で本村の発展方向を討論し，第一書記の指導と村民委員会の各仕事の実行状況を監督する。

　村民委員会は関連する委員会あるいは指導グループを設立し，彼らは法に基づいてそれぞれの職務を担当し，農村の各仕事を展開し，例えば社会ガバナンス総合管理委員会の主要な仕事は不安定要素を除去し，村民たちの紛争乱闘を予防し，管轄区の社会安定を維持し，調停所の主要な仕事は適時に村民の土地矛盾と経済紛争を調停し，村民の合法的権益を維持することである。

　活動グループの主な仕事は，貧困脱却産業協同組合の建設を計画し，貧困世帯の住宅条件を改善し，貧困人口を減少させることなどである。

　積極的にプロのソーシャルワーカーを導入し，現在2名の在村ソーシャルワー

カーが村民委員会に協力して活動している。また，熱心な村民やボランティアを広く動員し，村民委員会の管理に参加させた。

②　ソーシャルワーカー

中国で展開されている精準扶貧の背景の下で，ソーシャルワーカーは実際の情況に基づいて精準扶貧サービスプロジェクトを研究・計画し，コミュニティのガバナンス事業は扶貧活動を重点的に展開し，コミュニティの資源を統合することで，農村里子，高齢者，女性と特殊な困難グループをサービスの重点対象とし，ケースワーク，グループワークなどの仕事方法を通じて彼らの才能を見出し，向上させた。

里子の成長に関心を向けること　　村民委員会の支持と援助の下で，ソーシャルワーカーは現地の農村活動室を十分に利用し，留守児童の課外活動プラットフォームを構築した。

また，村民委員会で「児童家園学堂」を設立し，このプラットフォームを利用して，農村の里子に教育講座，精神健康ファイル，授業指導，行為矯正などのサービスを提供し，児童の自己学習能力を向上させ，彼らの言動と振る舞いを正し，自信を強めた。

ひとり暮らし高齢者の生活満足度に関心を向けること　　村民委員会の支持と支援の下で，ソーシャルワーカーは，家庭訪問を通じて村民の需要を深く理解した。定期的な訪問と資料の整理分析を通じて，ソーシャルワーカーは高齢者が医療・健康問題と生活の問題に悩まされていることに気づいた。

この状況に対して，ソーシャルワーカーたちは，講座を開くことで高齢者たちに健康と医療政策を知ってもらい，健康知識を普及させ，高齢者の健康維持を支援した。また，隣人同士の助け合いや趣味の話し合いなどのイベントを催し，ひとり暮らし高齢者に対する公益的なポストを設立し，彼らの孤独感を解消させ，生活満足度を向上させた。

留守女性の労働スキルの向上に関心を向けること　　P村の留守女性グループに対し，ソーシャルワーカーはグループワークの方法を用いて，村民委員会の助けの下で，農業関連部門と共同で農業，養殖スキル講座と訓練活動を展開して女性互助グループを結成し，農作物の成長過程における注意事項，施肥時期と農薬化学肥料の使用量，虫害予防知識をより深く理解するように促した。その結果，自然災害後の救済措置など，農作物生産量の向上，家庭経済作物収入の向上に寄与

している。

　また，農閑時間を活用して村民を組織し，農作物に関する題材のテレビ番組，映画を見たり，映像教育活動を実施している。彼女たちの生活を豊かにし，気軽な雰囲気の中で労働スキルを学ぶことができるようにする一方で，コミュニティ支援ネットワークの構築に協力し，外部からの支援も獲得できるようにしている。

　村民委員会に協力し扶貧脱貧事業に関心を向けること　　扶貧脱貧事業に対して，村民委員会は事業グループを設立し，案を制定した。

　ソーシャルワーカーは民政部門と村民委員会に協力して貧困世帯の需要を調査し，第一書記と数名の村幹部の協力の下で，Ｐ村の三つの村民グループを訪問し，その中で重点的に9つの貧困世帯を訪問し，資料整理と分析を通じて，各貧困世帯の個人基本情報ファイルを構築した。

　一方，特殊な困難グループに対して，ソーシャルワーカーは彼らの生存状況に注目し，愛心活動を展開し，ケースサービスを提供し，彼らに社会の関心を感じさせ，楽観的な生活状態を維持させた一方，カードを建てた貧困者に対して，社工は実際の状況に基づいて，貧困扶助精密化工作サービス活動を展開し，ケースサービスを展開することによって貧困者が苦境から抜け出すことを助け，彼らの生活を改善した。

3　Ｃ市におけるコミュニティガバナンスの「三社連動」モード

　探索実践を経て，コミュニティの経済発展レベルと実際の状況に基づいて，Ｃ市コミュニティの発展とコミュニティ管理はある程度の発展を得て，「三社連動」のメカニズムの基礎プラットフォームを構築し，コミュニティ総合サービスシステムを完備させ，コミュニティサービスの専門性を高め，ボランティア資源のリンクを強化し，政府とコミュニティの関係も改変した。

　さらに地方の特色を持つコミュニティのガバナンスモードを形成した。

（1）「三社連動」のプロセス

　図14-1によれば，コミュニティ，社会的組織，ソーシャルワーカー，住民はコミュニティ管理の重要な参加者であることがわかる。コミュニティ，社会的組

図14-1　「三社連動」のプロセス

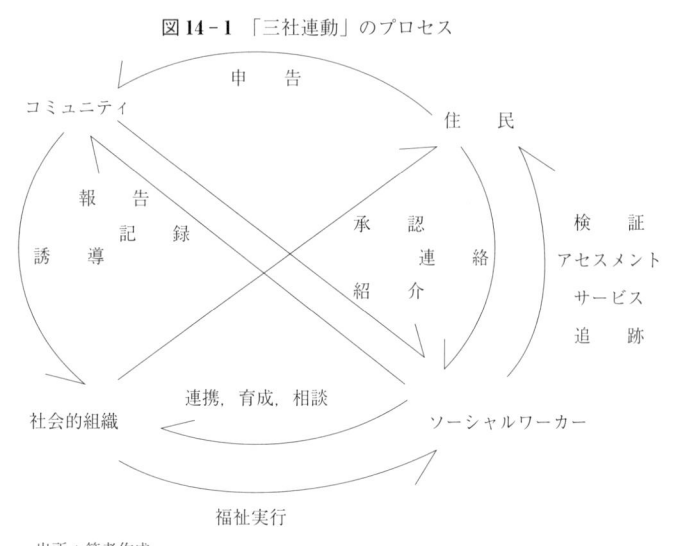

出所：筆者作成。

織とソーシャルワーカーはコミュニティ建設，コミュニティ管理とコミュニティ
サービスをめぐり，「三社連動」の主体はそれぞれの機能を実践し，互いに交流
し，協議し，協力し，共同発展を推進するための共同活動である。

（2）「三社連動」のコミュニティガバナンスモード

　初歩的にコミュニティガバナンス体制を「一体」とし，社会組織をキャリアと
し，ソーシャルワーカーとボランティアが「両翼」のプロセスを形成した。この
結果，コミュニティ，社会的組織，ソーシャルワーカーは「三社連動」の機構に
おいてそれぞれの機能と役割を果たしており，コミュニティの各主体間の交流と
連携が見られるようになった。具体的には次の通りである（図14-2）。

1）「委－居/村－チーム/会」のコミュニティガバナンス体制

　コミュニティのガバナンス体制構築面では，「委－居/村－チーム/会」という
制度が形成されている。「委員会」とはコミュニティの党組織を指す。基層コ
ミュニティのガバナンス過程において，党組織の指導核心作用を十分に発揮し，
コミュニティの党建設仕事を強化することを通じて，党の路線，方針，政策と上
級党組織の決議，指示を実行し，各会議制度を健全化し，定期的に支部委員会の

図 14-2　「三社連動」のコミュニティガバナンスの体制

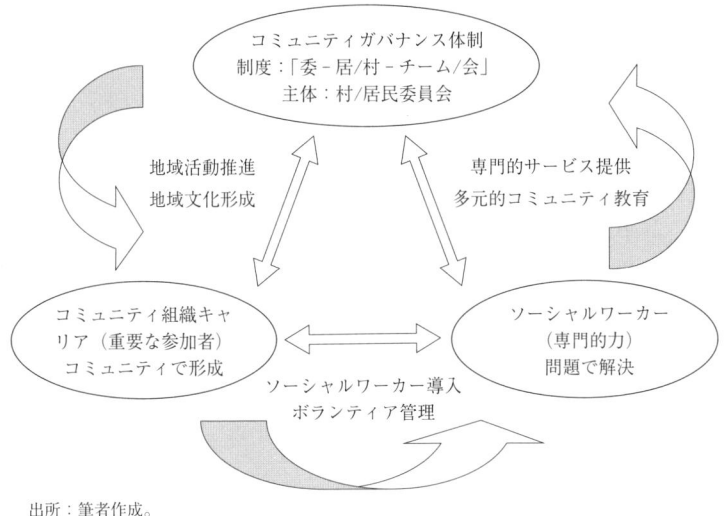

出所：筆者作成。

仕事報告を聞き，討論し，コミュニティの各事業を審査し，監督する。

　「居/村」はコミュニティ居民委員会あるいは村民委員会を指し，事業制度，コミュニティ治安制度，人民調停制度，医療衛生制度などを制定し実行する。また，定期的に年度工作計画会議，住民あるいは村民代表大会，年度総括会議などを開催する。また，駐区事業者，住民代表あるいは村民代表を組織し，共同で本コミュニティの重大な事項と仕事難題を討論する。

　ソーシャルワーカーは法に基づいてそれぞれの機能を履行し，幹部チームはコミュニティ内の社会的組織，居民委員会あるいは村民委員会，合作社などを指導・監督し，各仕事を展開し，合理的にコミュニティ資源を開発し，住民の生活矛盾と経済紛争を協調的に解決し，コミュニティ居民委員会あるいは村民委員会のコミュニティ仕事における基礎的な役割を発揮する。

　「チーム/会」とはコミュニティが発展してきたボランティアチームあるいは愛公益協会などの自治組織であり，それらの主要なコミュニティはプラットフォームであり，資源共有を原則とし，コミュニティ居民委員会あるいは村民委員会と協議し，協力メカニズムを構築する。同時に，熱心なコミュニティ住民あるいは村民，大学ボランティアと社会愛ボランティアを広く動員と統合し，異なるグ

ループに対して相応の公益，慈善，救助などのサービスを提供する。

2）コミュニティ管理の主体——コミュニティー居民/村民委員会

居民/村民委員会の「三社連動」における役割は，主に次の2つである。

① 専門的なサービスの多様化

コミュニティ住民あるいは村民の需要が多様化する傾向に対して，居民委員会あるいは村民委員会は，コミュニティの各方面の優勢資源を最大限に動員して住民あるいは村民に専門化したサービスを提供し，異なる住民あるいは村民の需要を満たした。例えば，児童サービスシリーズ，高齢者サービス，留守女性サービス，特殊困難グループサービスなどが展開されている。コミュニティがサービスと活動を展開する過程において，コミュニティ住民委員会あるいは村委員会はコミュニティの資源を統合し，効果的に社会的組織と相互交流を行う。またコミュニティは，社会的組織の援助，ソーシャルワーカーの介入，ボランティアチームのボランティアサービス，住民や村民間の助け合いなど，各方面の力を積極的に組織してコミュニティ活動に効果的に参加している。

② コミュニティでの教育事業の多元化

既存の資源を活用し，コミュニティ教育の発展に便利な空間を提供する。コミュニティ活動センターに老年活動室，四度空間学堂，閲覧室などを設置し，居住や村民に日常学習活動の場を提供する。辺境における少数民族の里子に対して，教育活動を展開し，精神健康教育教室を開設し，子供たちの健康的な成長を助ける。留守女性グループに対して，村民委員会は農業部門と共同で耕作・養殖技術訓練を展開し，あるいはこのグループを集めて関連するテレビ番組，映画を見て，ビデオ教育活動を実施した。また，コミュニティの麻薬中毒者に対して社会復帰のための活動を行い，一部の非行者が正常な社会生活に戻ることができるように力を注いだ。

同時に麻薬取締警察官と連携してコミュニティの範囲内で宣伝・教育活動を展開することで，より多くの住民に麻薬の危険性を意識させ，彼らの安全防止意識を高めることなども行っている。

3）コミュニティ管理の重要な構成者——社会的組織

社会的組織は，コミュニティガバナンスの重要な参加者として，コミュニティ住民の需要に応えることをサービス目標とし，基層のコミュニティガバナンスの

革新に重要な役割を果たしている。

①　コミュニティでの活動を展開する

社会的組織は自身の優れることを通じて，コミュニティ住民のニーズに対して，ボランティアサービス資源を統合し，「コミュニティ公益サービスメニュー」を担体とし，本土公益サービスのシステム化，組織化，常態化を促進する。同時に，コミュニティプラットフォームと専門人材を借りて関連するコミュニティ活動を展開し，例えば党員ボランティア資源を統合し，「社工＋党員ボランティア」のサービスモードを採用し，党員の模範的な先鋒作用を十分に発揮し，党建設の仕事を有機的にコミュニティ建設に溶け込ませる。

さらに「微公益」に頼ってボランティア資源を統合し，「社工＋ボランティア」のサービスモデルを採用して，コミュニティの隣人が助け合う，温かい社会の雰囲気を作り，「一村一品」のボランティア文化ブランドを発展させている。

②　コミュニティの文化建設を推進する

既存のコミュニティ資源を有効に利用することにより，コミュニティ文芸宣伝隊，高齢者ヤンキース，獅子舞チーム，コミュニティバスケットボールチーム，大学生ボランティア協会などの社会団体が設立されるなど，多様なタイプのコミュニティ文化団体が結成されている。コミュニティ居民委員会の統一的な指導と監督の下で，訓練リハーサルを経て，コミュニティに深く入って関連する文芸活動を展開した。

コミュニティ組織文芸宣伝隊は農村部での公演活動を組織し，ダンス，竹板，山歌を歌い，竜と獅子舞などの形式を通じて，住民の文化生活を豊かにし，住民の文化生活センスを高めた。同時に，コミュニティ文芸宣伝隊は司法，生育，麻薬取締大隊，政法などの機関部門と共同で活動を開催し，文芸演技過程中にポップクイズの形式を織り交ぜ，明るい雰囲気の中で知識を宣伝する目的を達成し，住民の学習と認識能力を向上させ，リスク防止意識を増強した。各コミュニティも住民や村民が活動する場所を作り，各種の器材を設置し，住民や村民にトレーニング施設を提供している。

4）コミュニティの管理を支える人材たち——ソーシャルワーカー

①　プロのソーシャルワーカーチームの導入

Ｃ市民政局はプロのソーシャルワーカーチームを導入し，ソーシャルワーク機

関と共同でコミュニティガバナンス活動を展開した。コミュニティの「三留守」
人員，流動人口，孤児・障害児童，退役軍人，非行青年の5種類の異なる団体に
対して，ソーシャルワークの方法を用いて彼らに専門的指導とサービスを提供す
る。麻薬中毒歴のある人員に対して，ソーシャルワーカーはケースワークの方法
を用いて介入し，主に彼らに心理指導サービスを提供し，彼らが自信を取り戻し，
再び学校あるいは仕事に復帰することを助け，よりよく正常な社会生活に溶け込
めるようにする。

　特別児童（異なる社会排除にされた児童）に関しては，相互交流プログラムなど
を通じて社会への認識を強化し，より人の輪に入り込めるよう配慮した。

　流動人口，特に国際入国者に対して，救助作業にコミュニティソーシャルワー
クの方法を運用し，P市獅子山コミュニティは資源を統合することで，支援ネッ
トワークを構築し，法律で許可されている条件下で，可能な限り多国籍人員に支
援救助を提供した。

　②　ボランティアサービスの標準化

　C市は積極的に社会ボランティア組織を育成し，多くのコミュニティ住民が公
益サービス事業に参加することを奨励し，ボランティア活動を展開し，住民の幸
福感を高めている。現在，C市では各種ボランティア組織は30個に達し，なお発
展し続けている。

　各種ボランティア組織は主にボランティアを募集することで各サービス活動を
展開している。コミュニティ組織は互いに助け合う理念を提唱することを通じて，
住民，ボランティアをコミュニティサービスに参加させ，愛心支教隊などの組織
を設立し，プロのソーシャルワーカーがボランティアを率いて積極的にサービス
活動を展開し，コミュニティで温かい雰囲気を作る。

4　C市におけるコミュニティガバナンスの「三社連動」が抱える諸問題

（1）コミュニティ管理の概念に対する認識が曖昧

　現在，政府関連部門と民衆は，コミュニティガバナンスの概念に対する認識が
曖昧で不十分である。政府からいえば，関連部門，機関スタッフに有効な意識誘
導が不足しているため，コミュニティ建設とコミュニティ管理の真の意味を徹底

的に理解していないため，末端の実際の仕事の面で有効な思考が不足している。加えて，中国の行政体制の影響を受け，コミュニティ居民委員会は上級政府の各指令に厳格に服従し，完全に政府に指導される立場にあり，コミュニティ管理の「行政化」傾向は非常に深刻である。

　現実の仕事の中で，コミュニティ居民委員会は大量の上級政府から受託した行政的公共事務を担当し，コミュニティ本来の機能が失われ，次第に末端自治の色が薄れてきた。

　民衆の方から見ると，中国は従来から「官本臣民」思想の影響を受けており，民衆の考え方はすでに固定化されている。多くの民衆は公民がコミュニティ管理に参加するという意識が不足し，コミュニティ管理に対してよく無関心な様子を示し，その主動性，積極性は比較的弱い。

（2）コミュニティ居民委員会の自治能力が薄弱

　コミュニティ管理の重要な主体として，コミュニティ居民委員会は主な客観的要素により，自治の能力不足を招き，「三社連動」のメカニズムに深刻な影響を与え，具体的に次のように苦境に陥っている。

　まず，地域社会建設資金は限られており，資金を獲得するルートは単一である。現在，C市のコミュニティ管理に使用する資金は，主に国家と地方政府の財政支出あるいは政府購入サービスなどのプロジェクトに由来し，コミュニティ社会的組織とコミュニティ住民の寄付は比較的に少なく，政府，社会的組織，企業と個人が共同で投入する多元化資金の調達体制を形成していない。

　次に，地域社会の職員の配置が不足している。現在，C市は基本的にコミュニティごとに5～7名のコミュニティスタッフを配置しており，そのうち専任スタッフは2～3名である。しかし，実際の作業では，この人数では常に猫の手も借りたいほどの忙しさを抱えている。

　さらに，職員たちのスキルレベルが低く，あらゆる状況に対応できるほどの力がない。最後に，職員の報酬は低い。現在C市のコミュニティスタッフの平均報酬は1年に約1.6万元，村委員会スタッフの平均報酬は1年に1.2万元であり，C市の最低賃金基準とほぼ一致している。激務に合わない報酬の低さは人材の流失をも招く。

（3）コミュニティ内の社会的組織が未熟

　コミュニティを統合するボランティア組織，公益組織は，「三社連動」のサービスメカニズムを構築する重要な一環である。現在，Ｃ市コミュニティ組織の数量とタイプは発展し，すでに規模の異なる公益組織あるいはボランティアチームは30団体を超え，比較的に良い公益サービス基礎を備えている。しかし，実際のサービス過程において，依然としてコミュニティ住民の需要を十分に満たすことができておらず，その主要な要素は次の通りである。

　都市と農村コミュニティの社会組織の発展が不均衡であり，農村コミュニティの社会組織の数が比較的に少なく，甚だしきに至っては一部の地区に完全に独立した意味での社会組織がない。コミュニティ社会組織の種類が揃っておらず，公益，慈善，生活に関する団体が比較的多く，文化やスポーツなどに関する団体が少ない。また，それぞれの役割が十分に発揮されておらず，多くの組織は生存と発展に必要な資源獲得が困難であり，有効な社会資源とのリンクが不足しており，自らの営収が深刻に不足しているため，コミュニティサービスを展開する際に制限と束縛を受けている。

　同時に住民は，これらの公益組織あるいはボランティアチームに対する理解と認識が不足しているため個々の力を発揮できず，コミュニティの管理にも取り込めずにいる。

（4）プロのソーシャルワーカーが少ない

　「三社連動」は専門化されたソーシャルワーカーチームを必要としているが，Ｃ市ソーシャルワーカーチームの中に，専門的なスキルを持つ人員は少なく，しかも都市と農村コミュニティ専門のソーシャルワーカーの配置は不均衡であり，都市の人員数は農村より明らかに多かった。同時に，基本的な資金と人材保障が不足しているため，Ｃ市は人材を導入できずにいる。

（5）コミュニティ住民参加が不十分

　現在，Ｃ市の住民のガバナンスへの参加度が普遍的に低いことが，すでに「三社連動」における重要な問題となっている。その原因は次の通りである。

　まず，住民の自主的参加意識が薄い。住民の教育レベルの低さが影響し，コ

ミュニティに対する認識が薄く，所属感もなく総体的に意識レベルが低い。ゆえに，自らコミュニティのガバナンスに参加しようともせずにいる。

　次に，施設の不十分さも影響している。各住民区が離れており，専用の施設を作る資金もないため，各区から人員を集めて活動を展開することができない。また，事務所が交通不便な場所に設立され，高齢者や児童が参加しにくいため，大きなイベントを開くことができず，住民の参加への情熱を大きく損ねている。

注
(1) 「三社連動」とは中国語で社区（コミュニティ），社会組織（社会的組織）と社会工作（ソーシャルワーク）のイニシャルを取って「三社」とする。

参考文献

董秀（2010）『コミュニティガバナンスに NGO の参入モード研究——深圳市を例に』武漢，武漢大学。

李文静・时立荣（2016）「社会の自主的連動」——「三社連動」コミュニティガバナンスの改善ルート」『探索』(3)。

罗思东（2007）「アメリカ都市部の邻里組織とコミュニティガバナンス」『中国政法大学紀要』(2)。

孙桂华（2008）『コミュニティ建設』北京，中国劳动社会保障出版社。

施雪华（2008）「アメリカコミュニティガバナンスの啓示」『山西大学紀要（哲学社会科学版）』(7)。

吴晓林・郝丽娜（2015）「『コミュニティ復興運動』以来外国のコミュニティガバナンス研究の理論的考察」『政治学研究』(1)。

魏娜（2003）「中国都市部のコミュニティガバナンスモード——発展変遷と制度革新」『中国人民大学紀要』(1)。

叶南客・陳金成（2010）「中国"三社連動"のモード選択と策略研究」『南京社会科学』(12)。

张华林（2010）「コミュニティ，社会的組織，ソーシャルワーカー"三社連動"加速推進の対策」『中国民政』(6)。

翟琳（2013）『コミュニティガバナンスの"三社連動"——江蘇省泰州市の実践を例に』武汉，华中师范大学。

郑杭生・黄家亮（2012）「論中国コミュニティガバナンスの二重困境与革新之维——北京市コミュニティガバナンス体制改革実践の分析」『东岳论丛』(1)。

（周　文棟）

第IV部　地域包括ケアの深化
——人口減少・少子高齢社会に向き合う

　日本の地域包括ケアシステムは，1970年代から全国各地で展開され，2000年以降は高齢者福祉分野で政策的に多用されるようになった。しかしながら，地域包括ケアシステムという言葉から思い浮べるものは実に多様であろう。例えば，医療機関や社会福祉法人が医療や福祉の垣根を越えてサービスを提供する体制を思い浮べる場合もあれば，認知症高齢者を多機関・多職種で支えるネットワークや，在宅ケアから施設ケアまでを含めた継続的なケアについて，また地域におけるケアネットワークなのか，ケアシステムなのかという議論もあるだろう。それほど，地域包括ケアシステムという言葉は多義的なのである。筆者は地域包括ケアシステムを，4つに整理して捉えている。①医療・介護・生活支援などの分野を包括して提供する［分野横断的なケア］，②健康維持から介護予防，そして要介護，終末期ケアへと続く［継続的なケア］，③ボランティアや専門職などを含めた自助・互助・共助・公助の［ケアの担い手］として，④昨今の地域共生社会の実現にあわせて論じられるようになった，高齢者に限定せず，生活困窮者や障がい者などへの支援も含めた［限定しない対象］としての4つである。

　第Ⅳ部は，4つの章から構成されているが，いわゆる地域包括ケアを扱う研究とは一線を画しているかもしれない。しかしながら，急激に進む中国の高齢化に対する方策の渇望が新たな取り組みを生み，背景や状況が異なる北欧・デンマークとの比較からの視座が，そして過疎地域における暮らしを包括的に捉えようとする論考すべてが，人口減少・少子高齢社会に立ち向かう地域包括ケアについて論じているといえるだろう。

　第15章は，中国の国有企業による「単位福利」から「社区福務」への転換を，地域を基盤とした社会サービスへの転換と捉え，特に中国都市部の社区に着目している。そして施設と在宅という2極化ではなく，社区というコミュニティも合わせて高齢者の生活を支えていくしくみを構築していこうとする形相を映し出している。北京市の西城区・朝陽区の2つの行政区で取り組まれている高齢者に対するサービスを実例として取り上げ，急激・急増する高齢者福祉へのニーズにどのように応えていこうとするのか考察している。

　第16章は，中国都市部において注目されている「タイムバンク」モデルについての論考である。「タイムバンク」とは，経済危機や，高い失業率，人材の浪費に対応するためにアメリカで始まった方策で，商品やサービスを，対価（通貨）ではなく時間を通貨として取り扱い商品とサービスの効率を実現するものである。楊はタイムバンクに関する先行研究の整理と各国の取り組みに触れた上で，中国における「タイムバンク」に対する需要と上海市内で取り組まれている実践例を紹介している。そして，中国の特徴を備えたコミュニティガバナンスモデルである［三者連動］と［タイムバンク］を組み合わせていくことで，高齢社会におけるニーズに応え得る対策として提言している。

　第17章では，デンマークと日本の地域包括ケアの比較を通して，地域包括ケアのネットワーク機能の強化に向けて論考を進めている。比較研究では，日本のA市とデンマークのBコムーネの高齢者支援についてを取り上げ，8つの項目で比較を行っている。そして，特に医療と介護の連携，自治体の持つ財源，高齢者主体の活動に大きな差異があり，またそれが

それぞれの国の地域包括ケアを特徴づけていると結論づけている。

第18章では，日本における人口減少・高齢化が進む過疎地域を対象に論考を行っている。とかく日本の地域包括ケアシステムでは，資源豊富な都市部において，行政や医療機関，社会福祉法人などの主体がリーダーシップの発揮しガバナンスを進め，包括的・継続的なケア体制や，多様な対象や担い手に

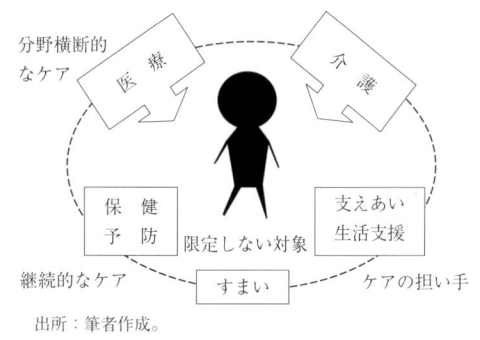

出所：筆者作成。

よりケア体制を構築している。過疎地域であるＡ町の地域包括ケアの現状をできる限り複眼的に捉え，これからの過疎地域における地域包括ケアについて考究している。

野口編集代表（2014）は，「住み慣れたまちで，健康でいきいきと自分らしく暮らし続けたいということは，誰もが望む自然な願いである」とした上で，「本来，地域包括ケアがめざしていく理念とは，住民一人ひとりの生命・生活・人生を包括したケア体制の構築である」と述べ，ソーシャルワーク事例研究会で持ち寄られた30もの事例の中から20事例が掲載されている。それら一つひとつの事例が，ライフ・ライン・メソッドやエコマップ法を活用し，文字通り，個別事象から地域包括ケアシステム構築への展開を意図してまとめられている。

第Ⅳ部はすべてメゾレベルや政策的な視点からの論考となっており，個別事象から地域包括ケアシステムを論じるというダイナミックさに欠けている点は否めない。しかしながら，メゾレベルでの分析や政策的な視点から丁寧な論考を積み重ねていくこともまた肝要である。野口編集代表（2014）では，韓国など海外から学ぶソーシャルワーク事例研究もまとめられている。今後は，一人ひとりの生命・生活・人生という個別事象を捉え，地域包括ケアを論じる枠組みをを示し，中国やデンマーク等，さらなる国際比較研究の展開を期待したい。

政策的にも地域共生社会に向けた地域包括ケアの深化が謳われているが，一人ひとりの生命・生活・人生という視点から地域包括ケアを論じることが重要ではないだろうか。一人ひとりの生命・生活・人生を支えるケアはどのようなものか，どのようなケアが地域あるいは社会の中にあれば一人ひとりが自らの生命・生活・人生を生きられるようになるのか。それらを持ち寄り積み重ねていくことで，地域包括ケアシステムが構築され，また深化していくのではないだろうか。第Ⅳ部の論考とともに，地域包括ケアの深化・地域共生社会の実現を見据え，ここから新しい地域福祉の「かたち」について考えていく。

参考文献

野口定久編集代表，ソーシャルワーク事例研究会編（2014）『ソーシャルワーク事例研究の理論と実際——個別援助から地域包括ケアシステムの構築へ』中央法規出版。

（中田雅美）

<table>
<tr><td>第15章</td><td>中国の大都市における地域を基盤とした
高齢期の生活支援システムの構築
——北京市の取り組みを通して</td></tr>
</table>

1 中国における人口高齢化の特徴

　アジア諸国のうち，シンガポール，韓国，日本，中国では，速いスピードで高齢化が進行している（表15-1）。この中，日本と中国の高齢化のスピードを見てみると，日本の高齢化社会（65歳以上の人口が総人口を占める割合は7％を超える）から高齢社会（65歳以上の人口が総人口を占める割合は14％を超える）へ到達する年数が24年で，高齢社会から超高齢社会（65歳以上の人口が総人口を占める割合は21％を超える）に到達する年数は13年であった。中国の状況を見てみると，高齢化社会から高齢社会に到達する年数が25年，高齢社会から超高齢社会に到達する年数が12年であると予測されている。日本と中国の高齢化のスピードがほぼ同じであるということがわかる。[1]

　中国の人口高齢化の特徴として，前述した高齢化のスピードが速いほかに，高齢者人口の規模が大きいこと，高齢化率の地域間格差が大きいこと，高齢化社会に入るとともに少子化が進んでいること，国家経済が成熟しきれない中で社会の高齢化が進行していることもよく取り上げられる。

　とりわけ，65歳以上の人口規模の現状をみてみると，2020年の第7回人口センサスのデータ[2]により，65歳以上の人口が総人口の13.5％に達しており，約1億9,063万人いることがわかる。[3]また，2015年現在，高齢者全体の18.3％にあたる約4,063万人の高齢者が介護の必要な状態である（「第4回中国都市と農村の高齢者生活状況サンプル調査報告」）。[4]一方，人口高齢化と少子化が進行している状況の中，核家族化の進行（表15-2）にともない一人暮らしの高齢者や高齢者夫婦世帯のような高齢者のみの世帯が増加している。さらに，高齢期に入ってから成人した子どもの死亡により一人っ子を失った高齢者は，中国では「失独老人」と呼ばれ，こうした人々への介護や心のケア，経済的支援の問題も浮上している。このよう

表 15-1　高齢化のスピードの国際比較

国	65歳以上人口割合（到達年次）			倍加年数（年間）	
	7 %	14%	21%	7 %→14%	14%→21%
シンガポール	2000	2016	2024	16	8
韓　　国	2000	2018	2028	18	10
日　　本	1970	1994	2007	24	13
中　　国	2002	2027	2039	25	12
ドイツ	1932	1972	2014	40	42
イギリス	1929	1975	2031	46	56
スイス	1931	1983	2023	52	40
デンマーク	1925	1978	2024	53	46
アメリカ	1942	2014	2041	72	27
スウェーデン	1887	1972	2021	85	49
フランス	1864	1979	2021	115	42

注：「14%→21%」は筆者により計算・補足。
出所：エイジング総合研究センター編著（2012）『高齢社会基礎資料'12－'13年版』中央法規出版，「第7表」より抜粋。

に，高齢期の生活ニーズを充足するための社会サービスの量的整備が必要であると考えられる。

中国政府は1990年代に入り，今後の人口高齢化社会における対策について，「中国老齢工作7カ年発展綱要（1994～2000年）」を発表した。「指導方針」では，「家庭扶養と社会扶養の組み合わせという原則を準拠する」と述べ，「高齢者福祉施設を増やし，

表 15-2　核家族化の進行

年次	世帯規模（人／世帯）
1953年	4.33
1964年	4.43
1982年	4.41
1990年	3.96
2000年	3.44
2010年	3.10

出所：中国国家統計局が公表した人口センサスのデータより筆者作成。

社会化したサービスの範囲を拡大するとともに，経済扶養，生活介護，カウンセリング等における家庭の役割を引き続き発揮してもらう」と記している。家族による老親扶養の機能を依然として強調しながらも，社会サービスの拡大を図る姿勢を示したのである。2000年，中国の民政部・財政部・労働保障部を含めた11の中央省庁の合同で，「福祉の民営化の促進に関する意見」を打ち出し，民間の力を大いに発揮する意図を明示した。とりわけ，「2005年まで，わが国は，手本と

する社会福祉施設を国家が運営し，ほかに多種多様な投資形式や運営主体による社会福祉施設をバックボーンとし，社区の福祉サービスに頼りながら，自宅で老後を養うことを基礎とする社会福祉サービスネットワークを構築していく」ことが示された[5]。2000年に提示された上記の「居宅―社区―福祉施設」の体系について，その後に打ち出された高齢者向けサービス体系の構築に関する政策の中でも言及されてきた。

2　国家による一括保障から社会サービス化への変化

（1）「単位」保障から社会サービスへ

　中国では，1978年12月に開催された中国共産党第11期中央委員会第3回全体会議において，「改革開放」政策の実施が提起され，1979年より実施されている。その中身は，「対内改革・対外開放」と総称され，国内における経済体制改革を行うと同時に，国外にある国際的な経済力を導入することを通じて，国内の経済成長を促すという政策方針である。とりわけ，「改革開放」政策の重要なキーワードの一つとなるのが経済体制改革である。この経済体制改革において，1949年の中華人民共和国建国後に設立してきた社会主義計画経済体制を社会主義市場経済体制へ転換することを図り，1978～1992年の過渡期を経て，1992年以降，中国の経済体制改革の目標が社会主義市場経済体制の構築であることが確定された。こうして，1950年代以来の社会主義計画経済体制は，経済体制の改革によって社会主義市場経済体制へと転換が図られた。

　経済体制転換の重要な一環は1950～1970年代の「単位」体制の下で運営されていた国有企業に対する改革である。「単位」体制の揺らぎは様々な形で現れてきた。社会保障・社会福祉に直接につながると思われる点は，①労働力の終身雇用制度から契約制への変化，②「単位」が丸抱えしていた労働保険制度の社会保険化，③「単位福利」から「社区服務」（表15-3参照）への転換が挙げられる。とりわけ，①の終身雇用制度から契約制への変化から，現在の失業問題への対応につながる。また，②の労働保障制度の社会保険化は社会保障制度再編の一部であり，中国の社会保障制度における社会保険化の特徴につながる。③の「単位福利」から「社区服務」への転換は，国有企業が担っていた都市部住民の生活保障

の一部を「単位福利」から地域を基盤とした社会サービスへ転換するようになることを意味している。

　2000年以降，65歳以上の人口が総人口の７％を突破したことに対して，国は高齢化社会への対策を特に重要視し，民間の力を大いに発揮させようと政策上に明記している。とりわけ2000年以降，一連の公式文書を通して，高齢化社会への対策として，家庭による老親扶養の機能を重要視しながら，民間の力で高齢者向けの社会サービスを充実させる方向性が示された。

（2）地域における社会サービス供給機能

　1993年，第３次産業発展を背景に，中国の民政部及び他の14の中央省庁は，「地域を基盤とした社会サービス業の促進に関する意見」を公布し，「社区服務」を第３次産業の一環として展開する方針を明示したとともに，高齢者が年金受給(6)の手続きをしやすくするために，年金管理を社区に移行することも定められた。

　1989年に，中国民政部の公式文書「全国都市部社区服務活動経験交流会紀要」の中で初めて「社区服務」という言葉が取り上げられた。その後に打ち出された一連の中央省庁の公式文書では，「社区服務」の内容について示されている（表15‐3）。

（3）高齢化社会対策における「社区服務」の役割

　2000年，中国では民政部・財政部・労働保障部を含めた11の省庁より，「社会福祉の社会化の促進に関する意見」を打ち出した。この公式文書の冒頭に，「わが国における社会福祉事業の改革と発展を推進し，社会主義市場経済体制における社会福祉サービス体系を構築するため，福祉の社会化についていくつかの意見を提起する」と述べられ，「社会主義市場経済体制における社会福祉のサービス体系を構築する」という「福祉の民営化」の目的と背景が明記されていた。

　「福祉の民営化」を推進する政策は，福祉サービスの資金投入方法として政府のほか，各種団体（企業，事業団体，NPO）及び個人より資金投入を求めている。また，供給方式について，社区を基盤とした福祉サービス供給体系の構築が求められている。

　2001年６月の初め，中国民政部は，人口高齢化の挑戦に対応するため，全国の

表15-3　中央省庁の公式文書で示された社区服務の内容

年　次	公式文書タイトル	社区服務の内容
1989	民政部，「全国都市部社区服務活動経験交流会紀要」	非営利の目的の下で，異なる対象者とサービス項目に対して，無料・低料金・有料のサービスを提供する方法を取る。 社区リハビリサービス：高齢者，障害者の心身的健康レベルを高める 高齢者，障害者等に対する保護サービスの展開を模索し，彼らの合法的権益を保護する。 社区内の労働力を失った障害者に対する養老保険サービスの展開を模索する。 心理相談サービスの展開を模索する。
1993	民政部及びその他の13の省庁，「社区服務業の促進に関する意見」	高齢者サービス，障害者サービス，優先扶助対象のサービス，住民の生活サービス 住民の生活便利を提供する家庭サービス，冠婚葬祭サービス，初級衛生保健サービス，文化体育・健康づくりサービス，幼児教育サービス，障害児教育訓練，障害児の入所サービス，高齢者サービス，計画生育相談サービス，優生優育サービス，心理相談サービス
2000	民政部，「全国都市部社区建設の促進に関する意見」	主に，高齢者・児童・障害者・貧困世帯・優先扶養する必要がある者等に対する社会扶助と福祉サービスを提供するもの 社区住民に対する生活サービス，社区にある各種機関に対する社会化サービス，失業者に対する再就職サービスと社会保障サービスを提供するもの。
2006	国務院，「社区服務活動の強化と改善に関する意見」	社区救助サービス：居宅養老サービス，慈善事業 社区衛生サービスと計画生育サービス 社区文化・教育・体育サービス：読書，健康づくり，文化体育活動 社区流動人口管理とサービス 社区安全サービス：社区警務室
2007	国家発展と改革委員会・民政部，「"第11回5カ年"社区服務システム発展計画」 ＊"第11回5カ年"：中国国民経済と社会発展における第11回5カ年計画	社会扶助から就職支援，衛生と計画生育，社区治安，文化教育と体育，住民の生活便利を提供するサービスへと拡大 ・住民の生活便利を提供するサービス ・社区就職支援と社会保険サービス：社区服務センターにて就職支援窓口の設立．年金の支給，相談サービス。 ・社区救助サービス：失業者，都市住民最低生活保障受給者 ・社区衛生と計画生育サービス ・社区治安の防止・コントロールネットワークづくり。社区矯正，社区の麻薬中毒者更正サービス体制の構築。 ・社区文化，教育と体育：青少年と高齢者向けの社区体育施設の建設

出所：民政部「全国都市部社区服務活動経験交流会紀要」（http://www.law-lib.com/lawhtm/1989/51195.htm），民政部「全国都市部社区建設の促進に関する意見」（http://acsc.org.cn/laws18.htm），民政部及び他の10の省庁「社会福祉社会化の促進に関する意見」（http://www.chinapop.gov.cn/flfg/xgflfg/t20040326_30759.htm），国務院「社区服務活動の強化と改善に関する意見」（http://www.gov.cn/zwgk/2006-04/21/content_259996.htm）国家発展と改革委員会・民政部，「"第11回5カ年"社区服務システム発展計画」（http://www1.mca.gov.cn/news/content/recent/guihua.html）を基に筆者作成。

「社区高齢者サービス星光計画」をスタートさせると発表した。この「星光計画」の主要な任務は，2001年から３年以内に，中央から地方に至る民政部門は，福祉宝くじの発行で集めた福祉基金を，ほとんど都市部の地域社会高齢者福祉サービス施設，活動場所と，農村部の郷・鎮の高齢者福祉施設の建設に用いることとされていた。

　2006年２月，中国国務院は「養老サービス業の促進に関する意見」(以下,「意見」) を通達した。「意見」では，社区で暮らしている高齢者に対して，在宅生活を支えるためのサービスを提供することが示され，サービスの内容について，家政サービス，心理相談，健康回復等が定められていた (中国国務院 2006a)。高齢者の在宅生活を支えるサービスの運営方式について，行政が設立し民間が運営する「公建民営」，及び民間の力で各種社会事業を立ち上げてから政府が一定の資金援助を行う「民弁公助」のような運営方式が政策に勧められていた。同年６月，中国国民経済と社会発展における第11回５カ年計画を背景にし，中国国務院は，「中国の高齢者事業の発展における第11回５カ年計画」を公布した。「第11回５カ年計画」では，高齢者の社会保障，高齢者事業基礎設備建設，シルバー産業，教育と文化的生活，高齢者の権益保障，社会参加，実施の保証，等の項目が設定されていた (中国国務院 2006b)。「通知」には，「社会福祉社会化の促進に関する意見」と一貫して，「居宅-社区-福祉施設」の福祉サービス実施基盤が示されていた。

（4）高齢期の生活を支援する社会サービス化の政策展開

　2008年に入り，「居宅養老サービス業務の全面推進に関する意見」(中国・全国老齢業務委員会事務局及び他９の中央省庁や部局公布) が公布され，「居宅養老」について「わが国のコミュニティ・ベースド・サービスの発展，高齢者向けサービス体系の構築における重要な構成部分である」と示されている。

　2011年，中国国務院が公表した「社会養老サービス体系の構築計画 (2011～2015年)」の中では，「わが国における社会養老サービス体系は主に居宅養老，社区養老，施設養老の３つから構成される」と明記されている。さらに，居宅養老，社区養老，施設養老のそれぞれの内容について，これまでの公式文書と比べより明確に示されている。少し長文になるが，その内容は以下の通りである。

　「居宅養老サービスは日常生活ケア，家政サービス，リハビリテーション，医療保健，心理的サポート等，訪問サービスを主要形式とする。身体状況が比較的良好な高齢者及び生活が自立できる高齢者に対して，家庭サービス，高齢者向け食堂，法律相談等のサービスを提供する。生活が自立できず比較的年齢の高い高齢者，独居高齢者，介助が必要な高齢者に対して，家事援助，家庭保健，補助用具，配食，バリアフリーのためのリフォーム，緊急ボタン設置，安否確認等のサービスを提供する。条件が整備されている地域では，生活の自立度と生活の質を向上するために。在宅の要介助の高齢者に手当を支給し，必要なリハビリテーション用の補助用具の利用を促すことができる。」

　「社区養老サービスは居宅養老サービスの主な支えとなり，デイケアと居宅養老のサポートという2つの機能を持ち，主に日中一人暮らしの在宅高齢者へ提供するサービスを指す。都市部では，サービス提供できる場所を増やし，情報ネットワークを形成していく。ほか，高齢者の社会参加機会を増やす工夫が必要である。」

　「施設養老サービスは施設建設を重点とし，施設建設を通して基本的な高齢者向けサービスの機能を実現していく。主に介助の必要な高齢者に対して生活ケア，リハビリテーション，緊急救護等の専門的なサービスを提供する。」

3　大都市の社区における「社区服務センター」の実践例
——北京市西城区の取り組み

（1）北京市における「社区服務センター」の位置づけ

　北京市では，「社区服務センター」は街道弁事処に属しており（図15-1），社区に関する事務を総括する「社区事務所」と同等のレベルである。居民委員会は社区の住民自治組織であるが，行政の政策の伝達などの役割も果たしている。「社区事務所」から居民委員会に種々な政策を伝達して住民へ広報したりしている。「社区服務ステーション」は北京市の「ソーシャルワーク委員会」に管理されている。市の「ソーシャルワーク委員会」は2007年12月2日に設立され，その下に区と街道レベルの「ソーシャルワーク委員会」が，さらにその下に「社区服

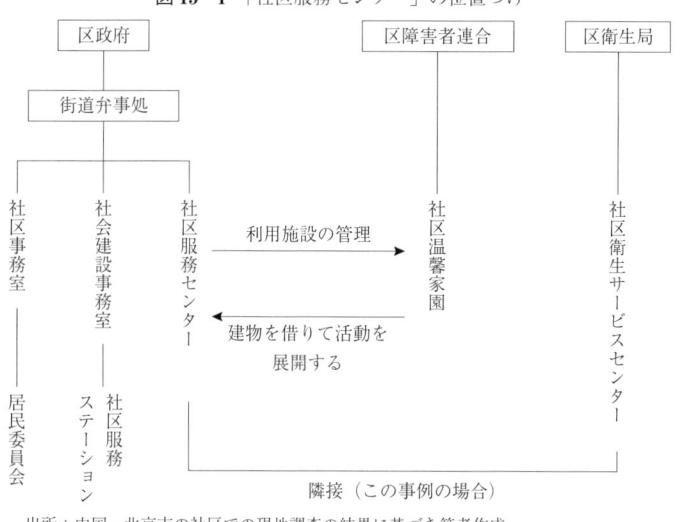

図15-1　「社区服務センター」の位置づけ

出所：中国・北京市の社区での現地調査の結果に基づき筆者作成。

務ステーション」が設立されている。

　以上は縦割りの関係であるが，横割りの関係では，「社区服務センター」は街道の行政レベルの機関であり，職員も行政編制である。「社区服務センター」は居民委員会の役員からフィードバックされた住民の情報によりサービスの資源を統合し，サービスを供給する。ここで，居民委員会と「社区服務ステーション」の関係を整理してみよう。居民委員会は住民の自治組織であるため，「社区服務ステーション」の指導を受ける義務がある。この指導は行政の政策を伝達する際の指導である。例えば，街道弁事処が「社区服務ステーション」を通して計画生育政策の宣伝活動を行う際，「社区服務ステーション」は宣伝のためイベントを展開するが，居民委員会を通して住民へイベントの開催を伝え，住民を集めてもらう。つまり，同じような政策の実施に関するイベントを開催する際，居民委員会は「社区服務ステーション」の指導を受けながら住民を集める役割を果たしている。

（2）北京市の「社区服務センター」が供給する公的サービス

　「SCH 街道社区服務センター」は，高齢者の在宅生活を支えるために，食事，

文化娯楽，ケアという3つの大きな分野のサービスを供給している。具体的に，食事分野には配食サービスセンター（社区服務センターの食堂を活用している），野菜市場がある。文化娯楽分野には社区服務センター敷地内の多機能ホールや体操室やジムの管理がある。ケア分野にはデイケア室があるが，活用されているかどうかは今回の調査では確認できなかった。その他，社区で高齢者の暮らしを支えるサービスモデルとして，居宅養老サービスセンターが設置されている。

1）サービスを開発するための既存サービス利用のデータ集計・管理

居宅養老サービスセンターの事務室の壁に「SCH 街道社区住民サービス統計表」が貼り付けられている。この統計表には，街道管内25社区の社区ごとに利用しているサービスの項目別に利用ケースのデータを収集されており，3カ月に1回更新していた。社区ごとにサービス項目は異なるが，全体を確認すると，家政サービス（ホームヘルプ・サービス），理髪，配食サービス，入浴，家電修理，医療サービス，ガスボンベの交換，下水道の清掃，飲食店で利用できる高齢者限定の定額食事券支給などの項目が含まれている[13]。これらのサービスの中，区の高齢者政策によって決まったサービスもあれば，SCH 街道社区服務センターが独自に実施しているサービスもある。

2）配食サービス

2006年11月21日，配食サービスセンターを立ち上げ，街道管内の一人暮らし高齢者，夫婦世帯高齢者，最低生活保障受給高齢者，生活困難者，障害者を主な利用対象として，配食サービス事業を始めた。

街道管内に6つの配食センターを設置し，それぞれを拠点として，その射程範囲内で一人暮らし高齢者や生活困難な高齢者へ配食サービスを供給している。配食員は公募で採用した人で，特にソーシャルワーカー等の専門資格にこだわっていないが，配食員の配食の際，「聞く，見る，嗅ぐ，感じる」ことは求められている。「聞く」とは，配食利用者との会話を通して利用者の生活状況，健康状況などを把握し，変化があったら報告すること。「見る」とは，配食で訪問した際，利用者の家の安全でない箇所を観察して，問題がある時に社区服務センターに報告すること。「嗅ぐ」とは，特に冬季，平屋の四合院づくり（中国の伝統住宅の様式の一つである）の居住様式が多いため，冬季に石炭ストーブを利用している人が多く配食で訪問した際，ガス漏れのにおいがないかどうか，あるいは，調理場

のガス漏れのにおいがないかどうかを確認すること。「感じる」とは，季節によって，特に夏季と冬季に配食で訪問した際，室温を感じて，自分にとって暑いか寒いか，利用者にとって適切かどうかを確認すること。配食員が配食サービスを利用する高齢者の日頃の様子を把握した結果を，配食後に社区服務センターへ戻って日誌に記入し，「社区服務センター」がそれらの情報に基づいてそれぞれの利用者へのサービスを調整する。将来的に，「社区服務管理システム」というソフトを整備したら，上記の利用者の状況をすべてデジタル化管理方式に移す予定である。

中華料理の特徴の一つは温かい料理を食べることで，各配食センターで調理して配食利用者に届くまで冷めないことがポイントとなる。自転車で順番に回って届けているので，最後に届ける利用者にも温かい料理を食べてもらいたいという原則に基づき，各配食員の担当範囲は自転車で15分から30分で回れる範囲である。

3）居宅高齢者向けの巡回員制度[14]

2007年11月に，北京市西城区をモデル地域として巡回サービスの試みが始まった。最初の巡回員は，区の公募で採用された3名のうち，1名が管理職で，2名が地域を巡回する巡回員である。2名の巡回員はそれぞれ100名の巡回対象者を担当する。3名とも区の民政局に管理されていた。巡回員を設置する当初の目的は，居民委員会の役員が一人暮らし高齢者など支援の必要な住民を巡回しているかどうか，情報を把握しているかどうかなどを確認するためだったが，現在は，居民委員会の役員がほとんど巡回していないため，巡回員が自ら自転車で地域を走り，巡回するようになった。

2009年，この事業が区の民政局の管理下から街道の管理下へと移行された。5名の巡回員が採用され，1人が5つの居民委員会の管内の巡回対象者を担当していた。巡回対象になっている高齢者から夜中でも急用で電話を掛けられたこともある。

利用者のAさんは78歳の女性で，14年前から11年間介護をしていた夫に先立たれ，視覚障害を持ちながら3年前に一人暮らしを始めた。20歳台前半の孫が，週に1回か2回泊まりに来る。現在，最低生活保障を受給している。当初は，居民委員会の役員が巡回した時に，Aさんが生活問題を抱えていることが窺え，街道弁事処へ報告した。また，2009年3月より，街道弁当処が管理する社区服務ス

図15-2　巡回員を通じた一人暮らし高齢者を支援するネットワーク

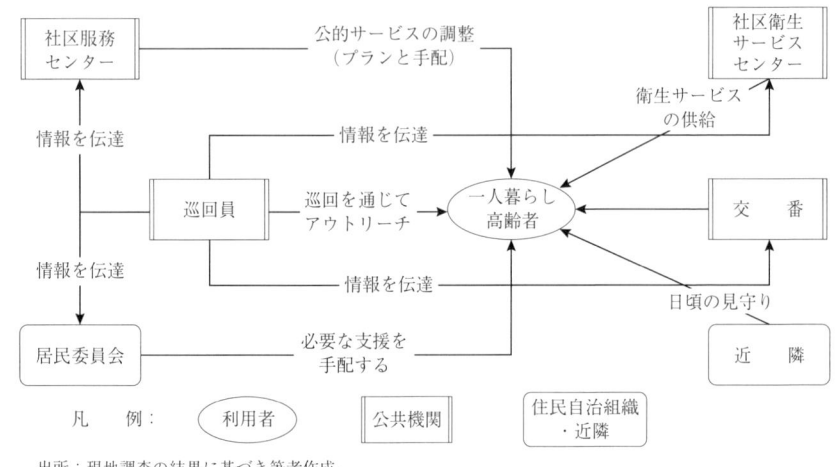

出所：現地調査の結果に基づき筆者作成。

テーションからの配食サービスを利用し始めた。そのほか，家政サービス，プロパンガスボンベの交換サービス，300元が入っている消費カード等のサービスも利用している。

　体の具合が悪い時には，かかりつけ医の制度はないが，居民委員会の役員が医師に電話を掛けると往診に来てくれる。これはＡさんのような80歳以上で障害を持っている人に，居民委員会の役員と街道弁事処の職員が地域の資源を調整して手配するサービスである。隣近所の人とペアを組んで，その人のお家にベルを設置し，Ａさんが緊急時にベルを鳴らせば，その人が駆けつけてきて，必要に応じて巡回員に電話で連絡を取ることもある。ペアを組む相手は居民委員会の役員が依頼した人であり，ボランティアである。他の隣近所の人も，仕事の帰りや外出の帰りに食材を買ってくれたり，料理のお裾分けをしたりしてくれることが多い。

　巡回員の役割は図15-2に示すように，一人暮らし高齢者の自宅を定期的に訪問し，把握した情報を，「社区服務センター」と居民委員会，及び「社区衛生サービスセンター」と警察の交番等の機関に伝達する。それらの機関を通じて，一人暮らし高齢者の抱えている生活問題を解決するようにする。巡回員は，一人暮らし高齢者を各種機関につなげる重要な役割を果たしている。

4　大都市の社区における重層的サービス供給拠点の実践例
——北京市朝陽区の取り組み[16]

（1）重層的サービス供給体系：「1＋43＋N」

　「1」とは，朝陽区に高齢者向けサービス指導センターを1カ所設置すること。「43」とは，24の街道（都市部）と19の郷（郊外，農村部）ごとに1カ所ずつ「デイサービスセンター」を設置することである。「N」とは，社区という地域コミュニティの中にサービス・ステーションを設置する予定であるが，社区ごとに1カ所ずつ設置することではないため，「N」を使うことになっている。「1＋43＋N」の体系を通して，区レベルと街道レベルと社区レベルがつながることになる。行政としての区政府がサービス提供の基準を定め，提示する。街道と社区はその基準に従ってサービスを提供する。区政府は街道と社区レベルのサービス提供の質を監督し，指導を行う。

（2）サービス情報の拠点を設置

　「朝陽養老網」というネットワークを形成し，市場のサービスを専用ホームページで公開する。一方，朝陽区内で暮らす55歳以上（55歳から情報把握していくと，60歳以上の高齢者の情報を漏れなく把握できるため）の高齢者の情報を把握し，警察の監督の下で情報管理システムに一人ひとりの基本情報を入力して，朝陽区養老サービス指導センターで保管する。

　スマートフォンやiPhone，iPad などの端末からでもアクセスできるアプリが開発された。サービス利用したい時，各種インターネットにアクセスできる端末からサービスの情報を閲覧することができる。サービスを利用した後，24時間以内に，サービスの利用についての電話調査が必ず行われる。インターネットのほか，「96083」という番号のサービス利用ホットラインも設置されている。

（3）朝陽区養老サービス指導センター

　2013年，北京市朝陽区では，養老サービス指導センター（以下，センター）が設立された。民間の力を借りて高齢者向けのサービスを提供する拠点として，全国で初の試みである。センターは，サービス基準の提示，サービスの質の監督，

サービスの提供という機能を果たすことを目指している。民間のサービス提供業者の情報を集約して，朝陽区内で暮らす高齢者がサービスにアクセスしやすいように，ホットラインを開設したりアプリを開発したりして工夫している。センターの建物は区政府が調達した。地下1階，地上5階の合計6階建で鉄筋コンクリート構造である。

　4階と5階は合計66床の高齢者向け入所型施設である。主に生活に介助が必要な人が入居している。3階には情報管理，リハビリテーション，法律相談等のコーナーが設置されている。2階は，ホームヘルパーや介護職に従事する者に対して職業訓練を行うフロアーである。1階には，ロビーと受付のカウンターが設置され，朝陽区の高齢者向け在宅サービスの利用手順やサービス内容が掲示されている。地下1階は，地域の高齢者も利用しやすい娯楽施設がある。

（4）地域に設置される高齢者向けサービス・ステーション

　北京市の社区養老サービス・ステーションは，中国語では，「駅站」と書き，直訳すると，馬継ぎ，継ぎ場，宿場などの意味である。2016年9月，北京市民政局が「社区養老サービス・ステーションの施設設計とサービス基準（試行）」を通知し，自宅で暮らす高齢者の生活ニーズを充足するための「15分間サービス圏」を整備していくことを示した。そのために，社区の中に「社区養老サービス・ステーション」を創設し，食事，医療，介護，家事，入浴，外出，心のケア，文化，娯楽等を網羅した居宅養老サービスを供給していく。朝陽区での実践においては，1つ以上の社区で暮らしている高齢者のニーズに応じて，サービスを提供する拠点や集まる場所という意味で「駅站」という言葉が使われている。

　筆者が2016年に訪問した3カ所の「駅站」は，運営主体が異なるが，3カ所とも朝陽区からの委託を受けて運営している。提供するサービスは，訪問サービスと通所サービスに分けることができる。3カ所のサービスメニューを確認すると，北京市が示した居宅養老サービスの内容もあるが，他には，認知機能チェックの実施や認知症の早期介入がメニューに書いてあるところもあった。認知機能チェックにはどのようなスケールが用いられるのか，早期介入がどのように行われるのかも含めて，今後，社区養老サービス・ステーションで提供されるサービスの詳細を確認していく必要がある。

5 地域を基盤とした高齢者向けサービスを包括的に提供できるのか
——その機能と課題を検討する

（1）サービスを運営・管理するための拠点

　中国の北京市で訪問した社区での取り組みを通して，地域を基盤とする社会サービスを直接に運営・管理する組織・機関があることがわかった。具体的に，街道弁事処が管理する公的機関である「社区服務センター」，区行政が管理する「養老サービス指導センター」と「サービス・ステーション」がある。また，Aさんの事例から，住民自治組織と呼ばれる居民委員会がボランティアの依頼などの役割を果たしていることがわかった。

　本章では北京市で訪問した社区の取り組みを取り上げたが，行政区によって実情に基づいて実践されており，地域ごとに高齢者向け社会サービスの取り組みに特徴があることは明らかになっている。ただし，どの地域でも，社会サービスを実施する拠り所が必ず存在していることが共通している。その「拠り所」を，筆者は社会サービス推進における「拠点」と呼ぶことにする。「拠点」となる諸機関は本章で取り上げた事例の中の独特な機関ではなく，中国都市部における社区に一般的に設置されている組織・機関であり，地域の中では定着している組織・機関でもある。これらの諸機関は，地域を基盤とする高齢者向けの社会サービスを支えている機関であり，今後もその機能に期待できると考えられる。

（2）サービス実施機関間の連携

　本章で取り上げた事例では，異なる地域での取り組みは，それぞれの地域における高齢化の特徴に基づいて工夫されたものが少なくない。また，上記のサービス運営・管理機関が担っている役割は，地域の特徴によってそれぞれである。

　ただし，一つの地域の中で，それぞれのサービス実施機関の間の連携はどうなっているのだろうか。例えば，北京市朝陽区の「養老サービス指導センター」と，社区に設置されている「サービス・ステーション」は重層的なサービス供給体系の構成部分となっており，必要に応じて連絡を取っているのだろうか。連携を取るなら，どのような形で連携しているのか，今後，現地調査を通して明らかにしていくことが必要である。また，北京市の区行政が管理している機関と，地

域に根付いている「居民委員会」という異なる性格を持つ組織・機関との間の連携を確認していく必要もあると考えている。

（3）人材の育成と確保

　本章で取り上げた北京市の実践例の中で，巡回員や配食員のように直接にサービスを提供し，在宅している高齢者の住まいの中に入って高齢者の生活状況を把握することができる人々がいた。筆者が社区を訪問し巡回員の実践に関する情報収集をした際，北京市の巡回訪問サービスに関する政策はまだ公表されていなかったが，その後2017年12月15日に北京市民政局と財政局，市老齢業務委員会が「居宅養老における巡回訪問サービス制度の確立に関する指導意見」を公布した。この「指導意見」の中で，巡回訪問サービスの提供側として，「専門サービス機関」が挙げられている。また，ニーズに応じて専門的なサービス供給プランを作成することが必要だと記されている。このことから，巡回訪問を担当するには，サービス供給プランを作成することができる専門的な力量が求められていると考えられる。このような力量を持つ巡回員をどのように育成していくのか，政策としてどのように政策設計するのか，また，教育機関では，政策より先行している実践例はないのかなど，今後引き続き明らかにしていくことが必要だと考えている。サービスを運営・管理・開発することに携わっている組織・機関の職員に関しても，その担い手の専門性を求めた人材の養成と確保を注目していきたい。

　本章は羅（2015；2018）を基に，再度整理し加筆したものである。

　本章で取り上げた北京市西城区の社区での現地調査は，日本文部科学省科学研究費基盤研究（A）「東アジア包摂型福祉社会の創出と地域福祉専門職養成の循環システムの形成に関する研究」（代表：日本福祉大学，野口定久，2009-2011）の研究連携者として，北京市社会科学院の于燕燕（YU Yan-yan）教授のご紹介で実施したものである。調査期間は2010年8月上旬～9月上旬であった。調査にご協力いただいた方々に深く感謝を申し上げたい。

　本章で取り上げた北京市朝陽区の取り組みの内容は，日本文部科学省科学研究費若手研究（B）「中国都市部地域コミュニティにおける住民情報の伝達システムに関する研究」（代表：羅佳，2015-2017）の一環として，北京市の社区で情報収集を行った結果の

一部である。ご協力いただいた方々に深く感謝を申し上げたい。

注

(1) ただし，日本の場合，2007年に高齢化率が21％に達したことですでに超高齢社会に入っている。それに対して，中国は現在，高齢化社会から高齢社会へ移行している途中である。

(2) 「中国の第7回人口センサスデータ主要データ状況」（http://www.stats.gov.cn/tjsj/zxfb/202105/t20210510_1817176.html，2021年9月30日アクセス）。

(3) 日本の総人口を参照すると，中国の65歳以上の人口規模について理解しやすいかと思う。2016年現在の日本総人口は1億2692万人であった（総務局『人口推計——平成28年12月月報』）。つまり，中国の65歳以上の人口が日本の総人口を超えているということである。

(4) 「老齢青書：第4回中国都市と農村の高齢者生活状況サンプル調査報告（2018）」（http://www.caoss.org.cn/sbnr.asp?id=1217，2021年9月30日アクセス）。

(5) 羅（2008）。社区は英語の「Community」の中国語訳である。社区には社会的組織，生活共同体，社会，活動，共同文化，一定の社会制度，一定の社会関係という6要素が含まれるといわれている。

(6) 1991年6月，国務院は「企業の従業員の養老保険制度改革に関する決定」を公布し，従来の養老年金を国家と企業が全額負担する制度を撤廃し，国家・企業・個人の3者が共同で負担する新制度を導入した。1993年に開催された第14期3中全会では，「社会主義市場経済の確立における若干の問題に関する決定」が採択され，養老年金の社会統合と保険料の個人納付の必要性が強調された。1995年3月，国務院は「企業従業員の養老保険制度改革の深化に関する通知」を公布した。1997年7月16日，中国国務院は「統一的な企業従業員基本養老保険制度の設立に関する国務院の決定」を公布し，1994年には基本養老保険の加入者数が約106万人，保険料の収入が7.074億元であったが，その後，加入者数が年々増加し，2007年には，加入者数が約2億137万人，保険料の収入が7834.2億元に増加した。

(7) 原本では，「福祉の民営化」は「社会福祉社会化」と中国語で表現されている。「社会化」を理解する際，中国従来の「単位」体制を通じて国家が都市部住民の生活保障を一括に担っていた体制から，民間の力を期待する意味が含まれている。つまり，ここでいう「社会化」は，「民間化」と置き換えて理解することができる。この点は，日本の1980年初期に推進されてきた「施設の社会化」における「社会化」とは異なる意味である。

(8) 養老サービス業とは，高齢者のために日常生活上の世話・介護・看護サービスを提

供し，高齢者の生活上の需要を対応するサービス業のことを指す。

(9)　「公建民営」とは，政府が所有権を持つ新設の高齢者福祉施設の運営権利を企業や民間組織，個人へ委譲し，下請けや共同運営等の形式を通して運営してもらうことを指す。

(10)　全国老齢業務委員会事務局は2005年8月より，「全国老齢業務委員会」の事務局を中国民政部の中に設置することになった。「居宅養老サービス業務の全面推進に関する意見」は，全国老齢業務委員会事務局のほか，発展・改革委員会，教育部，民政部，労働保証部，財政部，建設部，衛生部，人口・計画生育委員会，税務総局の合計10の中央省庁や部局により公布された。

(11)　コミュニティ・ベースド・サービスは中国語では「社区服務」といわれている。筆者が行った都市部社区での現地調査の結果によると，「社区服務」には，サービスだけではなく，地域住民による自発的な活動も含まれていることを明らかにすることができた（羅　2011）。

(12)　都市部では，行政の末端組織である。

(13)　北京市の統一した高齢者優待券サービスであり，配食サービスが，社区服務センターに設置されている配食サービスセンターによって供給される。

(14)　2017年12月15日，北京市民政局と財政局，市老齢業務委員会が「居宅養老における巡回訪問サービス制度の確立に関する指導意見」を公布した。筆者が調査時に把握した支援事例は，政策より先行した区レベルにおける実践であった。

(15)　社区の中にある衛生・保健・医療サービスを供給する公的機関。

(16)　2016年8月中旬，中国・北京市の朝陽区にある「養老指導センター」を訪問し，センター長に対するインタビューを通して，朝陽区の高齢者向けサービス供給の概況と特徴に関する情報収集を行った。また，実際に社区の中で開設された高齢者向けサービス・ステーションに訪問し，担当者からステーションの概況等について情報収集を行った。

参考文献

中国国務院（2006a）「養老サービス業の促進に関する意見」。

中国国務院（2006b）「中国の高齢者事業の発展における第11回5カ年計画」。

中国国務院（2011）「社会養老サービス体系の構築計画（2011-2015年）」。

中国国務院第7回全国センサス指導グループ事務局「中国の第7回人口センサス主要データ状況」（http://www.stats.gov.cn/tjsj/zxfb/202105/t20210510_1817176.html, 2021年9月30日アクセス）。

中国全国老齢業務委員会事務局及び他9の中央省庁や部局（2008）「居宅養老サービス業務の全面推進に関する意見」。

中国民政部（1989）「全国都市部社区服務活動経験交流会紀要」。

中国民政部及び他14の中央省庁（1993）「地域を基盤とした社会サービス業の促進に関する意見」。

中国民政部・財政部・労働保障部を含めた11の省庁（2000）「福祉の民営化の促進に関する意見」。

党俊武・魏彦彦・劉妮娜編（2018）『老齢青書　中国都市と農村の高齢者生活状況調査報告（2018）』社会科学文献出版社（中国）。

北京市民政局と財政局，市老齢業務委員会（2017）「居宅養老における巡回訪問サービス制度の確立に関する指導意見」。

羅佳（2008）「中国都市部社区の構成要素」日本福祉大学大学院社会福祉学研究編集委員会編『社会福祉学研究』(3)，103-108頁。

羅佳（2011）「中国都市部における『社区服務』の実態と展望に関する研究——『社区福祉』への視座」日本福祉大学大学院博士論文。

羅佳（2015）「中国大都市部における高齢者向け社会コミュニティ・ベースド・サービスへの転換をめぐる課題」『中京大学現代社会学部紀要』9(1)，147-174頁。

羅佳（2018）「高齢化社会における中国大都市の社会サービスの実態に関する研究——北京市の取り組みを通して」『四国学院大学論集』(154)，41-57頁。

（羅　佳）

第16章　中国都市部における「タイムバンク」養老モデルに関する研究

　一人っ子政策は，中国人口の爆発的な増加をある程度緩和した。一方，出生率が低下し続ける中で，家族扶養の伝統にも，子ども世帯への過負担をもたらした。高齢者扶養の資源を充実せざるを得ない。そして，高齢者自身の持つ積極的な要素を引き出し，高齢者扶養システムの苦境を乗り越えるべきである。

1　「タイムバンク」モデルと先行研究

　「タイムバンク」とは，経済危機や高い失業率，人材の浪費に対応するためにアメリカで始まった対策で，お金の通貨ではなく「時間の通貨」で商品とサービスの効果を実現するものである（陳 2020）。研究者たちは，若い健康な高齢者が高齢者を助けることを提唱し，労働成果の世代間リレーを通じて高齢者の相互扶助を行うという考えを提示した上で，それに関する研究を進めた。これまでの研究成果は2つのカテゴリーに整理されている。

　第1のカテゴリーは，諸外国における「タイムバンク」の実践に関する研究と紹介である。

　第2次世界大戦後の占領期における日本の弱者救済活動の中で，厚生省（当時）により，1973年に「タイムバンク」の雛形となる「奉仕銀行」が設立され，ボランティア活動の新たなフェーズがスタートした。1975年には奉仕活動センターが設立された（保田井・鬼崎編 2001）。

　アメリカは，法律の形で「タイムバンク」の開発を支援し，指導している。保健福祉省は，「タイムバンク」のサービス提供者は，老年生理学と心理学の基本知識と応急処置の研修を受ける必要があると規定している（Collom 2007）。張らは，「ビレッジモードタイムバンク」を検討した。非営利の会員制高齢者相互扶助組織が発案し，ビーコンヒルビレッジ（Beacon Hill Village）から始まった「エ

イジンプレイス」（Aging in Place）のメンバーがセルフケア能力を向上させ、安全かつ快適に自宅または親しみのあるコミュニティで老後生活を送ることができるようになるモデルである（張・熊 2015）。

　イギリスは1999年に「タイムバンク」を開始し、高齢者や障害者への在宅ケアの提供から地域コミュニティへの家政サービスの提供まで、政府から非課税の支援を受けている。「タイムバンク」を自発的な行為と定義し、「タイムバンク」のメンバーにサービスの質を確保するために専門的な研修を提供する（Seyfang 2004）。

　ドイツは、18歳以上の市民に対し、シニア・アパートメントや老年病リハビリテーション・センターでのボランティア・サービスへの参加を奨励している。高齢化社会に突入した後、政府は、低所得の高齢者がボランティアによる世話を受けることが難しいという問題を解決するための政策を導入し、家族による介護サービスを奨励し、介護で仕事が滞った家族が、保険会社に「バリア給付」を申請して介護人材不足を解消すると同時に、高齢者が家族の温もりを感じることもできる。

　スイス連邦社会保障局では、実情に応じてタイムバンクカードを発行しており、将来、介護が必要になった場合、「タイムバンク」を通してサービスを利用することができる。サービスにはボランティア・サービスと現金給付の2つの形態がある。

　第2のカテゴリーは、タイムバンクとそのしくみに関する研究である。調査の成果は主に3つの側面に焦点を当てている。

　1つ目は、時間とサービスの蓄積に関する研究である。効果的な運用には、十分な時間とサービスを蓄積する必要がある。これは、タイムバンクの効果的な運用の前提と保障である。尹らは、若い学生の参加がタイムバンクの貯蓄ストックを増やすことができると考えている（尹・王 2019；王 2019）。各地の実情と現地の事情に応じて、その地域の「タイムバンク」に適した高齢者扶養制度を設計し、多面的・重層的なインセンティブ制度と農村ボランティア・サービスの「貯蓄」制度を確立し、ボランティア・サービスを「与える、集める、報いる」愛の貯蓄にする。このことによって、より多くの人々がボランティア活動に参加し、助け合い、分かち合い、様々な社会的主体の力を統合し、高齢者の相互支援の発展と

改善のためのサービスを提供し，村人に開かれ，「互酬，資源共有，開発促進」の雰囲気を醸成する（汪 2019）。タイムバンクは，時間，サービス，環境の要素が揃えばうまく機能する。

　2つ目は，タイムバンクの入出金に関する研究である。楊は，「タイムバンク」はまず特定の地区で調整を試みてから都市全体に拡大し，さらに広域へ，最後に全国に拡大する必要があると考えている。調整作業は単に拡大することではなく，資源の共有を実現することがねらいである。ネットワーク情報技術の開発と普及は，共有のための技術的サポートと保障を提供している（楊 2019）。「悪貨が良貨を駆逐する」という現象を回避するために，「タイムコイン」の価値は，レンジダイナミックプライシング方式を採用し，消費チャネルを拡大することにより，最初のクレジット，継承，譲渡を可能にし，「時間通貨」の流動性を高めていく（呂 2019）。

　3つ目は，タイムバンクの信用システムに関する研究である。ほとんどの学者は，政府の権限と保障の役割を十分に発揮し（林 2019），政府の支援を増やすべきだと提案している（張・楊 2019）。「タイムバンク」の運営に制度的保証を提供するための関連法規を策定する（陳 2020）。

2　高齢化人口に対処するための「タイムバンク」の試み

　1999年，世界保健機関が提唱した「アクティブ・エイジング」は，1990年代からの「ヘルシー・エイジング」の概念を更新したものであり（呉・張 2011），高齢者の生活の質を向上させるために，高齢者の社会参加を重視するよう国際社会に働きかけている。1982年，アメリカのマウント・サイナイ医科大学の国際長寿センターの所長であるバトラー（R. Butler）は，高齢者にもまだ「生産性」があり，経済的及び社会的発展に貢献できることを強調するために，「プロダクティブ・エイジング」を初めて提案した（于 2012）。スウェーデンは，「自由意思で社会活動を行う」という考え方に基づいて，非営利団体やボランティア活動を行った（奥村 1995）。北欧の社会福祉思想の影響を受け，日本は高齢者の高齢化というジレンマに直面し，社会サービス資源の不足を緩和するために，1980年代から有償ボランティア活動に挑戦し（巡・早瀬編著 1997），社会に認められた。今日，有償

ボランティア団体が日本中に定着し，無償のボランティア活動の有力な補完的存在となっている。1994年，日本の厚生省は，北欧の経験に基づいて「認知症グループホーム」を導入し，認知症の進行を遅らせるために，パーソナライズされたサービスを提供している。

　21世紀初頭，中国は「人生七十古来稀なり」の時代に別れを告げ，高齢化社会の門に入った。伝統的な社会における従来の家族や隣人の散発的で自発的な時折の相互扶助活動では，増え続ける高齢者の介護ニーズに応えられなくなっている。政府の提唱の下，歴史的な瞬間に「保護チーム」「近隣による助け合い」「シルバーエイジアクション」「スターライトプロジェクト」等の活動が生まれ，高齢者の扶養問題は社会の注目を集めている。少子化後の家族と地域社会の高齢者扶養のジレンマに向き合い，姚は家族扶養の理論と発展を研究し，社会扶養が家族扶養のバトンを引き継ぐべきだと提唱した（姚 2000）。同様の主張をしながら，陳は社会保障制度の構築が国力を損なうと考えている（陳ほか 2003）。高齢者の経済的支援と比べると，杜らは精神的な満足にもっと注意を払っており，「高齢者扶養」に力を入れ，公平性の推進と介護サービスの質の向上から始め，国民の不安や高まるニーズに応えていき（杜 2005），高齢者がより尊厳のある自立生活を送ることができる「インテリジェント老後」を提案した（杜 2017）。貧しい高齢者の社会的救済のために，穆光宗らは公共サービスの全面カバーに焦点を当て（穆 2002），介護の社会化・相互扶助，地域コミュニティをベースにした在宅介護，マンションをベースにした在宅介護，施設介護の専門化・階層化は，現在の介護方式が改革する方向を示していると提案した（穆 2014）。劉は，高齢者が共同で生活施設を借りて共同生活をする「集団老後生活」モデルについて議論した（劉2016；肖 2017）。中国の改革開放は人々の経済，精神，文化生活を大いに豊かにした。経済的側面と精神的側面において高齢者扶養のニーズを満たしてきているが，サービスと相互扶助は，今日の高齢者扶養問題を解決するための鍵となっている。1990年代，中国都市部の地域をベースとした高齢者の生活サポートにおいて「タイムバンク」の運用形態に注目しはじめ，それ以来，学者の注目を集めてきた（曹・畢　2021）。

3　中国における「タイムバンク」の需要と現状

　中国は改革開放以降の成果の恩恵を受け，住民の生活水準が全面的に向上し，平均寿命が大幅に伸び，高齢化社会の典型的な特徴を示している。一人っ子政策期間中に生まれた子どもたちは，今後，中国の高齢者のいる世帯において家族介護の中核となる。出生率の低下は，家族の小型化と集団への不十分な支援とケアにつながり，家族介護の機能を弱めている。特に，一人っ子を亡くした何千万もの家族の高齢者グループは，早い時期に高齢夫婦のみの暮らしや一人暮らしの状態に陥っている。高齢者の慢性疾患の罹患率が比較的高く，介護が必要な高齢者の扶養問題がより顕著となり，高齢者のためのインフォーマルな社会的支援システム，および社会的扶養資源の統合のために，高齢者の「タイムバンク」相互扶助モデルの開発が急務である。

（1）都市部における高齢者の相互扶助のニーズ分析
　近年，健康な高齢者の中には，助け合い，慰め合い，積極的に社会に参加することで，自らの扶養問題を解決しようと自発的に組織化し始めている人もいる。

1）健康維持のニーズ
　生活水準の向上にともない，都市部の高齢者の健康意識も大幅に高まっている。健康を影響する主なリスクが生活習慣に反映されており，健康維持への意識を高める必要がある。老年期に入ると，身体機能の低下が顕著になり，病気にかかりやすくなる。都市部の前期高齢者が，助け合い活動を通じて身体機能が衰えてきた後期高齢者にケアサービスを提供する「タイムバンク」は，高齢者の健康意識，特にヘルスケア満足度の向上に寄与することができ，老年期の自立した生活の土台を築くものである。

2）社会参加と需要
　スクエアダンスは，レジャー，エンターテイメント，フィットネスなどの機能を備えており，女性高齢者グループの主な活動になっている。男性高齢者グループの活動は主にチェスとカードゲームである。家庭環境または高齢者活動センターなどの公共エリアが主な活動となっている。全体的な要件はハイレベルでは

ないが，場所の安全性が保障され，精神的及び文化的生活のニーズが満たされなければならない。

　世界保健機関が提案した「アクティブ・エイジング」は，高齢者の社会参加を強調している。高齢者の社会参加は，主に高齢の共産党員の地域の日常業務への参加に反映されている。共産党員ではない高齢者は主に社会的相互作用に焦点を当てている。「タイムバンク」は，高齢者の相互扶助活動を組織することにより，高齢者のコミュニケーションを促進し，高齢者の社会的ニーズを満たすのに役立つ。

3）生活介護，日中の休息と自助・互助の必要性

　生活介護，日中の休息，自助・互助は，高齢者の基本的なニーズである。出生率の低下は，人口の高齢化を促進するだけでなく，高齢者の介護機能を弱めていき，高齢者の老後生活を総合的に保障することは難しい。人口の高齢化の進行により，高齢者サービスの需要が拡大している。社会的コストを削減する一方で，「タイムバンク」は，家族や地域で活動するサービス組織，ソーシャルワーカー，ボランティア，その他の支援活動や自助活動からも恩恵を受けているため，高齢者の生活ケアと日中の休息は大幅に改善されている。

（2）「タイムバンク」の現状

　2021年に実施された中国の第7回人口センサスの結果によると，65歳以上の人口は総人口の13.5％に達しました（中国国家統計局・国務院第七次全国人口普査領導小組弁公室　2021）。高齢者の生活水準を向上させ，高齢者介護サービスの需要と供給の間の矛盾を効果的に緩和するために，本来の家族，地域コミュニティ，在宅介護を強化した上で，高齢者介護の新しいモデルを探求し，開発することが急務である。「タイムバンク」のような助け合い養老モデルは，社会に大きな関心を呼んでいる。これは，世帯間または世代間のサポートを達成するために，前期高齢者または若いボランティアを通じて後期高齢者にサービスを提供する方法である。同時に，ボランティア活動の時間が同様のポイントの形で保存され，将来，ボランタリー・サービスを提供した人は自分が支援が必要となった時に，他のサービスと引き換えにポイントを引き出す。「タイムバンク」は，都市部の地域コミュニティや街道をモデル運用のメインエリアと位置づけ，地域ごとの実際の

高齢者のニーズや地域の高齢化開発計画に基づいて，様々な有益な試みが行われている。

1）自治体主導によるサービス・プラットフォームの構築

「タイムバンク」の多くは，地方政府の主導と支援の下で，政府がサービスを購入する形で運営する互助サービス公益事業である。健康な前期高齢者がサービス提供の主体であり，地域コミュニティの中の「タイムバンク」から情報を受け，介護が必要な後期高齢者にサービスを提供し，サービスを提供した後，「タイムバンク」のプラットフォームに提供した時間数を連絡する。将来，サービス提供者が助けを必要とする場合，蓄積された時間を使って対応するサービスを受けることができる。あるいは，「タイムバンク交換システム」（図16-1）を通じて，必要なアイテムとサービス時間を交換することもできる。地域コミュニティや街道に頼り，ボランティア団体と協力して，高齢や一人暮らしや要介護の高齢者などにサービスを提供することを目的としている。

1998年，上海市の虹口区は，最初に海外から高齢者介護サービスの「タイムバンク」を導入した。現地の状況に基づいて発展を続け，20年以上を経て，「タイムバンク」の社会的機能は新たな意味合いを持ち，草の根の革新的なガバナンスのツールおよび手段となる（王・毛 2022：78）。2019年，国務院弁公庁「高齢者介護サービスの発展を促進することに関する意見」（国務院弁公庁［2019］第5号）では，高齢者介護サービスを提供するボランティアを育成し，ボランティア活動記録システムの確立を加速し，「タイムバンク」などの実践を模索することが提案された。高齢者またはその家族がサービス需要情報を「タイムバンク」サービス・プラットフォームに公開し，ボランティアが需要と供給を一致させるために注文を受ける。政府は，地域住民のニーズを満たすためにサービスを購入する。「タイムバンク」は比較的安全な資金源を持っており，そのサービス内容，参加者，タイムコインの意味合い，及びその運用方法が比較的明確であるため，社会サービス組織の参加または参加を引きつけることができ，信頼性が比較的高い。

地域コミュニティに共産党員，幹部，ボランティアを中心に，「タイムバンク」ボランタリー・サービス・プラットフォームを構築する。プラットフォームは，共産党員がパイオニアとバックボーンの役割を果たし，大衆の声を大事にし，住民の実際のニーズを広く募集した上で，共産党員の登録，研修の参加，及び連携

図 16 - 1　「タイムバンク」のしくみ

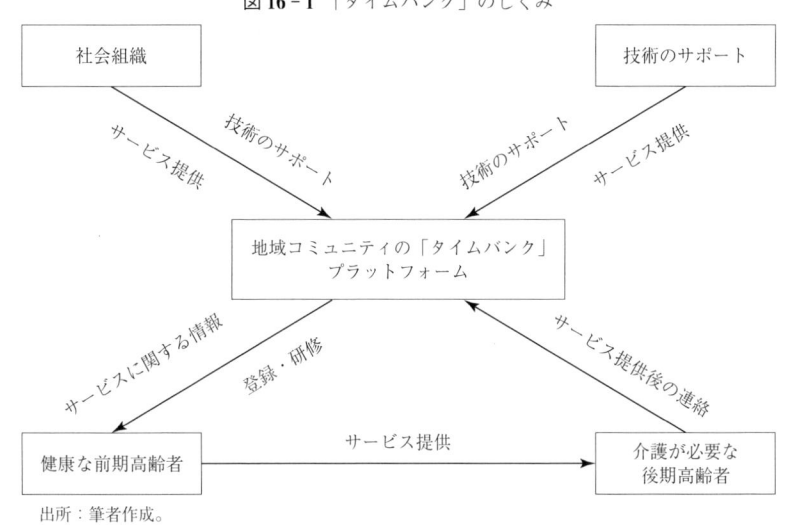

出所：筆者作成。

を通じて，様々なサービスと活動を展開していく。サービス範囲は，地域性が強いため，住民の参加を促すことを通して地域社会に奉仕し，実際の運用メカニズムを柔軟に模索していく。

2）地域コミュニティはボランタリー・サービス「タイムバンク」の担い手

　地域コミュニティは，空間と時間の二重の意味を持ち，居住者の生活共同体である。おなじみの近隣関係と地域社会への帰属意識を通して，地域コミュニティは「タイムバンク」のサービスを運営するプラットフォームとなり，様々な高齢者ボランタリー・サービスを整然と行うことができる。政府の政策や対策は地域コミュニティに直接影響を与える。地域コミュニティは，高齢者介護サービスにおける情報伝達と資源調整の仲介役を果たしている。住民は「タイムバンク」の主なサービス提供対象である。一人暮らし高齢者，夫婦のみ高齢者世帯，持病を持つ高齢者，障害を持つ高齢者，軍人の家族，革命烈士の家族，及びその他の特別な困難を抱えている高齢者を対象としている。ボランタリー・サービスは，地域コミュニティにある居民委員会[(2)]によって始まり，その宣伝や日常的な業務運営も居民委員会の役員や委員によって行われる。ボランティアは，地域コミュニティに登録された後，ボランティア活動に参加する。地域コミュニティは，政府

購入の形で「タイムバンク」に参入し，社会組織を活用して「タイムバンク」のプラットフォームを提供し，技術サポートや運用保守などのサービスを展開していく。

「タイムバンク」の運営中，地域コミュニティは草の根自治の役割を果たしている。中国共産党のリーダーシップの下で，地域コミュニティは自己組織とボランティア，社会組織，ソーシャルワーカー，及び高齢者向け社会サービスに関する資源と公共利益の分配を調整し，単一の政府支援モデルを変革し，市場インセンティブを使用して，より多くのサービス提唱主体が高齢者介護サービスの提供に参加できるようにしている。サービス内容，サービス形態，サービス時間累積基準，サービス時間交換メカニズムなどを含む「タイムバンク」サービス・プラットフォームの運用ガイドラインを策定し，協商制度モデルを採用し（張ほか2022：57），住民議事会やセミナーなどを通じて地域コミュニティにある様々な主体に参加を呼びかけ，協議していく。高齢者介護サービスの提供においては，共産党員ボランティアがリーダーシップを取って，地域住民の参加と助け合いを促進していく。

3）「三社連動」コミュニティ・ガバナンスを組み合わせて「タイムバンク」を運営する

「三社連動」は，中国の特徴を備えたコミュニティ・ガバナンスモデルである。コミュニティ・ガバナンスでは，「三社連動」は地域コミュニティをプラットフォームとし，社会団体を担い手とし，ソーシャルワーク専門職を柱として，3者が相互支援・調整・交流を実現するためのプロセス・しくみである。人々のニーズに基づき，街づくりを基礎とし，政府と地域コミュニティ，社会組織，ソーシャルワーカーの間の「相互に連続して，相互に作用し，相互に補完する」というサービスによるガバナンスモードを徐々に形成し，伝統的な社会管理方式から現代的なソーシャル・ガバナンス体系への移行を実現していく。そのことによって，公共サービスを改善し，社会的調和を促進していく。「タイムバンク」は，地方政府の主導の下で，党員と有志によってサービス・プラットフォームを作り，「三社連動」によるコミュニティ・ガバナンスを通してサービスの需要と供給を結びつけていく。ボランティアのサービス時間は累積され，将来の交換，継承または譲渡のために使用される。実践では，地域ごとのニーズと「タイムバンク」サービス・プラットフォームの運用状況に基づき，様々な運用モデルを柔

軟に革新していくことができる（王・毛 2022：76）。

（3）「タイムバンク」助け合い養老モデルの既存の問題点

　少子高齢化により家庭の介護機能が低下し，高齢者人口の継続的な増加により介護サービスの需要が高まり，高齢者の介護生活は深刻な課題に直面している。「タイムバンク」の社会的負担が少ないというメリットを十分に活用していく必要があるが，「自助―互助」方式の「タイムバンク」は，社会的介護ニーズに応えていると同時に，多くの課題を抱えている。

1）政府の機能範囲を重視しすぎている

　政府が「タイムバンク」プロジェクトを重視していることは，「タイムバンク」の多様な開発と促進において重要な役割を果たしている。関連する制度，法律・法規，監査・管理に関する指針の確立は，「タイムバンク」助け合い養老モデルの正常な運用に必要な保証を提供している。常勤職を雇用して企業サービスを購入し，監査・管理機関に依頼することにより，「タイムバンク」の開発に安定した資金源とリソースサポートを提供することができる。政府の権威性は，「タイムバンク」に対する国民の信頼を高め，「タイムバンク」の規範的発展にプラスの影響を与えている。プラットフォームは，毎月訪問するボランティアの定量的な数を規定しており，規範的な指標により，「タイムバンク」の安定した運用が保証されている。しかし，このメカニズムは「タイムバンク」の健全な発展を促進する一方で，政府の機能範囲を過度に強調し，地域社会のアイデンティティの育成を無視している。政府は人々のために何かをするという善意から「タイムバンク」を運営しているが，地域の住民が「タイムバンク」について十分な知識を持っておらず，さらに，新しいものになじまず拒絶することで，一部の地域住民の参加意欲が低下し，挑戦する勇気が足りていない。

2）時間通貨ストックの不足により流通の活性化が困難

　「タイムバンク」の円滑な運営には，住民の幅広い参加が不可欠である。地域を基盤として運営される「タイムバンク」は，通常，その地域の特性に基づいているため，地域ごとに「タイムバンク」の交換基準が異なり，その結果，タイムコインは商品と連動する，あるいはサービスと連動するなど，様々な状況が生じ，普遍的な預金と交換の目標を達成することが難しくなっており，国民の参加と通

貨保管の熱意に影響を与えている。各地で「タイムバンク」の普遍的な預金と交換を実現するという目標と具体的な実施策を持っているが，フォローアップが不十分であったため，「タイムバンク」に参加したボランティアが居住地を変更した時に，引越し後の居住地に「タイムバンク」がないことでこれまで蓄積されたサービス時間を取り戻す権利を放棄しなければならないという問題が生じている。完全な預金及び交換メカニズムの欠如は，「タイムバンク」の持続可能性に影響を与えながら，時間を蓄積したいというボランティアの欲求を大幅に弱めていく。タイムコインの在庫が不足すると流通もしにくくなり，「タイムバンク」のさらなる発展に対しても有利ではない。普遍的な預金と交換の苦境は，「タイムバンク」に対する人々の信頼にも影響を与えている。

3）有効な運用ルールの欠如

労働成果の世代間リレーの支払い遅延は，「タイムバンク」助け合い養老モデルに信用商品の特徴を持たせることとなる（陳 2020）。「タイムバンク」を持続的かつ穏やかに発展させるため，みんなに認められる運営ルールを作るとともに，権威のもつ組織の促進が求められる。国レベルでの強力な制度的保障がないため，政策指導レベルでの「タイムバンク」助け合い養老モデルは，大規模に効果的に推進されている状態ではない。体系的かつ科学的なサービス分類基準の欠如により，様々な種類のサービスの変換が根拠のないものになっている。サービスの利用時間の長さを，「タイムバンク」が保管・引き出しする「通貨」として利用するだけでは，劣悪なサービスや質の高いサービスに同等の金銭的価値と交換能力が付与され，より多くの「貯蓄」を得るために，サービス提供者ができるだけシンプルで簡単なサービスを選択することを助長してしまう。

多くの単純なサービスは，高齢者介護サービスの需要と供給を期待どおりに一致させることを困難にし，このモデルに対する需要者の期待を低下させ，その結果，時間を時間と交換するポイントシステムの設計は，「悪貨が良貨を駆逐する」という経済的ジレンマに陥ってしまう。

4　「タイムバンク」の充実と高齢者向け助け合いへの対策と提言

人口の高齢化の加速は，老齢保障システムと社会化された高齢者扶養資源の提

供に強いプレッシャーをもたらした。家族はまた，子女の人数減少により，伝統的な高齢者扶養機能を制限されている。高齢者扶養をどのように実現するのかは人口高齢化問題に対応するカギとなる。つまり人々は，特定の行動を行う前に，この行動によってもたらされる利益と費用を測定し，特定の報酬を得るために交換する。人々が「タイムバンク」に参加する時，「タイムバンク」への信頼に基づいており，サービスを提供することで相応の報酬を得ることができると信じている。ニーズを満たすという特徴に応じて，利益のバランスを通じて人々の行動を導き，既存の「タイムバンク」助け合いメカニズムを改善していく。

（1）タイムコインを貯めて流動性を高める

　誰もが必ず老いを迎えるから，タイムコインは低年齢高齢者と高齢の高齢者の間だけに限定されたものであるという考えを捨てる必要がある。現在，グループの拡大とコインの貯蓄が最優先事項であり，通貨がある場合にのみ，操作のメカニズムは存在できる。そのためには，若者層や中年層の力を導入して，サービスへの参加と時間通貨の貯蓄を呼びかけることが，現在の社会保障制度を効果的に補完するものである。コインの貯蓄は社会的責任を果たす方法であり，インセンティブメカニズムを導入する必要がある。たとえば，若い親が子どもたちの勉強や学校選択の指標として一定量のタイムコインを貯蓄する場合，この方法は金銭的投資なしでタイムコインの価値を高めることができる。このような方法は，市民の社会サービスに参加する積極性を引き出すだけではなく，社会の空気を浄化し，高齢者を敬い尊重する雰囲気を作り出すことができ，期待できる効果が多い。コインストレージは，システムの円滑な運用の基盤である。

（2）タイムコインの信頼性を向上させる

　タイムコインの信頼性を向上させるためには，まず政府の主導的な役割を果たし続け，地域コミュニティの信頼性を保護し，高めていく。政府はコミュニティへの支援を強化し，設備投資を増やし，地域コミュニティの「タイムバンク」の基本的な運営を確保し，地域コミュニティに基づいた「タイムバンク」の信用保証メカニズムを改善し，タイムコインの信頼性を向上させる必要がある。サービスの主な対象者は高齢者と脆弱層であり，評判の実現は通貨所有者の信頼からく

る。政府と保険会社は，第三者保証を通じて地域コミュニティの「タイムバンク」に対する人々の信頼を強化し，「タイムバンク」の建設と開発に積極的に参加する個人や団体を奨励し動員し，「タイムバンク」の資金源を拡大し豊かにしていく必要がある。

（3）タイムコインの運用メカニズムと取引ルールの改善

　「タイムバンク」の運用ルールを策定し，常に改善していき，科学的かつ合理的なサービス交換基準を構築する。「タイムバンク」は，ボランタリー・サービスと報酬を組み合わせることで，現在の高齢化社会における高齢者の新しい養老モデルを形成している。ボランティアは，「タイムバンク」の将来の報いのためにボランティア活動「タイムバンク」に参加している。サービスの質の低下を避けるために，ボランティアによりサービスの種類と難易度を分けて合理的に評価し，サービスの質を確保するための科学的かつ合理的な交換基準やルールを策定する必要がある。そして，実際に運用しながら継続的に改善していく。ボランタリー・サービスを利用した高齢者から「タイムバンク」ボランティアを評価する制度を確立していくことが必要だと考える。ボランティア活動終了後，活動時間とサービスの質の観点からボランティア活動を評価し，高齢者もボランティアの評価に参加し，これに基づいて報酬ポイントが付与される。このように，ボランティアの動機づけと監督を行いながら，サービス品質を継続的に改善していく。初期の運用メカニズムと取引ルールが構築されたが，メカニズムが開始した後，政府主導の下で，若年層と中年層が制度，通貨価値，為替ルールなどの運用実践に参加できるようにする必要がある。運用規則が開始した後，社会の発展と変化にともない，必要に応じて適応調整をフォローアップして，メカニズムの運用の継続性を促進する必要がある。

　　注
　⑴　街道は「街道弁事処」の一般的な呼び方で，中国の都市部では，行政の末端組織である。
　⑵　居民委員会は中国の都市部の地域社会にある住民自治組織と位置づけられている。

参考文献

奥村芳孝 (1995)『スウェーデンの高齢者福祉最前線——スウェーデンはなにを改革し，なにに挑戦してきたか』筒井書房。

北川清一 (2003)『生活と福祉援助活動』中央法規出版。

保田井進・鬼崎信好編 (2001)『改訂 社会福祉の理論と実際——21世紀，福祉社会の構築にむけて』中央法規出版。

巡静一・早瀬昇編著 (1997)『基礎から学ぶボランティアの理論と実際』中央法規出版。

Collom, E. (2007) "The motivations, engagement, satisfaction, outcomes, and demographics of time bank participants: survey findings from a US system" *International Journal of Community Currency research* (11).

Seyfang, G. (2004) "Working outside the box: Community currencies, time banks and social inclusion" *Journal of social Policy* 33(1).

姚遠 (2000)「対家庭養老概念的再認識」『人口研究』(5)，5-10頁。

陳功・宋新明・陳誼・孫玉・郭南方・呉小甜 (2003)「北京市老齢産業発展現状，問題与対策研究」『市場与人口分析』4，62-66頁。

陳際華 (2020)「『時間銀行』互助養老模式発展難点及応対策略——基于積極老齢化的理論視角」『江蘇社会科学』(1)，68-74頁。

林鶴 (2019)「協同治理視角下新農村時間銀行的問題与模式設計——基于南京市Y街道的調査」[J]『湖北農業科学』(11)。

李燕鴿 (2018)「『時間銀行』互助養老服務創新発展的路径与策略——基于河南省開封市Y社区調査与思考」[J]『宿州学院学報』(12)。

王潤奇 (2019)「時間銀行——社区協作経済的発展路径探討」『青年探索』(2)，27-36頁。

王玥・毛佳欣 (2022)「『時間銀行』互助養老模式実現路径——以『五社聯動』社区創新治理為背景」『北京航空航天大学学報（社会科学版）』76頁。

汪子倩 (2019)「基於時間銀行的農村互助養老模式研究」『中国集体経済』35，167-168頁。

楊紅艶 (2019)「従商業銀行的角度解析 "時間銀行" 的困境」『経済研究導刊』32，128-130頁。

呂子苑 (2019)「共享経済視角下我国 "時間銀行" 養老服務体系的発展対策研究」『現代管理科学』11，115-117頁。

呉華・張韌韌 (2011)『老年社会工作』北京大学出版社。

于蘭華 (2012)「国外産出性老齢化研究及対当代中国的啓示」『湖北社会科学』(5)，44-46頁。

張彩華・熊春文 (2015)「美国農村社区互助養老 "村荘" 模式的発展及啓示」『探索』6，132-149頁。

張文超・楊華磊（2019）「我国『時間銀行』互助養老的発展現状，存在問題及対策建議」『南方金融』（3），33-41頁。

張斐斐・伍小妍・馬通・席嘉悦・董博芸（2022）「『時間銀行』互助養老模式研究」『産業創新与生産力』6月，総第341期，57頁。

尹雷・王思賢（2019）「治理視域下青年学生群体参与"時間銀行"社区互助養老問題研究」『山東科技大学学報』（社会科学版）6，96-102頁。

杜鵬（2005）「老齢需求与銀色市場的開発」『北方経済』5，50頁。

杜鵬（2017）「養老服務的発展形勢与政策導向」『中国機関後勤務』2，7-9頁。

穆光宗（2002）「家庭空巣化過程中的養老問題」『南方人口』1，33-36頁。

穆光宗（2014）「当前家庭養老面臨的困境及応対」『人民網－人民日報』（https://www.cauc.edu.cn/qhang/3406.html，2014年06月16日掲載）。

劉景瑶（2016）「関於"抱団養老"模式的探索与分析」『管理観察』23，68-70頁。

肖雅玲（2017）「関於抱団養老模式的探索与分析」『現代国企研究』（7），164-165頁。

曹新維・畢蘭鳳（2021）「時間銀行模式在社区互助服務中応用現状及展望——基於行動研究視角的比較分析」『安徽農業大学学報（社会科学版）』6，99-103頁。

中国国家統計局・国務院第七次全国人口普査領導小组弁公室（2021）「第七次全国人口普査公报（第5号）」（2021-05-11，http://www.stats.gov.cn/tjsj/zxfb/202105/t20210510_1817181.html.）。

国務院弁公庁（2019）「高齢者介護サービスの発展を促進することに関する意見」第5号。

（楊　澄源）

第17章	地域包括ケアのネットワーク機能の 　強化に向けて ——日本・デンマークの自治体の事例研究

1　地域包括ケアのネットワーク機能強化へ向けて

　超高齢社会の中で高齢者が地域で生活を続けていくためには，医療的ケアの充実だけではなく，医療と介護の連携，地域における支援などのしくみを整備することが必要である。こうしたしくみの整備には費用がかかるが，2019年の日本の社会保障給付費の対 GDP 比は23.1％である。フランス31.5％，スウェーデン25.5％，ドイツ28.2％と比べると決して高くはなく，アメリカの24.0％よりも低い（厚生労働省 2023a）。

　2020年の国民負担率でも日本は47.9％と，OECD 諸国の中では決して高くはないが，アメリカの32.3％より15％近く高く，国民の社会保障費の負担割合としては中負担といえる（財務省 2023）。だが，こうした社会保障費と中負担のレベルでは，超高齢社会の進展とともに増大する福祉ニーズに公的サービスで対応するには決して十分な財源とはいえない。このため，不十分な財源を補うためにも，民間サービスと地域の力を活用した地域包括ケアシステムの構築が進められている。しかし，杉岡（2020：18）は「厚生労働省の説明は，必要とされる生活支援サービスを網羅的に示しているにとどまり，推進主体や責任主体が不明確となっている」とする。相互の関与が組織的に組み込まれたシステムとしてよりは，お互いが必要性に応じて連携し合うネットワークとしての性格が強いといえる。そのため，構成要素間の結びつきが弱いために，「制度の狭間」に落ちる問題が生じている。

　一方，北欧・デンマークの高齢者ケアシステムは，国民負担率66.4％（2017年）に支えられた十分な財源を基に公的サービスを中心に整備されている。これらのサービスを運営，提供しているコムーネは（市町村に相当），十分な自主財源を有し，サービスを途切れなく行い，ケースを制度の狭間に落とさないための連携シ

ステムが存在している。そして，コムーネにある高齢者委員会は，公選による高齢者住民で構成され，コムーネの施策に対して影響力を持ち，「コムーネ（市町村に相当）の高齢者福祉政策に対して提言したり，高齢者の意見をコムーネ議会や行政に取り次いだりする役割を担っている」（朝野ほか 2005：176）。また，高齢者のボランティア団体が地域における介護予防などの活動を担い，高齢者ケアシステムを補完している（銭本 2019）。つまり，デンマークでは，十分な財源を基にコムーネを中心とした公的サービスによる高齢者ケアシステムが存在し，さらに市民社会における高齢者の主体的な活動がシステムを補完しているといえる。

　そこで，本章では，デンマークと日本の自治体における高齢者ケアシステムを比較しながら，日本の地域包括ケアシステムを強化していく示唆を得ることを目的とする。

2　研究方法

（1）「福祉国家レジームの国際比較研究の三段階論」

　日本とデンマークを比較するにあたって，野口（2015：5）が提唱している「福祉国家レジームの国際比較研究の三段階論」（以下，「三段階論」）を活用する。「三段階論」では，A国とB国のケアシステムなどの対象とする状況に全体的な大きな開きがある場合，B国がA国に追いつく「キャッチ・アップ型」の比較研究が必要とされる。システム全体の模倣などが目的となることがある。

　A国とB国の間は縮まってきているが，B国がA国より部分的に進んでいると見られる場合には，「課題共有・応用型」の比較研究が必要とされる。つまり，課題については共有できているが，A国のシステムや人材育成が不十分であり，B国のやり方を応用して導入していくことが目的となることがある。

　A国とB国がシステムや人材育成などにおいても同等であり，メニューが揃ってきている場合，両国が協働しながら課題の解決策を探っていく「課題解決・協働型」の比較研究が必要とされる。

　本研究では，「課題共有・応用型」の比較研究方法をとることとする。なぜならば，デンマークの高齢者ケアシステムには，日本の地域包括ケアシステムにはない機能があり，それがシステムとしての機能を持つことを可能としており，デ

ンマークのシステムから日本に応用するものを探るという視点からアプローチするためである。

（2）「課題共有・応用型」の比較

「課題共有・応用型」の比較を行っていく中で，以下のような具体的な研究方法をとる。

　①　日本の地域包括ケアシステムとデンマークの高齢者ケアシステムを全体的に比較し，両国に共通する普遍的な構成要素と，デンマークに特徴的な構成要素を見出す。

　②　デンマークの特異性を中心に，日本のＡ市とデンマークのＢ市の高齢者ケアシステムを比較する。

　③　比較された構成要素について，特に高齢者自身の活動について，両市においてヒアリング調査を行う。

　④　結果を基に日本への有効性を考察する。

（3）先行研究の渉猟

　こうしたデンマークの高齢者ケアシステムを日本の地域包括ケアシステムと比較しながら，デンマークのケアシステムをシステムと成らしめている特異な点を示し，日本への有効性を検証した研究はほとんどない。山梨（2010：18）は，認知症高齢者対策に関して日本とデンマークを比較しているが，認知症に関する医療と介護の連携と個別の取り組みに焦点を当てており，システム全体の比較ではない。野口（2018：142）は，日本の地域包括ケアシステムを進展させていく中で，施設ケアと在宅ケアを統合したデンマークのシステムについて触れているが，これもまた，比較に焦点を絞ったものではなかった。

（4）用語の定義

　「システム」とは，パレートは「個々の要素が，一定のパターンに基づいて相互に関係しあうことでできあがっているまとまり」（社会学事典 2010：44）とし，溝部（2011：23）は「相互に関係をもつ構成要素からなるひとまとまりの全体」としている。「システム」とは，つまり２者間の相互をはじめ，グループ全体の

要素が関わり合う関係といえる。

　「ネットワーク」とは「網目状に何かが互いに繋がっているもの」（鈴木 2009：49）であり，これが人的に特化したものが，「社会的ネットワーク」である。「社会的ネットワーク」とは「人はさまざまな他者と関わり生活をしているが，これらのつながり」（社会学事典 2010：400）とし，パットナムも「人的つながり」（社会学事典 2010：244）と呼んでいる。生天目（2013：146）は「ネットワークはグラフとして表現でき」るとしている。これらから，「ネットワーク」とは，システムのように相互に関わり合うことが前提とはなっていないが，相互がつながっている構図のことであるとする。

　システムやネットワークの「構成要素」とは，事業所や行政，高齢者だけではなく，日本の地域包括ケアシステムやデンマークの高齢者ケアシステムを成立させている様々なサービスや事業所・団体，活動を意味するとする。

　本研究では日本社会福祉学会研究倫理規程を遵守するとともに，関連文献や調査などで得た資料やデータの分析を中心としており，個人や団体が特定され，不利益を被らないよう，匿名化などの配慮を行っている。

3　日本とデンマークの比較

（1）日本とデンマークの高齢者ケアシステムの比較

　地域包括ケアシステムとは，図17 - 1で示されている通り，「住まい」を中心として，「医療」「介護」「生活支援・介護予防」がリンクしているネットワークである。自治体はこうしたネットワークを地域ごとの実情に合わせて構築している。

　一方，デンマークでも，高齢者を中心に，①ヘルスケア・アクティヴィティ（アクティヴィティセンターなど），②居住（高齢者住宅など），③ケア（訪問介護・看護など），④医療，⑤経済（年金，家賃補助など）といった分野ごとに，サービスが連携・展開されている（中田 2015：216）。この構図を図17 - 2に示す。

　「コムーネ」は「市町村」に相当し，本研究ではコムーネは「市」と訳している。「レギオーン」は「都道府県」に相当する。コムーネは福祉，レギオーンが医療

図 17-1　日本の地域包括ケアシステム

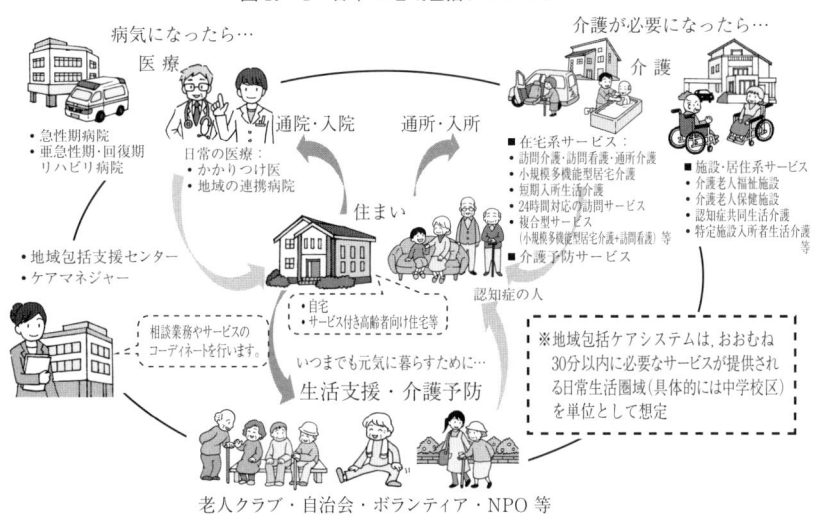

病気になったら…　　　　　　　　　　　　　　介護が必要になったら…

医療　　　　　　　　　　　　　　　　　介護

通院・入院　　　　通所・入所

・急性期病院
・亜急性期・回復期
　リハビリ病院

日常の医療：
・かかりつけ医
・地域の連携病院

■在宅系サービス：
■訪問介護・訪問看護・通所介護
■小規模多機能型居宅介護
■短期入所生活介護
■24時間対応の訪問サービス
■複合型サービス
　(小規模多機能型居宅介護+訪問看護) 等
■介護予防サービス

■施設・居住系サービス
■介護老人福祉施設
■介護老人保健施設
■認知症共同生活介護
■特定施設入所者生活介護 等

住まい

・地域包括支援センター
・ケアマネジャー

認知症の人

・自宅
・サービス付き高齢者向け住宅等

相談業務やサービスの
コーディネートを行います。

いつまでも元気に暮らすために…

生活支援・介護予防

※地域包括ケアシステムは，おおむね
　30分以内に必要なサービスが提供され
　る日常生活圏域(具体的には中学校区)
　を単位として想定

老人クラブ・自治会・ボランティア・NPO 等

出所：厚生労働省（2023b）。

図 17-2　デンマークの高齢者ケアシステム

家庭医

高齢者
委員会

コムーネ

病　院

地域精神
医療班

高齢者
センター

障害福祉・生活保護

本人・自宅

デイサービス，
トレーニング

24 時間在宅
介護・看護，
在宅リハ

レギオーン

高齢者
ボランティア
団体

ヴィジテーター
認知症コーディネーター

制度の狭間問題

出所：筆者作成。

表 17-1　日本とデンマークの高齢者ケア構成要素の比較

	日　　本	デンマーク
1	特別養護老人ホーム，老人ホーム	高齢者センター（プライエボーリ）
2	デイサービス	デイセンター
3	訪問看護・介護	訪問看護・介護
4	ケアマネジャー　地域包括支援センター	ヴィジテーター，認知症コーディネーター
5	老人クラブ，自治会	高齢者ボランティア団体
6	かかりつけ医，病院	家庭医
7	小規模多機能型居宅介護	－
8	社会福祉法人，NPO，株式会社など	自治体中心
9	医療保険，介護保険は保険と税金から拠出	税金から拠出
10	生活支援コーディネーター	ボランティア担当職員
11	認知症初期集中支援チーム	地域精神医療班
12	－	高齢者委員会

出所：筆者作成。

を所管している。「高齢者センター（プライエボーリ）」は日本の特養に相当し，「地域精神医療班」は訪問医療・看護のチームである。「ヴィジテーター」はケアプランを作成するケアマネジャー，「認知症コーディネーター」も認知症の診断を受けた住民に対するケアマネジャーに相当し，いずれも自治体職員である。両国のシステムの主な構成要素を，部分的にでも相当するものを組み合わせて示したのが表17-1である。1～4まではほぼ同じようなサービスがデンマークと日本にもあることがわかる。

　5の高齢者の活動については，日本では地域の中でほぼ完結した団体，活動であるのに対し，デンマークでは，自治会のような組織はないが，自治体にあるのは全国組織の地方団体であることが多い（朝野ほか 2005：125）。

　6のデンマークの家庭医は，全国に約3,500人おり，平均すると約1,600人に1人程度の割合で地域に配置され，住民は自分の家庭医を登録し，すべての医療は家庭医を通して始まる（松岡 2001：69-70）。日本でもかかりつけ医が普及してきているが，日本医師会総合政策研究機構の調査（2015：22）では，回答した国民の48.8%が，かかりつけ医は「病気の主治医」という意識であり，総合医として関わるデンマークの家庭医とはかなり異なる。

　7の小規模多機能型居宅介護は，一つの介護事業所にデイサービス，ショートステイ，訪問といったいくつもの機能を持った日本独特の制度であり，デンマークにはこれに該当するものはなく，デンマークにおいてはそれらの機能は分散さ

図 **17‑3**　国民負担率（対国民所得比）の内訳の国際比較

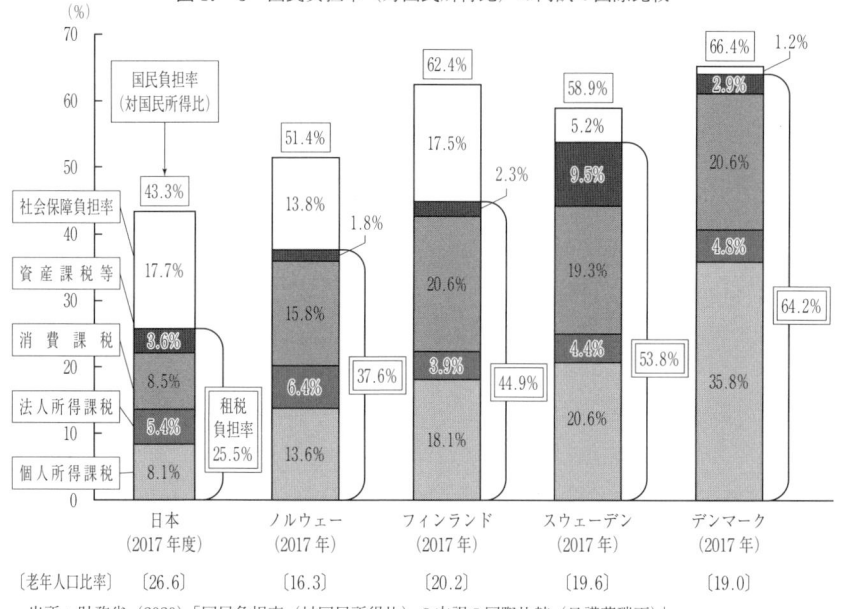

〔老年人口比率〕　〔26.6〕　　　〔16.3〕　　　〔20.2〕　　　〔19.6〕　　　〔19.0〕

出所：財務省（2020）「国民負担率（対国民所得比）の内訳の国際比較（日諾芬瑞丁）」。

れている。

　8はサービスの提供主体で，デンマークの各種サービスの提供主体は自治体である。

　9はサービスの財源で，デンマークには保険制度はなく税金を財源としており，高齢者ケアシステムは税金を財源とする公的支出を基に成り立っている。猪狩（2013：53）は「医療や福祉，教育は，原則無料」とし，「所得の半分以上が税金として徴収されることに加え，消費税率は一律25％」としている。その中で，図17‑3のように，デンマークでは国民負担率は66.4％に上っているが，租税負担率は64.2％となっている。一方，日本では国民負担率は43.3％であるが，租税負担率は25.5％に過ぎない。

　10の生活支援コーディネーターは，「地域で，生活支援・介護予防サービスの提供体制の構築に向けたコーディネート機能（主に資源開発やネットワーク構築の機能）を果たす者」（厚生労働省 2015：29）と定義され，地域における様々な活動をつなぐ役割を担っている。デンマークのボランティア担当職員は，自治体で登録

してもらった住民を効率的に運用していく職員であるため，生活支援コーディ
ネーターの機能とは一部重なる程度である。

　11の地域精神医療班は医療を所管するレギオーンに属するアウトリーチのチー
ムであり，在宅患者を定期的に訪問して医療を提供していく。認知症初期集中支
援チームは，主に認知症の初期の関わりに特化しているが，アウトリーチをする
チームとして同列に並べている。

　12の高齢者委員会は，コムーネにあり，公選による高齢者住民で構成され，コ
ムーネの施策に対して影響力を持ち，「コムーネ（市町村に相当）の高齢者福祉政
策に対して提言したり，高齢者の意見をコムーネ議会や行政に取り次いだりする
役割を担っている」（朝野ほか 2005：176）。

　表17-1 では日本とデンマークの間にいくつも共通したシステムの構成要素が
存在していることが判明した。住居，日中の居場所，訪問介護，ケアプランを立
てる仲介者は，高齢者を支えるものとして，システムには不可欠な要素として普
遍性があるとみられる。一方で，異なる点もいくつかあった。家庭医とかかりつ
け医はその実際の機能からは，全く同じものではない。自治体の財源も出どころ
はまったく違うものである。さらに地域における高齢者の活動も違うとみられる。
これらをまとめて，①医療と福祉の連携，②自治体の財源，③高齢者主体の活動，
の3点が，日本と異なるデンマークのケアシステムの特異性とみられる。これら
3点を中心に，自治体における状況をA市とBコムーネでみてみる。

（2）　A市とBコムーネの概要

　A市とBコムーネを選んだ理由として，A市は，過疎化と高齢化が進む中で，
2000年から認知症への取り組みに力を入れており，市独自の認知症コーディネー
ター養成研修を行い，研修修了者の事業所への配置を義務づけるなど，地域包括
ケアシステムの構築に熱心に取り組んでいる。Bコムーネは，デンマークの認知
症コーディネーター教育が始まった地（山梨 2010：17）として高齢者ケアシステ
ムがしっかり整備されており，認知症をはじめとする高齢者の支援に熱心に取り
組んでいるところから，日本とデンマークの現状比較に適していると考えたから
である。

　A市は九州北部の県の南端に位置し，1997年に炭鉱が閉山となり，人口は最盛

期の半分近くになっている。高齢化
率は高く，特別養護老人ホーム，グ
ループホーム，小規模多機能型居宅
介護，訪問介護などの介護事業所を
はじめ，有料老人ホームやサービス
付き高齢者向け住宅などの高齢者向
けの住居もある。

表17-2　A市とBコムーネの概要

	A市	Bコムーネ
人　　口	11万7,360人	3万8,095人
面　　積	81.45㎢	298.8㎢
高齢化率	33.7%	21.9%

出所：両自治体のホームページを基に筆者作成。

　Bコムーネは，デンマーク中南部の島西部に位置する。島から半島にわたるリ
ルベルト橋があり，交通の要衝である。日本と比べれば高齢化率は高くないが，
大型（最大1,250床）の国立精神病院が1999年まで存在し（Middelfart Museum
2023），精神疾患を抱えた人への支援に力を入れてきた。A市と同様，基本的な
高齢者関連サービスは整っている（表17-2）。

（3）　A市とBコムーネのケアシステムの比較

　デンマークが日本と異なる特異な点として，①医療と介護の連携，②社会保障
の財源，③高齢者主体の活動，を中心に比較する。

1）医療と介護の連携

　A市には精神病院が6カ所あり，医療法人が運営する福祉事業所も多い。認知
症支援を中心に，市独自で養成している認知症コーディネーターと認知症専門医
から成る「地域認知症サポートチーム」が6カ所の地域包括支援センターを支援
する。さらに認知症コーディネーター養成研修を修了した者の地域密着型サービ
ス事業所や地域包括支援センターへの配置を義務づけ，連携強化に努めている
（池田 2017：8）。認知症の早期発見・診断では，20小学校区で毎年実施する徘徊
模擬訓練で認知症啓発に努め，地域ケア会議などで民生委員らと連携を図ってい
る。

　Bコムーネでは，住民それぞれに自分の家庭医がおり，医療と介護の連携役を
担っている。家庭医で認知症の疑いがあるとされれば，専門病院で診察してもら
い，診断が出れば認知症コーディネーターに連絡が行って自宅を訪問する。その
後の投薬や経過観察は家庭医が行う。また，認知症の早期発見については，75歳
以上で何もサービスを受けていない高齢者の自宅を市職員が訪問し，支援につな

表17-3　A市とBコムーネのケアシステム

	A市	Bコムーネ
医療と介護の連携	ケアマネジャーや認知症コーディネーター（市独自の養成教育を受けた者），地域包括支援センターが連携を行う。地域ケア会議，地域密着型の運営推進会議も開かれる。	家庭医，ヴィジテーター，認知症コーディネーターが連携を行う。家庭医，病院，自治体間に連携の取り決めがあり，たとえば病院で認知症の診断が下されれば市の認知症コーディネーターに自動的に連絡が行き，自宅を訪問する。
認知症の早期発見・早期診断への取り組み	20小学校区における地域活動，徘徊模擬訓練[1]，地域ケア会議，地域密着型の運営推進会議	75歳以上のサービスを利用していない高齢者への自宅訪問
かかりつけ医の認知症診断	かかりつけ医のほか，もの忘れ相談医や専門医による診断	家庭医がMMSEなどで簡易診断を行い，疑いがあれば病院で診断
市の関わり	自治体はサポート役で，サービス提供主体ではない。	主に自治体がサービスを管理・提供する。
市の財源	約22億6,000万クローナ（約365億8,000万円，2018年度）	約549億7,000万円（2019年度当初予算）
公的サービス	ほぼ民間がサービスを提供し，地域包括支援センター6カ所のうち1カ所だけが市営	高齢者センター7カ所のうち，1カ所だけが民間。その他の介護サービスはほぼすべて市営
地域での見守り体制	民生委員，まちづくり協議会，模擬訓練	隣人同士による自主的な活動
高齢者の地域活動	公民館活動，NPO法人など地域ごとに活動	エルドアセイエンなどの高齢者ボランティア団体の地方支部が活動

注：(1)認知症の人が安心して地域で生活できるように，外出して，道に迷うなどした際に，地域の人が見守れることを目的に，認知症の人の役をした人が模擬的にまちを回り，地域の一般の人たちが声かけを体験するという訓練。
出所：筆者作成。

げていく（ヤーンセン　2015：406）。

2）社会保障の財源

　A市の2019年度一般会計当初予算は約550億円（A市　2018）に対し，Bコムーネの2018年度当初予算は約366億円（Middelfart Kommune 2018）。A市は人口規模がBコムーネのほぼ3倍に当たるところから，人口で割って比較すると，Bコムーネの予算はA市の倍程度に相当する。また，こうした大きな財源を背景に，Bコムーネはほぼ公営でサービスを提供し，介護職員は公務員である。Bコムーネは，日本の自治体のような民間の活動のサポート役というよりは，サービス提

供の中心的役割を果たしている（表17-3）。

3）高齢者主体の活動

　A市では，各小学校区での公民館を中心とした活動が盛んである。A校区では高齢者を中心にNPO法人を立ち上げ，見守りやサロン活動を行っている（猿渡2018：4）。徘徊模擬訓練も各校区の自治会を中心に行われている（池田 2017：14-23）。地域包括支援センターに配置されている生活支援コーディネーターはこうした地域における連携をサポートしている。

　デンマークには町内会のような組織はなく（中田 2015：227），地域での見守り活動は盛んではない。一方で，高齢者の様々なアクティビティーを支えているのは，エルドア・セイエン・Bコムーネなどの高齢者ボランティア団体の地方支部である。活動としては，①社会人道的活動，②訪問の友，③認知症，④イベントやアクティビティー，に分類されている（銭本 2019：50）。また，Bコムーネには，市内の登録ボランティアを担当し，デイサービスや高齢者センターなどへの配置を行うボランティアセンターが存在している（Middelfart Kommune 2023a）。ボランティアの管理のみならず，フォーマルサービスで補えない部分をボランティアによるインフォーマルサービスが補うのに役立っている。

4　日本とデンマークのケアシステムの違い

　日本とデンマークの全体的な比較と個別の市の比較を試みた。日本の地域包括ケアシステムとデンマークの高齢者ケアシステムには，構成要素として近似しているものが多くみられた。例えば，在宅を中心として，在宅介護・看護，デイサービス，トレーニングセンター，相談やケアプラン作成などの支援を行う専門職の存在である。デンマークでは可能な限り在宅生活を続けられる支援が得られながらも，できなくなった場合に生活を続けられる場所として，日本の老人ホームや特別養護老人ホームに相当する高齢者センターが存在している。

　医療についても，日本ではかかりつけ医や専門病院の整備が行われているが，これはデンマークにおける家庭医と病院の関係にかなり近く，両国における高齢者のケアシステムにおいて普遍的な構成要素は存在していると感じた。しかしながら，日本と比較し，デンマークには①医療と介護の連携，②自治体の財源と体

制，③高齢者主体の活動，という特異性も窺えた。この3点に絞って考察する。

（1）医療と介護は連携できないのか

　日本の地域包括ケアシステムは相互にリンクしあっており，「ネットワーク」の条件は満たしている。さらに自治体や地域によって大きく進化しており，A市では独自に認知症コーディネーター養成研修を行い，修了者は地域密着型事業所などへ配置し，ネットワークを強固なものにし，医療と介護の連携に努めている。しかしながら，A市の地域包括ケアシステムでも，現時点では，デンマークのように，「家庭医の受診」「病院の診断」「認知症コーディネーターの訪問」「サービス受給」「その間の家庭医や訪問医療のサポート」という全体を見通して，2者以上の間で作用し合う「システム」になっているかは疑問である。

　民間にサービス提供を委ねるのが当たり前となっているために，市は完全な統御はできないが，地域密着型事業所への認知症コーディネーターの配置の義務化のように，市が統御できる部分もあると見られる。

　また，デンマークでは，病院が本人の同意を得た上で，診断情報などが認知症コーディネーターへ送られ，その後の支援に活用されている。地域包括ケアシステムを，システム内の構成要素が相互に作用し合う「システム」にするには，デンマークのBコムーネのように，民間にすべてをゆだねるのではなく，市が一定の統御をし，住民の情報を関係者で共有できるようなしくみは必要であろう。

（2）自治体のサービスには財源が必要

　日本の場合は介護保険が介護分野の財源となっているので，一概に比較はできないが，デンマークの自治体は日本の自治体よりもはるかに大きな財源を持っている。Bコムーネの予算額は，人口をならして計算すると，A市の倍程度の予算額に相当する。Bコムーネは，より大きな財源を基に，多くの公共サービスを自前で提供している。そのために，市がサービスの流れや量を統御しやすいと思われる。大住（2003：95）は，デンマークを含む北欧は，業績／成果による統制を核とした行政内部のマネジメント改革とアドホック（あるいは分散・文献）的改革でNPM（新型公共管理）を推進してきた，としており，公共部門が広がることは管理次第では決して非効率になるわけではない。

A市ではより少ない予算の中で自主的にできる範囲は限られており，福祉分野においては，民間によるサービス提供が主流である中でサポート役を任じている。その結果，サービス全体を統御しづらく，システム化に困難性が生じるのではなかろうか。

従って，日本においても，特に自治体において高齢者分野の財源をもっと増やし，地域の実情を把握している自治体にこの分野を統御させるべきだと考える。

（3）高齢者主体の活動が重要な役割を担う

日本において，A市のNPO法人や公民館活動のように，高齢者自身が主体となって実施している活動がみられた。これらの活動がインフォーマルサービスとして，フォーマルサービスを補完している。しかし，A市でも，すべての校区で同じような活動が行われ，フォーマルサービスが補完されているわけではない。

一方，デンマークにおいては，高齢者自身によるボランティア活動が盛んで，地域における活動主体としてインフォーマルサービスを担い，フォーマルサービスを補完し，高齢者ケアシステムを成立させていた。それには，ボランティアを担当して配置も行っているボランティアセンターの存在が大きい。朝野ら（2005：124）は「高齢期の人生を受け身ではなく主体的に選び取っていく人々の姿，そして自らによって自らを支えようとする仕組み」がそこにはあるという。しかし松岡（2001：258）は「『ボランティアは行政の怠慢を埋めるものであってはならない』という価値観が根強くあります」と指摘しており，決して公的な枠組みの中に高齢者の主体的ボランティア活動が無条件に取り込まれてはならない。住民参加を校区や地域ごとの小さな枠組みの中だけでなく，必要な地域や校区へボランティアを配置するというようなより大きな枠組みの中で捉える時に，デンマークの高齢者のボランティア活動と市の関わりは参考になると思われる。

また，デンマークのC市で行ったヒアリング調査（銭本2020）からも，高齢者の主体性を行政と専門職が支援し，さらに充実した年金制度の下で不安なく生活でき，ボランティアも行えるデンマークの高齢者の姿が明らかになっている。

5　医療と介護の連携，財源，高齢者主体の活動がカギを握る

　日本の地域包括ケアシステムとデンマークの高齢者ケアシステムを比較し，Ａ市とＢコムーネを比較する中で，日本とデンマークのシステムの間に共通する普遍性も多くみられ，日本の地域包括ケアシステムがかなり充実してきていることが実感された。

　しかしながら，今回の研究で見出されたデンマークの特異性として，①医療と介護の連携，②自治体の財源，③高齢者主体の活動，は高齢者ケアシステムを「システム」として機能させているものであった。地域の実情を知った自治体が財源を持ち，サービスを統御し，医療と介護の連携を実現させて「システム」として機能させる。そこに，フォーマルサービスでは補いきれない部分を高齢者主体のボランティア活動が補う。日本の地域包括ケアシステムの示す方向性は，ただのネットワークではなく，相互に関わり合うシステムであるべきであり，そのためにデンマークの高齢者ケアシステムは十分参考になるといえる。

　本研究の限界として，デンマークは「地域差が日本ほど大きくない」とされることから，Ｂコムーネを示すことでデンマークの一定のモデルは示せたと考えるが，日本の地域包括ケアシステムの場合は「地域差が大きい」にもかかわらず，比較に耐えうるほどの情報を集められたのはＡ市のみであった。今後は，日本とデンマークの自治体における取り組みをそれぞれ複数調査し，日本とデンマークの全体像を把握した上で，日本の地域包括ケアシステムを向上させていくツールを研究していきたい。

参考文献

朝野賢司・生田京子・西英子・原田亜紀子・福島容子（2005）『デンマークのユーザー・デモクラシー——福祉・環境・まちづくりからみる地方分権社会』新評論。

荒木剛（2019）「地域包括ケアシステム構築に向けた政策展開と課題」『西南女学院大学紀要』23，37-46頁。

猪狩典子（2013）「デンマークに学ぶ高齢者福祉——政策イニシアティブが生み出すユーザー参加型社会」『智場』118(3)，52-62頁。

池田武俊（2017）「認知症になっても安心して暮らせる地域づくり」ヒアリング資料。

井上信宏（2011）「地域包括ケアシステムの機能と地域包括支援センターの役割」『地域福祉研究』39，12-23頁。

A市（2018）「平成30年度A市認知症コーディネーター――養成研修受講者（第16期生）募集要領」。

A市（2019）「平成31年度歳入歳出予算（案）の状況」。

大住莊四郎（2003）『NPMによる行政革命――経営改革モデルの構築と実践』日本評論社。

厚生労働省（2015）「生活支援コーディネーター（地域支え合い推進員）に係る中央研修テキスト」。

厚生労働省（2023a）「社会保障給付の部門別の国際的な比較（対GDP比）」（https://www.mhlw.go.jp/content/12600000/001094429.pdf）。

厚生労働省（2023b）「地域包括ケアシステム」（mhlw.go.jp/stf/seisakunitsuite/bunya/hukushi_kaigo/kaigo_koureisha/chiiki-houkatsu/index.html）。

財務省（2023）「国民負担率（対国民所得比）の内訳の国際比較」（https://www.mof.go.jp/tax_policy/summary/condition/a04.htm）。

猿渡進平（2018）「誰もが地元で安心して暮らせる町づくりへの挑戦――多分野・他機関との共生を目指して」講演資料。

白澤政和（2018）「地域包括ケアシステムの深化としての地域共生社会の実現に向けて」（地域包括ケアシステムは機能するか5）『医学の歩み』267(7)，536-542頁。

杉岡直人（2020）『まちづくりの福祉社会学』中央法規出版。

鈴木賢一（2009）「第2章ネットワーク構造――つながりを見る」講義資料。

銭本隆行（2018）「デンマークの高齢者ケアシステムの日本への有効性について」『日本医療大学紀要』4，3-12頁。

銭本隆行（2019）「地域における高齢者主体の活動についての考察――デンマークの高齢者の活動をとおして」『北海道社会福祉研究』39，42-56頁。

銭本隆行（2020）「地域包括ケアシステムにおける高齢者主体の地域活動に関する研究――日本とデンマークの比較を通して」『日本医療大学紀要』6，91-103頁。

中田雅美（2015）『高齢者の「住まいとケア」からみた地域包括ケアシステム』明石書店。

生天目章（2013）『社会システム――集合的選択と社会のダイナミズム』ミネルヴァ書房。

二木立（2017）『地域包括ケアと福祉改革』勁草書房。

日本医師会総合政策研究機構（2015）「第5回日本の医療に関する意識調査」日医総研ワーキングペーパー331。

日本社会学会社会学事典刊行委員会編（2010）『社会学事典』丸善。

野口定久（2015）「貧困・格差問題に対応する地域社会の安全網の実践プログラムと地域包括ケアシステム構築に向けた日韓共同調査研究——対立から共感のコミュニティづくり」トヨタ財団2015年度国際助成プログラム。

野口定久（2018）『ゼミナール地域福祉学——図解でわかる理論と実践』中央法規出版。

野口典子編著（2013）『デンマークの選択・日本への視座』中央法規出版。

畠山輝雄・宮澤仁（2016）「地域包括ケアシステム構築の現状——地理学における自治体アンケート調査の結果から」『地域ケアリング』18(14)，65-68頁。

松岡洋子（2001）『「老人ホーム」を超えて——21世紀◆デンマーク高齢者福祉レポート』クリエイツかもがわ。

溝部明男（2011）「社会システム論と社会学理論の展開——T. パーソンズ社会学と残された３つの理論的課題」『金沢大学人間科学系紀要』3，14-40頁。

山梨恵子（2010）「デンマークの認知症ケアシステムに学ぶ——低コスト・良品質・ユーザー翻意の知恵と工夫」『ニッセイ基礎研 REPORT』2，12-21頁。

ヤーンセン，モモヨ（2015）「可能な限り，私の生活——どこにいても『その人らしさ』を尊重するデンマークの認知症ケアシステム」『訪問看護と介護』20(5)，405-409頁。

Middelfart Kommune（2017）"Befolkningsprognose 2017-29".

Middelfart Kommune（2018）"Budget 2018".

Middelfart Kommune（2023a）"Frivilligcenter"（https://middelfart.dk/fritid/frivillighed-og-faellesskaber/find-faellesskaber/，2023.9.3）.

Middelfart Kommune（2023b）"Ældre- og plejeboliger"（https://middelfart.dk/familie/aeldre/aeldre-og-plejeboliger/，2023.9.3）

Middelfart Museum（2023）"MUSEUMSPROJEKTET MIND"（https://www.middelfart-museum.dk/fokus-paa-psykiatrihistorie/mind，2023.9.3）.

Rikke Sørensen（2018）"Ældrer Sagen" ヒアリング資料。

（銭本隆行）

<table>
<tr><td>第18章</td><td>過疎地域で［暮らす］ことを支える
──あらためて地域包括ケアを考える</td></tr>
</table>

1　なぜ過疎地域の地域包括ケアを考えるのか

　地域包括ケアシステムは，どのようになれば実現したといえるのであろうか。地域包括ケアシステムは，誰がどのように構築するものであろうか。地域包括ケアシステムは，文字通り“システム”なのか，“ネットワーク”なのか……。本章ではいま一度，この間議論され取り組まれてきた地域包括ケアシステムを地域の実情から見つめ直し，2025年や2040年を見据えた地域包括ケアのかたちを考えたい。取り上げるのは地域包括ケア実践の事例ではなく，筆者が継続的に関わる過疎地域A町であり，A町の様々なデータを分析することを通して，現在の，そして今後の地域包括ケアについて考究していく。

　地域包括ケアシステムは，1970年代に広島県の旧・御調町の国民健康保険病院（現・公立みつぎ総合病院）の医師であった山口昇氏が初めて提起したといわれている。加川（2010）は，この頃の地域包括ケアシステムに共通している特徴として，①自治体病院が中心となっていること，②病院内に行政の保健・福祉部門が併設されていること，③介護サービス部門が併設されていること，④これらにより保健・医療・福祉の統合化をはかり，利用者を中心に置いて各種サービスが横断的に提供できるようにしていることを挙げている（加川 2010）。

　一方，過疎地域の抱える現実は，人口減少・過疎化・高齢化が進行し，地域そのものの存続にも影響を与えるほど厳しい。A町は上記の特徴を持つ地域包括ケアシステムを先進的に進めてきた自治体の一つであるが，人口減少・高齢化の進展に加え，財政的にも決して潤沢ではない過疎地域のA町において，これまでの行政や自治体病院が中心となり進めてきた地域包括ケアシステムでは，立ち行かなくなっているのではないだろうか。また，都市部のように豊富な社会資源をネットワーク化するだけで地域包括ケアシステムが実現するわけではないだろう。

限られた社会資源の中で，また人口減少・高齢化が進む中で，どのように地域包括ケアを模索すればよいのか。A町の実情を通して考えていく。

2　過疎地域での暮らし

（1）A町について

　A町は東北地方にある県の北西に位置し，町の8割が森林，四方を山に囲まれた地域で，人口は8,080人，2,596世帯（2020年国勢調査）の町である。基幹産業は農業で，稲作のほか，畜産や園芸を組み合わせた農業が進められている。町の真ん中を並行して国道と鉄道が横断し，その周辺に集落が点在している（図18-1）。町は大きく3つの旧中学校区（X・Y・Z地区）に分けられ，X地区13行政区，Y地区23行政区，Z地区14行政区の計50の行政区がある。A町には行政区の他にも，37公民館単位の区分や，住民に身近な単位として44集落など，A町では地域を区分する単位が複数存在する。なお，図18-1にもある中心集落とは，国土交通省による「市町村の中心的な役割を持つ」集落類型で，A町Y地区に8行政区，「集落間の要の役割を担う」集落類型である基幹集落がX・Z地区に7行政区，ほか「原単位的な集落」である基礎集落が35行政区ある。[1]

　A町は，地域包括ケアシステムの先進地の一つであり，1970年代に町立病院を中心とした保健・医療・福祉の総合的なケアシステムとしての地域包括ケアシステムが進められた。拠点はY地区の中心集落にあり，現在も人口が最も集まる行政区でもある。

（2）困りごとは高齢者介護だけではない

　高齢化が進む過疎地域でも，暮らしの困りごとは福祉に関わるものだけではない。A町で実施した集落単位でのヒアリング調査では，[2]子どもの遊び場不足や若者の就職先，地場産業の不振や後継者不足，冬期間の除排雪，水道や道路の不備，空き家が増えた，買い物する店がない，集落活動の担い手不足や役員の負担などが挙げられた。2010年に実施された20歳以上の住民を対象としたアンケート調査（771名：回収率76%）[3]でも，現在住んでいる場所生活を続ける上で不安に思っていることで多いのは，「余暇のための娯楽施設」（32.1%），次いで「買い物をする

ための店」(28.0%)，「近くに住む知人が
減る」(23.2%) であった。さらに，ある集
落でのヒアリングでは，「高齢者は困って
いないだろう」という発言もあった。それ
はA町のある都道府県が，全国的に見て高
齢者の同居率が高く，その中でもA町の三
世代同居率は24.4%と県平均よりも高い
(2020年10月 1 日現在)ことも関係している
かもしれない。ただまったく課題として挙
げられていないわけではない。集落ヒアリ
ングでも，独居高齢者世帯が増えてきてい
ることや，買い物や通院時の移動の難しさ，
高齢化に伴い集落活動ができなくなってき
ていることが挙げられていた。いずれにし

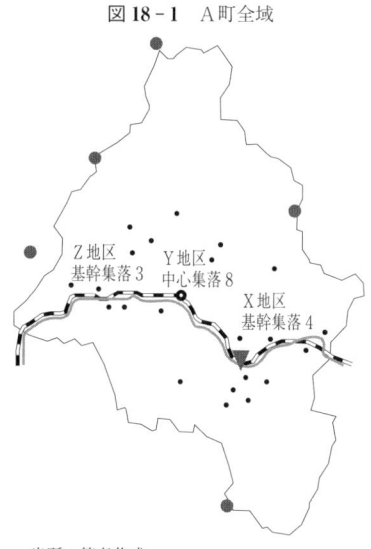

図18-1　A町全域

Z地区
基幹集落3

Y地区
中心集落8

X地区
基幹集落4

出所：筆者作成。

ても，過疎地域における地域生活課題は，高齢者の介護に関わるものだけではな
い。

（3）誰が地域生活課題を解決するのか

　では，地域で暮らす上で抱える生活課題は，誰が解決するのか。上記の2010年
に加え2015年に実施したA町の住民を対象にしたアンケート調査には，どちらも
「住民の生活に関わる問題が起こった時，どのような人が問題解決に取り組もう
とすると思いますか」という問いがある。図18-2は，どちらもこの問いの結果
をまとめたものとなるが，興味深いのは，2010年は役場職員と回答している割合
が23%であったのに対し，2015年には12%となっていること。そして地域住民
（住民みんなで話し合って決める）が30%から17%に減少していることである。一方
で大幅に問題解決者として期待されているのは，自治会長や行政区長等の住民組
織の役職者であった。生活に関わる問題の解決者が役場職員や住民同士から住民
組織の役職者へと変化しているこのことをどのように解釈すればよいだろうか。
　A町では，集落活動を行政が直接支援する取り組みを10年ほど前から行ってい
る。まず，2011年度から総務省の「集落支援員制度」が導入され，翌年には旧中

図 18 - 2　誰が問題解決に取り組むか

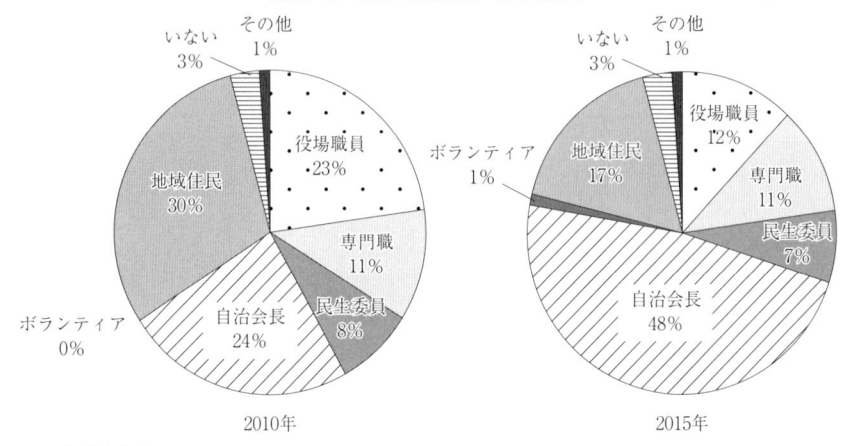

出所：筆者作成。

学校区の３地区にも専任で各１名置き，集落間連携や活動活性化を図るため「地域コミュニティ推進会議」が設置され予算がつけられた。2013年度からは教育委員会を主体として公民館37カ所を対象に「集落支援金」が交付され，2016年度からは44集落を単位に行政職員による集落担当制がとられた。その結果として，Ａ町の地域住民に集落への認識が強まり，さらには解決する単位としても認識するように変化したのかもしれない。

　一方でヒアリング調査では，「これ以上の役割は担えない」「役員の負担が重すぎる」「担い手が固定している」などの声もあった。地域包括ケアシステムは，自助・互助・共助・公助で担うとされているが，共助・公助の資源が限られる過疎地域において，自助・互助でどこまで担えるのであろうか。そして自助・互助・共助・公助において，誰がどこまで何を担うのかが明確でないことにより，さらなる混迷を生じさせているのではないだろうか。

3　過疎地域での暮らしを支える

（1）Ａ町立病院を中心とした包括ケア体制

　前述したとおり，Ａ町は1970年代から自治体病院を中心とした地域包括ケアシステムに取り組む福祉先進自治体である。そのため現在も自治体病院を中核とし

図18-3　A町の資源分布図

出所：地理情報データを基に筆者作成。

た，保健・医療・福祉の総合拠点が存在感を示す。

　A町の町立病院は，内科や整形外科，婦人科などの5つの診療科の外来と，一般病床60床を持ち，救急病院の指定を受けた医療機関である。また，訪問診療・訪問看護・訪問リハビリのほか，居宅介護支援事業所も併設されている。町立病院がある建物には，町の健康福祉課（行政窓口），そして介護老人保健施設（定員50名）と認知症対応型共同生活介護（グループホーム）とそれらに併設された居宅サービス事業所がある。A町の社会福祉協議会や高齢者総合福祉センターも同建物内にあり，デイサービスや訪問介護事業所があるほか，温泉入浴場やトレーニ

図18-4　A町の人口と高齢化率

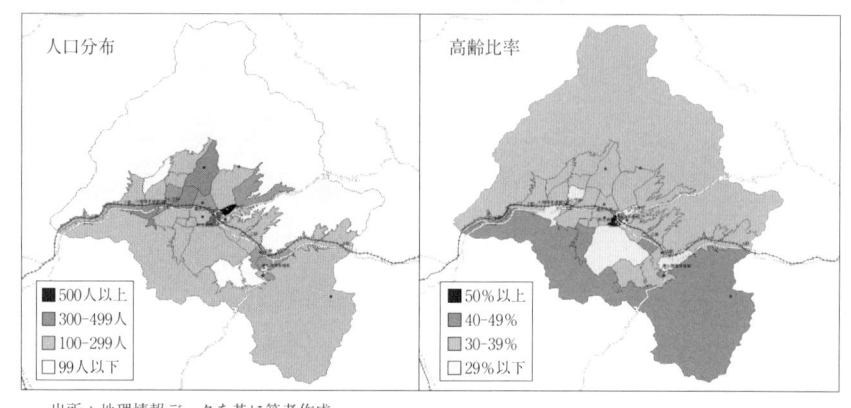

出所：地理情報データを基に筆者作成。

ングルーム，冬期居住専用施設（定員10名）などもあり，文字通り，健康づくりや介護予防から，医療・介護を必要とする時まで，何かあれば駆けつけられる保健・医療・福祉の総合拠点となっている。

　A町内にある介護・医療サービス等の地理情報データを用いて地図上に落としこんで見てみると，町の中心集落に保健・医療・福祉が集中していることがわかる（図18-3）。例えば町立病院のほか，町内にある4つの医療機関（2つは歯科）はすべて中心集落にある。また2010年には8校あった小学校は現在2校となり，町の中心集落とZ地区の基幹集落に1校ずつとなっている。中学校，高校（隣接市の分校）はどちらも中心集落にある。

　さらに行政区ごとの人口・高齢化率を地図上に落としこんで見てみると（図18-4），社会資源が集まる中心部に人口が多いことは明らかではあるが，必ずしも中心集落だけに集中しているわけではなく，中心集落に居住している住民は全体の2割程度であった。高齢化率の分布についても，中心集落のうち，1つの集落は高齢者の入所施設や病院が集中する集落であるため高齢化60％を超えているが，それ以外は，必ずしも中心集落のみが高齢化が進んでいるわけではない。むしろ中心部から離れた集落の高齢化率が高い。中心部からの距離は，最も遠いX・Z地区の集落で10〜12km離れている。A町は町立病院を中心とした地域包括アケアシステムの構築を進めてきていた背景もあり，より中心部に資源が集中しているが，コンパクトシティのように中心部への移住は進んでいないのかもしれない。

（2）身近な地域で支援する

　2005年の介護保険法改正により示された「日常生活圏域」については，A町全域を一体としつつも，旧中学校区のX・Y・Z地区をそれに次ぐエリアとして設定しており，2008年には中心部であるY地区ではなく，X地区・Z地区に小規模多機能型居宅介護が設置されている。2017年度からは地域包括支援センターに生活支援コーディネート機能をもたせ，町全体を第1層，旧中学校区のX・Y・Z地区を第2層として集落での介護予防を進めている。A町における地域包括ケアシステムが町立病院を中核としたケア体制から，在宅ケアへの展開，旧中学校区や集落を単位としたより身近な単位でのケア体制の整備へと移行していることがわかる。

　身近な単位でのケア体制の整備が徐々に進められていることに加え，前述したとおり，A町では集落支援専門員制度や集落支援金の交付などにより行政から直接集落活動を支援している。また社会福祉協議会の福祉推進委員を活用した働きかけにより，2010年に1つの集落で始まったサロン活動が，翌年には27集落で開始され，現在は45集落で実施されている。なお，2012年より開始された公民館単位の集落活動を支援する集落支援金の交付は，集落内でのサロン活動を一つの交付条件として一律の交付で始まり，その後世帯数に応じた交付を経て，現在は事業計画に応じた交付に変化している。また集落に配置された，集落支援員と協働して地域づくりを進める行政職員は，集落の現状を分析して集落ビジョンを作成する等，集落のことは集落で解決できるように働きかけてきたといえる。

　行政主導で進めてきた従来のA町の地域包括ケアシステムは，小規模多機能型居宅介護を核として暮らしを支えることで，できるだけ長く身近な地域で暮らし続けられるように転換しようとしているのかもしれない。

（3）とまらない変化とばらつき

　これまでの継続的な調査と観察により，A町全域，そして集落ごとに様々な変化が見てとれた。

1）人口減少・高齢化

　一つは，人口減少・高齢化である。A町の人口減少が続いていることは特筆すべきことではないかもれないが，国勢調査（小地域集計）の結果から集落別の人

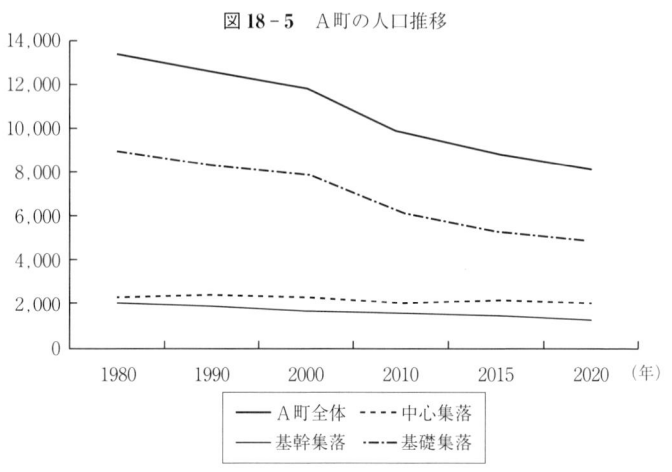

図18-5　A町の人口推移

出所：国勢調査（小地域集計）を基に筆者作成。

口推移を見てみると，A町の人口減少は基礎集落の人口減少によってもたらされ
ているということが明らかになった（図18-5）。加えて，徐々にではあるが基幹
集落の人口も減少してきているため，2015年以降の全人口に占める中心集落の人
口が数％程度増えている。つまり，より社会資源が乏しい集落の人口減少が止ま
らなければ，町全体の人口減少も止まらないということではないだろうか。

2）集落ごとのばらつき

　2017年度に行われた，集落に配置された行政職員による聞き取り調査の結果で[7]
は，集落で積極的に取り組まれていたのは，独居高齢者の把握と外灯の設置，空
き家の把握であった。GIS を用いて見てみると，点数の平均値では集落間での大
きなばらつきが見られなかったものの，集落内での高齢者に対する見守り，除排
雪，乗り合い等の支援を全く行っていない集落や，子どもの見守り，集落内での
若者や女性の活動が少ない集落もあった。

　中でも，ばらつきが特徴的に示されたものを2つ（図18-6・7）挙げると，一
つはA町が集落支援とともに進めている施策の一つでもある自主防災の組織化で
ある。結果を見てみると，中心部で取り組みが行われていない集落があること，
人口の少ない地図上の上半分にある集落で進んでいないことがわかる。加えて，
子どもを対象とした活動では，道路・線路を挟んで上下での差が見られ，同様に
若者や女性を対象とした活動でも差異が見られた。

図 18-6　自主防災の組織化

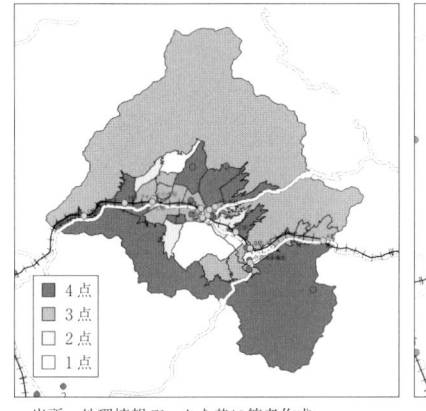

出所：地理情報データを基に筆者作成。

図 18-7　子どもを対象とした活動

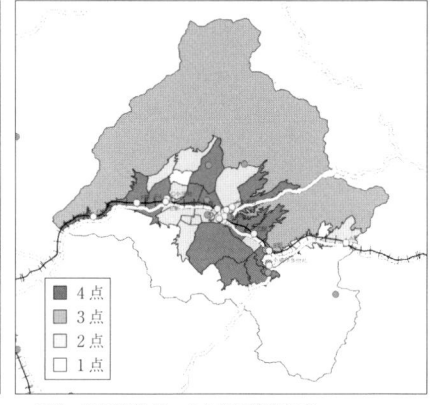

出所：地理情報データを基に筆者作成。

　A町では，集落活動が活性化するよう様々な策を講じている。にもかかわらず集落間での差異が見られ，集落によってはこれ以上活動の担い手として負担を歓迎しないとの意見もあった。もちろん何も支援なく活性化することは困難ではあるが，住民による集落活動を活発にするためには，人の配置や財政的な支援だけでは解決できないのかもしれない。

3）住民意識の変化

　前述したとおり，2010年と2015年のアンケート調査の比較から，担い手としての集落や行政区への意識が変化していた。加えて，「地域おこしや地域の活性化という言葉を聞いたときに当てはまる地域はどれか」という問いでも，2010年は57.2%がA町全体，28.7%が集落と回答しているのに対し，2015年の調査では，56.5%が集落であり，A町全体と回答したのはわずか4.5%と大きく減少していた。当該アンケート調査は地域住民を対象としたパネルデータではないため，個々人の傾向を分析することは困難であるし，結果の背景には複合的な要因があるため単純に比較することはできないが，行政による2011年以降の集落を基盤とした活動支援が何らかの影響を与えたと考えられる。

　また2時点で同じ集落に行ったヒアリング調査では，共通する課題として共同作業の難しさや空き家について挙げられていたが，5年後の集落の課題では活動の参加者減少，担い手不足や負担，小学校の閉校による影響，独居世帯の増加な

どが挙げられるようになっていた。対象となった集落では住民活動を担う組織がない集落も見られ，かつては育成会や青年会があったが廃止された集落や，中には老人クラブを廃止した集落もあった。

　A町の人口減少は今後も止まらない。国勢調査（2020年）の人口は8,080人で高齢化率は40.3%であるが，2018年3月の国立社会保障・人口問題研究所の推計では，2030年に人口6,354人で高齢化率は49.2%，2040年には人口4,838人で高齢化率は53.1%と推計されている。さらに人口減少は基礎集落での減少が中心であるが，基幹集落での人口減少も進んでいる。現在はかろうじて実施できている集落も，今後全く実施できないということもでてくるだろう。これら集落の抱える厳しい現実とその変化に講じる策はあるのだろうか。

4　過疎地域の地域包括ケアを考える

　最後に，本章の主題である地域包括ケアについて考察したい。地域包括ケアシステムについては，その始まりについて触れているが，定義や概念整理についてはあえて行っていない。1970年代に生まれた地域包括ケアシステムが，2000年に突入して新たに着目され，政策化されてきた。それらについては多くの先行研究（二木 2017：高橋編 2012）が出され，さらに筆者自身も概念整理をしているため，[8]ここでは触れず，多義的な地域包括ケアシステムの実現に向けて課題となることを，過疎地域の現状の中から見ていきたい。

（1）急激な変化に対応する策はあるのか

　小松（2016）は，過疎地域固有の課題として人口減少・高齢化・過疎化を挙げ，加えて人口減少のスピードなど時間の経過とともに条件が変化するとし，他の地域類型と異なる条件のある過疎地域の実情に応じた地域包括ケアシステムの考察が求められると述べている。A町の人口推移からも，変化する過疎地域の現状が窺えた。さらに人口推計では，2040年の人口が現在の半分程度になっているという。2,000人程度が暮らす中心集落周辺にさらに人口が集中し，コンパクトシティが実現するのか，町内の各集落に点在する形で住民が暮らし続ける過疎化が進み，ますます資源の配置が困難になるのか。

　北海道上川郡美瑛町では，行政と社会福祉法人が，住民に身近な日常生活圏域ごとに介護保険制度の地域密着型サービスを設置し，何らかの支援が必要になり始めたころから看取りまでをサポートしている。また隣接する公営住宅や在宅福祉サービス等の社会資源などとも連携して一人ひとりを支援するしくみを作っている。A町でも，中心集落におけるケア体制だけでなく，基幹集落にある小規模多機能型居宅介護事業所を核として，特性や変化を含めた地域の実情に応じたケア体制を構築することができるかもしれない。

（2）自助・互助・共助・公助の組み合わせ

　地域包括ケアシステムの検討には，2008年から厚生労働省に設置された地域包括ケア研究会が大きな役割を担い，10年間で複数の報告書が出されている。研究会の座長でもある田中は，地域包括ケアシステムを誰が担うのかという点について「自分のことは自分でする『自助』をベースに，お互いに助け合える部分は助け合う『互助』を活用し，自助・互助・共助・公助を組み合わせて，高齢者の在宅生活を支えていくことをめざしています」と説明している（田中監修 2014：13）。A町の現状を見てみると，人口減少・高齢化の進展により独居高齢者の増加が見込まれる。また現在のケア体制では，多くが可能な限り自助で在宅生活を維持し，介護等が必要になれば中心部の施設や病院に入る，という自助と公助の組み合わせのみで成り立っているのではないだろうか。一方で，小規模多機能型居宅介護事業所を核とした身近な地域での支援体制の構築や，集落活動によって防災活動や高齢者の見守り等の活動が展開されることに期待することもできるかもしれない。いずれにしても，人口減少・高齢化が今後も進展する中で，現在のままでは立ち行かなくなる（なっている）といえる。

　愛知県豊田市には市域面積の70％を占める中山間地域があり，そこに人口の5％である約2万人が暮らしている。その中山間地域の一つの足助地区では，認知症対応型通所介護事業所を利用する人が地元のお祭りで配られる豆の袋詰めを行ったり，就労支援事業所を利用する人が，お寺の掃除や入院中の人の洗濯を担ったりしているという。地域包括ケアシステムは多義的であると述べたが，地域共生社会の実現に向け，高齢者だけでなく障がい児者や生活困窮者等も包含するシステムの構築が求められるようになっている。

　豊田市でのこの取り組みは，まさしく多様な担い手という視点だけでなく，支える・支えられるの固定的な関係ではなく，ケアを必要とする高齢者や障がい者の活躍の機会を創出することで，地域の人口減少・高齢化という課題に共に取り組む例である。A町にも介護サービスのみならず，障がい者の入所施設がある。若者や元気な住民が，何らかのケアを必要とする人を支えることを一方的に目指すだけでは，これからの地域包括ケアは実現しないだろう。

（3）中間支援機能の必要性

　高野（2018）は，都城市・茅野市・三鷹市での調査結果を通して，それぞれの地域住民が認識する主観的な地域には共通した傾向は見られなかったものの，具体的な活動を行うための圏域（支え合い活動をする地域の範囲）には町内会・自治会・自治公民館といったより狭域の空間的範囲が支持されていることがわかると述べている。さらに地域住民が捉えている地域圏域と相談窓口や拠点が配置される圏域とは必ずしも一致していないと指摘している。

　A町でも，地域として思い浮かべる地域の範囲が「集落」である割合が高くなっていた。一方で，社会資源は中心部に集中し，専門職もそこに配置されている。前述した愛知県豊田市では，行政がイニシアティブをとり，合併前の旧市町の支所を拠点に行政職員と社会福祉協議会のコミュニティソーシャルワーカーを配置し，総合相談窓口と支え合いの地域づくりを進めている（田中監修 2014）。モデル事業を経て中学校区ごとにある地域包括支援センターや障がい者相談支援事業所などとともにさらに拡充し，行政機関の役割も変化させている。

　A町でも，行政による集落支援が活発化し，集落に直接財源が分配されたため，住民の活動が進んだ側面がある。また行政職員のサポートによる集落ビジョンの策定も進められ，いくつかの集落では集落の歴史と現状を捉えた上で将来のビジョンを策定する集落もあった。ただ，前述したとおり，集落間のばらつきが大きく，また時を経て活動自体の存続が危ぶまれている。

　そのため集落のような住民に身近なエリアを，個人の，またそれぞれの組織等の課題，そして能力を持ち寄れるプラットフォームのような場として設定し，その集落を行政や専門機関が支援することで，地域住民の個別の生活課題や地域課題を解決していくことはできないだろうか。それは一律的な財政支援ではなく，

小地域単位での地域包括ケアシステムの構築を目指すということである。小松（2016）は，「地域のニーズから設計されるその地域独自のサービスの形を表したもの」として"設計図"と表現し，地域の独自の形を受け入れるための"設計図"と，制度を媒介する中間支援機能が必要となると指摘している。

　筆者は現在，科学研究費助成を受け［過疎地域における中間支援機能の解明と「集落」単位の課題解決モデル開発］という研究プロジェクトに取り組んでいる。その中で中間支援機能を「課題が山積する過疎地域における生活課題に対して直接サービス等を提供するのではなく，地域内外の資源を活用しながら課題解決に向けて間接的に提供される支援の総称」と位置づけている。中間支援機能を過疎地域における地域を基盤としたソーシャルワークと置き換え可能なものとして，今後も地道に過疎地域における研究を続けていきたい。

　本章は，中田（2020；2022）を基に新たに分析・考察を加えたものである。

注

(1)　集落類型（基礎集落・基幹集落・中心集落）には明確な定義はないが，主に国土交通省や総務省が用いる類型である。本研究では，総務省地域力創造グループ過疎対策室「過疎地域等における集落の状況に関する現況把握調査」における定義を使用した。A町の集落特性を表す一つの指標としても使用できうるものと考えている。

　　　・基礎集落：地域社会を構成する最も基礎的かつ原単位的な集落のことを指す。概ね世帯数が少なく，中心集落までの距離が大きい集落が多い傾向がある。

　　　・基幹集落：基礎集落の分布の中にあって，住民の日常生活上，集落間の要となって存在している集落を指す。主として谷筋の分岐点や，その他交通上の要所となるような地域に分布する傾向がある。

　　　・中心集落：地域の中心的な集落であり，基礎・基幹集落の上位に位置づけられ，古くから地域の要所となっていた集落であり，役場等の行政機能，事業所等の集積がみられる集落を指す。

(2)　2014年と2019年に実施した集落に対する聞き取り調査については，研究協力者として参加した科学研究費助成研究プロジェクトにおいて，行政によって選定され，承諾を得られた8集落に対して聞き取り調査を実施した。2014年には8集落での聞き取りできたが，2019年は7集落であった。

(3)　2010年の調査「信頼・おつきあい・参加に関するアンケート」は，A町の地域福祉

計画策定に関連して2つの大学とＡ町の共同実施で行われた調査で，Ａ町在住の20歳以上の男女に対して，行政区で層化された2段階の無作為抽出により1,015名を選び配票し，民生児童委員によって回収された。回収率は76％（771票）であった。アンケート調査については，中田知生氏の2011-2014年度科学研究費補助金基盤研究（Ｂ）「地方における住民参加型介入の社会関係資本醸成に及ぼす効果に関する実証的研究」の研究の一部として収集した。

⑷　Ａ町ホームページの［福祉］ページに掲載されているＡ町の福祉の状況による。項目24．三世代同居率（2020年10月1日現在）である。

⑸　2015年の調査「地域活動評価に関するアンケート」には，筆者も研究協力者として参加した2016-2018年度文部科学省科学研究費補助金基盤研究（Ｂ）「過疎地域における住民自治組織の公共サービス提供プロセスに関する研究」（研究代表：中田知生）による調査として，行政区で層化された2段階の無作為抽出により916名を選び配票し，保健衛生連絡員により回収された。回収率は88.9％（814票）であった。

⑹　地理情報データの分析には，ソフトウェアQGIS.3.22.7を使用した。各種データをＡ町47にエリア分けされた情報として取り込み，これまで収集してきたデータを地図上に落としこむ事で，より住民の暮らしにそった分析が行えると考えた。

⑺　2015年以降にＡ町の行政職員らが集落を個別に担当する集落担当者制度が導入され，2017年にＡ町では集落担当者が集落の現状を見聞きし，点数化「集落将来ビジョン策定にかかわる聞き取り点数」をまとめられた。点数化は，高齢者・若者/活動・子ども・防災・環境整備・文化の6つの大項目に分けられ，その中に25項目の小項目が分かれ，44集落の担当者がそれぞれ聞き取りを行い，4点満点で点数をつけている。

⑻　地域包括ケアの変遷についての論考は，二木（2017）や，高橋編（2012）などが挙げられるが，大橋・白澤編（2014）や，野口編集代表（2014）でも多くの知見が得られる。また，中田（2022）でも概念整理を行っている。

⑼　厚生労働省（2018）に「過疎地域における地域包括ケアシステム構築事例」の一つとして美瑛町が取り上げられている（http://www.hit-north.or.jp/houkokusyo/2013tiikihokatsu-shiryo.pdf，2022年6月27日アクセス）。

⑽　2008年度より厚生労働省に設置された地域包括ケア研究会は，2008・2009・2012・2014〜2018年度の計8回の報告書を出している。

⑾　厚生労働省（2020）令和2年度 地域共生社会の実現に向けた市町村における包括的な支援体制の整備に関する全国担当者会議　会議資料：資料7　実践者からの取組の報告（愛知県豊田市）「豊田市における地域共生型社会システムの構築について——包括的な支援体制に向けた歩みと，さらなる1歩」。（https://www.mhlw.go.jp/stf/shingi2/0000114092_00001.html，2022年6月27日アクセス）

参考文献

太田貞司編集代表，太田貞司・森本佳樹編著（2011）『地域包括ケアシステム——その考え方と課題』（地域ケアシステム・シリーズ①）光生館。

大橋謙策・白澤政和編（2014）『地域包括ケアの実践と展望——先進的地域の取り組みから学ぶ』中央法規出版。

加川充浩（2010）「地域包括ケアの推進方法とその構造——困難事例解決と社会福祉協議会の活動の取り組みを通じて」『島根大学社会福祉論集』3，1-25頁。

厚生労働省（2018）「過疎地域における地域包括ケアシステム構築に関する調査研究」（平成25年度 厚生労働省老健事業一般社団法人北海道総合研究調査会〔hit-north.or.jp/report/2014/05/15/795/〕）。

厚生労働省（2020）「令和2年度 地域共生社会の実現に向けた市町村における包括的な支援体制の整備に関する全国担当者会議　会議資料：資料7　実践者からの取組の報告（愛知県豊田市）「豊田市における地域共生型社会システムの構築について——包括的な支援体制に向けた歩みと，さらなる1歩」。

小松理佐子（2016）「過疎地域における地域包括ケアシステム構築の可能性」『日本福祉大学社会福祉論集』134，31-47頁。

高野和良（2018）「地域福祉活動における圏域設定と地域福祉課題への態度——都城市・茅野市・三鷹市住民対象調査結果の比較から」日本地域福祉学会研究プロジェクト『地域共生社会の実現にむけた地域福祉の実践・理論課題』17-26頁。

高橋紘士編（2012）『地域包括ケアシステム』オーム社。

田中滋監修（2014）『地域包括ケアサクセスガイド——地域力を高めて高齢者の在宅生活を支える』MCメディカ出版。

地域包括ケア研究会「地域包括ケア研究会報告書」2008・2009・2012・2014〜2018年度。

中田雅美（2020）「過疎地域におけるソーシャルワークに関する一考察——A町地域データ分析を通して」『北海道地域福祉研究』23，1-15頁。

中田雅美（2022）「地域共生に向けた包括的支援体制」橋本有理子・家高将明・種村理太郎編著『地域福祉と包括的支援体制』（最新・はじめて学ぶ社会福祉⑪）ミネルヴァ書房，82-98頁。

二木立（2017）『地域包括ケアと福祉改革』勁草書房。

二木立（2019）『地域包括ケアと医療・ソーシャルワーク』勁草書房。

野口定久編集代表，ソーシャルワーク事例研究会編（2014）『ソーシャルワーク事例研究の理論と実際——個別援助から地域包括ケアシステムの構築へ』中央法規出版。

（中田雅美）

第Ⅴ部 社会福祉の担い手と専門職性
──いかに役割を発揮するのか

　現代社会は，グローバリゼーション，少子高齢社会，人口減少，過疎，経済活動の低迷が指摘され，血縁，地縁，社縁といったつながりが弱まっている現状にある。こうした中，属性にとらわれず多様性を互いに尊重し合い，誰もが安心して暮らせる地域共生社会が目指されている。今後，地域共生社会の実現を推進するため，特に社会福祉専門職者には，ソーシャルワークの機能を発揮し，分野横断的な課題への対応，必要な社会資源の開発，地域住民の活動支援や関係者との連絡調整などの役割を担うことが期待されている。

　第Ⅴ部は，これからの地域福祉を「つくる」担い手であるソーシャルワーカーのあり方と専門職性について取り扱う。

　かつて阿部は，マイノリティがどのように扱われるかが民主主義の成熟度を表し，マイノリティが尊重される社会こそが福祉社会であるとした（阿部 2008：ⅶ）。どれほど多様性が叫ばれようとも，「どんな人も，地位，財産，性別，人種，国籍にかかわりなく，あくまで〈ひとり〉として認められ，なにものにも侵されない尊厳さを与えられている」（阿部 2008：ⅵ）ということをその根底に据えなければならない。専門職者には，〈ひとり〉の人のLife（生命，生活，人生）に尊厳のある日々の営みを具現化させる役割が求められる。これは，ソーシャルワークの本質と機能について論じたブトゥリムの以下の指摘に通底する。つまり，ソーシャルワークがどのような対象や規模を取り扱おうとも，そこで発揮されるいかなる機能も人間に焦点が合っているかどうかが基準であり，ソーシャルワークの特徴はすべての活動を「人間化」する点に見出されるというものである（Butrym 1976＝1986：183・206）。

　専門職者は，〈ひとり〉の人のLife（生命，生活，人生）に触れることを通して，人々とともに日々の生活を創造し，社会をより良くする担い手でもある。同時に，地域社会にさらなる担い手を増やしていく人づくりをも担っている。さらに，専門職者自身が自らの権利に自覚的であること，専門職者もまた権利の主体者であり，自らの状況を知り，学び，行動する当事者でもある。専門職のありようが，これから出会う〈ひとり〉を尊重することにつながるのだ。

　野口は，地域住民の個別課題を地域社会や地域住民の課題として共有化し，その問題解決に向けて地域福祉政策に展開する方向と，地域住民が協働して取り組む地域福祉実践に展開していく方向の切り分けと統合について言及している（野口 2016：280-281）。この時の地域福祉のよって立つところは，「問題をもっている人を福祉の対象として捉えるのではなく，地域の生活者の一人として理解すること。すべての人を地域の住民として理解する。福祉対象者を地域から排除せず，権利主体である『地域住民の一人』として捉える」（阿部 2008：133）ことにほかならない。この視座は，〈ひとり〉の生活は，ソーシャルワークの支援関係に留まらない多様なつながり，関係を活用して暮らしが営まれていることを専門職者に認めさせ，生活の全体性を捉え，出発点とすることを求めることとなる。

　第19章では，戦後の生活保護制度，民生委員制度のあり方を歴史的に紐解きながら，特に在日朝鮮人が法制度実施の「適正化」を目的とした「改正」によって段階的に「排除」され

ていった過程を明らかにする。さらに，契約制度下における福祉サービスへのアクセスと多文化共生社会に求められる専門職に，〈ひとり〉が生きた歴史や文化を理解しておく必要性を見出している。民生委員は，厳密にいえば，社会福祉専門職者とはいえない。だが，現代社会の地域課題の最前線に立つ実践家といえよう。今なお，民生委員選任の国籍条項は付されたままであっても，外国人福祉委員制度など自治体による先駆的取組みを例に，これからの共生社会に求められる地域に暮らす〈ひとり〉と出会うしくみのあり方を問うている。

第20章では，障害当事者のニーズに基づく社会資源開発と制度改革を例に，障害当事者と協働する専門職者とが実践を通して相互変容する重要性を指摘する。主体的存在である専門職者が体制擁護の抑圧者ではなく，当事者との協働者としてその役割を発揮し，社会変革する種は，〈ひとり〉の日々の暮らしを通したニーズにあるとする。専門職者が無意識の抑圧者となっていないかと自らを問う継続的な省察と当事者との対話による共有，行動が，〈ひとり〉の権利を行使可能なものとするのである。

第21章では，被災者世帯の生活再建を生活困窮者自立支援事業と関わらせつつ，専門職の役割を論じる。社会変動の複数な要素が重なり合う地域に災害が発生すると，予測できない危機的状況を生み出し，生活困窮を招いている現状が各地で生じている。生活困窮者への自立支援の本質的機能は，〈ひとり〉の基本的人権の擁護・支援にあり，専門職としてのコーディネート機能とチームケアの実践が包括的，継続的，個別的になされることである。平時における生活困窮者自立支援の体制整備が，災害時，復興時の生活再建支援に応用可能なものとなり，専門職が生活再建の要となることを明らかにする。

第22章では，これからの専門職には，対人サービスとケアを中心としたケアマネジメント機能や地域福祉を組織することだけが求められるのではない，と提起する。これからの地域福祉は，環境，文化，マイノリティ問題などの地域共通の課題を中心としたニーズ対応型地域福祉サービスや地域住民の生活インフラ開発など，地域開発，社会起業家の視点からの機能が求められていることを指摘する。専門職，中でもソーシャルワーカーは，〈ひとり〉を排除せず，福祉と経済の好循環を図る新しい社会づくりを担い，雇用創出，自立支援などを権利主体である多様な住民の中に位置づけ，共存を可能とするのだ。

〈ひとり〉の生きづらさ，その困難に対する主体的で多種多様な取り組みは，新しいソーシャルワークのあり方を促し，導いている。それは，専門職者自身を問うだけでなく，専門職者が置かれているしくみ，社会構造を問い，新たな創造に誘う可能性を秘めている。第V部の論考を通して，その一端を感じていただけるのではないだろうか。

参考文献

阿部志郎（2008）『福祉の哲学 改訂版』誠信書房。

野口定久（2016）『人口減少時代の地域福祉——グローバリズムとローカリズム』ミネルヴァ書房。

Butrym, Z.T. (1976) *The Nature of Social Work,* The Macmillan Press.（＝1986, 川田誉音訳『ソーシャルワークとは何か——その本質と機能』川島書店。）

（伊藤葉子）

第19章	高齢在日朝鮮人の貧困と排除の背景 にあるもの ——戦後民生委員制度との関係から

1 歴史の中の在日朝鮮人

　戦前から戦中にかけて朝鮮半島から日本に渡ってきた人々がいる。そうした人々の一部は戦後も日本に残り定住した。近年では，そうした人々とその2世・3世あるいは4世は在日コリアンと呼ばれることが多い。しかしながら，終戦後から1965年までは，「朝鮮人」あるいは「在日朝鮮人」と呼ばれることが多かった。本章でも，これら用語の使用については，引用など状況に応じて適宜使用することとする。

　本章では，2000年の介護保険制度施行後に顕在化した在日コリアン高齢者の無年金問題をはじめとする貧困問題や福祉サービスへのアクセスの問題の背景に関連して，戦後日本における外国人（当時は主に在日朝鮮人）がどのような処遇を受けたのか，また当事者はそれに対してどのように闘い，いかに生き抜こうとしたのかを，特に貧困と差別の歴史と関わらせて明らかにしたい。また，在日朝鮮人の戦後の生活問題が，実は現代の在日コリアン高齢者の生活問題に連なっているとともに，その両方において民生委員制度が大きく関わっているといった点についても明らかにしていく。

　生活保護制度に関してはその保護基準をめぐって，あるいは保護の運用・実施要領をめぐって歴史的に議論されてきたといえる（岩永 2011）。それは生存権を最低限保障するという意味で社会保障の最後の砦であるため，制度が保障するべき最低限度の生活がいかに実現されたか／されてこなかったのかが焦点となっているのである。しかしながら，そこでの議論に戦後在日外国人の貧困を中心とする生活問題がどれほど取り上げてこられただろうか。また戦後の生活保護制度において保護の実施に深く関わった民生委員（制度）が，戦後在日外国人の貧困問題や保護適用にどのように関わり，その結果，当事者である在日外国人の生活に

どのような影響を与えたのだろうか。そういった観点からの研究の蓄積はほとんどなされていないといっていいだろう。

　本章では，戦後，特に終戦から1950年代にかけての日本の生活保護制度及び民生委員（制度）の変遷と在日朝鮮人の生活への影響に焦点を当てながら，1990年代以降の在日コリアン高齢者の貧困問題と，2000年以降顕在化した福祉サービス利用からの排除の問題の背景に迫ってみたい。金は，1950年代の生活保護制度の「適正化」「一斉調査」がその後の在日の貧困に大きな影響を与えたことを膨大な一次資料から明らかにした（金 2022）。なぜ高齢になっても生活保護を受け続けなければならなかったのかという問いの答えを求めて，在日コリアン高齢者の青年期・壮年期にさかのぼり，当時の生活保護をはじめとする日本の福祉政策と在日朝鮮人の生活を交差させながら，現在の在日コリアン高齢者の貧困問題の背景を明らかにしている。

　本章では，そうした先行研究を下敷きにしながら，さらに民生委員（制度）が与えた影響についての考察を加える。また，在日コリアン高齢者のもう一つの問題である福祉サービス利用からの排除の問題の背景についても，戦後民生委員制度のしくみが有する問題も関係していることについても指摘する。地域社会の中で，在日朝鮮人の生活を目の当たりにしていたであろう当時の民生委員が，国の生活保護行政への通達との狭間で，在日朝鮮人の貧困問題をどのように考え，活動をしたのかについても確認していく。

　最後に，現行の民生委員制度の問題点を指摘するとともに，在日外国人の生活課題解決のために新たに導入された民生委員制度に代わる外国人福祉委員制度の試みを紹介することで，民生委員制度の可能性についても触れたい。

2　1950年代の在日朝鮮人の生活問題と生活保護制度

（1）終戦直後の在日朝鮮人

　1945年8月15日に日本は連合国側に無条件降伏し，ポツダム宣言を受諾し敗戦したが，一方で，朝鮮は解放され，日本国内にいた在日朝鮮人が祖国への帰還のために下関に押し寄せた。

　二百数十万人いた在日朝鮮人の多くが一斉に帰国したものの，経済的混乱が続

く朝鮮で新たな生活基盤を築くのは困難であり，一部は再び渡航してきた。というのも，GHQ が帰国者の持ち帰り通貨を低位に制限したことや，折からの南朝鮮における政情不安や自然災害による被害などのせいで，帰国者の出足が鈍り始めたからだ。そのような動向は，在日朝鮮人を帰国志向から定住志向へと転換させる要因ともなった（梁 1994：265）。

　1945年から1946年にかけての帰還者はおよそ150万人ともいわれるが，その多くが戦時中に渡日した比較的新しい在日朝鮮人であった。一方，日本に定着していた在日歴の長い者の多くは日本に留まることとなる。そのような中で，本国への帰還を見据え，その生命と財産を守る取り組みや，連行された朝鮮人労働者たちが謝罪・補償を求める争議など，各種団体が全国で次々と結成された。

　1945年10月15日から16日にかけて，在日本朝鮮人連盟（以下，朝連）の結成大会が東京の日比谷公会堂（16日は両国公会堂）にて開かれた。他方，朝連の運動と袂を分けた親日派と保守派の一部は，今日の在日本大韓民国居留民団（民団）の前身となる組織を結成した。1946年10月３日に東京・日比谷公会堂にて，在日本朝鮮居留民団（大韓民国の建国後，在日本大韓民国居留民団と改称）を結成した。しかし，そうした運動は，東西関係の中，GHQ によって在日朝鮮人は占領秩序の重大な阻害要因とみなされた（梁 1994：96）。

　これら運動の背景には，在日朝鮮人の慢性的失業及び貧困の問題がある。日本に残留した朝鮮人は，戦前からの差別的低賃金と低収入から，戦後には雇用そのものの差別へと転換した。つまり，「敗戦による軍需産業の崩壊または停止」や，「解放後の在日朝鮮人の立場上の変化と朝鮮への引き上げ」を背景としつつ，「軍人および一般日本人の引き上げによる産業人口の急増」により，多数の失業者が生まれた（金 2022：26）。戦前には朝鮮人にも就業の余地があった都市下層労働にまで日本人が殺到し，朝鮮人は締め出されたのである。朝鮮人は闇市によって生計を維持しようとしたが，治安取り締まりによってそれも困難になっていった。ここに朝鮮人失業者全般にわたって，生活保護の問題が提起される所以がある（朴 1957：148）。

（2）生活保護法の改正と「国民」規定の導入
　戦後の占領下においては，GHQ の意向とそれに応える日本政府の計画，提案

から成り立っていた。1945年12月8日のGHQによる指令「救済ならびに福祉計画に関する件（覚書）」と，それに続く1946年2月27日の「社会救済」（SCAPIN775覚書）は日本の公的扶助に大きな影響を与えた。「SCAPIN775覚書」では，①差別的または優先的に取り扱うことなく平等に困窮者に対して適当な食糧，衣料，住宅並びに医療措置を与えることや，②財政的援助と実施の責任体制を確立することと，③困窮防止に必要な総額に制限を設けないことが要求され，「無差別平等の原則」や「国家責任の原則」が示された。それを受けて，日本政府は1946年9月9日に旧生活保護法を制定した。

　旧生活保護法においては，GHQの方針によって在日朝鮮人は日本人であるとみなされていたため，保護の適用は，権利性は認められないものの「内外人平等の原則」により日本人同様であるという建前は堅持していた（小山 1975）。

　一方，1946年2月13日のマッカーサー憲法草案では第16条に「外国人は，法の平等な保護を受ける」と明記されていたものが，日本政府と占領当局とのあいだでの交渉過程で脱落していく。最初の段階では，外国人保護を謳った独立の条項が削除されたが，まだ「すべての自然人は，その日本国民であると否とを問わず，法律の下に平等にして，人種，信条，性別，社会上の身分もしくは門閥または国籍により，政治上，経済上，または社会上の関係において，差別せらるることなし」として，当初の趣旨が活かされていた。しかし，次の段階になって，「日本国民であると否とを問わず」が消え，さらには「国籍」が「門地」に変わり，最終段階では「すべての自然人は」が「すべて国民は」となり，外国人の平等保護・権利保障という観点は消えてしまうことになった。外国人の権利保障は「未完の戦後改革」（田中 1995：1-252）に終わってしまったのである。

　1947年5月に日本国憲法が施行されると，第25条の，「すべて国民は，健康で文化的な最低限度の生活を営む権利を有する」という文言により，旧生活保護法における国民の権利の不確定さが問題とされた。このことにより，1950年，旧生活保護法が改正されることになる。新たな生活保護法では，旧法ではなかった外国人排除規定が，文言として含まれている。例えば「国民に対し（第1条）」「すべて国民は（第2条）」という表現である。

　1946年の旧生活保護法においては，その目的を「生活保護を要する状態にある者の生活を，国が差別的又は優先的な扱いをなすことなく平等に保護して，社会

の福祉を増進すること」（第1条）とした無差別平等の原則に立っていた。しかし，旧生活保護法に社会保障としての側面を充実させ，「最低生活の保障」つまり欠格事項の削除や，「保護の権利性」つまり不服申立制度の整備が加えられた1950年の改正生活保護法では，第1条において「この法律は，日本国憲法第25条に規定する理念に基き，国が生活に困窮するすべての国民に対し，その困窮の程度に応じ，必要な保護を行い，その最低限度の生活を保障するとともに，その自立を助長することを目的とする」として，憲法第25条の条文に沿って適用主体が国民に限定された。

そこで，旧生活保護法の下で生活保護を受けていた「生活に困窮する外国人」については，厚生省は通達によって，日本国に居住する朝鮮人及び台湾人であって，日本国籍離脱の事実のない者は，「さしあたり日本人として法律の適用を行う」（厚生省 1950a）としたが，さらに通達により「その困窮の状態が急迫深刻である場合」，「当分の間，本法の規定を準用して差し支えない」とされ，外国人への準用については，「一般国民に認められた保護を受ける権利ではなく，あたかも旧法におけるごとき反射的利益に止まる」ものとされた（厚生省 1950b）。

ところが，1951年のサンフランシスコ講和条約の発効により日本が主権を回復すると，日本政府に国家負担で貧困救済を義務づけていた先の775覚書が失効し，日本政府が「生活に困窮する外国人」の救済を義務として担う必要が建前上は無くなることとなった。日本政府は通知によって，「生活保護は憲法第25条の規定との関係上，対象を日本国民に限定しているため，保護を受けることはできないが，治安上の問題あるいは外国との関係への配慮から，生活保護を準用する」と「準用」の方針を改めて確認する旨の指示を出した（厚生省 1954）。

こうして終戦から1950年代前半にかけて，日本は憲法及び生活保護法の制定・改正において，「日本国民の権利」という側面を強調しながら，在日朝鮮人を段階的に排除していった。それは主に，①1950年の生活保護法改正に「国民」規定を差し入れたことと，②1952年のサンフランシスコ講和条約発効にともなう日本国籍「喪失」を契機に在日朝鮮人を生活保護受給の適用対象から外し，恩恵としての行政措置として，当面の間の「準用」という位置づけを与えたことを指している。

3　保護獲得闘争と民生委員制度

（1）保護獲得闘争と民生委員委任からの排除

　前述したように，終戦後の在日朝鮮人は慢性的な失業状況にあった。その上，1947年には濁酒の製造・販売に対する朝鮮人集住地の一斉摘発も行われた。朝連は闇市での取引や濁酒の製造・販売による取り締まり強化の中で，技術を習得し職場を獲得することで失業問題を解決しようとした。

　同時に，朝連は生活保護の適用による困窮者扶助の獲得のための活動を展開した。1948年6月に開催された「朝連全国経済・社会部長会議」では今後の活動方針として「生活保護法の活用」を挙げ（『解放新聞』1948年6月25日付），その一環として，生活保護の実務を担う民生委員に朝鮮人が就けるように要求する活動も展開された。

　大会では，「生活保護法は，日政の責任で全人民の最低生活を保障するという趣旨で制定されたものであり，民族的差別はなく平等であるという規定がある」にもかかわらず，「さまざまな口実をつけて民族的差別をなし，私たちの法令活用をさまざまな面から積極的に妨害している。民生委員参加拒否などは不履行のよい例である」（在日本朝鮮人連盟中央委員会第五回全体大会準備委員会編 1948）として，朝鮮人の民生委員への就任が阻まれている状況の指摘がなされている。

　旧生活保護法においては，救済の義務は市町村にありながら，補助機関（実践機関）としては民生委員が指定された。在日朝鮮人の救済活動は，結局，戦前の方面委員制度を継承した民生委員制度によって担われることになった（許 2010：157）。つまり，保護の適用とその基準は民生委員の手にゆだねられるという性格を有していたため，生活保護獲得闘争は，おのずと民生委員（制度）への働きかけという形をとることとなった。

　朝連は，保護の適用要求においては民生委員協議会への積極的参加・協力を活動の柱の一つに位置付けた。もちろん生活保護の受給だけではなく，救済施設の建設や職場の獲得・仕事の斡旋なども同時に実施した（金 2022：49）。

　しかし民生委員制度は，その構成員においても排除的な措置が取られた。1948年7月29日に「民生委員令」は廃止され，「民生委員法」が制定・公布された。

その第6条では民生委員の資格要件が追加され，その被推薦者の資格は「市町村議会委員選挙権を有する者」とされた。これは1945年12月に改定された衆議院議員選挙法付則をはじめ，参議院選挙法付則，地方自治法付則において，朝鮮人の選挙権は「当分の間」停止するという措置が取られていたことから，いつ取りざたされるかもわからぬ在日朝鮮人など旧植民地出身者たちの民生委員推戴の問題を，事前に封鎖するための措置（許 2010：159）であると考えられる。

さらに，1949年9月に団体等規正令による解散指定を受けて朝連は強制解散された。そのことにより，1950年代に入ると民族団体による生活安定への模索が破壊され，生活保護以外の救済手段が失われた結果，朝鮮人生活保護受給者の急増を招く結果となった（金 2022：49）。

（2）保護実施における民生委員の位置づけの変化

前述した通り，旧生活保護法では，国家責任による保護の実施が明記されていたが，保護の請求権の規定はなく，不服申し立てはできないとの解釈がなされた。保護の実施機関は保護を受ける者の居住地の市町村長であり，第5条において，民生委員は保護事務に関して市町村長を補助する役割が規定されていた。

GHQ は全国機関の設置を要求したが，厚生省は戦前から救貧事業に経験をもつ方面委員を民生委員と改称した上で補助機関として位置づけ，数を増員しつつ生活保護の実務を担わせた（副田 1995：20）。

戦前の朝鮮人の多くが，貧困層にありながら，「生活程度の低さ」を理由にした「二重基準」により要保護・要救護対象から排除され，その困窮の原因は「内地への遅れ」にあるとして，救済よりも生活改善が重視された。金はこうした戦前の救済実務にあたっていた元方面委員が生活保護の実務を担っても，在日朝鮮人にとって十全なものになる可能性は低かったと指摘している（金 2022：90）。

前述したように，1949年の朝連の強制解散まで展開されていた民族団体や当事者による保護の適用請求運動は，このような戦前からの性格を引き継いだ民生委員制度や民生委員への働きかけという形を取ることでしか展開できなかったといえる。

しかしながら，GHQ からの現業員の交替要請を受け，生活保護の実務を担っていた民生委員から社会福祉主事にとって代わることとなった。そこで，それま

で確固たる地位を占めていた民生委員からその実権を移動させるために，民生委員がそれまで行っていた個別的処遇を否定し，「真の」ケースワークを行う社会福祉主事の必要性を強調することで，現業員の交替の理由とした（三和 1999：76）。続いて1951年の社会事業法の施行により，生活保護法の実務を担う福祉事務所が設置され，専門職として社会福祉主事が都道府県知事や市町村長の事務執行を補助することとされ，民生委員はそれまでの補助から協力者へと位置づけが変わることとなった。その後，公的扶助における処遇は自立助長のための指導としてのケースワークが強調されていくが，それは適正化政策の時期に当たる。この時期の自立助長は生活保護の廃止ということであって，生活保護を廃止するための指導がケースワークの内容となる傾向（三和 1999：91）が強かったことから，ケースワークの強調による民生委員から社会福祉主事への交替は「適正化」への布石となったといえる。

4　保護の「適正化」にかかる民生委員

（1）被保護者数の急増

　朝連の強制解散については，国会でも「救済組織が無くなることで朝鮮人の生活困難者が増加することへの配慮が必要」との質疑がなされるなど，解散には疑問の声もあがった（『解放新聞』1949年9月19日付）。

　一方，地方行政のレベルでは，例えば京都府民生部長から総理大臣官房総務課長宛に「生活困窮者の動きについて」と題された文書の中で，復員者，朝連等解散に伴う失職者，朝鮮人一般生活困窮者等による一連の強硬申し入れの記録がなされている。金は，主に子連れの婦女子の「病気でやっていけぬ」「この子は今朝から何も食べていない」等の陳情に対して，「民生委員か民生委員事務所に申し出る指示」をするも，「行ってもだめだ」「我々には何もしてくれぬ」との声もあることから，民生委員から府庁へ，さらに府庁から民生委員へとたらいまわしにされた可能性を指摘している。このように国会では在日朝鮮人の生活保護適用は許容されたものの，地方行政レベルでは陳情しても，保護の受給に至らなかったことも推測される（金 2022：64）。

　1950年に勃発した朝鮮戦争下では，在日朝鮮人の生活問題に政治意識が交錯す

る複雑な様相を呈していく。日本の治安当局は社会運動，特に失業闘争への警戒を強めた。そして1950年11月24日には神戸市で小中学生含む朝鮮人900人が生活苦を訴え区役所に陳情したところ26名が逮捕され，1950年12月1日には大津市で朝鮮人と日本人300名が越冬資金を要求し逮捕者が出るなど，1950年の年末に大阪・神戸・京都・名古屋・滋賀などで騒擾事件が起こった。それを契機に，朝鮮人被保護の実態把握が進められることとなった。

　1950年代前半当時，在日朝鮮人の生活保護受給者は急増した。厚生省は，全保護者中に占める在日朝鮮人の割合が1951年8月には2.93％であったものが，1955年12月には7.24％と増加しているとして，同時期の日本人も含めた全体の保護率が2.42％から2.15％と減少していることと比較して，「この増加傾向が続けば在日朝鮮人が生活保護においては一割近くを占めることもそう遠くないと思われた」とした。同時に，福祉事務所への陳情や民生委員への脅迫などの報告件数を掲載しながら，「福祉事務所は…（中略）…集団の圧力に屈して保護すべき者でもないものに対し保護を適用したことは誠に残念なこと」としている。ここからは，厚生省では，在日朝鮮人の保護率の高さを福祉事務所における陳情や脅迫の件数に結び付けた認識がなされていたことがわかる（厚生省社会局保護課 1956）。

　また，在日朝鮮人の保護率が高い原因を，「生活状態が低く貧困者が比較的多いことと，他方，生活保護にあたって地区担当員が朝鮮人の生活習慣，言語等が一般国民と異なるため実態を把握することが困難であることに加えて，故意に実情調査を困難にさせ，あるいは集団的圧力に訴える等のことによって適正な実施が妨げられている」としている（厚生問題研究会 1956）。

　この在日朝鮮人の保護率の高さの要因の一つとされた福祉事務所や民生委員への陳情・脅迫などは，その後の在日外国人への生活保護の「適正化」実施の際の根拠として利用されることとなる。

（2）生活保護の「適正化」と在日朝鮮人

　1951年9月にサンフランシスコ講和条約への調印により，連合軍による支配が終わりを迎えた。そのことで日本は独自の予算編成が可能になった。そして1953年末の1954年度予算編成の際に，緊縮予算の中で，社会保障関係予算の引き締めが行われた。厚生省は物価上昇にもかかわらず生活扶助基準を据え置くなどの措

置を強行した。そうした対応がまかり通った要因としては，世論が被保護階層の状態に対して同情的ではなかったことや，それをジャーナリズムが再三とりあげて国民がひろく知ることとなったこと，さらには大蔵省，行政管理庁なども独自の調査で濫救の事実を告発し厚生省にその適正化をせまったこと（副田 1995：65）がある。

　そうした背景から，まず1954年に厚生省は結核患者や精神障害者の退院促進を図る医療扶助の適正化を行った。それに対して日本患者同盟は各地ではげしい反対運動を展開した。

　適正化を進める中で，厚生省社会局は1954年5月8日に在日外国人の生活保護に関する取り扱い方針として，「生活に困窮する外国人に対する生活保護の措置について」（厚生省社会局長発第382号通知，以下，社発第382号通知）を通達し，「生活保護法第1条により，外国人は法の適用対象とならないのであるが，当分の間，生活に困窮する外国人に対しては一般国民に対する生活保護の決定実施の取扱に準じて」保護を行うこととした。このことは，朝鮮人および台湾人を一般の外国人と同様に扱うということを意味し，1950年の生活保護法改正時に「準用」とは異なり，それまで認められていた保護を受ける権利がはく奪されたことを意味する。

　そして在日朝鮮人の高い保護率に対し，1956年になるとマス・メディアの一部による在日朝鮮人の濫救報道による批判が主要なきっかけとなり，厚生省は在日朝鮮人の保護の適正化対策に踏み切った。適正化対策にあたって，「朝鮮征伐にゆく」というような気分が一部行政側職員にあったとして，そうした高い士気は差別意識や報復意識に支えられていたとされる（副田 1995：69-71）。また，福祉事務所の中での「朝鮮人は一段落した。さあ，次は日本人の番だ」という言葉が聞かれたという。日本人の生活保護引き締めのためにもまず民族差別利用し，朝鮮人の保護引き締めが行われた（小川 1989：100）。

　一方で，副田は生活保護担当職員たちの言葉を紹介しながら，在日朝鮮人の（法のみによって判断すれば）不法な集団交渉や不正受給とみなされる行為には，長年にわたる不当な差別や劣悪な労働条件での就労といった差別や迫害に対する補償の一部として生活保護の受給をみなしているという在日朝鮮人の心情を推察している（副田 1995：71-72）。つまり，在日朝鮮人の生活史を含む歴史的文脈中では「保護をうけること」が「当然の権利」であるとかれら自身には感じられたと

思われる。

（3）「適正化」と民生委員

　保護の「適正化」実施の際，在日朝鮮人の保護率の高さの原因の一つとされた福祉事務所や民生委員への陳情や集団的圧力が焦点化されていくこととなる。

　厚生省は通達によって，京都府・静岡県・滋賀県及び岐阜県の事例報告を挙げながら，「外国人の保護の実施及び区担当民生委員等と外国人との関係について，特別の事情が生じた場合には，いかなるものにせよその事例の概要を具体的に当局に報告せられたい」さらには「外国人に対する保護の実施については，警察庁においても特に留意しているので各地における外国人の保護状況及び集団的行動等にかかわる実施機関と治安当局との連絡関係について充分注意を払い，現在の状況を再検討し，一段とその関係を密にせられたい」と指示した（厚生省社会局保護課長 1954）。

　例えば，京都の事例においては，「生活状況が把握できないため保護を停止する」としたところ，当該地区担当の民生委員に当事者が抗議し，口論となった末に頬を殴ったという事件であった。事件を受け，京都市民生児童委員連盟からは，こうした事件が起こる原因は「何等法的根拠のない外国人に対して生活保護法を準用するという現行制度にある」として，朝鮮人等の保護については生活保護法とは別の措置が国の責任においてなされる必要があるとの陳情がされている（厚生省社会局保護課長 1954）。

　このように当事者と民生委員との個々のやり取りや，地方の民生委員連盟等の組織からは，在日朝鮮人が置かれている生活の現状に鑑みて何らかの措置の必要性が指摘されることはあったにせよ，厚生省では方針に沿わない事例の収集を行い，保護の「適正化」実施を地方行政に指示することで，在日朝鮮人の生活保護受給の抑制あるいは保護の廃止へと方向づけられることとなった。

　厚生省は，さらに1955年には全国の在日朝鮮人の被保護世帯を対象とした一斉調査を実施した。調査は京都を皮切りに大阪，東京，三重，岡山など被保護人員の多い地域で実施されている。こうした調査は一斉調査として全国で実施されていくこととなった。調査では「非協力」と「消極的な協力」の詳細な判定基準を設け，「協力が得られないときは，困窮の事実が判明するまでは保護の決定を行

うべきではない」とし、「現に保護を行っている者についても同様な場合は調査が完了するまでは保護の停止を行うべき」とされた（小川 1964：254-255）。なお、調査を拒みまたは妨げる場合は保護を廃止しても差し支えない、また外国人登録証明書を呈示しない場合は保護すべきでない、さらには無報酬の外国人学校の教職員または団体職員は他の職に就くよう指導・指示し、従わない場合には保護の停止・廃止を行うべきであるとも指示した（厚生省社会局長 1956）。

　例えば、福祉のワーカーと私服警官が家庭を監査し、「タタミがきれいすぎる」「時計、ラジオ、家具がある」「ふとんは何組あるか」など調べあげられたり（生活を守る会 1956a）、子どもたちと3人暮らしの61歳の女性に対して、「4畳半と3畳の二間があるんだから3畳をかせば2千円位になるだろう」として2,000円減額されたり、「ミシンがある」といって4,000円の扶助を2,000円に減額される（生活を守る会 1956b）など厳しいものであった。

（4）「適正化」及び一斉調査が与えた影響

　全国一斉調査は、その後も1956年9月に第二次、1957年9月に第三次と実施された。これら調査により、第一次調査前に3万205世帯、13万5,278人だった朝鮮人被保護者は、第三次調査後には1万8,934世帯、8万178人となった。結果的に、約1万1,000世帯、5万5,000人が生活保護を打ち切られ、実に全休の4割まで削減されたことがわかる（金 2022：216）。

　朴は、強行された生活保護の削減により、生活保護が朝鮮人の窮乏に対する救援手段とはなりえなくなったとして、「在日朝鮮人の生活の将来は窮乏化のみならず窮乏化の極みとしての生活不能にある」と極限状況を指摘した（朴 1957）。

　また金は、厚生省が進めた生活保護制度の「適正化」では、それにそぐわない事例を収集しながら実施されたとし、このことが在日朝鮮人の「不正受給」というイメージを社会に拡散した側面を指摘している（金 2022：331）。

　このようにして、在日朝鮮人に対する生活保護制度の「適正化」は、被保護者数の減少をともなって在日朝鮮人のさらなる窮乏化を招くことになった。同時に、「適正化」のプロセスにおいて、福祉事務所や民生委員への陳情や働きかけ、あるいは集団的圧力の中でも極端な事例の収集が公的になされ、また一斉調査においては警察が動員されたことなどは、在日朝鮮人の生活保護受給に関するネガ

ティブなイメージが社会に印象づけられることにつながる側面を有していたといえよう。

　民生委員制度も，地区レベルの委員会あるいは個々の民生委員においては，困窮する在日朝鮮人の生活実態を鑑みて，生活保護制度と齟齬をきたしている状況に対して国に陳情を行う例も存在したが，結果的には民生委員への暴力行為の防止などを口実に保護の適正化あるいは朝鮮人被保護世帯への調査が実施されることとなり，民生委員制度は在日朝鮮人の生活保護適正化に利用されたといえる。

5　高齢在日朝鮮人の貧困と福祉サービス利用の背景
　　──民生委員制度のあり方をめぐって

（1）高齢在日朝鮮人の無年金問題の背景

　1980年代には戦後を生き抜いてきた在日朝鮮人の高齢化に伴う生活問題が浮上した。特に，国籍条項による国民年金からの排除という無年金問題は，老年期の在日朝鮮人にとって深刻な生活問題となった。

　在日高齢者無年金問題は，1981年の難民条約の批准に伴って，1982年に国民年金法から国籍条項が撤廃されたことにさかのぼる。国籍条項撤廃により，日本に住む外国人も国民年金へ加入することになったのだが，その時点で60歳以上の者は年齢要件を満たさず，加入実績もないため国民年金は受給できず，老齢福祉年金の対象ともならなかった。また，その時点で35歳以上で60歳未満の者は年金を受給するために必要な25年の資格期間を満たさないとして，加入したとしても受給資格がない（つまり保険料は掛け捨て）ため，事実上，国民年金から排除されることとなった。

　こうした人々は生活保護に頼らざるを得ない。高齢在日朝鮮人の生活保護受給者は，①事業の失敗，借金，高齢，病気で全てを失い，②戦前からの雑業的就業の連続のまま，③日雇労働を継続し，④従業上の地位も低いまま，⑤配偶者にも恵まれず女手で働き続けることになった高齢者という特徴を持つという（庄谷・中山 1997：290）。そのため，生活上の抵抗力が弱く，かつ社会経済的な援助，事業の助成策が少なく，社会保障的施策が届かず，ほぼ70歳で保護を受けるまでに自立能力・社会的資源を使い果たしているため貯えがなく自立困難で，受給期間が長期化するというのである。このことは，戦後からの生活保護及び年金制度か

らの排除が，1980年代以降の高齢在日朝鮮人の貧困及び，生活保護に頼らざるを
えない生活につながっていることを意味する。

（2）福祉サービスへのアクセスの問題にみる民生委員制度の課題

　もう一つの課題として，在日コリアン高齢者が既存の福祉サービスの利用につ
ながりにくいという，福祉サービスへのアクセスの問題がある。

　アクセスの問題の背景には，一つには制度の存在を知らない，利用の方法がわ
からないといった問題がある。例えば，地域における様々な情報は回覧板という
形で回ってくることも少なくないが，識字の問題等からそうした文字による情報
は得にくい。また行政の窓口や病院で書類に名前が書けないことで恥をかきたく
ない，あるいは行政への信頼感がないことから役所へ行きたがらないといった傾
向もある。さらには，高齢化にともない，耳で覚えた日本語は忘れていくことも
多い中で，日本国籍の民生委員との日本語でのコミュニケーションがとりづらい
ということも起こる（竹中 2013）。

　こうした問題から見えてくるのは，高齢在日朝鮮人に対する差別の歴史あるい
は制度からの排除の歴史が，結果として高齢在日朝鮮人の存在や実情を不可視化
させ，ニーズが潜在化してしまうという側面があるということである。それら問
題に敏感に反応したのは在日2世らであった。2世らは，介護保険制度が開始さ
れてから，高齢在日朝鮮人らが地域社会で孤立し福祉サービス利用に結び付いて
いない状況に気づいた。そしてそうした高齢者を対象としたデイサービス等の事
業を NPO 等で展開してきた。事業の内容は，故郷の味付けによる食事の提供や，
高齢在日朝鮮人らになじみのある遊びや歌などのレクリエーションなどとともに，
識字の問題を抱えている高齢者に向けた文字によらない情報提供などが挙げられ
る。

　例えば，京都市では NPO が中心となり，各団体のネットワーク化や情報提供
活動が展開されている。活動内容は，①電話での相談受付や情報提供，②外国人
福祉委員の養成と在日外国人の高齢者・障害者家庭の訪問，③行政や福祉専門職
を対象とした講座を開設し啓発するという3つの柱から成っている。①は，文字
によらない情報提供であり，②は日本国籍住民しかなることができない民生委員
制度や，民生委員が推薦する福祉委員制度では，在日外国人に対応できないとの

考えから始められたものである。③は，在日朝鮮人や在日外国人の意見を反映させるために，既存の制度政策にいかに参加していくかという発想ではなく，自らの土俵に行政担当者や福祉専門職を呼び込んで啓蒙するという逆の発想によるものである。

特に，②の外国人福祉委員の養成は，高齢あるいは障害のある在日朝鮮人のみならず，中国帰国者など，その他の外国籍住民，あるいは異なる文化を有する人々への支援にも対象が拡大している。このことからわかるのは，民生委員制度が選挙人名簿から選出される，つまり日本国籍者に限定される現行制度のしくみが実態にそぐわないということである。こういった問題に対して，大阪市生野区では，社会福祉協議会が地域福祉活動計画（アクションプラン）作成のための作業部会（外国人部会）から，外国人の福祉課題に対応する民生委員養成の特区申請をするという試みもなされたが，国によって却下されているのが現状である。

いずれにせよ，いくつかの自治体あるいは社会福祉協議会において，民生委員制度がもつ限界を乗り越えようとする取り組みがなされている。これらの取り組みを詳細に分析する中から，現行の民生委員制度の問題点と見直しの必要性が見えてくるであろう。

6　在日朝鮮人の記憶と展望

本章では，戦後，特に終戦から1950年代にかけての日本の生活保護制度と，そこでの民生委員制度の変遷と在日朝鮮人の生活への影響に焦点を当てながら，1990年代以降の高齢在日朝鮮人の貧困問題の背景を明らかにした。同時に，2000年の介護保険制度施行後に顕在化した高齢在日朝鮮人の福祉サービス利用からの排除の問題の背景についても，戦後日本の外国人福祉政策及び民生委員制度の変遷との関係から明らかにした。

戦後日本に残留した朝鮮人は，戦前からの差別的低賃金から戦後には雇用そのものからの排除により慢性的な失業状態にあった。しかしながら生命線ともいえる生活保護制度は，「国民」規定の導入や「当面の間の準用」という位置づけで在日朝鮮人を段階的に排除していった。さらに，在日朝鮮人らからの民生委員就任の主張があったにもかかわらず，民生委員法にて「民生委員の構成員を選挙権

を有する者」とするなど新たな項目を追加し，排除的な措置がとられた。

　1953年からはじまる「適正化」の時期には，在日朝鮮人の保護率の高さの要因の一つとされた福祉事務所や民生委員への陳情・脅迫事例が収集され，「適正化」実施の根拠とされた。国の政策と在日朝鮮人の当事者との狭間にあった民生委員は，個々人あるいは地方の民生委員連盟等の組織レベルでは，生活保護制度における在日朝鮮人の処遇に対して一部同情的な見解も見られたものの，総体としては結果的に国の保護の「適正化」に利用されたといえる。

　また，「適正化」を進めるにあたって，生活保護の地区担当員が朝鮮人の生活習慣や言語等の違いにより生活実態を把握することが難しいという認識を示していたにもかかわらず，逆にそのことをもって保護廃止・停止の根拠として利用されたという事実についても確認しておく必要がある。多文化共生社会が，異なる文化や言語が尊重される社会であるとするならば，こうした歴史を忘れてはならないだろう。

　また，民生委員制度における国籍条項の壁は，1990年代以降の高齢化した在日朝鮮人の生活問題に少なからず影響を与えたといえる。1950年代からの生活保護制度からの段階的締め出しは，在日朝鮮人の貧困を招き，長期にわたる貧困により自立への余力を奪われた高齢在日朝鮮人は，無年金問題もあいまって，高齢期になって生活保護受給による生活を営むことを余儀なくされた。

　また，福祉サービスからの排除（福祉サービスへのアクセスの問題）についても，言葉の壁や文化・歴史への理解の点などから，民生委員制度の持つ国籍条項の問題が少なからず影響を与えていることも明らかになった。この点については，自治体NPOらの協働によって，外国人福祉委員などの取り組みも見られる。その取り組みによって，現行の民生委員制度の問題点や見直しの必要性が明らかとなっている。

　多文化共生社会に向けた地域福祉推進の最前線で住民と向き合い活動するはずの民生委員（制度）は，こうした戦後外国人に向けた福祉政策の中での位置づけや，外国人高齢者をめぐる現代的課題の中から，見直されていくべき課題を有している。

参考文献

岩永理恵（2011）『生活保護は最低生活をどう構想したか――保護基準と実施要領の歴史分析』ミネルヴァ書房。

小川政亮（1964）『家族・国籍・社会保障』勁草書房。

小川政亮（1989）『社会保障権――歩みと現代的意義』自治体研究社。

『解放新聞』1948年6月25日付。

『解放新聞』1949年9月19日付。

許光茂（2010）「戦後日本における公的扶助体制の再編と在日朝鮮人――『生活保護法―民生委員』体制の成立を中心に」金廣烈・朴普雨・伊明淑・任城模・許光茂『帝国日本の再編と二つの「在日」――戦前・戦後における在日朝鮮人と沖縄人』明石書店。

金耿昊（2022）『積み重なる差別と貧困』法政大学出版局。

厚生省（1950a）「生活保護法の施行に関する件」の3（厚生省社会局長発第46号通知1950年5月20日）。

厚生省（1950b）「生活保護法における外国人の取扱に関する件」の1および2（厚生省社会局長発第92号通知1950年6月28日）。

厚生省（1954）「生活に困窮する外国人に対する生活保護の措置について」4-7（厚生省社会局長発第382号通知1954年5月8日）。

厚生省社会局長（1956）「外国人に対する生活保護の適正実施に関する疑義について」社発第73号通知, 1956年2月4日。

厚生省社会局保護課（1956）「在日朝鮮人の生活保護について」『厚生の指標』3(10)。

厚生省社会局保護課長（1954）「生活に困窮する外国人に対する保護について」保第157号, 1954年10月23日。

厚生問題研究会（1956）「在日朝鮮人の生活保護について」『厚生広報』8(12), 2-5頁。

小山進次郎（1975）『生活保護法の解釈と運用 改訂増補版』全国社会福祉協議会。

在日本朝鮮人連盟中央委員会第五回全体大会準備委員会編（1948）『朝連第5回全体大会提出活動報告書』（朴慶植編『在日朝鮮人関係資料集成　戦後編　第1巻』不二出版　2000年, 361頁）。

庄谷玲子・中山徹（1997）『高齢在日韓国・朝鮮人』御茶の水書房。

生活を守る会（1956a）『生活通信』第57号, 3月11日, 9。

生活を守る会（1956b）『生活通信』第65号, 6月1日, 13-17。

副田義也（1995）『生活保護制度の社会史』東京大学出版会。

竹中理香（2013）「民族的マイノリティの生活支援における福祉NPOの果たす役割に関する研究――在日コリアン高齢者の『権利』と『参加』をめぐって」日本福祉大学大学院社会福祉学研究科 博士学院申請論文 甲49。

田中宏（1995）『新版　在日外国人』岩波書店。

朴在一（1957）『在日朝鮮人に関する綜合調査研究』新紀元社。

三和治（1999）『生活保護制度の研究』学文社。

梁永厚（1994）『戦後・大阪の朝鮮人運動』未來社。

（竹中理香）

第20章	障害当事者主体とソーシャルワーク ——省察的実践と協働の社会資源開発

1 障害とソーシャルワーク

（1）障害の個人モデルと社会モデル

1）障害の個人モデルとソーシャルワーク

「障害者の権利に関する条約（障害者権利条約）」は2006年に国連で採択され，日本は2014年に批准し，2022年に国連の障害者権利委員会による審査を受け，同年9月に総括所見を得た。同条約に通底する「障害は個人にあるのではなく社会の側が生み出している」という障害の社会モデルの考え方は，今では国内でも広く受け入れられるようになってきている。

とはいえ，多くのソーシャルワーカーは，障害者に直接的に関わることを通して機能の回復，維持，向上に努め，本人に障害の理解を働きかけた上で，さらに社会との接点を広げる実践を重視する傾向にある[1]。こうした個人に働きかける実践は否定されるものではないが，ソーシャルワーカーの主たる業務として展開されてしまうと，結果として多数派が形成する社会環境に個人を適応させ，その環境との相互関係における生きづらさに折り合いをつけるようにしてしまうことがある。うまく適応できない場合，障害者は自らの力不足を認識させられるか，仕方がないと諦めてしまうことも少なくない。その要因には，ソーシャルワーカーの業務範囲が，委託業務や補助事業を中心とした法人運営にならざるを得ないという構造的な問題もあるだろう。さらに，法人運営は法制度に規定され，こうした法制度や法人組織のあり方もまた，個人モデルに基づく世間のまなざしの影響を受けている。野口は，ソーシャルワーカーが「利用者に対して陥りやすい『専門職支配』から解き放たれる反面，利用者の参加やエンパワメントをいかに確保するかが重要な課題」となることを指摘している（野口 2016：225）。

ソーシャルワーカーは，こうした障害者を無力化するような法制度，人々の考

え方や行動様式などといった社会環境に働きかけることを優先業務として率先して実践してきたとは言いきれない。むしろ，こうした社会変革と社会資源開発は，患者団体，障害当事者団体や親の会の一部，及びその支援に携わる専門家によってなされる傾向にあったといえるだろう。

2）当事者こそが専門家であるという主張とソーシャルワーカーとの協働

　ソーシャルワーカーが堅持するべき価値や態度原則には，「利用者・当事者中心」「（当事者の）自己決定」が挙げられる。この価値は，ブトゥリムも言うように，「他のすべての価値がひきだされる，中心的な道徳的価値」である「人間尊重」と深く結びついている（Butrym 1976＝1986：60）。本人の意思表明，選択や決定に困難が伴う場合は，ソーシャルワーカーなどの専門職による代弁機能が期待される。だが，当事者中心といわれながら，当事者の声は時にかき消されてしまうことがある。特にソーシャルワーカーの行為や法人の方針に対する当事者からの異論は，聞き入れられないことがある。その背後には，当事者からの声や異論により，ソーシャルワーカーの経験に基づく認識枠組み（以下，フレーム）が問われ，ソーシャルワーカーが自らの専門職性を保持し発揮しようとするがために，揺さぶられることへの意識／無意識の抵抗があったりする。ショーンは，対人援助職の中に，その援助に抵抗する相手を排除し，その犠牲のもとに実践者が自身の「熟達者としての感覚を維持することがある」と指摘する（Schön 1983＝2007：45）。この指摘は，ソーシャルワーカー自身が保持するフレームを守り，自らの支援の限界を意識しない事態を招いてはいないかと問いかけている。

　障害者運動は，こうした専門職に対する異議申立てとして展開された側面もある。日本の自立生活運動を牽引してきた一人である中西は，当事者が自分で決めることは主観的であるという批判に対し，むしろ，専門職の客観的な判断に対し異議を唱える（中西・上野 2003）。それは，「専門家よりも当事者が，自分自身のことをいちばんよく知っている」「自分の状態や治療に対する判断を専門家という名の第三者に任せないで，自己決定権をとりもどそう」「当事者主権の考え方は，何よりもこの専門家主義への対抗として成立した」という言葉にも表れている（中西・上野 2003：12-13）。同様にイギリス障害学の代表的論者であるオリバーは，障害を障害者個人の問題にせず，社会の問題として取り扱い変革するには，「障害は障害者自身が積極的に『闘う』ことによってのみ除去される」とい

う（Oliver & Sapey 2006＝2010：45-46）。事実，日本の重度障害当事者の介助者を利用しての地域生活は，1970年代から障害当事者自身が闘うことによって実現されたといっても過言ではない[2]。障害当事者を主体とした社会資源開発は，当事者によるところが大きいことは間違いない。だが，協働したソーシャルワーカーが存在したこともまた事実であろう。

　国際ソーシャルワーカー連盟は，2014年に「ソーシャルワークのグローバル定義」で，「ソーシャルワークは，社会変革と社会開発，社会的結束，および人々のエンパワメントと解放を促進する，実践に基づいた専門職であり学問である」と定義した。社会を変え，必要な資源を生み出し，人々とつながりを形成しながらエンパワメントをすることは，実はこれまで障害当事者が自立生活運動を進めてきたこととも重なる[3]。

　次節では，障害当事者のニーズに基づく社会資源開発と制度改革について述べるが，この実践において，障害当事者とソーシャルワーカーは協働する存在といえる[4]。本章では，障害当事者主体の組織運営の実践を念頭に置きながら，社会変革と社会資源開発は日々の暮らしをともにつくることから始まり，実践を通した相互変容をいかに行うのかについて検討したい。

（2）当事者主体の社会変革

1）自立生活センターと社会資源開発

　1970年代から展開された日本の障害者運動も，1980年代以降，日本においてアメリカ型の自立生活運動及び自立生活センターへの理解が深まるにつれ，多様な形で影響を受けた。その後，日本国内でも自立生活センターが設立され，1991年には全国組織である全国自立生活センター協議会（Japan council on Independent Living Centers：JIL）が設立された。日本の自立生活センターは，当事者主体による組織運営の下で，自立生活プログラムやピアカウンセリングの実施，権利擁護活動や住宅サービスなどを独自に提供している。こうした自立生活のコーディネートに加えて，日本の自立生活センターは欧米とは異なり，組織的に介助者を確保し，必要に応じて第三者が介助のローテーションや介助関係の調整をコーディネートするという特徴を持つ。措置制度における限定的な地域福祉サービスの中で，市民参加による介助者の確保とコーディネートという社会資源開発を，

障害当事者自らがサービス供給主体として実施した（伊藤 2014）。

　入所施設生活や親との同居生活とは異なる地域生活への移行及び地域生活の本格的な国政レベルでの検討は，2003年から2004年にかけて開催された「障害者（児）の地域生活支援の在り方に関する検討会」になろう。この検討会は，2003年度から実施された契約制度である支援費制度施行後の厚生労働省によるホームヘルプ利用時間上限設定に対して障害者運動が活発化し，その運動の成果として開催された。同検討会終了後の2004年7月に示された社会保障審議会障害者部会の「今後の障害保健福祉施策について（中間的な取りまとめ）」では，「地域生活への移行」に向け「居宅サービスを充実させるだけでなく，入所施設・病院が，その利用者の地域生活移行を積極的に支援する機能を持つことが重要」であることがようやく明示された（伊藤 2011）。

2）政策立案への参画を通した社会変革

　2006年の「障害者権利条約」と時期を同じくして，国内では「障害者自立支援法」が施行された。この法律は，支援費制度とは異なり，全国一律の障害程度区分認定（現在の障害支援区分認定）を実施し，サービスの利用量に応じて1割の費用負担を一律に課すことを導入した。この負担は，介護保険法との整合性から，当初は「応益」負担と称する形での導入であった。この費用負担のあり方では，障害の程度が重度であればあるほど，福祉サービスの利用が多い人ほど，利用料負担が増すこととなる。結果，福祉サービスの利用抑制や社会参加に著しい制限が生じる状況を招いた。

　こうした中，2008年には全国8カ所で「障害者自立支援法違憲訴訟」が提訴され，その後も全国で提訴が相次いだ。この訴訟は2010年1月7日に「基本合意」し，同年4月に「和解」が成立した。その後，2010年から始まった「障がい者制度改革推進会議」は，担当室長，議長，議長代理のほか，構成員の半数以上が障害者及び関係者という障害当事者参画のもとで総合福祉部会，差別禁止部会も結成され議論が重ねられた。その結果，国内法の改正，成立，施行に至った。こうした動きを経て，日本は2014年にようやく「障害者権利条約」を批准することとなる。署名から批准までにこれだけの年月を要したのは，国連の「障害者権利条約」そのものが障害当時者参画のもとで起草され，採択に至ったように「"Nothing About Us Without Us"（わたしたち抜きに，わたしたちのことを決めない

で）」というスローガンが国内の障害者運動においても重視され，国内政治の中枢で討議中心の法制度の検討を行ったからである。その後，各地方自治体での障害者差別解消関連の条例づくり，手話言語・情報保障・コミュニケーション関連の条例づくりや障害者施策推進の検討においても，障害当事者参画は重視されるようになった。

2　動きながら社会を変える

（1）日々の暮らしを通したニーズが変革の種となる

1）共に暮らしをつくり，ひとりのニーズが共通の課題となる

　社会資源開発や社会変革の種は，当事者と一緒に日々の暮らしをつくる協働から得られる。それは，単なるサービスの数と量の増大にあるのではなく，実質的な生活のあり方，社会参加の実態からの検討が必要だ。障害当事者が地域で当たり前に暮らし，ライフステージに沿った当然の願いを実現するには，本人への介助行為の提供だけではその暮らしを支援することにはならない。地域生活を継続していくには様々な支援が必要となる。その支援内容は，障害当事者の日々の暮らしのニーズから生まれてきた。それは，すぐには組織の利益にはならないひとりの願いから始まっている。ひとりの願いは，個別的であると同時に普遍的な意味合いを持っている。ニーズの共通点を探り，まとめ，日々の暮らしの中に見出される困りごとを，具体的なかたちで要望することが障害者運動といえる。時として，闘争の様相を呈することはあれ，今日では行政との関係は，対決姿勢をとることよりは，むしろ意見交換や対話を通して議論し，時に共に勉強会を重ね，具体的な解決策を探り，制度を創設し改変してきている。

　こうして，より弱くさせられている人を中心にその日々の暮らしを成立させること，その日々の積み重ねが人生を形づくること，その日々を共に創るという仕事の仕方は，支援組織で働くソーシャルワーカーの潜在的な支援能力の開発につながり，自信にもなる。そして，その力は，新たな課題を乗り越える原動力にもなるのだ。

2）抑圧者としてではなく協働者として，市民として

　エンパワメント思想で言及されることの多い『被抑圧者の教育学』の著者であ

るフレイレは，被抑圧者が「自分自身を解放し同様に抑圧者も解放すること」こそが，被抑圧者が自らの人間性を取り戻す闘いを意味あるものにすると指摘する（Freire 1970 = 1979：17）。

　なぜなら，被抑圧者は，抑圧者に転じることなく，むしろ両者の人間性の回復者にならなければならないからである。障害当事者自身による当事者の意識の変革と一般市民への働きかけは，抑圧者の意識を内面化し，内なる抑圧者となりがちな当事者自身の解放と同時に，環境の一要素となる一般市民への働きかけを行うことで，被抑圧者と抑圧者双方の人間性を回復するのだ。では，こうした当事者運動に，ソーシャルワーカーはどのように対峙すべきだろうか。これは，オリバーがいう「専門職は障害者のために（for）働きたいのか，それとも障害者とともに（with）働きたいのか」（Oliver & Sapey 2006 = 2010：46）をソーシャルワーカーに突きつけることになるだろう。

　筆者が実施した，障害当事者主体の事業運営を展開する法人職員（本章でいうところのソーシャルワーカー）に対するアンケート調査によると，その多くは，初めから当事者主体という運営理念に共鳴して入職したわけではないことがわかる。というのも，8割以上の職員が，日頃の実践を通して障害者に対するイメージが変化したと回答している。誤解を恐れずにいえば，「救済すべき弱者」から「自分と変わらない存在」へと変化したと回答しているからである。その多くは，入職当初は障害を障害の個人モデルで捉え，障害者を弱者と認識し，助けてあげなければならない存在として向き合う。その後，日々協働する中で自らの関わりを実践の中で省察し，ソーシャルワーカー自身のこれまでの偏ったフレームが意識化され，問い直され，修正が加わり，変化してきていることが見てとれる[5]。

　こうした変化は，座学の研修をきっかけに気づきを得られることもあるが，直接的な関わりを積み重ね，理論と実践の行き来をする中で生まれる。当事者とソーシャルワーカーは，具体的な生活課題の改善・解決のために，協働して社会に働きかけるソーシャルワークを展開することとなる。こうした過程において，障害当事者だけでなく，ソーシャルワーカーもまた，ソーシャルワーク関係の中で解放され，エンパワメントされる。

（2）省察的実践から社会変革へ

1）ソーシャルワークという省察的実践

　障害当事者主体で運営され事業展開している法人の職員らは，障害当事者と協働して日々の暮らしをつくり，社会に働きかけることによって，自分自身の既存のフレームや価値観，知識の修正を図り，新たな価値と知識を前提とした態度や行動をとっている。こうした過程を，ショーンは「省察的実践（reflective practice）」と称し，以下のように説明する。

　　　「実践者がみずからのフレームに気づくようになると，実践という現実にフレームを与える方法には別のものがありうるかもしれないと気づくこともできる。自分が優先してきた価値と規範に注意し，これまで重要だと見なすことなく考慮の範囲外に置いていたことについても合わせて考えられるようになる。」（Schön 1983 = 2007：328）

　この省察的実践は，「行為の中の省察（reflection-in-action）」を通して行われる。オリバーは，ソーシャルワーク実践は相互変容的なものであり，価値に関わるものであることを述べた上で，「『健常者』とされる人が多くを占めるソーシャルワーカーをはじめとする専門職が，自らに深く根づいている障害への否定的な価値観，『健常』志向を省みながら，実践していくことが問われている」（Oliver & Sapey 2006 = 2010：225-226）と指摘する。

　これは，障害者運動で協働してきたソーシャルワーカーが，実践を通して自身の「障害観」「自立観」を変化させ続け，その変化に応じてさらに支援行動を変化させ，自身のフレームを問い直し，再構築し続ける過程にも見出すことができる。

　ショーンは，自らのフレームへの自覚と問い直しにはジレンマが生じると指摘する（Schön 1983 = 2007：329）。ソーシャルワーカーは，こうしたジレンマに向き合い続けなければならない。これは，自らの実践のフレームが問われ，ゆさぶられ，変革されることを専門職として受け入れることであり，ゆれ続けながらもなお実践を継続することでもある。

　こうした支援関係におけるジレンマを「ゆらぎ」と言い表した尾崎は，「社会福祉実践の本質は『ゆらぎ』との直面である。なぜなら，人が『いかに生きるか』『どのように自己実現を目指すか』に関して，『常に正しい画一的な答え』は存在しないからである」（尾崎編 1999：7）と述べ，ゆらぐことをソーシャルワー

カーの力としてポジティブに捉える。

2）歩きながら考える——社会変革は自己変容・相互変容から

　障害当事者とソーシャルワーカーとの関係，中でも介助者との関係は固定的ではない。一日の中での心持ち，日々の体調の変化，暮らし，加齢や障害の程度，それぞれの人生経験などがその関係に持ち込まれる。特に重度訪問介護の提供で成立する介助関係は，介助行為が家事，排泄，入浴といった動作提供ではなく，一定の生活時間を丸ごと共に過ごす中で必要な支援が提供される。このソーシャルワーク関係が日々の生活を創ることを通して変化し，互いが主体的な存在になっていく。障害者は自分の生活は自分で組み立てなければならず，自分はその当事者であることに気づき，介助者側は自分の介助のあり方，支援に障害者をあてはめるのではなく，本人が発することに対応していかなければならないことに気づく。この介助関係を通して，その両者いずれもが当事者中心とはどういうことなのか，それはわがままとどのように違うのか，生活を創るとはどのようなことなのかを双方がすり合わせることで介助関係の構築が図られ，双方が成長し合う相互変容のプロセスを経る。

　例えば，施設や病院からの地域移行や親元から離れての地域生活の実現は，居所を移すというだけでは，移動にはなっても，地域生活の継続・定着にはつながらない。なぜなら，地域移行には，「どのように」移行させるかではなく，「なぜ」地域生活なのか，「なんのための」地域生活かが当事者自身にも，ソーシャルワーカーにも問われる。日々の暮らしづくりを通して生活のしづらさを見聞きし，また，実際に実践し，実感することを通して，根本的な課題はどこにあるのかを両者が見定められるようになる。その解決のために，どこに働きかけ，何をする必要があるかも，先人から学び，自らの体験を省察し，発信し，地域社会や行政などに働きかけることを通して，それぞれが変容し，共有化される。

3　権利ベースで実践する

（1）無意識に抑圧者になってはいないか

1）劣等処遇の内面化

　障害当事者とソーシャルワーカーが協働により相互変容してもなお，ソーシャ

ルワーカーは専門職としての権限を保持し続けている。日本の福祉サービス利用
は「申請主義」といわれるが，サービスの利用申請は主体性を重んじているよう
でいて，実は福祉サービスの対象者とされる人々が保護される立場に囲い込まれ，
一定の基準に従って絞り込まれる現状を生み出している。その多くは，劣等的な
選別が付帯され，サービス利用のあり方は利用者の「『支えられる側』の固定化」
（宮本 2017：17）を招いているともいえる。福祉サービスの利用者は，一定の基
準よりも優遇されることがないよう，劣等処遇的に保護されるよう扱われること
となる。

　こうした劣等処遇の要素を内包する法制度を支援方策として活用するソーシャ
ルワーカーは，時に支援のしづらさを感じたとしても致し方ないと，劣等処遇を
内面化させ，評価選別的で低く見積ったサービス提供をせざるを得ない状況に
陥っていないだろうか。これは，委託業務が中心となる法人経営では，採算を優
先することが求められ，受託に伴う事務量の増大が，任意事業の展開や制度改変
への動きをとりづらくさせていることもあろう。その結果，当事者主体や社会変
革に向けた「行為の中の省察」がしにくい労働環境を招いている。[6]

　改変の余地が残されているとはいえ，法制度に生活をあてはめることを強いら
れた人々は，そのフレームの中で折り合いをつけざるを得ず，それで生活が回り
始めると実際にどのような生きづらさがあるのかが不可視化されてしまう。する
と，その生活に断片的に介入するだけのソーシャルワーカーや世間の人々の慣行
や観念は変更を加えられることなく，それは次第に世論として保持されることと
なりかねない。人と環境との相互作用関係において生きづらさが生み出されると
すれば，こうした人々の慣行や観念にも働きかけることが必要であり，まずは
ソーシャルワーカー自身が，行動へと人々を導くという「真の省察」（Freire 1970
＝1979：56）をしなければならない。

2）日常に潜む差別にアンテナを張る

　社会における分断・格差が指摘される中ではあるが，障害者福祉領域において
は国連での障害者権利条約の採択，国内では同条約の批准，障害者差別解消法の
施行と，インクルーシブな社会の構築に向けた差別の解消が推進されつつある。
こうした社会状況において，「真の省察」はどのようになされるものなのだろう
か。筆者は，知らぬ間に人々の意識に入り込み，特定の人や集団に対し，ボ

ディー・ブローを浴びせるように痛めつけ続けるマイクロアグレッションについて，当事者とソーシャルワーカーが共に学ぶことを通して，日常に潜む差別にアンテナを張ることを提案したい。ソーシャルワーカーの養成にも携わるスーは，マイクロアグレッションについて次のように述べている。

　「マイクロアグレッションというのは，ありふれた日常の中にある，ちょっとした言葉や行動や状況であり，意図の有無にかかわらず，特定の人や集団を標的とし，人種，ジェンダー，性的指向，宗教を軽視したり侮辱したりするような，敵意ある否定的な表現のことである。加害者はたいてい，自分が相手を貶めるようなやりとりをしてしまったことに気づいていない。」(Sue 2010＝2020：34)

　マイクロアグレッションは，ソーシャルワーク領域でも，貧困，ひとり親家庭，被虐待経験，障害者であること，高齢者であることなどと関わらせて語られることがある。さらに，女性であり，障害がある，というような複合的な状況に関連する言説は，その背後に複数の否定的な軽視や侮蔑が含意されていることがある。マイクロアグレッションは，人としての尊厳を踏みにじり，くり返し人々の無意識に働きかけ差別を助長する。ソーシャルワーカーは，自らもこうしたマイクロアグレッションに影響されていることに自覚的である必要がある。それは，暗にすり込まれていることもあるだろうし，自らの経験の中で強化されていることもある。差別するつもりはなかったとしても，自らの特権に気づき，差別に加担していないか意識化する必要がある。

　スーは，心理支援におけるセラピストを例に，専門職者が臨床現場にどのような世界観を持ち込んでいるのか，このことに対する気づきと理解なしには，自らの抑圧的な方法を持続させ，マイクロアグレッションを伝え続けてしまい，文化的抑圧や価値観の押しつけという罪を犯してしまうだろうと指摘する（Sue 2010＝2020：429）。

　では，当事者にとって，マイクロアグレッションへの理解を深めることは，どのような意味を持つだろうか。当事者が日々の暮らしの中で感じるもやもやした表現しがたい居心地の悪さを自覚し，整理し，理解する助けになるだろう。しかし，そうした当事者の気づきは内面化され，自分を責めることで折り合いをつけようとすることになるかもしれない。マイクロアグレッションについての理解を

深めることで，居心地の悪さを自由に口にしたりできる機会を設け，それは自分だけではないのだと共有できることは，問題を他者と共有し，解決へと自らが向き合い行動するエンパワメントにつながるだろう。

　同時に，非当事者にとっては，その居心地の悪さを認識，共感しきれないことがある。もしくは，共感したことを伝えようと発言したことさえもが，マイクロアグレッションであったりするかもしれない。そこでお互いが口をつぐんでしまうのではなく，何が問題だったのかを話し合い共通認識を持つことで，非当事者が自らの特権に気づき，また当事者の置かれた状況を自分（たち）の問題として捉え，協働する素地を創ることになるのではないだろうか。マイクロアグレッションについて理解を深めることは，非当事者が日頃の自身の言動を意識し，反省し，萎縮することを目指してはいない。同時に，当事者が非当事者を攻撃するためのものでもない。他者理解と尊重，改善へ向けた行動変容と他者への働きかけにつながるものである。それは，結果として，より多くの人が生きづらさを口にしやすくなり，共通の課題に向かって行動することで，多様な人を包み込み，安心できる社会を形成することにつながるだろう。気づいていない，認識していなければ，行動変容には結びつかない。まずは，気づきを得るための対話と，学びを止めないこと，アンテナを張り，感度を高める機会の設定が必要なのだ。

（2）省察と対話による相互変容を止めるな

1）継続的な省察，共有を経た行動へ

　学びを通した気づきと省察は，当事者の意識を変革し，ソーシャルワーカーの当事者性を掘り起こし，協働のための準備作業ともいえる機会をソーシャルワーク関係に与える。暮らしを共につくる中で実感される居心地の悪さ，やりにくさを改善しつつ，「なんだかおかしいよね」「変だよね」と口にできる機会，場をつくることになる。学びの場での当事者の発言は，時にソーシャルワーカーを非難しているように受けとめられることもある。こうした意見を取り入れながら新たな実践を協働するには，当事者の持つ力を認め，信頼する必要がある。

　その前提として，相手の意見をよく聴き，対話を重ね続ける場が，その後の実践のプラットフォームづくりにもなる。今後の方向性を共有するためにも，継続的な省察と対話を重ねることで，どこに課題があり，どこに改善の余地があるの

か，なぜそれが必要なのか，の共有を経て次の行動へつながる。

　当事者発の生きづらさを非当事者といかに共有するか，障害当事者でもある
ソーシャルワーカーは，継続的な省察と共有を行動へつなぐ大切さを以下のよう
に言う。

　　「問題意識を持って動き始める人は当事者だと思うんですよね。…（中略）
　…よくエンパワメントっていいますけど，エンパワメントする，されるって
　いう，その関係性がいかに築けるかっていうふうに思うんですよね。すると
　かされるとかっていう関係性ではなくて，たまたまそれが健常スタッフだっ
　た，当事者スタッフだっただけで，するほうもされるほうも対等な関係って
　いうか。…（中略）…例えば普段のかかわりの中でも，（筆者追記：行政の会議
　に）一緒に行く介助者に対して，『今日はこういう会議があって，こういう
　動きがあって，こういう会議をするから，今日はこういう心持ちでいて
　ね』って言うだけでも，介助者も当事者運動にかかわるんだっていう心持ち
　ができると思うんですよ。で，当事者支援の中でも，やっぱり私たちがどれ
　だけ言っても響かなかったことが，健常スタッフがいたことで変わったりし
　たんですね，実際に。だから，立場とかじゃなくて，その人の関係性，近さ
　が，やっぱりみんなでかかわることで変わっていくよって，運動も，当事者
　支援に対しても。そういう意識をみんなで共有しておく，自分事にしてもら
　う。」[7]

さらに，社会変革に向けた意識化と行動に対して，以下のように言う。

　　「具体的に言えば，行政交渉だったりいろんなやり取りだったりとかを，
　やっぱ次の世代の若い人が継いでいく必要があると思うんですよ。でも，経
　験しないとわかんないし…（中略）…だから，具体的な，実用的なところで，
　そういうのを教えてほしいなって。…（中略）…『こういう勉強必要だぞ』
　『最低限こことここを押さえろよ』っていう，基本的なことかもしれないけ
　ど，そういう教育っていうか，あるといいかなとか思うし。身近なところで
　言うと，例えば私たちは電車とかバスとかに乗車拒否があったときに市役所
　とかに要望書出したりとかするんですけど，運動ってデモみたいなことを想
　像してたんですけど，身近に引き寄せて，変えていきたいっていうふうにす
　るときには，そういうことをこつこつとやってくんだなっていうのがわかっ

たので，大それたことじゃなくても，自分が疑問を持って，動きたいって思うことを，いかに見つけられるか…（中略）…近くに共有できる仲間がいるかどうかですね。…（中略）…定期的に顔を合わせてれば，定例会とかで結構話したりして，こういうふうにしようと思いましたとか，それを発表して，いいじゃん，動こうよっていう案をもらったりとか。」[8]

日々の暮らしを共につくる関係を通して，継続的な省察や共有，その作業を経た上での行動は，何も介助関係に限ったものではない。相談支援の場面においても同様であろう。協働する関係は，グティエーレスのいうようにソーシャルワーカーと当事者は共に資源であり，「状況の多様な次元を検討し，分析していくことを可能にする対話と批判的分析をする関係」（Gutiérrez et al. 1998＝2000：12）なのである。面談での会話ではなく，同心円状に位置する対話の場に身を置けるか否かにかかっているのではないだろうか。[9]

２）障害者権利条約に基づく省察と行動を

障害者権利条約第8条「意識の向上」には，こうした社会の意識に働きかける措置が規定されている。同条第1項（b）には，「あらゆる活動分野における障害者に関する定型化された観念，偏見及び有害な慣行（性及び年齢に基づくものを含む。）と戦うこと。」とある。これは，「ソーシャルワークのグローバル定義」にある「人々のエンパワメントと解放を促進する」ために，ソーシャルワーカーが，当事者と共に人々の慣行や観念に積極的に働きかけていくことと重なる。

2022年に実施された国連の障害者権利委員会による建設的対話，いわゆる対日審査に向け，2016年に政府報告が提出され，当事者団体や市民社会によるパラレルレポートも提出された。障害当事者と多様な専門職者は，パラレルレポート作成時においてもまた，審査期間における権利委員に対するブリーフィング，帰国後の政府間対話においても協働する関係にある。こうした協働のあり方が「障がい者制度改革推進会議」の時と同様に，地方自治体における制度運用，条例等の制定，改定への障害当事者参画のモデルとなるだろう。共通の課題を持つ人々が出会い，その支援を展開する上で社会と結びつきながら支援を受ける受動的立場にとどまらずに，自らの置かれた立場や経験を基に，問題発見のアウトリーチや相談支援の担い手として能動的に活動することが望まれる。こうした実践は，社会的役割を実現し，社会参加を果たす過程でもある。当事者の視点や経験に基づ

く支援は，実体験に基づく具体的かつ有効なものとして提供される。当事者組織とソーシャルワーカーとの協働による実践は，ソーシャル・インクルージョンを現実のものとする有効な手立てとなり得るのだ。

　本章は，JSPS 科研費JP19K13993の助成を受けたものである。

注

⑴　本論では，ソーシャルワーカーを社会福祉専門職者とする。その立場は，必ずしも資格の有無にかかわらず，介助提供者，相談支援者等，雇用形態を問わず，有給の社会福祉実践者とする。なお，障害のある人について「障害者」と表記するが，自立生活や障害者運動に主体的に参加していることを意味する場合は，「障害当事者」と表記する。また，障害当事者主体による直接的なケアの提供については，「介助」「介助者」と表記し，「介護」「介護者」とは区別する。いずれについても固有名詞や引用文については，原文のままの表記とする。

⑵　こうした障害当事者の介助保障運動の流れは，渡邉（2011）を参照。

⑶　オリバーは，「ソーシャルワークの実践における数多くの発展は，障害の社会モデルと親和性を持っていることは明らかに見過ごされてきた。それは個人モデルに基づいていない個々のソーシャルワーカーや部門の主導によることは間違いなく，実際に障害の社会モデルと完全に共存可能である」とし，ソーシャルワークが障害の捉え方を発展させなかったことが協働を妨げていたと指摘する（Oliver & Sapey 2006＝2010：55）。

⑷　本章では，ソーシャルワーク関係を互いに補い合うのではなく，共に力を合わせて新たなものを生み出す関係と捉え，協働（collaboration）と表記する。

⑸　障害者に対するイメージの変化の理由を尋ねると，「どこかで障害者と健常者を分けていた」「弱者のイメージがあったが，自分が決めつけていたと気づいた」「介助はしてあげるものという先入観があった」「障害者は支援するのが大変としか思っていなかった」「私自身が差別していたと思う」などの障害の個人モデルでの捉え方，弱者という認識，意識が示された。しかし，事業運営や直接的なケアから行政に働きかけることなどの日々の実践を共にする中で，「与えられるだけでなく，与えることができるということを実感した」「障害者として見るのではなく，一個人として長所も短所も見ることができるようになった」「人として変わらないことを知った」「自分たちが支えなければならないという守らなければならない対象から，主体性を持って当たり前に生活を営んでいる人たち，共に社会を変えていこうという同志という風に変わりました」というように，職員自身のこれまでの偏った認識が意識化されていた。

さらに，協働する中で，自らの関わりを省察し，非対称の関係ではなく，相互関係による相互変容を経て変化していることが窺えた。なお，本調査は，中京大学「人を対象とする研究に関する倫理審査委員会」の審議・承認を得ている（中京研倫第2021-020号）。また，聞き取り調査部分については，ご本人に記載について確認し，了解を得たものである。調査にご協力いただいた方々には，ここに記して感謝申し上げる。

(6)　先の法人アンケートによれば，「当事者主体を実行しにくくなっている理由（複数回答）」のうち，およそ半数の47.8％が「事業活動における事務量の増大」を挙げ，「法人が組織として社会を変えることを実行しにくくなっている理由（複数回答）」のうち41.3％が，同様に「事業活動における事務量の増大」を挙げている。いずれも最大の要因は法制度の整備による「障害当事者の意識低下」「障害のないスタッフの意識低下」が上位を占めるが，組織のメゾレベルの要因として「法人運営における人材育成」や「部署編成」も挙げられた。

(7)　障害当事者職員Aさんへの聞き取り調査より（2021年12月15日実施）。

(8)　同前。

(9)　反抑圧的ソーシャルワーク（Anti-Oppressive Practice：AOP）において抑圧を覆す実践に共通する当事者と共にある非当事者の存在を，茨木は"Ally"として取り上げている（茨木 2021：151-152）。本章では，障害当事者と共にある存在を"Ally"とは表記していないが，相通ずると考えている。オリバーがフィンケルシュタインの言葉を借りて表する「『地域（コミュニティ）に結びついた専門職（profession allied to the community）』が必要だ」（Oliver 2006＝2010：214）で使用される"allied"は，ソーシャルワーカーに対し，どのようなスタンスを求めているかが見て取れるのではないだろうか。

参考文献

伊藤葉子（2011）「当事者主体を貫く支援組織であり続ける」AJU自立の家編『当事者主体を貫く――不可能を可能に　重度障害者，地域移行への20年の軌跡』中央法規出版，240-268頁。

伊藤葉子（2014）「自立生活センターの日米の差異――介助者とコーディネートを中心に」『中部社会福祉学研究』5，31-40頁。

茨木尚子（2021）「障害当事者運動に見るAOP――その可能性と課題」坂本いづみほか『脱「いい子」のソーシャルワーク――反抑圧的な実践と理論』現代書館。

尾崎新編（1999）『「ゆらぐ」ことのできる力――ゆらぎと社会福祉実践』誠信書房。

外務省「障害者の権利に関する条約」（和文）（https://www.mofa.go.jp/mofaj/fp/hr_ha/page22_000899.html，2022年6月30日アクセス）。

中西正司・上野千鶴子（2003）『当事者主権』岩波新書。

野口定久（2016）『人口減少時代の地域福祉——グローバリズムとローカリズム』ミネルヴァ書房。

宮本太郎（2017）『共生保障〈支え合い〉の戦略)』岩波新書。

渡邉琢（2011）『介助者たちは，どう生きていくのか——障害者の地域自立生活と介助という営み』生活書院。

Butrym, Z. T. (1976) *The Nature of Social Work,* Macmillan Press.（＝1986，川田誉音訳『ソーシャルワークとは何か——その本質と機能』川島書店。）

Freire, P. (1970) Pedagogia do Oprimido (Pedagogy of the Oppressed), Herder & Herder.（＝1979，小沢有作ほか訳『被抑圧者の教育学』亜紀書房。）

Gutiérrez, L. M., Parsons, R. J. & Cox, E. O. (1998) *Empowerment in Social Work Practice: A Sourcebook,* Brooks/Cole Publishing Company.（＝2000，小松源助監訳『ソーシャルワーク実践におけるエンパワーメント——その理論と実際の論考集』相川書房。）

Oliver, M. & Sapey, B. (2006) *Social Work with Disabled People,* 3rd ed., Macmillan.（＝2010，野中猛監訳，河口尚子訳『障害学にもとづくソーシャルワーク——障害の社会モデル』金剛出版。）

Schön, D. A. (1983) *The Reflective Practitioner: How Professionals Think in Action,* Basic Books.（＝2007，柳沢昌一・三輪建二監訳『省察的実践とは何か——プロフェッショナルの行為と思考』鳳書房。）

Sue, D. W. (2010) *Microaggressions in Everyday Life: Race, Gender & Sexual Orientation,* John Wiley & Sons.（＝2020，マイクロアグレッション研究会訳『日常生活に埋め込まれたマイクロアグレッション　人種，ジェンダー，性的指向：マイノリティに向けられる無意識の差別』明石書店。）

（伊藤葉子）

<table>
<tr><td>第21章</td><td>被災者世帯の生活再建支援における
福祉専門職の役割</td></tr>
</table>

1 災害被災者に必要な支援とは何か

　災害により生活困窮に陥った被災者の生活再建を可能とするためには，被災者の①身体・医療，②精神・社会，③制度・経済の３つの領域を，避難生活場面において途切れることなく連続的に捉え，危機的状況に陥らないよう状況を把握し，多職種間で情報を共有し，被災者世帯の生活を実質的に支える必要がある。野口（2022）は，セーフティネットの第１は雇用の安定と創出，第２は職業訓練，就労支援，所得と医療と住宅の保障，第３は社会的脆弱層へのソーシャルワーク支援，第４は最後のセーフティネット（生活保護制度あるいはベーシックインカム）といった重層的なセーフティネットへの張り替え（野口 2022：102）を提示している。

　災害が発生しても困窮した状況に陥らないよう，福祉専門職には，行政や専門職ならびに中間支援団体，そして，住民をつなぐ体制が求められよう。災害によって生じた窮乏化の状況を脱するためには所得，雇用，居住，社会サービスからなる生活保障が機能しなければならない。野口が指摘するように，災害に直面したとしても重層的なセーフティネットによって生活が保障されなければならないと思われる。被災者は災害によって様々な困難を抱える。家族を失う，住んでいた家が壊れる，職場が被災して失業する，医療や福祉サービスが利用できなくなる，借金ができてしまうなどその困難は一人ひとり多種多様である。さらに，高齢，障害，生活困窮といった平時の脆弱性が災害によってより深刻なものとなる。野口は，「第３の段階に，社会的脆弱層へのソーシャルワーク支援を組み込むことの重要性」を指摘している（野口 2022：103）。災害時，労働生活と消費生活の循環が阻害され生活に困窮し，自力ではこの状況から脱することができず生活が窮乏化する世帯を一刻も早く見つけ出し，生活再建を支えるためには，被災者世帯が置かれている生活を客観的に把握し，継続的に支援するソーシャルワー

クが必要である。また、「緊急性を要する事例には、危機介入型のソーシャルワークが求められる。介入型ソーシャルワークには、機関ごとの分業ではなく、機関間・職種間の分担や協業のシステムを開発しなければならない」（野口2022：103）と指摘する。

　もし、この生活困窮者自立支援事業の自立相談支援や就労支援、家計相談などの支援が、災害により生活が困窮し自力では生活再建が困難となっている被災者世帯の支援として行えたら、被災者一人ひとりの尊厳の保持を守り、就労の状況、心身の状況、地域社会からの孤立の状況その他の状況に応じた支援が、包括的かつ早期に行えるのではないか。生活の課題を明らかにし必要な支援につなげることにより、被災者一人ひとりの生活再建を可能とすることができるのではないかと考える。

　災害により不安定な生活状態にある社会的脆弱層への危機介入には、被災者支援ソーシャルワークが必要である。

　本章では、先行研究により、自力では生活再建が困難な状況にある被災者世帯の生活再建支援には、生活困窮者自立支援事業の相談支援員の役割・機能が適していることを明らかにする。なぜ適しているのかというと、生活困窮者自立支援制度の理念を基に実践される生活困窮者自立支援事業の自立相談支援を活用して相談支援員が生活再建支援に介入することにより、被災した生活困窮世帯が置かれている個別的な状況を客観的に把握し、その生活課題を早期に見つけ出すことができる。また必要な社会保障制度の確認を行い、居住支援・就労支援・家計改善支援等、それぞれの生活課題に沿った支援につなぐことができる。相談支援員が時間をかけて関わり続けていくことで、被災者世帯の生活を継続的に支援することができる。さらに、創造的な支援により地域において支え合いの輪を広げていくことができるからである。

　このように、生活困窮者自立支援事業に携わる相談支援員の役割・機能は、被災者世帯への支援に有用であるのだが、現状としては、被災者支援の役に立てていない状態である。本章において、生活困窮者自立支援事業に携わる相談支援員は、どのように被災者世帯の生活再建に関わることができるのか、そのためにはどのような課題を解決すべきなのかを明らかにし、相談支援員が被災者の生活再建支援に配置されるための課題を検討する。

2　生活再建に必要なソーシャルワークの課題

　被災者が生活再建を果たすためには，災害発生時から避難所，仮設住宅，復興住宅等へと継続的かつ断続的な支援を行うソーシャルワークが必要だと思われるが，福祉専門職が災害避難者の最前線に立てていない現状がある。

　災害時のソーシャルワークに関する先行研究を概観すると，三浦（2014）は，「災害時における社会福祉の役割は大きく，ソーシャルワーカーの役割や機能の必要性は社会において広く認知されている。しかし，わが国では社会福祉の研究領域として災害についてこれまで体系的な理論研究がされておらず，重要な研究課題となっている」と指摘する。

　また，後藤（2015）は，ソーシャルワーカーは時間軸ごとに被災者への支援に具体的に取り組んでいく必要があるとして，災害時のソーシャルワーカーの役割と存在意義について考察している。野口（2016）は，2011年3月11日に発生した東日本大震災以降，福島県下の福祉関連職能団体の6団体合同で相談支援専門職チームを編成し活動した実践報告より，災害ソーシャルワーカーの論点を明示し，今後の教訓としている（大橋 2022：46-47）。

　菊池（2022）は，災害ソーシャルワークの定義を示した先行研究から，対象者，援助活動及び支援活動に取り組む主体，時間軸の3つの基軸を発見し，ソーシャルワーク研究はこの3つの基軸に他の要素を組み合わせて場合分けをすることで研究蓄積が行われてきたことを明らかにした。さらに，「復興期の災害ソーシャルワークは主に避難所後期から仮設住宅へと転居するタイミングでの取り組みであり，被災者の多くが抱える生活再建のニーズに中長期的に寄り添う役割がある。第2に，被災者が抱える個々のニーズに対し，平常時のソーシャルワーク技法を活かしながら，災害支援に関連する知識・技術を身につけて解決に導く機能がある」（菊池 2022：55）と論じている。

　さらに，日本社会福祉士養成校協会により，東日本大震災でソーシャルワーカーが実践してきたことを整理したハンドブック『災害ソーシャルワークの展開』（日本社会福祉士養成校協会 2012）が作成され，日本社会福祉士養成校協会報告書『災害時ソーシャルワークの理論化に関する研究』（日本社会福祉士養成校協

会 2012）により災害時におけるソーシャルワークの理論化に向けて検討された。その後災害時におけるソーシャルワーク教育に関する入門書として，『災害ソーシャルワーク入門——被災地の実践知から学ぶ』（日本社会福祉士養成校協会編 2013）が作成された。

　災害時のソーシャルワークに関する文献には，災害時のソーシャルワーカーの機能と役割を実践活動により考察している内容が多かった。また，今後の課題や教訓として，実践の効果検証の必要性と災害時におけるソーシャルワーク理論の体系化の必要性を示しているものが多かった。これら先行研究において，災害時におけるソーシャルワークの役割は大きいと思われる。しかしながら，災害に関連してどのような組織が存在しているのか，どの時期にどういう機能を発揮する組織が必要なのか，また，既に存在しているのか，その全体像は明らかにされていない（大橋 2022：47）。

3　生活困窮者自立支援事業のソーシャルワーク機能は生活再建支援に活用できるのか

（1）生活困窮者自立支援事業の福祉専門職

　生活困窮者自立支援制度の意義（自立相談支援事業従事者養成研修テキスト編集委員会編 2014：8-14）は，「生活保護に至っていない生活困窮者に対する第2のセーフティネットとして包括的な支援体制を創造することにより，重層的なセーフティネットを構築し，生活困窮者の問題が複雑化・深刻化する前に自立のため支援することが可能になることである」。制度の目指す目標は，第1に，生活困窮者の自立と尊厳の確保である。相談支援員は，丁寧に時間をかけて対応することで信頼関係を構築し，さらに相談者との間で，一個人として対等な関係性を保つことが求められている。第2に，生活困窮者支援を通じた地域づくりである。生活困窮者の早期把握や見守りのための地域ネットワークを構築し，包括的な支援策を用意するとともに，働く場や参加の場を広げていくことである。さらに「支える，支えられる」という一方的な関係ではなく，「相互に支え合う」地域を構築することを目標としている。相談支援員が留意すべき点としては，「新しい支援のかたち」として「包括的な支援」「個別的な支援」「早期的な支援」「継続的な支援」「創造的な支援」の5つが示されている。

この生活困窮者自立支援制度の理念を基に実践される生活困窮者自立支援事業の自立相談支援事業を活用して相談支援員が生活再建支援に介入することにより，被災した生活困窮世帯が置かれている個別的な状況を客観的に把握し，その生活課題を早期に見つけ出すことができる。また，必要な社会保障制度の確認を行い，住宅確保給付金給付・就労支援・家計相談等，それぞれの生活課題に沿った支援につなぐことができる。相談支援員が時間をかけて関わり続けていくことで被災者世帯の生活を継続的に支援することができる。さらに，創造的な支援により地域において支え合いの輪を広げていくことができると考えられる（大橋 2022：47）。

（2）生活困窮者自立支援事業のソーシャルワーク機能を災害時に活用する

災害時の生活再建支援に生活困窮者自立支援事業のソーシャルワーク機能がどのように活用できるか，相談支援員が聴き取りを行い，生活困窮者自立支援の支援方法が有用であることを考察する。

調査の日時は2021年２月15日と22日の２日間で両日とも13時～16時の合計６時間実施した。半構造化面接用紙を用いた訪問面接を実施した。データの分析方法は，佐藤（2008）を参考にしつつ，質的分析法を用いた。

Ｙ市生活困窮者自立支援の相談員のインタビュー内容を分析した結果，災害時の生活再建に活かせる支援として，６名から生活困窮者自立支援で実践されている自立相談支援，就労支援，家計改善支援に関わるコードが示された。

対象者の属性について以下に示す。Ｙ市生活困窮者自立支援事業の職員構成は６名（男性３名，女性３名）であった。資格の内訳としては，社会福祉士５名（その内１名は精神保健福祉士も持つ）で，１名が保育士である。保育士資格を有する職員は放課後等デイサービスでの勤務経験があり，資格を活かしクライエントへの支援を行っている。また，子どもへの関わり方も慣れていて，不登校児童生徒への支援の際に能力を発揮している（表21－１）。

１）自立相談支援

【自立支援】のカテゴリーから，①アウトリーチ・ニーズキャッチのコードとして，〈世帯の相談〉〈一人ひとりの状況を聞く〉〈その人の思いを聞き取る〉〈訪問すること〉〈避難所で孤立している人の発見〉〈思いが言えない人などの個別対

表21-1　インタビュー対象者リスト

基本属性	年齢	性別	勤続年数	前職	内訳	所属	保有資格	担当業務
No.1	36歳	女性	6年	ケアマネジャー	ケアマネジャー1年・生活困窮者自立支援5年	社協の職員	社会福祉士，介護支援専門員，介護福祉士	生活困窮自立相談
No.2	34歳	女性	2年半	葬儀社プランナー	生活困窮者自立支援2年半	社協の職員	社会福祉士	生活困窮自立相談
No.3	40代	女性	3年出産後5年	社協職員	生活困窮者自立支援8年	社協の職員	社会福祉士	家計相談支援
No.4	36歳	男性	1年10か月	放課後等デイサービス，ホームヘルパー	生活困窮者自立支援1年10か月	社協の職員	保育士	自立相談，家計改善
No.5	31歳	男性	2年4か月	介護老人保健施設，療養病棟	生活困窮者自立支援2年4か月	社協の職員	介護福祉士，社会福祉士	就労準備支援
No.6	39歳	男性	13年3か月	特別養護老人ホームケアスタッフ・相談員	生活困窮者自立支援グループグループ長	社協の職員	社会福祉士，精神保健福祉士，介護福祉士	主任相談支援員

出所：筆者作成。

応〉〈被災して心が傷ついている人への個別対応〉〈個別ニーズの把握〉が抽出された。災害時の生活様式の激変により社会的なつながりから孤立し援助に結びついていない人を発見し，援助に結び付けていくことができるといえる。

　②アセスメント・プランニングのコードは〈背景や生活歴を聞き取る〉〈その人に合わせて支援を考えていく〉〈困っている人への支援策を考える〉〈制度や貸付とか使えるかどうかを考える〉〈どういう願いがあるのか〉〈どんな制度があって，どんな方法があるのか伝える〉〈一人で生きていけるような支援を一緒に考える〉であった。相談支援は，一人ひとりの生活課題を的確にとらえる災害時のアセスメントを実践できるといえよう。

　③ネットワークのコードは〈理解者を増やしていく支援〉〈家族や民生委員さん，地域の人から情報を得る〉〈広報などで発信する〉〈何度でも相談できる場所〉が抽出された。④コーディネートのコードは〈ほかのところにつなげていく〉〈合う制度があれば使う〉〈支援関連機関のコーディネート〉，⑤資源開発の

コードは，〈必要な社会資源，法律やサービス〉が抽出された。③④⑤より，住まいや仕事，健康問題や経済的な問題など一挙に様々な問題を抱え込んだ被災者のニーズに適切に対応することができる。

　⑥組織化のコードは〈支援関連機関との連絡調整〉〈つながりの再構築〉であった。活動拠点を失った地域社会における組織の立て直しを行うことができるといえよう。⑦エンパワメントのコードは，〈経済が回復した時に支援される人が支援する人になれる仕組みづくり〉〈本人の主体性や自発性に関わる〉〈新たな一歩を踏み出そうという主体性や意欲，自発性の喚起〉が抽出された，災害時に自己や地域社会を変革していく可能性を見出すことにつながるであろう。⑧アドボカシーのコードは，〈つながり続ける支援〉〈その人に寄り添っていく〉〈被災者が動けなければ代わりに動く〉〈思いはあるけれどそこまで至らない人に対して，一時的なサポート〉〈一緒だったらできる人もいる〉などが抽出された。権利擁護の視点から被災者に注意を払っていく支援も活用できるといえる（大橋 2022：47-48）。

　2）就労支援

　【就労支援】のカテゴリーからは，〈仕事を失って，収入がない，生活をどうしようという人の支援〉や〈何もなくなって，お金もなくなった時にどう対処していくのかという時〉のコードが抽出された。災害ソーシャルワークのニーズキャッチ，アセスメント，プランニング，ネットワーク，チームケア，コーディネート，資源開発，モニタリング，エンパワメント，アドボカシー，評価といった方法・機能を使って就労支援を行うことは，災害時に仕事を失った被災者の支援として有用といえる（大橋 2022：48）。

　3）家計相談支援

　【家計相談支援】のカテゴリーからは，〈仕事を失って収入がない，生活ができないという人の支援〉や〈社会福祉協議会の生活福祉資金〉〈自己破産とか，お金の相談とか整理について伝える〉のコードが抽出された。必要なソーシャルワーク機能としては，ニーズキャッチ，アセスメント，プランニング，資源開発，モニタリング，評価の機能である，生活に困窮する被災者世帯の家計相談支援を行うことができる（大橋 2022：48）。

（3）相談支援員が生活再建に関わるための課題

　半構造化面接ガイドの質問，「生活困窮者自立支援の相談支援員は，災害時に生活再建という支援に出向いていけると思いますか。それはなぜですか」の面接結果を分析し，生活再建に関わることができないという矛盾を構造化し明らかにした。

　その結果，災害時に関わることができるプラス面と，関わることができないマイナス面の考察から，【専門性の要件】【活動・事業の方法】【災害時の情報】の３つのカテゴリーが抽出，生成された。

1）専門性の要件

　【専門性の要件】の災害時に関わることができるプラス面は，［専門職としての自覚］から，〈災害時の生活再建支援に行きたいという気持ちはある〉〈最前線に求められる専門職として想定されるという意識〉というものであった。また，［専門職としてできること］のプラス面としては，〈話を聞くこと〉〈情報を提供すること〉〈被災者一人ひとりの生活再建へのプランニング〉など，生活困窮者自立支援の相談支援員としての役割や経験を生かした支援ができることが語られた。さらに，［事前に自分たちが準備すること］としては，〈実際にどういう役割が振られているのかを知る必要がある〉〈一年に一回は防災に関する研修をしている〉や〈職員の一人として声を届けていくことが必要〉が抽出できた。［必要な理由を明らかにする：ニーズがあることの認識］では，〈ニーズがあることを社協が認識すれば行ける〉〈支援を必要としている人がいるということを社協本部の人に伝えていく〉であった。［専門職としての役割の認知］では，〈アウトリーチは誰でもできるかというと専門性が必要〉〈相談支援員が手を挙げられないような人たちを見つけ出していくような活動〉〈生活困窮者自立支援の担当職員がやっている，アウトリーチ的な機能，自立相談支援，別の資源などにつなげること，専門性がそこにある〉との発言から，相談支援員のアウトリーチ的な機能，自立相談支援，別の資源などにつなげることが災害時に実践できる機能だというプラスの発言が得られた。

　また，マイナス面の発言として，第１に，［専門職としての自覚］では，〈生活困窮者自立支援事業で行っている業務内容は，実際に役に立つのかわからない〉と語っている点である。災害時には何かしらの役に立ちたいと思っているが，

〈実際には何に役立つのかわからない〉という言葉より，相談支援員は，災害時の生活再建支援を想定していないといえる。災害時にどのような専門性を発揮できるのか，相談支援員として考える必要がある。

　第2に，［専門職としてできること］のマイナス面としては，〈人員不足や時間不足などの業務運営的な管理がされていないこと〉が挙げられた。これは，多職種・他機関との連携と協働で支援活動を行えることが必要となろう。また，〈想像がつかない〉〈生命をまず最優先〉〈なかなか難しい〉などの課題が挙げられた。この課題を解決するためには，被災地現場で福祉専門職を支える人的，金銭的，物的，情報的な支援体制を考えることが必要と思われる。

　第3に，［専門職としての役割の認知］のマイナス面として，〈災害マニュアルのシフトの中に組み込まれてしまっている〉〈専門性が活用されない〉という課題が挙げられた。生活困窮者自立支援事業の支援内容を災害時の生活再建支援に組み込み制度化すること，各自治体の災害マニュアルを見直し再構築する必要がある（大橋 2022：48-49）。

2）活動・事業の方法

　【活動・事業の方法】のサブカテゴリーとしては，［管理システム］［災害時の役割］が生成された。［災害時の役割］のプラス面として，〈ソーシャルワーカーとして活動できる人員として確保してもらう〉〈役割を当てはめてもらう〉というように，生活再建支援を役割として与えてもらう必要があることを語っている。これは，生活困窮者自立支援の相談員が，災害時に被災者世帯の生活支援に必要な人員であることへの自覚といえる。

　マイナス面として［災害時の役割］は，〈市からどう動くか言われていない〉〈社協としての動きになる〉〈自身での判断は下せない〉〈決められた役割を行う〉という。〈役割はあると思う〉〈どこにあたるのか覚えていない〉と言い，一般救護業務の中に組み込まれたとしても仕方がないと思っている。組織の人間であること，マニュアル化されていないこと，現段階では，職種による役割分担が認められていないことを理由に，災害時の生活再建支援に出向いていくことが困難だと考えているようである。本来，専門職としての必須要件には，自らの判断において行動を自己決定できる能力があると思われるが，相談支援員が災害時の生活再建支援に専門性を活かすことができることを自覚して行動できるとよいのでは

ないか（大橋 2022：49）。

3）災害時の情報

【災害時の情報】としては，［情報の共有］についてプラス面の発言があった。被災者一人ひとりのニーズをくみとり被災者が望む生活再建を可能とするためには，〈情報が集められること〉が必要である。生活再建ができず困窮している被災者のきめ細かい支援のためには，他機関との連携を確立し情報を共有することが必要となるであろう。また〈困っている人たちから社協に声を上げてもらう〉〈家族や地域の人や，民生委員から情報を得る〉などから地域住民組織や当事者団体などとのインフォーマルなネットワークの構築により被災者世帯の状況に応じたニーズキャッチが可能となる。地域住民との日頃からの連携により，専門職による電話や巡回聞き取りだけでは及ばない被災者一人ひとりの情報を把握でき，自分からは声を上げられず孤立した被災者のところにまで支援が行き届くことが重要といえる。

　生活困窮者自立支援の相談支援員は，その支援内容より，災害時に被災者世帯の生活再建支援の最前線で活動することができる相談支援員であることが明らかとなった。被災者一人ひとりが望む生活再建を可能とするための生活困窮者自立支援相談支援員の役割として，自立相談支援や就労支援，家計相談支援が有用であることが明らかとなった。また，被災者の生活再建の最前線で活動するためには【専門性の要件】や【活動・事業の方法】【災害時の情報】で課題が明示された（大橋 2022：49-50）。

4　誰も排除しない被災者支援の実現に向けて

　生活困窮者自立支援事業の相談支援員が被災者世帯の生活再建に関わるための課題として，第1に，平時の時点から，相談支援員に求められる災害時の専門性について十分に考えることが必要であるという点である。日常の生活困窮者自立支援事業の本質的機能・意味合いが，その利用者の基本的人権の擁護・支援にあることが認識されていれば，災害時においてはさらにその意味合いが増すと考えられる。生活困窮者自立支援事業で行っている業務内容が，実際に災害時の生活再建に役立つことを，相談支援員は認識する必要がある。また，いざという時の

ことを考え，災害時特有の支援についても研修やセミナーを実施して，平時の段階で学んでおく必要がある。

　第2に，人員不足や時間不足などの業務運営的な管理を可能とするしくみをつくりだすという課題である。世帯のニーズ把握，総合相談，ワンストップ機能，各種サービス・制度の利用調整，避難生活上生じる心のケア等への相談支援を行うためには，多くの人員・時間が必要となる。

　第3に，専門職として，生活困窮者自立支援の相談支援員が，災害時に被災者の生活支援に出向いていくことができる人員であることを，組織内の役割に組み込む課題である。「自分も被災者となるため出向いていけるのか不安がある」ことや，「市からどう動くか言われていない」「社協としての動きになると自身での判断は下さず，決められた役割を行う」というように，役割が与えられていないために出向いていけないと発言していたが，「ニーズがあることを社協が認識すれば行ける」「支援を必要としている人がいるということを社協本部の人に伝えていく」という発言からは，専門職の必須要件としての「自らの判断において行動を自己決定できる能力」があると思われる。災害時の生活再建の支援における生活困窮者自立支援の相談支援員の必要性を提言することが必要である。

　第4に，災害時の情報共有の重要性についての課題である。コーディネート機能を活用して他機関との連携を確立し，専門職が協働して取り組むチームケアの実践が必要である。また，日頃からの地域住民組織や当事者団体などと専門職との連携により，専門職が及ばないところにまで支援が行き届くよう，災害時の生活再建にこそアウトリーチの機能が重要である。生活困窮者自立支援の相談支援員が被災者一人ひとりの支援に出向いていける制度を再構築する必要がある（大橋 2022：50）。

5　災害時へつながる平時からの生活困窮者自立支援相談支援員の体制

　生活困窮者自立支援事業の相談支援員が行う機能・技術は，被災者の生活再建支援に応用できることが明らかとなった。平時から社会的脆弱層への支援を行う生活困窮者自立支援事業の相談支援員は，被災者に寄り添いながら生活再建を支える専門職の要になるといえる。しかしながら，相談支援員の災害時の役割は，

災害ボランティアセンターの運営などを社協が市と協力しながら行っていくことになっている現状があり，被災者の生活再建支援の最前線に立つことはできないのである。

　相談支援員が災害時に被災者支援に出向いていけるようにするためには，平時の時点で災害時の被災者支援ソーシャルワークのしくみを整えておくことが必要であろう。また，相談支援員は，どうのようにしたら，被災者支援ソーシャルワーク機能として災害時に介入できるのか，平時の時点で演習プログラムを作成し研修を行うといった，災害時の被災者支援に対応できるような体制を整えていくことが今後の課題といえる。相談支援員が行う災害時の被災者支援ソーシャルワークを探求することは，平時の地域における重曹的支援体制を整える試金石となることであろう。

　　なお，本章の内容は，大橋（2022）に加筆・修正を加えたものである。

参考文献

大橋美加子（2022）「災害被災者の生活再建を支えるソーシャルワークに関する研究——生活困窮者自立支援事業相談支援員のインタビュー調査を通して」日本社会福祉学会中部部会『中部社会福祉学研究』13, 43-51頁。

岡本正（2018）「生活再建と法制度 災害を生き抜く生活再建の知識を備える——災害復興法制度研修の必修化を」『別冊 地域保健』49(3), 72-75頁。

菊池遼（2022）「復興期の災害ソーシャルワークの役割・機能について検討する」『日本福祉大学社会福祉論集』146, 37-58頁。

厚生労働省社会・援護局（2012）「第9回社会保障審議会生活困窮者の生活支援の在り方に関する特別部会議事録」。

厚生労働省社会・援護局地域福祉課生活困窮者自立支援室（2018）「平成30年度生活困窮者自立支援制度の実施状況調査集計結果」（https://www.mhlw.go.jp/content/000363182.pdf, 2021年9月15日アクセス）。

後藤至功（2015）「災害時におけるソーシャルワークについて考える——いのちと暮らしをささえるソーシャルワーカー」『福祉教育開発センター紀要』12, 115-129頁。

佐藤郁哉（2008）『質的データ分析法——原理・方法・実践』新曜社。

社会保障審議会（2013）「生活困窮者の生活支援のあり方に関する特別部会報告書」（https://www.mhlw.go.jp/stf/shingi/2r9852000002tpzu-att/2r9852000002tq1b.pdf,

2021年9月15日アクセス）。

自立相談支援事業従事者養成研修テキスト編集委員会編（2014）『生活困窮者自立支援法自立相談支援事業従事者養成研修テキスト』中央法規出版。

菅野拓（2020）「広がる『災害ケースマネジメント』」『住民と自治』686，17-19頁。

菅野拓（2021）「災害対応のマルチセクター化と社会保障のフェーズフリー化――誰も取り残さない被災者支援を実現するために」『社会福祉研究』142，2-10頁。

仙台市復興事業生活再建支援室（2014）「仙台市被災者生活再建推進プログラム」（https://www.city.sendai.jp/kenko-jigyosuishin/shise/daishinsai/fukko/sekatsu/documents/honpen.pdf，2021年9月15日アクセス）。

立木茂雄（2020）『誰一人取り残さない防災に向けて，福祉関係者が身につけるべきこと』萌書房。

津久井進（2020）『災害ケースマネジメント◎ガイドブック』合同出版。

日本社会福祉士養成校協会（2012）「災害時ソーシャルワークの理論化に関する研究〈報告書〉」。

日本社会福祉士養成校協会（2012）ハンドブック『災害ソーシャルワークの展開』。

日本社会福祉士養成校協会編（2013）『災害ソーシャルワーク入門――被災地の実践知から学ぶ』中央法規出版。

野口定久（2018）『ゼミナール地域福祉学――図解でわかる理論と実践』中央法規出版。

野口定久（2022）「誰も排除しないコミュニティの実現に向けて――地域共生社会の再考」宮本太郎編『自助社会を終わらせる――新たな社会的包摂のための提言』岩波書店，93-115頁。

野口典子（2016）「災害ソーシャルワーク再考――3.11から5年，福島県相談支援専門職チームの活動実践より」『中京大学現代社会学部紀要』10(1)，189-212頁。

本後健（2018）「生活困窮者自立支援法の改正概要と今後の展望」（生活困窮自立支援従事者養成研修）（https://www.mhlw.go.jp/content/12000000/000489464.pdf，2021年9月15日アクセス）。

三浦修（2014）「災害ソーシャルワーク体系化に資する研究――福島県のMSWに対するインタビュー」『新潟青陵学会誌』42(1)，53-61頁。

（大橋美加子）

<table>
<tr><td>第22章</td><td>社会的企業による地域福祉推進と
ソーシャルワーカーの役割</td></tr>
</table>

1 社会的企業の登場と理論的背景

（1） 社会的経済から社会的企業へ

　近年，経済と福祉分野において社会的企業（Social Enterprise）が注目されている。新たな経済モデルとして社会的経済の概念が登場し，その実践主体として社会的企業が注目されるなど，いわゆる「社会的経済の主流化」が広がってきた。

　社会的経済（Social Economic）は，経済と福祉の混合モデルと呼ばれ，社会的企業はその経営主体，あるいは実践組織であるといえる。ヨンは，社会的企業に対して商業的な利潤より社会的目的を達成する組織であり，必要な水準の適正な利潤を創出する組織として論じ，社会的目的を強調する特性によって価値財（Merit goods）や集合財（Collective goods）を生産する組織と定義した（Young, 2001）。イギリスで社会的企業の育成政策や研究を行ってきた貿易産業省 DTI（2002）では，ビジネスを通して社会的目的を実現するためにコミュニティ構成員に再投資する事業体であると論じた。また，ヨーロッパの社会的企業研究ネットワーク EMES（emergence of social enterprises in Europe）では，社会的企業を共同体の利益という明確な目的を用いて地域のニーズに関連する財貨やサービスを提供する非営利民間組織として論じており，OECD（2006）によると，社会的企業に対して利潤より特定な経済及び社会的目的，財貨やサービスを生産し，社会的排除や失業問題に対して解決策を提示する活動として捉えている。多くの先行研究でわかるように，未だに社会的企業に対する明確な概念がなく，国によって法的・制度的にも異なるがビジネス活動を通して社会や地域問題を解決する組織，あるいは活動だと論じている。

　その他，アメリカのように社会的企業に対して一つの組織体ではなく，社会的活動に焦点を当てて概念化する場合もある。多くの先行研究では社会的企業に対

して社会貢献活動を行う組織や活動を総称する概念として社会的企業を捉えている。

（2）社会福祉の新たな担い手――社会的企業

　近年，少子高齢化によって福祉分野では新たな担い手が求められており，地域では自治体の財政状況によって社会福祉法人や福祉事業所など，財政の自主確保という課題に直面している。

　社会的企業は，これまで多くの先行研究で示しているが，国の歴史や経済，国民性，政策などによって，その特徴が異なるため，一致した概念はないといえるが，「営利と非営利の中間組織」，あるいは「経済と福祉のハイブリッド組織」といった特徴を取り上げ，これまでの経済組織と市民活動の欠陥を補完する組織として論じられてきた。

　その中で日本では NPO 法人が市場と福祉現場で社会的企業のような役割をしてきたといえる。その背景には1995年の阪神・淡路大震災以降，多くのボランティアが被災地への支援活動に参加した市民団体やボランタリー組織がある。以後，1998年に NPO 法（特定非営利活動促進法）が制定され，政府は本格的に NPO の社会的活動を支援するようになった。しかし，2000年代から急増した多くの NPO 法人は経営的危機に直面し，収益事業や営利活動を展開し，現在の収益型 NPO，あるいは事業型 NPO といった日本型社会的企業が登場したといえる（李2017）。最近，このような社会的企業は，NPO 法人，有限会社，株式会社，協同組合などが多様な経営方式を用いて地域で活躍している。また，まちづくりや災害による地域復旧，地域活性化，高齢者や障害者の就労支援など，地域福祉分野で社会的企業の必要性が求められている。ここで想定する地域福祉推進とは，新たな地域福祉推進モデルを構築することにより，すでに地域で根づいていた福祉事業所やサービスを再編することを想定している。特に地域で活躍してきた NPO 法人や社会福祉法人は，これから財政の自主確保が大きな課題になっている。財政の自主確保のためにも，経済と福祉の視点を混合した社会的企業を地域福祉事業として展開していくことが重要である。

　現在，多くの社会的企業はヨーロッパ型社会的企業として知られており，その特徴を大きく４つに分けることができる。①利益を生み出すことよりもコミュニ

ティへの貢献を目的とすること，②自主的管理，③意思決定過程における民主性，④所得分配における資本，そのような資本に対する人間と労働の優先性が重要な要素である（山本編著 2014：12）。これに対して藤井ら（2013）は，「社会問題をビジネスの力で解決する」というハイブリッド性を論じ，このような仕組みを実践するNPOと営利企業をハイブリッド組織であると論じている。このような社会的企業の市場性と公益性の混合は，社会や地域のなかで多様な付加価値的なものを生産し，社会的経済の固有性に基づいた新たな仕組みである。ここでは，このような社会的企業のハイブリッド性に注目しながら，ビジネス活動を通した社会問題を解決する仕組みとして注目した。

（3）社会福祉サービスの普遍化と日本型社会的企業の登場

　日本は，1970年までの高度経済成長期を経験し，市民社会の成熟化に伴い，福祉ニーズは多様化し，福祉サービスに対するニーズも大きく変わった。以後，社会福祉サービスは限られた人に対する選別的サービスから普遍的なサービスとして変容されてきた。このような「社会福祉の普遍化」は政府の政策方向と成熟した市民社会の登場による「社会福祉ニーズの普遍化」が一般化される。

　以降，社会福祉サービスは「装置」から「契約」へ移行し，利用者の自己決定を優先した仕組みに変わり，「社会福祉サービスの普遍化」が進められた。このような2つの普遍化は，「社会福祉サービス供給主体の普遍化」につながり，多くの民間組織が社会福祉サービス供給主体として進入した。特に2000年から介護保険制度が始まり，多くのNPOはサービス市場に参入し，競争的に福祉事業を展開してきた。これに対し，野口（2018）は，介護保険の導入より，これからの福祉サービスがより多くのニーズをカバーしていくためには市場競争力を持つ利用コストが低い社会サービスを形成しなければいけないと強調しながら，このコストの低さと同時にサービスと利用価格，使いやすさ等総合的な質の高さの確保も追求する必要があると論じた。また，野口は社会福祉サービス供給主体形成と，社会福祉法人と社会福祉協議会の改革とベンチャー型企業や社会的企業など多様な社会福祉供給主体の必要性を論じた。これは，現行の社会福祉サービスの量的・質的拡大より，社会福祉サービスを提供する供給（提供）主体の多元化，そして社会福祉サービスの市場化は，これから不可欠であることを示している。そ

表22-1　日本社会福祉の普遍化

従来の福祉サービス供給主体	行　　政 社会福祉法人					
（1970年代以後）	「社会福祉の普遍化」 ①ニーズの普遍化，②サービス利用の普遍化，③サービス供給主体の普遍化					
現在の福祉サービス供給主体	行政	NPO法人	社会的企業	協同組合	有限会社株式会社	社会福祉法人

出所：筆者作成。

の一つの軸として社会的企業は社会福祉サービス分野で期待されている。このような社会的企業の可能性は，労働統合型社会的企業，ソーシャル・ビジネス，コミュニティ・ビジネスなどの手法で多様な供給主体を形成している（細内 2010；大沢編著 2011）。

　一方，福祉のまちづくり，地域再生など地域活動にも社会的企業の領域は広がっており，協同組合，株式会社，有限会社など多様な組織がビジネスを基盤とした福祉事業も行っている。また社会的企業による小規模福祉事業が行われており，行政や民間からのサービスが届かない人々を支援することが増えている。また過疎地域では地域で小規模収益事業を行いながら暮らしやすい地域づくりを実践し，若い世代が移住するような多様な支援を行う社会的企業もある（表22-1）。

　その他，地域でパン屋やレストラン，コミュニティカフェを運営し，その収益を地域再生活動や障害者や高齢者の就労支援を行う事例，また地域の空き家を活用し，観光ビジネスを活性化することや酒場を設立し，地域特産物としてお酒や多様な商品を生産するNPO法人もある。このようなNPO法人の収益活動は，日本型社会的企業の特徴であり，地域で株式会社，有限会社，協同組合のような様々な組織形態で定着してきた。

2　社会福祉と社会的企業

（1）社会的企業における社会福祉の捉え方

　これまでの社会的企業に対する考え方は，社会福祉へのアプローチより，新たな経済体制への視点から主に取り上げられてきた。しかし最近では，社会福祉分野において社会的企業の可能性も高く評価されている。例えば，生活困窮者の雇

用創出や社会サービスの提供，また従来の社会福祉プログラムの革新，社会福祉資源やサービスの開発など，社会福祉領域への活用可能性が高い組織として期待されている。特に，ここでは社会的企業の仕組みを用いて地域福祉実践への活動が展開されている韓国の事例を紹介する。韓国では社会的経済が定着するために法律と制度を立案し，社会的企業が多くの分野で活用できるようにしている。社会福祉分野でも政府の制度的支援の中で社会保障サービス，地域福祉，高齢者や障害者の就労支援など，すでに社会的企業による社会福祉サービスの提供を行ってきた。

　その背景には，1998年の金融危機の時から増えてきた失業者の問題を解決するために，2000年度に国民基礎生活保障法を制定し，雇用と自立を中心とした政策が行われてきたことがある。当時の雇用による自立を目標とした「自活事業」を行い，多くの失業者や生活困窮者が働ける場として政府と民間を中心とした「自活企業」が登場した。このような自活企業は，韓国で労働統合型社会的企業が定着した背景になったといえる。この時期から社会的企業は，社会福祉分野で活用可能性が高い仕組みとして挙げられてきた。

　また当時からの先行研究では，社会的企業の社会福祉分野への可能性を多面的に分析していた（韓国雇用労働部 2008；キム・ボンファ 2010；キム・ソンギ 2012）。特に，これらの研究では社会的企業を社会的弱者といった高齢者，障害者，生活困窮者などの自立支援のために社会的企業の可能性を明らかにし，福祉系社会的企業を育成していくためには福祉サービスの資源開発とネットワークが重要であり，そのためにはソーシャルワーカーの参画が求められると論じていた。それ以外にも多くの先行研究では，福祉系社会的企業の育成と，その必要性について次のように示している。

　まず，福祉とビジネスを統合した新たなサービスを提示できる。欧州では，社会的企業を通して障害者や貧困層に対する所得の格差問題の解決や雇用機会を拡大するなどノーマライゼーションと福祉国家が実現できる一つの手段として捉えている。その運営主体にも協同組合，コミュニティカンパニー，市民ファンドなど様々である。特に東アジアの中で社会的企業への支援策が飛躍的に進んでいる韓国の例を挙げると，2007年7月に制定した「社会的企業育成法」によって社会的弱者の雇用率を40％以上にするように定めている。生活困窮者に対する雇用創

出は，社会や地域の経済活性化にも影響を与えるが，貧困問題の解決と社会不平等などの問題を解決できる。実際，韓国雇用労働部の調査では，2007年から社会的企業による雇用政策を行い，2015年まで約3万5,000人の雇用創出を実現した。そのうち生活困窮者の雇用率は約6割程度を占めており，政府が目標とした40％を上回る成果を出していた。もちろん，労働環境や賃金など雇用の質の問題や所得格差など，これからの課題もあるが，10年の間に，これほどの成果を出したのは経済と福祉分野において意義のある事であった。

　また地域の社会的弱者に対する雇用，所得，生活保障などが期待できる。社会的企業は，社会的弱者といった高齢者や障害者などの雇用創出と生活自立を図る。生活困窮者の就労支援などを通した所得保障を求めている労働統合社会的企業（work integration social enterprise）のように，公共と民間の社会福祉サービスが届かない対象に社会福祉サービスを提供するため，いわゆる，「制度の狭間」問題に対応できる仕組みである。現行の政府主導の公共福祉サービスと市場経済中止の民間福祉サービスは，地域のマイノリティ問題や地域のコンフリクト問題などに対応し難くなっている。地域の中で社会的企業があれば，行政と民間とは違う立場で地域住民の悩みを解決できる地域ガバナンスが構築できる。

　最後に，社会的企業はコミュニティの再生を図り，その活動の持続可能性を確保することができる。筆者はこれまで「地域問題が解決できる資源は，すべて地域にある」と考えていた。このように地域では多様な資源と可能性が潜在されている。社会的企業は，地域のビジネス活動を通して地域問題を解決しつつ，行政と民間，そして住民をつなげる地域拠点として役割を担っていくことが期待できる。また地産地消のような地域経済活性化を図り，地域の中で様々に付加価値を創出することが期待できる。また社会的企業が，地域住民を中心に継続的に運営できるのは，地域住民一人ひとりの意見を反映し，民主的な意思決定構造になっていることである。これによって地域の少数者の問題，いわゆるマイノリティ問題に対応できる。このような地域住民の動きによってソーシャル・キャピタルが形成され，住民参加と活動を促進することが期待できる。最近は，社会的企業の活動範囲が広がっており，クラウドファンディング，ソーシャルファーム，ソーシャルインパクトボンド（SIB）など，多様な仕組みを用いて社会的企業の継続性かつ自立性を高めており，行政と民間が対応しきれない「制度の狭間」問題へ

の対策を取り上げている。しかし，このような福祉系の社会的企業を実装していくためには，ソーシャルワーカーの視点から社会福祉資源とサービスの開発を想定し，福祉領域の中で社会的企業の仕組みを展開していく必要がある。

（2）地域福祉と社会的企業の関係性

　社会的企業は，社会福祉分野の中でも地域福祉と密接な関係性を持っているといえる。筆者は，社会的企業と地域福祉の関係性において地域福祉の重要な要素として挙げられている「地域自立生活支援」「社会的包摂」とともに，介護保険の施行以降に提示された「福祉サービスの市場化」などに着目した。特に社会的企業と地域福祉の関係性において最も重要な要素として「地域自立生活支援」に注視してきた。その背景には，地域住民の主体性による生活自立を重要な視点として，生活の自立こそ，地域の福祉問題を根本的に解決する要素であると想定してきた。ここでの生活の自立は，地域での生活安定を前提にしている。そもそも福祉問題は生活の不安定から生じるものであり，生活安定のためには，何より地域での雇用と所得の保障が重要になってくる。しかし，現行の地域福祉サービスでは，雇用創出に対する専門的アプローチが弱い傾向にあった。社会的企業による地域福祉サービスには様々な期待感もあるが，まず雇用と所得の安定化，また地域社会で住み続けることのできる地域づくり，いわゆる「福祉と経済の好循環」を実現することである。このような点から，社会的企業と地域福祉の関係性を大きく3つに分けて説明できる。

　1つ目は，社会的企業による地域雇用創出である。社会的企業は，現行の地域福祉サービスの中で相対的に弱い傾向にあった雇用創出機能を補完することが期待できる。これまで地域の社会的弱者といった高齢者や障害者などへの雇用対策は，行政や民間を中心に行われてきたが，雇用の質や労働環境の問題，非正規の雇用形態の増加などが指摘されていた。このような地域福祉の課題に向けて社会的企業は継続的な雇用の機会を作り出し，地域レベルでの雇用創出などが期待できる。ただ，これは地域の中で地産地消や小規模福祉事業所のようなビジネスモデルが定借できる環境づくりが前提となる。このような雇用創出による地域住民の雇用と所得の保障は，地域住民の生活の質を上げ，生活困窮者や高齢者，障害者などが自立した地域生活を目指すことができる。また消費活動を促進し，雇用

－所得－消費の循環機能を保つことになる。このようなメカニズムは「地域自立生活支援」といった地域の生活者としての自立を図ることになり，地域福祉が目標としているゴールと社会的企業の社会的目的が一致していることを表している。

　2つ目は，地域福祉の「社会的包摂」との関係性である。前述のように社会的企業は，生活困窮者などの雇用と自立を目的とした活動を主に行っていた。現在は，複合的な地域ニーズや福祉課題に比べ，現行の地域福祉サービスが対応しきれない領域が広がっており，新たな地域福祉サービス供給主体が必要になっている。その中でも生活困窮者に対する地域福祉サービスの需要は，ますます増えており，適切な支援やサービスが求められている。社会的企業は，地域の低所得者，高齢者，障害者，シングルマザー，ひとり親家庭の子どもなど多様な状況におかれている地域住民に対して対応できる仕組みである。つまり，サービス需要を優先する市場経済より，地域少数者の支援，いわゆるソーシャルインクルージョンの問題への対応が期待できる。このような生活困窮者への支援や生活困窮者の雇用創出は，地域福祉が求めている社会的包摂という機能と一致している。

　3つ目は，社会的企業は地域福祉の新たな資源やサービスの開発及び提供することである。政府や自治体からの社会福祉制度の中で制度の狭間問題に対応することができる。特に社会的企業のように地域経済システムの中で地域福祉サービスを開発することは重要な視点であり，これからの地域福祉サービス提供において重要な視点である。

　社会的企業において収益とは，社会や地域問題を解決するために活用する資金のことを示しており，雇用創出，消費活動の促進など地域経済の活性化の視点から取り上げることもできる。また社会的企業の収益を地域へ還元し，公益活動や地域問題を解決する住民運動を支援することもある。ここでの福祉と経済の好循環は，新たな地域の資源を開発し，地域福祉サービスの多様性を確保する社会的企業の特徴でもある。このように市場の中で地域福祉サービスを開発・提供する機能は，地域福祉の「福祉サービスの市場化」と関係しており，地域福祉の範囲と機能を広げることになる。

（3）社会的企業による地域セーフティネット構築

　社会的企業による地域福祉の推進は，地域マネジメントという視点から取り上

げる必要があり，具体的に地域マネジメントは「地域資源の混合化」という課題を解決していくことである。地域の資源であるカネ，ヒト，モノ，ネットワークを混合化し，自助，互助，共助，公助による新たな住民活動を図ることが，これからの地域福祉推進の在り方であろう。

　筆者は，地域福祉の基本的な考え方として地域住民の生活を支えることが優先であると打ち出してきた。また，その一つの軸として地域のセーフティネットが構築を論究した。地域での堅固なセーフティネットの構築は，地域住民の「シビルミニマム」を支え，生活の質を向上するとともに，格差ない地域を作り出すことができる。このようなシビルミニマムを支える堅固なセーフティネットの構築は，地域福祉サービスの量的拡大のみならず，地域福祉サービスの供給主体を多元化し，地域福祉サービスの対象の範囲を広げることになる。

　本章では，このような社会的企業による地域セーフティネットの構築のために野口定久による「トランポリン型」生活保障システムの構築理論に着目した。野口は，急速な社会変化の中で新たな社会保障システムの必要性を強調し，社会保障制度を大きく4段階に分け，より堅固な地域セーフティネットの構築を目指したトランポリン型を提示した。野口は，この4層のセーフティネット構築に対して行政と民間，そしてソーシャルワークの機能と関係性を論じた。

　この理論をもとに，セーフティネットの中で社会的企業の位置づけを考えると，「D」から「D´」の【強固なセーフティネットへの張り替え】は，公共領域として行政からの公的扶助やサービスに該当する。ここは4層のセーフティネットの中で最低線であり，いわゆるシビルミニマムに当たる。また「C」から「C´」の【社会的弱者層へのソーシャルワーク支援】では，民間領域としてソーシャルワークの専門技術による援助が必要な段階であり，「D」の公的領域まで滑落する前にソーシャルワークによる生活自立支援などが該当する。例えば，ここでは社会福祉協議会や社会福祉法人による生活支援などがある。そして社会的企業は，「A」から「A´」の【雇用の安定と創出】，「B」から「B´」の【職業訓練，就労支援，所得と医療，住宅の保障】の段階に位置づけられる。社会的企業による職業訓練と就労支援，所得と医療などを通して地域の自立生活を支援し，福祉と経済の好循環が期待できる。また，このような4層のセーフティネットの中で社会的企業は柔軟性を持ち，従来の行政や民間領域との相互補完的な関係を維持し，新

図 **22-1**　社会的企業による生活保障システム構築の例

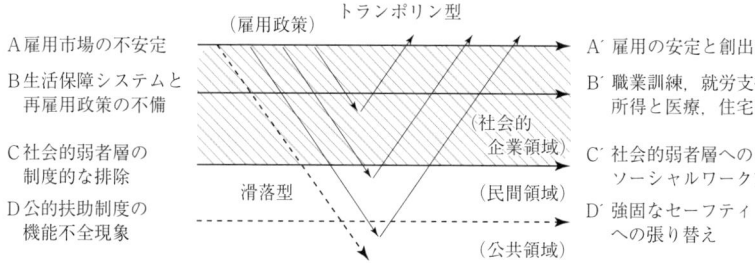

出所：野口（2018：170）を基に再構成。

たな地域資源やサービスの開発や制度の狭間問題を解決することができる。つまり，社会的企業は「A」から「D」まで滑落しないように4段階のセーフティネットとして機能し，「D」まで滑落した場合にも「公的扶助」→「ソーシャルワーク支援」→「社会的企業による就労支援」のプロセスを通して地域生活の自立が実現できる（図22-1参照）。

　このような社会的企業による堅固な地域セーフティネットの構築は，雇用と所得を保障し，公共領域と民間領域，そして社会的企業の領域が補完的関係を維持していく。つまり，それは地域福祉の推進において地域住民の最低生活を保障することより，生活の質の向上に向けて展開していくことが重要であり，そのためには社会的企業の仕組みが不可欠であると思われる。

3　社会的企業による地域福祉推進とソーシャルワーカー

（1）福祉ガバナンス形成と地域福祉の起業化

　前述したように社会的企業の運営は，制度の狭間問題への対応，社会や地域資源と福祉サービス供給主体の多元化などの可能性がみられた。これまで地域では，画一化された地域福祉サービスの中で相対的にサービスも供給主体や利用者の選択肢が不十分であった。このような課題について，野口は，地域福祉サービスの供給主体の密接な関係構造の重要性を論じた。特に4つのセクター（行政，NPOとボランティア，社会福祉法人と社協，企業）の関係性に注目し，社会的企業において福祉ガバナンスの機能を究明した。社会福祉法人と社会福祉協議会といった民

間領域は，行政との一定の緊張関係が求められており，NPO とボランティアの
セクターは，それぞれの活用原理と特徴を活かした協同関係のあり方が模索され
ると論じた（野口 2016：199）。このような福祉ガバナンスの中で社会的企業の位
置づけを考えると，大きく２つの領域との関係性がみられる。

　１つ目は，民間企業と社会的企業の関係性である。社会的企業が提供するサー
ビスや商品の質の向上において民間企業の経験やノウハウは重要であり，社会的
企業の持続可能な運営においては重要な関係性を持っている。しかし，民間企業
が社会的企業を経営することにより，すでに地域で活動していた NPO，ボラン
ティア組織を活用して社会的企業として育成していくことも重要な戦略であろう。
民間企業の場合は，地域で NPO やボランティア組織が社会的企業を経営できる
ように支援する提携関係を構築することが重要である。つまり，民間企業は運営
ノウハウ，専門性を提供し，NPO やボランティア，住民組織は地域の情報提供，
住民ニーズや地域資源把握などの機能を提供することが想定できる。また，これ
らは準市場という領域の中で相互補完的な関係づくりを実現する。福祉ガバナン
スを構築し，社会的企業を戦略的に活用する「地域福祉の起業化」の構想は，こ
れから地域福祉推進において重要なポイントになる。

　２つ目は，社会福祉法人と社会的企業の関係性である。この関係性については，
２つの展開方法が考えられる。一つは，住民組織が社会福祉法人と連携し，地域
福祉事業を展開する方法，もう一つは，社会福祉法人が自ら社会的企業を設立お
よび経営する方法である。特に地域福祉事業を運営する社会的企業の場合，社会
福祉法人との連携を深め，地域福祉事業以外にも，地域住民との関係づくり，
ニーズ把握，住民力や地域力に対する情報，また社会福祉法人が持っている専門
性を共有する必要がある。

　このような２つの関係性を高めることにより，これまで社会的企業が指摘され
た「福祉の専門性」と「サービスの市場性」に対応できるようになり，福祉がバ
ランスの構築による地域福祉推進が展開できると考えている。また，財政の自主
確保という視点から考えると，社会的企業の経営自立が大きな課題になっている。
これらに対しては，社会的企業の運営において，社会福祉法人が全面的に介入す
ることにより，地域の NPO やボランティア組織，住民組織などを運営軸にして
おき，社会福祉法人は間接的に参加することが社会的企業による地域福祉推進の

図22-2　福祉ガバナンスによる社会的企業の役割

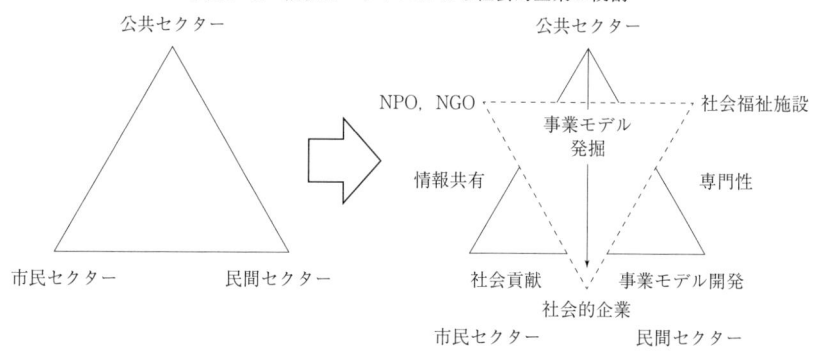

出所：筆者作成。

あり方である。福祉ガバナンスの中で共同事業，個別事業，生活自立などのサービスが重複しないように「地域福祉サービス提供の戦略的合意」を構想し，福祉と経済の好循環を図る福祉ガバナンスを構築する必要がある。図22-2は，このような福祉ガバナンスの中で，各セクターが柔軟に連携しながら社会的企業を中心に地域福祉の推進を展開することを示している。ここで公共セクターとNPO，社会福祉施設は，地域ニーズを発見し，社会的企業の事業モデルを取り上げる。民間セクターは，公共セクターから取り上げられた事業モデルを社会的企業と開発することになる。この段階で社会的企業と民間セクターは地域資源を開発し，社会的企業が行う福祉事業やサービスの専門性を高めるように支援する。筆者は，ここでソーシャルワークの参画が重要になってくると想定しており，社会起業家としてソーシャルワークの参画は，地域福祉サービスの専門性と収益性，あるいは地域貢献という視点まで構想できると考えている。市民セクターは，社会的企業が実現していく社会的目的の達成を想定し，社会的企業の事業モデルが社会や地域貢献に向かって運営できるように，一定の緊張関係を持つことも重要である。

（2）社会起業家としてのソーシャルワーカーの参画

　社会的企業を運営していくためには，経営マインドのみならず，イノベーションや社会貢献のような仕組みを理解しなければいけない。社会起業家は，いわば地域課題を解決するために，ビジネスを通して社会的企業を戦略的かつ持続的に運営する人を示す。筆者は2017年に韓国で開かれた社会的経済フォーラムに参加

したことがあり，そこで実際に社会的企業を経営している社会起業家たちは，社会的企業を効果的に育成していくためには，政府からの多様な支援政策が重要であるが，何より社会的企業を経営できる人材の確保が社会的企業の経営において重要なことであると感じた。また福祉と経済の課題を同時に解決し，社会を変えるイノベーションのような発想が求められる。しかし，通常の経営マインドだけでは，社会起業家として不十分であり，地域との関わり，ニーズ把握，地域貢献という考え方を基盤とした福祉的マインドなどが求められていた。現在，多くの社会的企業は，社会的弱者層，生活困窮者を対象にする小規模福祉事業を行っている。しかし，現在の社会的企業による福祉事業はソーシャルワーカーの姿はみえないといわれる。さらに市場経済では，社会的企業の生産する商品や提供する福祉サービスに対してメリットがないという指摘もある。特に社会的企業の福祉サービスに対する専門性がみえないという指摘があり，市場経済の中で競争力を失う傾向にある。未だに社会的企業が提供しているサービスや商品に対する専門性を認められず，市場経済の競争の中でいかに生き残ってくれるかは，これからの大きな課題である。少なくとも，福祉事業を展開する社会的企業であれば，専門的な技術や経験を注視する社会福祉サービスにおいては専門家であるソーシャルワーカーの参画は不可欠であり，それを地域福祉の視点から考えると，コミュニティソーシャルワーカー（以下，CSW）の役割に注目する必要がある。

　これに対して大橋は，必要なサービスを総合的に提供するケアマネジメントを手段とする援助の過程とそれらの個別援助を可能ならしめる生活環境の整備，近隣関係などの環境醸成，直接的なソーシャルサポートネットワークづくりを総合的に展開する活動であり，常に個別援助へのアプローチと地域組織化活動へのアプローチとが総合的に行われることを意識することが重要であると論じている（日本地域福祉研究所監修 2001）。ここでソーシャルサポートネットワークづくりは地域で住民との信頼性を保っていた CSW が関わることが適切であり，地域課題を個人レベルまで効果的に解決できると考えている。また社会的企業の地域福祉事業を具体化し，専門的な技術とノウハウを生かして社会的企業が提供する社会福祉サービスの質を高めることによって社会的企業による豊かな地域づくりが可能になり，活動領域も広がるだろう。

　地域課題というのは，特定の人の課題ではなく，誰もが直面するものである。

これから一つの社会現象として認識することではなく，地域の機能不全という視点から必要があると思われる。また地域の構成員が地域問題を解決するためには「費用」ではなく，「投資」であると考える必要がある。そのような視点から考えると社会的企業による地域課題の解決は，持続可能性性を持つことになる。

　社会的企業による地域福祉事業は CSW の参画だけで，専門的なサービスが提供できる。地域の状況を把握し，住民との信頼関係を持っている CSW こそ，地域で社会的企業を専門的に運営できる人材であり，それによって社会的企業が行う地域福祉事業とサービスは持続可能になる。また，まちづくりや地域の多様な住民事業と連携することによって住民組織が動く原動力になることが期待できる。地域で安心して続けたい住民が増えている現在の状況を考えると地域住民自ら財政づくりができる社会的企業の役割は，ますます大きくなっている。CSW がこのような社会的企業の設立から参画することにより，社会福祉サービスの多様性と専門性を確保すれば，社会的企業による地域福祉推進は実現可能な仕組みになるだろう。

4　ソーシャルワーカーによる福祉ニーズの起業化

　社会起業家は，社会の課題をビジネスにより解決する革新家と呼ばれている。そのためには，地域資源の発見や組織化，経営などの知識を用いて起業する能力が求められる（平田編著 2012；坂本ほか 2017）。このような社会起業家として必要な技術は，これからのソーシャルワーカーにも求められることであり，地域福祉推進においても重要な資質であろう。

　筆者は，これからの社会起業家としてソーシャルワーカーは，従来のソーシャルワーカーの実践領域での専門技術より，資源開発，事業計画，社会福祉サービスの市場化など，起業家としての役割と機能が求められる。近年，アメリカではソーシャルワーカーが民間企業からの資金を寄付活動で確保し，社会の課題を解決する活動を行ってきた。アジアの中で韓国の場合も，福祉施設や事業所で活躍している多くのソーシャルワーカーが社会事業を企画し，民間企業から資金を確保することや社会的企業を立ち上げ，地域福祉サービスを提供してきた。また社会的企業を地域福祉の実践現場として考え，社会起業家として活躍していた。さ

らに，このような社会的企業への参画は，ソーシャルワーカーの専門技術を多様化し，または専門職としての活動範囲を広げることにもなる。特に地域の資源や福祉サービス開発は，まず地域の「ニーズ」を把握することが重要であり，このような地域ニーズに対応できる社会福祉サービスの開発は，地域に限らず，市場経済と市民社会の中で福祉と経済の好循環を図る仕事が求められると思う。また，国民が求めている福祉サービスにおいて，それらが社会福祉政策上の「ニーズ」になっていなければ，それを社会福祉政策上において「ニーズ」化させる活動や，その問題解決に関わる「起業化」も視野に入れて「ニーズ」に対応することが求められている（福祉マネジメント研究会 2018：19）。

　いわば社会起業家としてのソーシャルワーカーの機能とは，従来の対人サービスとケアや地域福祉サービスの提供者などの機能ではなく，住宅，環境，文化，マイノリティ問題などの地域の共通課題を中心にニーズ対応型地域福祉サービスと地域住民の生活インフラ開発などの役割を担うソーシャル・ディベロップメント視点からの機能が求められる。これからの地域福祉の推進とともに，地域福祉計画の策定，住民組織の組織化など社会起業家としてのソーシャルワーカーの役割と機能は，ますます重要になってくる。

　つまり，これから社会起業家としてソーシャルワーカーの機能と役割は，これまでのソーシャルワーカーに比べ，地域投資家，または地域資源の開発者として扱うことが重要であり，そのためには従来の地域福祉組織（Community Based Organization）へのアプローチではなく，地域開発（Community Development）への観点から取り上げていく必要がある。

注
(1)　EMES（emergence of social enterprises in Europe）は，ヨーロッパを中心に社会的経済や社会的企業を研究するリサーチネットワークである（http://emes.net, 2022年11月19日アクセス）。

参考文献
井上英晴（2004）『福祉コミュニティ論』小林出版。
上野谷加代子・斉藤弥生編著（2015）『福祉ガバナンスとソーシャルワーク──ビネット調査による国際比較』ミネルヴァ書房。

大沢真理編著（2011）『社会的経済が拓く未来——危機の時代に「包摂する社会」を求めて』ミネルヴァ書房。

大橋謙策・原田正樹編（2001）『地域福祉計画と地域福祉実践』万葉舎。

大橋純一（1998）『都市化と福祉コミュニティ』学文社。

岡村重夫（2009）『地域福祉論 新装版』光生館。

川村暁雄・川本健太郎・柴田学・武田丈編著（2015）『これからの社会的企業に求められるものは何か——カリスマからパートナーシップへ』ミネルヴァ書房。

坂本恒夫・丹野安子・菅井徹郎編著（2017）『NPO，そしてソーシャル・ビジネス——進化する企業の社会貢献』文眞堂。

園田恭一（2003）『社会福祉とコミュニティ——共生・共同・ネットワーク』東信堂。

谷本寛治（2006）『ソーシャル・エンタープライズ——社会的企業の台頭』中央経済社。

野口定久（2008）『地域福祉論——政策・実践・技術の体系』ミネルヴァ書房。

野口定久（2016）『人口減少時代の地域福祉——グローバリズムとローカリズム』ミネルヴァ書房。

野口定久（2018）『ゼミナール地域福祉学——図解でわかる理論と実践』中央法規出版。

原慶子（2007）『福祉コミュニティの礎——自然・いのち・平和・芸術』ドメス出版。

平田讓二編著（2012）『ソーシャル・ビジネスの経営学——社会を救う戦略と組織』中央経済社。

福祉マネジメント研究会（2018）「ニーズ対応型福祉サービスの開発と起業化」（損保ジャパン日本興亜福祉財団叢書�91)）。

藤井敦史・原田晃樹・大高研道編著（2013）『闘う社会的企業——コミュニティ・エンパワーメントの担い手』勁草書房。

平野隆之・宮城孝・山口稔編（2001）『コミュニティとソーシャルワーク』有斐閣。

細内信孝（2010）『新版 コミュニティ・ビジネス』学芸出版社。

牧里毎治（1994）「地域組織化とまちづくり活動の支援」『社会福祉研究』43(2)，377-393頁。

山本隆編著（2014）『社会的企業論——もうひとつの経済』法律文化社。

李省翰（2017）「4カ国社会的企業の国際比較研究——イギリス，アメリカ，日本，韓国の制度的特性を中心に」『福祉社会開発研究』12，13-26頁。

DTI（2002）"Social Enterprise: strategy for success" DTI, London.

OECD（2006）『OECD 国家の社会的企業と示唆点』OECD.

Young, D. R.（2001）"Social Enterprise in the United States: Alternate Identities and Froms"（http://community-wealth.org，2022年11月19日アクセス）。

韓国雇用労働部（2008）「第1次社会的企業育成基本計画（2008〜2012)」。

韓国雇用労働部（2013）「第2次社会的企業育成基本計画（2012〜2016)」。

キム・ギソップ（2012）『起こせ！協同組合』ドルニョック。

キム・ジョングン（2001）「社会福祉と労働」『韓国労働理論政策研究』3，123-144頁。

キム・ソンギ（2012）『社会的企業のイシューと争点』アルケ。

キム・ボンファ（2010）『世界の社会的企業の現状と戦略』韓国学術情報。

（李　省翰）

あ と が き——『野口定久先生古稀記念論文集』刊行にあたり

　本書に掲載された22本の論考は取り上げているテーマや対象，そして研究方法
に至るまで，すぐに野口定久先生の指導を受けた者だとはわからないほど多様で
ある。執筆にあたり，先生から執筆者各位に伝えられたのは，たった一つ「いま
貴方が一番書きたいこと，世に問いたい事を書いて下さい」ということ。先生は
大学院の論文指導において，ご自身が大切にされている曼荼羅のごとく指導をさ
れる。南方曼荼羅は「何ごとも排除せずに配置を変えることによって社会変動を
もたらす。配置を変えることによってそれぞれの個が，全体のなかに異なる意味
を与えられることになる」（『鶴見和子曼荼羅Ｖ水の巻』）。細かい研究手法や論文の
書き方等ではなく，常にその者の研究が社会の中でどのような意味を持つのか，
どうあればよいのかに意識が向けられている。本書は野口理論の解説本ではない
が，野口先生のご指導の結果がよく表れた一冊になった。
　あわせて，論考には通底する思想が感じられる。それは，社会的包摂（ソー
シャルインクルージョン）の姿勢である。授業などでは，幾度となく「社会的包
摂」や「変革は弱いところから，遠いところから」という言葉を聞いた。22本の
論考では，多くが社会的に弱い立場におかれた人々（社会的脆弱層）について，
特にその人の Life（生命，生活，人生）を中心にして論じている。また，周縁化さ
れた場に生きる人々とともに，地道で継続的な関わりをもって考究している。先
生の教えが執筆者に受け継がれていることを感じずにはいられない。
　本書は，地域福祉の新しい「かたち」を構想している。序章において，先生自
らこれからの地域福祉の「かたち」について論じられているが，その後に続く22
本の論考は，どの論考も排除されることなく，曼荼羅のごとく先生の構想する，
地域福祉の新しい「かたち」に組み込まれているかのようである。
　先生は「来る者は拒まず，去る者は追わず」でなく「来る者は拒まず，去る者
も待つ」というスタンスである。本書の出版にあたっても，最後まで先生は待つ
という姿勢を崩されなかった。先生の背中をみながら，共に待つことができ出版

することができたと考えている。ミネルヴァ書房の音田潔氏にも，出版企画の打ち合わせから出版に至るまで，粘り強くお付き合いいただいた。この場を借りて心から感謝申し上げたい。

　本書をまとめることが，野口先生の教えを受けた者たちからの御礼であり，古稀御祝いの一冊となることを，編者一同，心から願っている。しかし，そもそもこの機会は，先生が私たちにつくってくださったのだ。本書が出来上がる 3 年間の過程を通して，改めてこれまで幾度も出会いと機会をいただいてきたことに気づくことが出来た。おそらく，執筆者一人ひとりが，それぞれの先生との関わりの中で，様々なかたちで世代や居住地，立場を超えた出会いや，それぞれが活躍する機会を得てきたのではないだろうか。

　先生に薫陶を受けた者は，22名の執筆者に限らず国内外問わず各地にいる。米寿，卒寿の吉祥の折に，また先生とともに「かたち」づくることができるよう努めていきたい。

2024年 6 月

編　　　者

索　引

著者紹介 <small>（所属，執筆分担，執筆順，＊は編者）</small>

野口定久（日本福祉大学名誉教授・佐久大学人間福祉学部教授：序章）

＊橋川健祐（金城学院大学人間科学部准教授：第Ⅰ部リード文・第5章）

倉持香苗（日本社会事業大学社会福祉学部准教授：第1章）

大井智香子（皇學館大学現代日本社会学部准教授：第2章）

堅田知佐（大阪健康福祉短期大学地域総合介護福祉学科教授：第3章）

彭毛夏措（中国青海民族大学政治・公共管理学院講師：第4章）

＊川村岳人（立教大学コミュニティ福祉学部准教授：第Ⅱ部リード文・第8章）

長田和久（中京大学大学院経済学研究科総合政策学専攻博士後期課程：第6章）

平澤恵美（明治学院大学社会学部准教授：第7章）

野村恭代（大阪公立大学都市科学・防災研究センター副所長／大学院現代システム科学研究科教授：第9章）

＊三好禎之（大分大学経済学部准教授：第Ⅲ部リード文・第10章）

丹波史紀（立命館大学産業社会学部教授：第11章）

鄭逸教（韓国カトリック上智大学社会福祉科教授：第12章）

鵜沼憲晴（皇學館大学現代日本社会学部教授：第13章）

周文棟（中国広西医科大学人文社会科学学院講師：第14章）

＊中田雅美（中京大学現代社会学部准教授：第Ⅳ部リード文・第18章）

羅佳（同朋大学社会福祉学部准教授：第15章）

楊澄源（元・中国集美大学海洋文化・法律学院社会学部講師：第16章）

銭本隆行（日本医療大学総合福祉学部講師：第17章）

＊伊藤葉子（中京大学現代社会学部教授：第Ⅴ部リード文・第20章）

竹中理香（川崎医療福祉大学医療福祉学部教授：第19章）

大橋美加子（名古屋経営短期大学介護福祉学科准教授：第21章）

李省翰（佐久大学人間福祉学部講師：第22章）

新しい地域福祉の「かたち」をつくる
──「福祉コミュニティ」概念に基づく政策・実践の統合──

2024年10月27日　初版第1刷発行　　　　　　　　　〈検印省略〉

定価はカバーに
表示しています

編著者　伊藤葉子　川村岳人　中田雅美　橋川健祐　三好禎之

発行者　杉田啓三
印刷者　坂本喜杏

発行所　株式会社　ミネルヴァ書房
607-8494　京都市山科区日ノ岡堤谷町1
電話代表　(075)581-5191
振替口座　01020-0-8076

ISBN 978-4-623-09629-9
Printed in Japan

人口減少時代の地域福祉

野口定久 著

Ａ５判／328頁／本体3,200円

住民と創る地域包括ケアシステム

永田　祐 著

Ａ５判／228頁／本体2,500円

福祉政策とソーシャルワークをつなぐ

椋野美智子 編著

四六判／264頁／本体2,800円

ホームレス経験者が地域で
定着できる条件は何か

山田壮志郎 編著

Ａ５判／250頁／本体6,000円

社会を変えるソーシャルワーク

東洋大学福祉社会開発研究センター 編

Ａ５判／242頁／本体2,600円

ミネルヴァ書房

https://www.minervashobo.co.jp/